# RECHERCHES
## HISTORIQUES
### SUR
# LA VILLE D'ORLÉANS.

# RECHERCHES

## HISTORIQUES

SUR

# LA VILLE D'ORLÉANS,

DU 30 AVRIL 1804 AU 1er JUILLET 1846;

dédiées

## A SES CONCITOYENS,

ET

Offertes à ce titre à MM. les Maire, Adjoints et Conseillers municipaux de la ville d'Orléans,

*Par D. Lottin père,*

CORRESPONDANT DE M. LE MINISTRE DE L'INSTRUCTION PUBLIQUE POUR LES TRAVAUX HISTORIQUES, ET MEMBRE TITULAIRE DE LA SOCIÉTÉ STATISTIQUE UNIVERSELLE DE FRANCE.

## TROISIÈME PARTIE.

*Tome 1er.*

*Orléans,*

IMPRIMERIE D'ALEXANDRE JACOB.

MDCCCXLII.

# AVIS.

Ce volume, le 7$^{me}$ de notre ouvrage et 1$^{er}$ de la troisième partie, est le dernier que nous publierons, à moins que quelques circonstances ne nous mettent à portée de faire usage des nombreux matériaux qui nous restent encore en portefeuille. Ces matériaux contiennent l'histoire de ce qui s'est passé à Orléans du 1$^{er}$ juillet 1816 au 31 décembre 1833.

L'ouvrage pourrait être ainsi divisé :

1° Les quinze années de l'administration remarquable de M. le comte de Rocheplatte comme maire d'Orléans. Cette période, toute de calme et de prospérité, ne rappellerait que des souvenirs heureux, et tous nos lecteurs les retrouveraient avec plaisir ;

2° Le détail jour par jour de ce qui s'est passé dans Orléans lors de la révolution de juillet 1830. Il n'est point à craindre que le récit d'événemens si voisins de nous puisse raviver dans notre ville des haines ou des dissensions. Aucune réaction violente ne se fit sentir, et l'on peut offrir sans dangers à la curiosité publique nombre de faits assez piquans pour mériter une mention dans l'histoire de notre cité ;

3° La situation malheureuse de notre ville lors de l'invasion du choléra, le nombre des victimes, le récit des actes de courage et de dévouement dont ce fléau fut l'occasion, enfin l'exposé des moyens employés pour secourir les malades et diminuer l'intensité du mal.

Ceux qui ont vu ces événemens peuvent seuls en raconter les détails. Par un concours de circonstances assez rares, nous avons été en position de recueillir une grande quantité de documens dont l'authenticité est incontestable aujourd'hui. Si ces renseignemens ne sont pas conservés à l'aide de la presse, ils se perdront à toujours. Ce sont des matériaux utiles que nous livrerons à nos concitoyens ; nous en donnerons volontiers communication à ceux qui précédemment ont bien voulu souscrire à notre ouvrage.

Puisse notre travail, qui a été fait avec zèle et bonne foi, être utile aux personnes qui voudraient écrire l'histoire de la ville qui nous a vu naître, et à laquelle nous avons voulu payer un tribut de reconnaissance !

Trop heureux si nos recherches peuvent leur être de quelque secours ! c'est notre vœu le plus ardent et la seule récompense que nous ambitionnons après quinze années de travaux assidus.

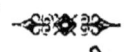

# AUTORISATIONS

## DONNÉES A M. LOTTIN PAR MM. LES MAIRES D'ORLÉANS.

Je soussigné, certifie à qui il appartiendra, qu'en mai 1826, étant maire de la ville d'Orléans, j'ai autorisé M. Lottin père à travailler dans les bureaux de l'administration de la mairie pour y recueillir les documens authentiques, tant anciens que modernes, qui lui étaient nécessaires pour les recherches historiques sur Orléans qu'il se propose de faire connaître.

Je certifie, en outre, qu'à l'époque où j'ai quitté les fonctions de maire, 2 août 1830, ledit M. Lottin s'occupait encore, avec un zèle et une activité remarquables, à compiler et extraire les titres et matériaux irrécusables qui se trouvaient dans les cartons, registres et dossiers des archives de la ville.

En foi de quoi j'ai délivré le présent à M. Lottin père, pour lui servir à prouver la vérité et l'authenticité de ses manuscrits.

A Orléans, le 12 janvier 1833.

Comte de Rocheplatte.

Vu par nous, maire d'Orléans, pour légalisation de la signature de M. le comte de Rocheplatte,

A la mairie, le 14 avril 1834.

Besnard, *adjoint*.

Je soussigné, maire de la ville d'Orléans, certifie que j'ai autorisé M. Lottin père à continuer les recherches qu'il avait commencées sous l'administration de M. le comte de Rocheplatte, dans les bureaux et les archives de la mairie, pour y recueillir les documens authentiques, tant anciens que modernes, qui se rattachent à l'histoire d'Orléans.

Je certifie, en outre, que jusqu'à ce jour M. Lottin s'est livré à ce travail avec un zèle et une assiduité remarquables.

En foi de quoi je lui ai délivré le présent, en l'hôtel de la mairie, le 13 novembre 1834.

Hême.

Vu pour légalisation de la signature de M. Hême, maire d'Orléans,

*Le secrétaire-général de la préfecture délégué,*
Marchand.

Nous, maire de la ville d'Orléans, certifions que nous avons autorisé M. Lottin père à continuer les recherches qu'il avait commencées sous l'administration de M. le comte de Rocheplatte, dans les bureaux et archives de la mairie, pour y recueillir les documens authentiques tant anciens que modernes qui se rattachent à l'histoire d'Orléans.

Nous certifions, en outre, que jusqu'à ce jour M. LOTTIN s'est livré à ce travail avec un zèle et une assiduité remarquables.

En l'hôtel de la mairie, le 14 novembre 1838.

SEVIN.

Vu pour la légalisation de la signature de M. Sevin, maire d'Orléans.

*Le secrétaire-général de la préfecture délégué,*

MARCHAND, *conseiller.*

## Reconnaissance des dépôts faits par M. Lottin à la Bibliothèque d'Orléans.

Je soussigné, bibliothécaire de la ville d'Orléans, reconnais que M. LOTTIN père a déposé entre mes mains et celles de M. Petit-Sémonville, mon prédécesseur, à diverses époques, *trois mille cent dix pièces historiques sur la ville d'Orléans,* lesquelles pièces, par l'effet de ce dépôt, demeureront à perpétuité la propriété de la bibliothèque publique.

Orléans, le 20 août 1840.

WATSON, *bibliothécaire.*

---

*Numéros correspondant à ceux qui se trouvent à la fin de chaque citation.*

3. Archives de la Préfecture.
4. Archives de la Mairie.
7. Bibliothèque publique et journaux du temps.
43. *Histoire de France,* divers auteurs.
76. Faits à notre connaissance.
77. Faits rapportés par des témoins oculaires.
82. *Vie de Napoléon,* par Norwins.

DESTRUCTION DU PORTRAIT DE NAPOLÉON
et des signes impériaux sur la Place du Martroy le 29 Février 1816.

*Recherches historiques sur la ville d'Orléans
par Lottin père, fils.*

# RECHERCHES
## HISTORIQUES
### SUR
## LA VILLE D'ORLÉANS.

## 𝔗roisième 𝔓artie.

DU 30 AVRIL 1804 AU 23 FÉVRIER 1816.

30 *avril* 1804, *ou* 10 *floréal an* XII. — Séance extraordinaire au tribunat, pour entendre la motion de Curée, membre obscur de cette assemblée, qui propose de confier le gouvernement de la République à un empereur, et de déclarer l'empire héréditaire dans la famille du premier consul Bonaparte. (43.)

4 *mai* 1804, *ou* 14 *floréal an* XII. — Le tribunat émet le vœu que Napoléon Bonaparte soit déclaré empereur des Français, et que la dignité impériale soit déclarée héréditaire dans sa famille. (43.)

Cette décision fut approuvée et signée par tous les membres de ce corps, moins un seul tribun, Carnot, qui dit : « Je votai dans le temps contre le consulat à vie, je

« voterai de même contre le rétablissement de la monar-
« chie en France. » (43.)

*7 mai 1804, ou 17 floréal an* XII. — Par ordre du gouvernement, des registres sont déposés au département, bureau du préfet du Loiret, au secrétariat de la mairie, chez les notaires, chez les juges de paix, et même dans les sacristies, pour y recevoir, par écrit, le vœu des habitans de la commune d'Orléans et de l'arrondissement, sur la question de savoir si Bonaparte, premier consul à vie, serait élevé à la dignité d'empereur des Français. Tous les fonctionnaires publics, les administrateurs, les employés, la plus grande partie du clergé, ayant l'évêque Bernier, les vicaires-généraux et les chanoines en tête, signèrent *oui*, ainsi qu'un grand nombre d'habitans. (47.)

Des registres semblables furent déposés dans les villes de Gien, Montargis et Pithiviers.

Il y eut 868 registres d'ouverts dans le département, lesquels reçurent 36,773 signatures pour *oui*, et pas une seule pour *non*. (4.)

### Répartition.

|  |  |  |  | Signatures. |
|---|---|---|---|---|
| 524 | registres ouverts à Orléans, qui reçurent | 22,990 |
| 138 | id. | Pithivers, | id. | 6,115 |
| 134 | id. | Montargis, | id. | 4,329 |
| 72 | id. | Gien, | id. | 3,339 |
| 868 |  |  | Total | 36,773 (*) |

*8 mai 1804, ou 18 floréal an* XII. — Le jour de la fête de la Ville, dite de la Pucelle d'Orléans, eut lieu l'installation du nouveau monument en l'honneur de Jeanne d'Arc, lequel fut élevé sur la place du Martroi, non au lieu où la statue modèle, en plâtre, avait été élevée l'année précédente, mais dans la portion du Martroi qui est vis-à-vis la rue de la Levrette. Le discours fut prononcé, dans la

---

(*) Nous avons connu trois clercs, qui ont apposé, sur le registre déposé chez leur patron, plus de cinquante signatures de personnes non existantes.

cathédrale, par M. Colignon, chanoine, archidiacre de Ste-Croix. (4.)

La statue de Jeanne d'Arc, qui, sous le rapport de l'art, n'est pas entièrement exempte de défauts, est en bronze. L'artiste s'est conformé, pour la figure, aux portraits donnés comme ceux de l'héroïne ; mais, il s'est écarté de la tradition pour le costume, principalement dans la coiffure, qui était un casque ciselé en forme d'œuf, et non un petit chaperon ou toque. (*Voir* le premier volume de la première partie.) (4-17.)

Elle est posée sur une base de marbre blanc veiné ;

Quatre bas-reliefs, également en bronze, et d'une exécution parfaite, sont placés aux quatre faces, et indiquent les époques les plus mémorables de la vie de Jeanne d'Arc, savoir :

1°, Le moment où elle reçoit, à Chinon, l'épée des mains de Charles VII ;

2°, Celui de la bataille qui amena la délivrance d'Orléans ;

3°, Celui où elle fait sacrer Charles VII à Reims ;

4°, Celui, enfin, où les Anglais la font périr sur un échafaud, par le feu.

Il a été frappé une médaille qui représente, d'un côté, la tête du premier consul Bonaparte, et de l'autre le monument réédifié.

Cette médaille a été donnée aux seules personnes qui avaient souscrit pour la réédification du monument, savoir : une en bronze donnée gratuitement aux souscripteurs d'une somme de 50 fr. et au-delà ; une en argent, à ceux d'une somme de 100 fr. et au-dessus.

Une planche de cuivre, où étaient gravés les noms des souscripteurs, a été placée, avec une médaille, dans les fondations du monument, et une pareille déposée aux archives de la mairie.

La dépense du monument, y compris la grille simple, mais élégante, qui l'entoure, s'est élevée à la somme de 50,000 fr., dont une forte partie a été payée sur-le-champ à M. Gois, habile sculpteur de Paris, qui était l'auteur de la statue et des bas-reliefs.

Une seule médaille en or a été frappée pour être, par

une députation spéciale du corps municipal d'Orléans, présentée au premier consul Bonaparte.

Le maire, qui avait posé avec de grandes cérémonies la première pierre monumentale, fut chargé de porter la parole au nom des Orléanais. (4.)

8 *mai* 1804, *ou* 18 *floréal an* XII. — M. Leber jeune, d'Orléans, publie, à l'occasion de la fête de la ville, un poëme sur Jeanne d'Arc. Cet écrivain s'est livré depuis à des études sérieuses qui lui ont mérité un rang honorable dans les lettres. (7.)

13 *mai* 1804, *ou* 23 *floréal an* XII. — Le maire d'Orléans (M. Crignon-Désormeaux), un de ses adjoints (M. Dufresné l'aîné), et quatre autres membres du conseil municipal, qui avaient été envoyés en députation à Paris, sont admis à l'audience du premier consul, pour lui faire hommage de la médaille d'or frappée en son honneur, et rappelant l'époque de l'inauguration de la statue de Jeanne d'Arc, attendu que le premier conseil en avait permis la réédification, et avait souscrit pour une somme de 6,000 fr.

Le maire, en lui présentant cette médaille, lui adressa ces paroles :

« C'est vous, général consul, qui avez relevé les rênes du gouvernement, flottantes dans des mains faibles et incertaines.

« Le génie de la France a détourné les poignards dirigés contre votre personne sacrée; ajoutant à ce bienfait, il nous a inspiré ce que nous devions faire pour notre bonheur et pour celui de nos enfans, en vous offrant la magistrature suprême héréditaire dans votre famille, la seule digne de la posséder.

« Nous avons l'honneur de vous offrir le vœu des habitans d'Orléans, et le nôtre particulièrement. » (7.)

18 *mai* 1804, *ou* 28 *floréal an* XII. — Sénatus-consulte organique, qui proclame qu'après vérification des votes, l'immense majorité des Français veut que Napoléon Bonaparte soit empereur des Français, sous le nom de Napoléon I$^{er}$, et déclare l'hérédité dans sa descendance directe, naturelle et légitime de mâle en mâle, par ordre de pri-

mogéniture, à l'exclusion des femmes et de leur descendance. (43.)

1ᵉʳ *juin* 1804, *ou* 12 *prairial an* XII. — Ouverture pour la première fois de la foire, dite du Mail, à Orléans.

Cette foire, qui avait été demandée au gouvernement pour y vendre des laines, et pour huit jours seulement, devint foire ordinaire pour la vente de toute espèce de marchandises et de nouveautés : elle finit par durer quinze jours au lieu de huit.

Un arrêté du maire, relatif à la police de cette foire, au prix de la location des boutiques, à la place des marchands de comestibles et de nouveautés, des bateleurs et baladins, etc., fut affiché quelques jours avant son ouverture. (4.)

2 *juin* 1804, *ou* 13 *prairial an* XII. — Séance très-orageuse du conseil général du département du Loiret, relative à une adresse de ce corps approbative de l'élévation du premier consul à la dignité d'empereur des Français.

L'adresse fut présentée par M. Lecauchois, approuvée par la majorité des membres, et signée seulement par le président, M. Basly, et le secrétaire, M. Henri de Longuève, ex-législateur.

Les membres qui s'opposèrent à la signature et à l'envoi de l'adresse d'adhésion, furent MM. Laisné de Villevèque, Dugaigneau, Maussion, de Fougeroux de Secval ; MM. Duchalais, de Beaugency, et Hubert-Piédor, de Meung, s'absentèrent pour ne pas signer. (4-17-80.)

3 juin 1804, ou 14 prairial an XII.

*Publication à Orléans, du sénatus-consulte, qui proclame Napoléon Bonaparte empereur des Français.*

« Le Maire d'Orléans,

« Vu l'arrêté de M. le Préfet de ce département, en date d'hier, et relatif à la proclamation du sénatus-consulte du 28 floréal an XII,

« S'empresse de donner avis à ses administrés que le sénatus-consulte organique du 28 floréal an XII, qui proclame Napoléon Bonaparte empereur des Français, sera publié solennellement en cette ville, le dimanche 14 du présent mois, et que cette cérémonie aura lieu de la manière qui suit :

« Art. 1er. A midi précis, la cloche de la ville annoncera la cérémonie, et sonnera ensuite, de demi-heure en demi-heure, jusqu'à la rentrée du cortége à la préfecture.

« Art. 2. Les corps civils et militaires, invités à se réunir à l'hôtel de la préfecture, en partiront, pour se mettre en marche, à une heure précise après midi.

« Art. 3. Le cortége, sorti de la préfecture, passera par les rues Bourgogne et de la Tour-Neuve, le quai jusqu'au pont, la rue Égalité, la place du Martroi, la rue d'Escures, la place de l'Etape, et rentrera à la préfecture par les rues Parisis, du Battoir-Vert et St-Sauveur.

« Art. 4. Les proclamations auront lieu,
« 1°, Devant l'hôtel de la préfecture;
« 2°, Au carrefour des rues Bourgogne et du Bourdon-Blanc;
« 3°, Sur le quai de la Tour-Neuve;
« 4°, A l'entrée du pont;
« 5°, Sur la place du Martroi;
« 6°, Sur la place de l'Etape, devant l'hôtel de la mairie.

« Art. 5. Une décharge de boîtes, à chacun des six endroits indiqués par l'article précédent, annoncera la proclamation.

« Art. 6. A sept heures précises du soir, le *Veni Creator* et le *Te Deum* seront chantés solennellement dans l'église cathédrale de Ste-Croix.

« Art. 7. Il est enjoint à tous les habitans de cette ville d'illuminer, dès la chute du jour, le devant de leurs maisons.

« Art. 8. Le soir, des danses publiques auront lieu sur la place de l'Etape, où des orchestres seront établis à cet effet ; quatre pièces de vin, exposées devant l'hôtel de la mairie, seront distribuées au peuple.

« Fait en l'hôtel de la mairie d'Orléans, le vendredi 12 prairial an XII.

« Crignon-Désormeaux, maire; Petit-Semonville, secrétaire;

« Approuvé par nous, le Préfet du Loiret,

« Maret.

« Souque, secrétaire.

« A Orléans, imprimerie de Rouzeau-Montaut. » (4.)

*4 juin* 1804, *ou* 15 *prairial an* XII. — Etablissement de l'octroi de navigation sur la Loire, dans le département du Loiret. Ce fleuve fut divisé en onze arrondissemens : le 4ᵉ arrondissement, dont Orléans est le chef-lieu, comprend la portion de cette rivière depuis le canal de Briare jusqu'à Blois inclusivement.

Deux bateaux renfermant les bureaux des commis furent placés à Orléans, le premier en amont, vis-à-vis la rue de la Tour-Neuve, le second en aval, près le quai de Recouvrance. (3-4.)

*6 juin* 1804, *ou* 17 *prairial an* XII. — Il est répandu à Orléans un imprimé intitulé *Protestation de Louis XVIII* (Monsieur), ainsi conçu :

« LOUIS, par la grâce de Dieu, Roi de France et de Navarre, à nos sujets, etc.

« En prenant le titre d'empereur, et en cherchant à le rendre héréditaire dans sa famille, Bonaparte a mis le comble à son usurpation ; ce nouvel acte d'une révolution où tout, depuis son origine, est nul et de nul effet, ne peut affaiblir nos droits....

« Nous déclarons donc, en renouvelant nos protestations contre tous les actes illégaux, qui depuis la convocation des états-généraux en France ont amené la crise alarmante où la France et l'Europe se trouvent maintenant engagées.

« Donné à Varsovie, etc. » (43.)

*8 juin* 1804, *ou* 19 *prairial an* XII. — Mort de Gentil, du Loiret, ex-législateur conventionnel et ex-membre du conseil des Cinq-Cents. (76-80.)

12 *juin* 1804, *ou* 23 *prairial an* xii. — Adjudication des deux cimetières d'Orléans, pour la somme de 960 fr.; savoir : 200 fr. pour le cimetière St-Jean, et 760 fr. pour le cimetière St-Vincent.

Par une ordonnance de police, relative à ces deux cimetières, il est ordonné à l'adjudicataire,

1°, De donner aux fosses six pieds de profondeur et deux pieds de largeur ;

2°, De les éloigner l'une de l'autre de deux pieds sur les côtés, et d'un pied à la tête et aux pieds ;

3°, De ne faire payer, pour les grandes fosses, que 3 fr., et 1 fr. 50 c. pour les petites ;

4°, D'enterrer les pauvres *gratis*, etc., etc. (4.)

13 *juin* 1804, *ou* 24 *prairial an* xii. — Prestation de serment d'obéissance aux lois de l'état et de fidélité à l'empereur Napoléon I$^{er}$, faite avec pompe, dans la grande salle de l'hôtel de la mairie d'Orléans, par les administrateurs, les fonctionnaires publics, les employés dans les diverses administrations, le clergé de la commune, etc., sans qu'il y en ait eu un seul qui l'ait refusé, ou ait quitté sa place. (4.)

23 *juin* 1804, *ou* 4 *messidor an* xii. — Adresse du maire d'Orléans à l'empereur pour lui annoncer que les habitans de cette ville s'honorent d'avoir été du nombre de ceux qui les premiers l'ont conjuré de fixer les destinées de la France en acceptant le pouvoir suprême, et pour le solliciter de se faire couronner à Orléans.

« Sire,

« Les habitans d'Orléans s'honorent d'avoir été du nombre de ceux qui les premiers vous ont conjuré de fixer les destinées de la France en acceptant le pouvoir suprême ; ils s'honorent encore d'avoir voté unanimement pour l'hérédité du pouvoir dans votre auguste famille ; personne plus qu'eux ne vous a vu avec les transports de la joie et de la reconnaissance accepter enfin la couronne de l'empire ; mais tous leurs vœux ne sont pas accomplis, ils en ont formé de nouveaux dont ils me chargent d'être l'interprète auprès de votre majesté impériale.

« Une cérémonie solennelle doit consacrer, à la face

de l'univers entier, les stipulations de la grande nation avec son chef. D'antiques traditions avaient concentré sur une seule ville le privilége d'offrir un temple au plus auguste comme au plus saint des contrats; mais les priviléges ont cédé la place à l'égalité des droits; la convenance des localités peut seule fixer votre choix.

« Je ne dois pas rappeler à Votre Majesté, Sire, que le respect, la reconnaissance, le dévoûment des Orléanais pour votre personne sacrée, sont sans bornes et sans réserve : tous les Français partagent ces sentimens pour vous.

« Je ne dois pas vous dire non plus que nos concitoyens, amis de l'ordre et des lois par affection, ont été signalés, dans les circonstances les plus orageuses, comme les amis de l'humanité, également éloignés du fanatisme des nouveautés et de l'intolérance de l'esprit de parti. Dans ces temps désastreux que vous avez fait oublier, Sire, quel Français n'a pas ouvert (quoiqu'en tremblant) ses bras à l'infortuné !

« Je ne dois pas vous faire observer non plus que nos affections ont été perfectionnées et épurées par l'exemple du premier magistrat que vous avez donné à notre département, que nos vertus civiques ont été sanctifiées par le pontife religieux que vous avez placé au milieu de nous : nous les devons à votre choix; c'est pour eux le plus flatteur de tous les éloges.

« Mais je me crois fondé, Sire, à dire à Votre Majesté que notre ville, au centre de l'empire, présente sur tous les points des routes sûres et commodes (la poste franchit en 7 heures l'espace entre Orléans et la capitale); que le fleuve qui l'arrose, en parcourant la France presqu'entière, en facilite les communications et les concentre sur ce point; qu'un air pur, un site riant, un sol fécond, en font un séjour salubre et agréable; qu'elle conserve dans son sein des établissemens publics échappés tout entiers aux fureurs du vandalisme; qu'un monument précieux d'architecture présente dans sa vaste enceinte toutes les dimensions qu'exige une nombreuse assemblée; que toutes les maisons des habitans deviendront celles des citoyens de tout rang que leurs fonctions appelleront auprès de Votre Majesté dans cette circonstance mémorable;

elles deviendront celles de tous les Français que l'enthousiasme appellera dans nos murs pour être témoins du grand acte qui doit mettre le sceau au bonheur comme à la gloire de la nation. On verrait nos concitoyens refluer eux-mêmes dans les habitations rurales qui couvrent le sol environnant, pour exercer plus pleinement avec leurs frères les lois de l'hospitalité.

« En 649, 666, 766, 830, 988, 1077, 1439 et 1560, les états-généraux de la France se sont tenus à Orléans.

« Le sacre d'un roi et huit assemblées de la nation depuis l'an 649 jusqu'en 1560, ont eu lieu à Orléans.

« Ces considérations, Sire, nous ont encouragé à vous présenter le vœu que nous formons tous de vous voir au milieu de nous, recevoir de la France entière une couronne que vous avez acquise par tant de travaux, de vertus et de gloire.

« Sire, les villes de l'empire français partagent sans doute avec nous le dévoûment et l'amour pour votre auguste personne ; mais il n'en est aucune qui puisse nous disputer l'avantage de la situation et des localités : puissions-nous, sous ce rapport au moins, fixer votre choix !

« Je suis avec le plus profond respect,
« Sire,
De votre Majesté impériale, le très-humble,
obéissant serviteur et fidèle sujet,

Le maire de la ville d'Orléans.

*Mairie d'Orléans, le 4 messidor an XII.*

*28 juin 1804, ou 9 messidor an XII.* — Le général Moreau, antagoniste de Napoléon, accusé de complicité avec Pichegru et Georges Cadoudal dans un attentat contre le premier consul, ayant été arrêté et condamné à deux ans de réclusion hors la France, passe par Orléans avec son escorte, pour être conduit dans un port de mer où il s'embarqua pour New-Yorck avec sa femme et ses enfans. (4-77.)

*28 juin 1804, ou 9 messidor an XII.* — Arrêté du maire d'Orléans, relatif à la visite des balcons des maisons de la ville, pour la sûreté de habitans.

Par cet arrêté les commissaires de police étaient autorisés à entrer dans toutes les habitations, à y faire une exacte et sévère inspection des balcons, barres de toutes les croisées, et à faire enlever sur-le-champ tous ceux qui étaient en bois, pour les faire remplacer par d'autres en fer, aux frais des propriétaires qui, en cas de refus, y étaient contraints par jugement et amende. (4.)

*6 juillet* 1804, *ou* 17 *messidor an* xii. — La maison de la Croix, située rue du Colombier, à Orléans, qui avait été couvent, et avait servi de dépôt pour les prêtres dits réfractaires, de maison de détention pour les citoyens appelés suspects, est convertie en un hospice pour les filles en couche; il fut aussi établi, dans ce local, une pension pour les personnes peu riches qui pouvaient y trouver une nourriture saine et un logement commode à bon compte.

Cette maison était régie par le mêmes administrateurs que l'Hôpital-Général auquel elle servait comme de succursale, et la direction intérieure était confiée aux sœurs de la grande maison hospitalière. (4.)

13 *juillet* 1804, *ou* 24 *messidor an* xii. — Napoléon fixe par une loi les honneurs militaires à rendre au St-Sacrement, aux souverains, aux cardinaux, archevêques et évêques, ainsi qu'aux chefs militaires et civils. (4-43.)

Cette loi fut mise de suite en vigueur à Orléans. (4-76.)

14 *juillet* 1804, *ou* 25 *messidor an* xii. — Cérémonie de l'inauguration de la Légion-d'Honneur, créée par la loi du 19 mai 1802. (43.)

20 *juillet* 1804, *ou* 1$^{er}$ *thermidor an* xii. — La France est divisée en quatre grands arrondissemens de police générale : Orléans est compris dans le premier.

10 *août* 1804, *ou* 22 *thermidor an* xii. — commencement de la démolition de la tour ou clocher de St-Aignan, ainsi que des arceaux qui, anciennement, la joignaient avec le corps de l'église : les matériaux furent vendus à des particuliers.

Cette tour et les arcades ogives occupaient l'emplacement où, depuis, il a été élevé une maison pour les dames Ursulines, à l'entrée de la petite rue des Cinq-Marches qui conduit à celle de la Tour-Neuve, et dans laquelle petite rue l'on voit encore les pilliers et les gonds de la porte qui fermait anciennement le cloître Saint-Aignan au couchant. (76-77.)

16 *août* 1804, *ou* 28 *thermidor an* xii. — L'empereur, qui s'était rendu à Boulogne pour passer la revue et faire manœuvrer les troupes du camp rassemblé près de cette ville, y fait une grande distribution de croix de la Légion-d'Honneur, qui lui furent présentées dans le casque de Bayard, qu'on avait apporté du musée de Paris. (43.)

Cette décoration subit à cette époque un changement, non dans la forme, mais dans ses signes qui furent ainsi fixés :

D'un côté elle représentait la tête de Napoléon, ayant pour devise : *Napoléon, empereur*; au revers, un aigle tenant dans ses serres un foudre, et autour ces mots : *Honneur* et *Patrie*.

C'est à cette date que l'empereur prit pour ses armes et ses insignes de guerres un aigle, et pour sa devise une étoile. (43.)

*7 septembre* 1804, *ou* 20 *fructidor an* XII. — Le corps municipal d'Orléans arrête l'ordre, la distribution et l'heure du travail des bureaux. Il fut décidé que les bureaux seraient ouverts à huit heures du matin et fermés à quatre heures après midi en toutes saisons et sans interruption, au lieu qu'avant ils étaient ouverts le matin de huit heures à midi et d'une heure à cinq dans la soirée, ce qui coupait le travail en deux parties. (4.)

11 *septembre* 1804, *ou* 24 *fructidor an* XII. — On publie à Orléans le décret impérial concernant les grands prix décennaux donnés de la main de l'empereur.

17 *octobre* 1804, *ou* 25 *vendémiaire an* XIII. — Conformément au décret impérial, qui convoque le corps législatif pour le 1$^{er}$ frimaire, à l'occasion du couronnement, les députés du Loiret se rendent à Paris.

Ces députés, nouvellement nommés, étaient à cette époque au nombre de cinq, ainsi divisés :

1°, Cornet, dit du Loiret, sénateur ;
2°, Gillet de la Jacqueminière, tribun ;
3°, Petit Lafosse, qui fut plus tard premier président de la cour impériale d'Orléans, législateur ;
4°, Delahaye, raffineur, *idem* ;
5°, Roland de Chambaudoin, *idem*.

1$^{er}$ *novembre* 1804, *ou brumaire an* XIII. — Délivrance de petits livrets à tous les ouvriers ou compagnons de tous les états dans la ville d'Orléans, en conformité de l'arrêté du gouvernement du mois de décembre 1803.

Ces livrets, cotés et paraphés, étaient destinés à faire connaître l'âge, la profession, le lieu de naissance des porteurs, et à constater leurs mœurs, leur conduite et l'opinion des maîtres sur leur compte. (4.)

2 *décembre* 1804, *ou* 11 *frimaire an* XIII. — Cérémonie du couronnement de Napoléon 1$^{er}$, empereur des Français, dans l'église métropolitaine de Paris.

Les saints mystères ont été célébrés par S. S. le pape Pie VII.

Voici l'oraison récitée par le Saint-Père en faisant une triple onction à l'empereur sur la tête et sur les deux mains :

« Dieu tout puissant et éternel, qui avez établi Hazael
« pour gouverner la Syrie, et Jehec, roi d'Israël, en leur
« manifestant vos volontés par l'organe du prophète Elie,
« qui avez également répandu l'onction sainte des rois sur
« la tête de Saül et de David par le ministère du prophète
« Samuel, répandez par mes mains les trésors de vos
« grâces et de vos bénédictions sur votre serviteur Napo-
« léon, que, malgré notre indignité personnelle, nous
« consacrons aujourd'hui empereur en votre nom. »

Napoléon, au moment où le pape le consacre, fait sentir au souverain pontife qu'il n'entend pas tenir de lui la couronne; Pie VII va poser la couronne sur la tête de l'empereur, Napoléon la saisit et la met lui-même sur son front, et lui-même encore couronne l'impératrice. (43.)

L'empereur, ayant compris Orléans dans le nombre des bonnes villes de son empire, avait fait inviter en son nom pour être présens à son couronnement:

Le préfet du Loiret, M. Maret;

L'évêque de cette ville, M. Bernier;

Le maire d'Orléans, M. Crignon-Désormeaux;

MM. Delaloge-Ligny, adjoint;

Lebrun, architecte, et Septier, bibliothécaire, membres du conseil municipal.

Cette députation fut présentée à l'empereur et à l'impératrice, avant et après la cérémonie du sacre, et assista à toutes les fêtes données à l'occasion de cet événement (4.)

5 *décembre* 1804, *ou* 14 *frimaire an* XIII. — L'empereur qui avait adopté l'aigle pour ses armes et pour ses enseignes militaires, en fait la distribution au Champ-de-Mars à l'armée et aux gardes nationales de l'empire qui avaient été appelées par députation à son couronnement. (43.)

5 *décembre* 1804, *ou* 14 *frimaire an* XIII. — Naïveté d'une dame orléanaise, dans le laboratoire d'un chimiste aréaunote qui avait exposé aux regards du public ses instrumens et surtout un très-beau et grand ballon qui remplissait toute la hauteur du Jeu-de-Paume du grand cimetière, et une bonne partie de la largeur de ce local qui

n'avait point alors de plancher, et où il était suspendu. Cette dame eut la simplicité de demander au physicien, en présence de tous les spectateurs, et après avoir examiné avec attention toutes les ouvertures : Mais, monsieur, comment avez-vous pu faire entrer dans cette salle votre grosse machine ( en montrant le ballon ), les portes et les fenêtres étant si petites? Cette balourdise fit rire tout le monde et le malin artiste aussi qui lui répondit : Mais, madame, vous seriez bien plus étonnée encore, si je vous disais que cette machine, si volumineuse, était sous mon bras, lorsque je suis passé avec elle par la porte la plus étroite. (76.)

6 *décembre* 1804, *ou* 15 *frimaire an* XIII. — La députation appelée par l'empereur à son sacre et à son couronnement revient; elle était suivie à son entrée par une voiture superbe dont le souverain avait fait présent à sa bonne ville d'Orléans, pour le service exclusif du corps municipal de cette ville.

Cette belle voiture, que tous le habitans ont vue, portait la dénomination de voiture du sacre ; elle a été vendue trente ans après comme trop vieille et usée. (4-76.)

12 *décembre* 1804, *ou* 21 *frimaire an* XIII. — Prix d'une médaille d'or de la valeur de 500 fr. offerte par l'académie des sciences et arts d'Orléans, au citoyen de cette ville qui fera le meilleur mémoire sur les moyens les plus économiques d'amener des eaux salubres et en quantité suffisante, sur ou vers un point déterminé de cette cité, d'où elles pourraient être distribuées journellement, suivant le besoin des habitans et des manufacturiers situés dans les différens quartier de la place. (3-4.)

En 1794, M. Lebrun, architecte d'Orléans, avait lui-même proposé et demandé à exécuter un semblable moyen en se servant de la Tour-Neuve pour son réservoir, mais l'indifférence des membres du conseil municipal de cette époque fit qu'on ne donna pas de suite à cette conception d'un bon citoyen. (Voir à cette date.)

14 *décembre* 1804, *ou* 23 *frimaire an* XIII. — Le corps municipal d'Orléans, d'après l'avis du maire, avait demandé à Paris un buste en marbre blanc de l'empereur,

fait par le célèbre Chaudet. Ce chef-d'œuvre qui avait couté 2,800 fr. est inauguré avec enthousiasme, dans la salle principale de la mairie, laquelle fut tendue en papier bleu avec des abeilles en or : ce qui lui fit donner le nom de salle des abeilles. (4.)

16 *décembre* 1804, *ou* 25 *frimaire an* XIII. — *Te Deum* et grande fête à Orléans, en réjouissance du sacre et du couronnement de l'empereur : il y eut six filles vertueuses mariées par l'évêque, à six militaires retraités, qui reçurent chacun 600 fr. de dot, en monnaie d'argent de cinq francs *toutes à l'effigie de Napoléon et à la date de son sacre et de son couronnement*, et de plus on donna aussi à chacun des nouveaux mariés 300 fr. pour trousseaux. Il y eut ce jour feu d'artifice, feu de joie, distribution de pain, de vin, de viande cuite, arc de triomphe, transparens, devises, vers en l'honneur de l'empereur, prix de bagues, de courses, de palets, de sauts, mâts de cocagne, illumination générale avec verres de couleurs. La fête, à laquelle rien ne manquait, et l'une des plus belles qui fut donnée au peuple d'Orléans, se termina par des danses publiques sur le Martroi, sur la place de l'Etape; un bal magnifique à l'hôtel de la mairie, et un souper somptueux et brillant dont les honneurs furent faits par le maire. (4-76.)

On remarqua que les familles les plus riches et les plus importantes de la ville assistèrent au bal et au souper, même celles qui depuis ont cherché à nier leur présence à cette fête donnée à Napoléon, lorsque ce dernier fut dans le malheur et dans l'impossibilité de leur accorder des faveurs qu'elles sollicitèrent depuis du souverain qui le remplaça. (76.)

24 *décembre* 1804, *ou* 3 *nivôse an* XIII. — Chassinat, jeune poète orléanais, fait jouer, sur le théâtre de cette ville, une pièce de sa composition, ayant pour titre *Diane et Endymion* : cette nouveauté fut assez mal reçue du parterre orléanais, et tomba, dès la première repésentation, pour ne plus se relever. (76.)

26 *décembre* 1804, *ou* 5 *nivôse an* XIII. — Il est affiché sur les murs d'Orléans un jugement définitif dans un

procès dont les incidens, qui se rattachaient à la localité, avaient excité une grande sensation dans notre ville et même dans la France entière :

Napoléon I$^{er}$, par la grace de Dieu et les constitutions de la République, empereur des Français,

Faisons savoir :

Que la cour de justice criminelle spéciale du département du Cher, séant à Bourges, a rendu un jugement définitif entre la soi-disant Adélaïde-Marie Rogres de Lusignan de Champignelles, veuve Douhault, plaignante, suivant sa plainte en faux, contre l'acte mortuaire dressé à Orléans, le 21 janvier 1788, constatant son décès ;

Et les sieurs Armand-Jacques-François Guyon *de Guercheville*, Claude-Philippe de Lavergne de la *Roncière*, André-Joseph Egrot *du Lude*, tous propriétaires à Orléans, et Armand-Louis Rogres de Lusignan de Champignelles, propriétaire à Paris, accusés et défenseurs, etc. L'acte mortuaire entaché de faux par la plaignante ayant été reconnu véritable, décharge les quatre accusés, déboute la plaignante de toutes répétitions sur le fait principal, ainsi que sur la demande de 300,000 fr. de dommages et intérêts, et la condamne aux frais. (7.)

Cette dame Douhault, reconnue par sa femme de chambre et par un jardinier qui, soi-disant, avait été à son service, prétendait que ses quatre parens, qu'elle accusait, l'avaient fait passer pour morte, et avaient mis à sa place dans un cercueil, une bûche de bois qui avait été portée à l'église de St-Michel, sur l'Etape d'Orléans, qu'elle avait été enlevée nuitamment par lettre de cachet et enfermée dans les prisons de la Conciergerie à Paris, jusqu'à la révolution, le tout, de la part des accusés, pour s'emparer de ses biens et de ceux de son mari, dont elle avait eu la donation entre vifs, qu'on lui avait dérobée lors de son enlèvement. (76.)

*27 décembre 1804, ou 6 nivôse an* XIII. — La portion nord du vieux Châtelet, qui était restée en ruine depuis la construction du quai qui porte son nom, est entièrement démolie ; les matériaux sont vendus, ainsi que l'emplacement, à un particulier qui y fit élever un bâtiment et des magasins de planches et ardoises, à la condition de laisser un passage ou petite rue pour communiquer du port au marché à la volaille. (4.)

30 *décembre* 1804, *ou* 9 *nivôse an* XIII. — Mort de Delahaye (Pierre-François), ex-oratorien et physicien très-instruit, natif d'Orléans, frère aîné de M. Delahaye, député du Loiret au corps législatif. (76.)

## 1805.

1er *janvier* 1805, *ou* 11 *nivôse an* XIII. — Commencement de la plantation de la promenade publique de la Mouillère. (4.)

1er *janvier* 1805, *ou* 11 *nivôse an* XIII. — Fête du premier jour de l'an, observée en France à l'imitation des grands corps de l'état qui rendirent leur devoir à l'empereur à Paris.

Ce jour vit reparaître les souhaits, les présens et les visites qui avaient été interrompus pendant quelques années. (76.)

2 *janvier* 1805, *ou* 12 *nivôse an* XIII. — Par décision du corps municipal, les anciens noms des rues de la ville d'Orléans sont rétablis pour la seconde fois: dès lors tous les noms républicains disparurent entièrement et les numéros des maisons furent renouvelés et peints d'une manière ostensible. (4.)

5 *janvier* 1805, *ou* 15 *nivôse an* XIII. — Les bâtimens de l'ancien couvent de St-Euverte, à Orléans, sont vendus à M. Laisné de Villevêque qui avait l'intention d'y établir une manufacture de coton.

Quant à l'église, l'administration la réserva pour en disposer dans une autre occasion. (3.)

10 *janvier* 1805, *ou* 20 *nivôse an* XIII. — Arrêté du

préfet du Loiret qui défend de placer les chaumes dans les environs d'Orléans, à moins de cinquante mètres l'un de l'autre, et à cent mètres de toutes habitations. (3.)

25 *janvier* 1805, *ou* 5 *pluviôse an* xiii. — L'église de St-Pierre-Ensentelée d'Orléans, qui avait été dévastée pendant la révolution, est concédée à l'évêque d'Orléans qui la fit nettoyer, réparer et sanctifier pour la rendre digne d'y célébrer les saints mystères et y recevoir les fidèles du voisinage.

Cet édifice avait servi de magasin de fourrage, de caserne et même d'écurie. (4.)

27 *janvier* 1805, *ou* 7 *pluviôse an* xiii. — Napoléon nomme M. de Chabrol, jurisconsulte instruit, premier président de la cour impériale d'Orléans par intérim, pour remplacer momentanément M. Petit-Lafosse qui était député au corps législatif. (4.)

12 *mars* 1805, *ou* 21 *ventôse an* xiii. — Mort de M. Blain, grand-pénitencier du diocèse d'Orléans, ci-devant curé à Ste-Catherine et à cette époque curé d'Olivet: il fut remplacé dans ses fonctions par M. l'abbé Pailliet. (76.)

18 *mars* 1805, *ou* 27 *ventôse an* xiii. — Lors du commencement des travaux pour la construction des bâtimens que M. Laisné de Villevêque faisait élever pour établir sa manufacture de coton dans le couvent de St-Euverte, dont il venait de faire l'acquisition, on découvrit plusieurs chambres sépulcrales: ces chambres, bâties à la manière des Romains, étaient en avant des bâtimens des religieux, vers le sud, et séparées par un corridor dans lequel chacun des cénacles voûtés ouvrait par une porte assez étroite; les chambres qui occupaient la droite de la galerie, construite de l'ouest à l'est, ont été fouillées, on y trouva des urnes entières contenant des cendres, des fragmens de vases et quelques médailles. Les chambres situées à gauche de la galerie, et qui se trouvent engagées sous le bâtiment, sont restées intactes; plusieurs cercueils en pierre et un en plomb, déterrés dans les environs et sur différens points, indiquent que ce cimetière servit à diverses époques reculées. On trouva dans ces cercueils, outre un collier de femme en ambre et en verre, quelques

médailles, mais peu d'inscriptions et aucun signe qui ait pu faire présumer que ces sépultures appartinssent à des chrétiens.

La plupart des médailles trouvées sont de Vespasien, Titus, Adrien, Antonin-le-Pieux, Sabine, Faustine mère et Faustine fille.

On ne sut que penser de ces découvertes, les indices n'étant pas assez frappans : nous savons seulement qu'en l'an 388, époque de la mort de saint Euverte d'Orléans, saint Aignan, son successeur à l'épiscopat, le fit inhumer hors les murs de la ville, au nord-est, dans l'héritage d'un citoyen romain nommé Tétradius, nouvellement converti à la religion catholique par saint Martin, dont il était le disciple; que ce néophyte avait fait construire dans son enclos ou terrains, qu'il devait à la munificence des gouverneurs des Gaules, un oratoire appelé Sainte-Marie-du-Mont, parce qu'il dominait la ville et la Loire. (36, pages 27 et 28, 1$^{er}$ volume, 1$^{re}$ partie.)

Nous avons trouvé aussi que cette place était un ancien lieu de sépulture. (Page 28, 1$^{er}$ volume.)

Nous savons encore que, dès l'année 1163, les religieux de St-Euverte d'Orléans, dont le célèbre Rogerius était le premier abbé, ainsi que ceux de St-Hilaire, qui en étaient une filiation, logeaient séparément dans de petites célulles vis-à-vis l'une de l'autre, dans lesquelles on communiquait par un couloir commun dont l'entrée était fort étroite, et que ces cellules, ou espèces de caveaux, servaient de lieu de sépultures où tombeaux. (21, 64, page 101, 1$^{er}$ vol.)

Nous savons enfin, qu'en 1358, le prince de Galles, qui avait livré l'église de St-Euverte au pillage de ses soldats avait fait établir un cimetière dans les environs, lequel s'étendait au levant en place des murs de ville et des fossés actuels qui n'existaient pas alors. (Page 156, 1$^{er}$ volume.)

20 *mars* 1805, *ou* 29 *ventôse an* XIII. — M. de Jarente d'Orgeval, ancien évêque d'Orléans, qui avait quitté le ministère, s'était marié pendant la Révolution, étant séparé de sa femme et sans enfans, va à Paris, se jette aux pieds de S. S. Pie VII, qui était encore dans cette capitale, lequel lui pardonna ses erreurs et sa conduite passée. (77.)

*4 avril* 1805, *ou* 14 *germinal an* XIII. — Le pape, Pie VII, part de Paris pour retourner dans ses états : le souverain pontif dirigea sa route par Montargis. (77.)

10 *avril* 1805, *ou* 20 *germinal an* XIII. — Circulaire du ministre des cultes, Portalis, adressée au conseil général du département du Loiret, qui l'autorise à prendre, sur les contributions, quatre centimes par francs de plus, pour les frais du culte catholique et pour le rétablissement, dans la cathédrale d'Orléans, de ce qu'on appelle le bas-chœur ou petite musique. (3.)

19 *avril* 1805, *ou* 29 *germinal an* XIII. — Le corps municipal d'Orléans s'assemble pour arrêter de grandes réparations à faire à l'hôtel de la mairie. Parmi les changemens qui datent de cette époque, on remarque la translation de tous les bureaux de l'état-civil, que l'on plaça dans les cénacles disposés à cet effet sous la grande salle où l'on descend à gauche du grand perron (jadis les cuisines de l'Intendance); la distribution des salles pour le conseil, le tribunal de police; la nouvelle plantation du jardin, au milieu duquel on plaça le modèle en plâtre de la statue de Jeanne d'Arc, qui avait été dressée sur le Martroi avant celle en bronze qu'on y voit actuellement ; enfin, la pose d'une plaque en marbre noir, à l'extérieur et sur le haut de la porte principale d'entrée, où sont gravés, en lettres d'or, ces mots : *Hôtel de la Mairie*. (4.)

2 *mai* 1805, *ou* 12 *floréal an* XIII. — Commencement des quêtes dans toutes les paroisses de la ville, pour le séminaire d'Orléans, dont l'établissement avait été retardé malgré les soins, les peines et les sacrifices de son nouveau fondateur, M. l'abbé Mérault, qui en était le directeur: plusieurs habitans d'Orléans, indépendamment de leurs dons en espèces métalliques, envoyèrent des meubles, du vin, du linge et du bois, etc., etc. (76.)

7 *mai* 1805, *ou* 17 *floréal an* XIII. — M. Langlois, artiste vétérinaire, est appelé, par le gouvernement, à donner dans ce département les secours de son art, toutes les fois que les besoins de l'administration les réclameraient. Nommé à ces fonctions, cet artiste, plein d'instruction, donna de nombreux témoignages de son

intelligence et de son zèle, et c'est à lui qu'on doit en partie la cessation d'un charlatanisme effronté dont nos cultivateurs étaient depuis long-temps victimes. (3.)

*8 mai* 1805, *ou* 18 *floréal an* xiii. — Fête de la ville d'Orléans, ou de la Pucelle, à laquelle ne parut pas encore le petit Puceau, dit représentant de Jeanne d'Arc.

L'orateur fut M. l'abbé Pataud, alors vicaire de Saint-Aignan.

Cette fête fut remarquable par la vive discussion que M. Bernier, évêque d'Orléans, eut avec le maire, Crignon-Désormeaux, relativement au droit d'invitation. Le premier avait invité de son chef, et en son propre nom, sans en donner avis au second. Le maire eut la prudence de ne pas troubler la cérémonie; mais à peine fut-elle terminée, qu'il fit rédiger, par les deux notaires de la ville, M<sup>es</sup> Mestier et Lefebvre, une protestation énergique, qui fut de suite envoyée au ministre des cultes, Portalis, avec prière de la soumettre à l'empereur pour y répondre. (4.)

23 *mai* 1805, *ou* 3 *prairial an* xiii. — Cérémonie du couronnement de l'empereur Napoléon 1<sup>er</sup> à Milan, comme roi d'Italie; après les prières de l'Église, il monte les marches de l'autel, y prend la couronne de fer d'Italie, et se la pose lui-même sur la tête. (43.)

A l'occasion de ce couronnement, il y eut une fête à Orléans, et un dîner splendide donné dans les salles de la mairie, auquel assistèrent deux cents quinze personnes des deux sexes, de toutes les notabilités que la ville renfermait.

(Pour connaître les convives, voir à la bibliothèque publique la liste que nous y avons déposée parmi nos pièces justificatives.)

24 *mai* 1805, *ou* 4 *prairial au* xiii. — M. Lebrun, architecte d'Orléans, achète quatre mille cinq cents francs les bâtimens appelés la *Salle du chapitre de Ste-Croix*, situés au sud des tours de ladite église, et si près d'elles, qu'il n'existait qu'un passage très-étroit pour la voie publique. (3.)

Avant la destruction de cette salle, et l'élargissement

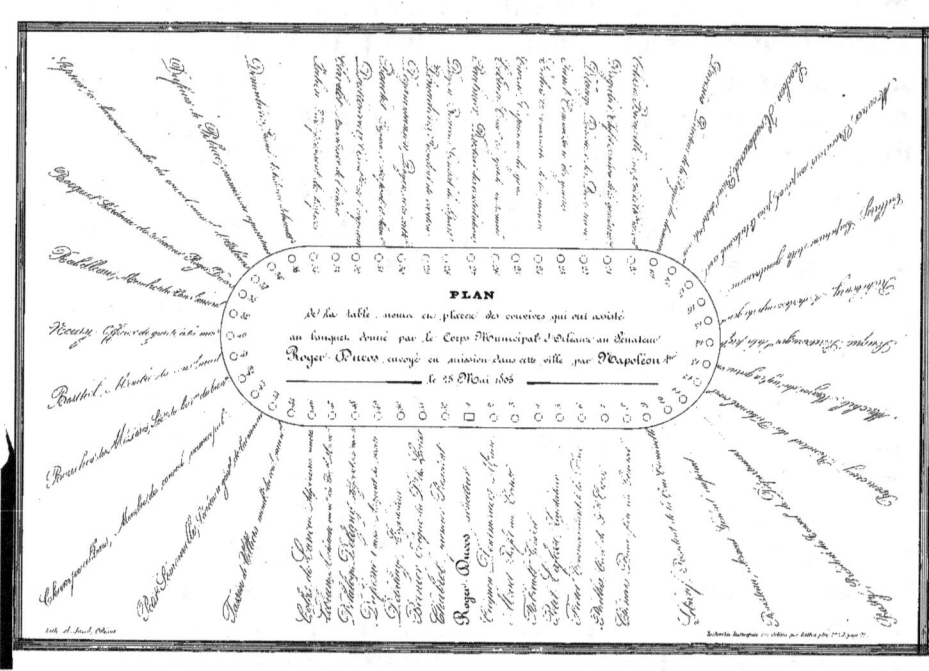

du passage, tel qu'il est maintenant, le local avait servi de salle de concerts et de bals.

*25 mai* 1805, *ou* 5 *prairial an* XIII. — Le docteur Jallon, médecin d'Orléans, fait paraître un excellent ouvrage ayant pour titre, *Dissertation sur l'âge critique des femmes.*

*25 mai* 1805, *ou* 5 *prairial an* XIII. — Le comte Roger-Ducos, l'un des sénateurs nommés aux trente-six sénatoreries de l'empire français, arrive à Orléans, chef-lieu de sa sénatorerie, où il est reçu avec une grande pompe et beaucoup de cérémonies, qui finirent par un dîner magnifique (\*).

1er *juin* 1805, *ou* 12 *prairial an* XIII. — Epoque de la foire d'été, dite foire du Mail, à Orléans. On y remarque plusieurs *muscadins* ou *mirliflores*, les premiers qui se firent voir en province avec leur costume bouffon : ils avaient les cheveux coupés à la *Titus* par derrière, et tombant en oreilles de chien sur les côtés, des nageoires qui se réunissaient sous le menton, en formant avec les cheveux du front un cadre ovale dans lequel la figure était comme incrustée ; une large cravate blanche d'une grosseur énorme ; un pantalon blanc très-large et court, dont la ceinture montait sous les aisselles ; un gilet bleu-ciel très-ouvert, qui n'avait pas plus de six pouces de hauteur, et un seul bouton ; un habit noir fait en queue de moineau et si court qu'il se terminait au bas de la taille ; des souliers blancs très-pointus et liés avec un ruban rose ; des gants d'un bleu foncé ; un chapeau rond, haut et pointu, avec petits bords ; un lorgnon pendu au cou avec une chaîne d'acier, et une petite badine de jonc ayant de quinze à dix-huit pouces de long : tel était alors l'ajustement ridicule de nos jeunes mirliflores-muscadins, qui infectaient, par l'odeur du musc, à dix pas; qui marchaient sur la pointe des pieds en écartant les bras comme des ailes déployées, avançant le corps en avant et marchant en se dandinant à droite et à gauche.

Quant aux femmes qui suivaient les dernières modes,

---

(\*) *Voir* le plan de la table du festin.

elles avaient des robes de diverses couleurs, mais très-courtes, pincées, garnies de rouleaux et de falbalas très-hauts; taille presque sous les bras, aussi décolletées par-devant que les femmes de l'ancienne cour, manches courtes et serrées, des perruques blondes ou noires avec boucles de cheveux à la Ninon, le cou nu avec collier de perles blanches en guirlandes, des gants blancs très-longs, à doigts, et passant le coude ; un sac ou redicule ; souliers roses et cothurnes de même couleur, montant jusqu'au milieu de la jambe, que l'on avait grand soin de laisser voir ; enfin, des bas noirs à jour, pour faire apercevoir la blancheur de la peau et le mollet naturel ou postiche, sorte d'agrément qu'on pouvait se procurer aisément, les marchandes de modes de la foire en ayant exposé à leurs boutiques de toutes les grosseurs, pour toutes les tailles et par brevet d'invention. (76-77.)

*19 juin 1805, ou 30 prairial an XIII.* — Cérémonie funèbre et service solennel, à l'hospice du Mont-Saint-Bernard, à l'occasion de la mort du général Dessaix, tué le 14 juin 1800, à la bataille de Marengo.

Le général Bertrand avait été envoyé par l'empereur pour présider à la pompe de cette reconnaissance nationale. (43.)

A propos du Mont-Saint-Bernard, célèbre par le passage de l'armée française, nous croyons faire plaisir à nos lecteurs en donnant un extrait puisé dans une relation de ce fait insérée dans un petit ouvrage inédit intitulé : *Mes Campagnes sous Napoléon*, écrit en 1805 par le capitaine Mitouflet, orléanais, parti volontairement en 1792 dans le 1$^{er}$ bataillon du Loiret, et qui est mort depuis, en Russie, officier dans la 84$^e$ demi-brigade d'infanterie de ligne.

Ce manuscrit, nous a été confié par un parent de ce brave Orléanais. (79-76-77.)

« A peine arrivés à Paris après notre voyage de Caen, en Normandie, où nous avions tenu garnison pendant un mois, le 8 mars 1800, nous reçûmes l'ordre de partir pour Dijon, pour faire partie d'un corps de 60,000 hommes d'élite, destiné à former une armée dite de réserve.

« Peu de jours après notre arrivée à Dijon, la 1$^{re}$ division, dont mon corps faisait partie, fut dirigée sur le petit bourg de St-Pierre, situé au pied du grand Saint-Bernard.

« De ce lieu au sommet du Saint-Bernard, on ne trouve plus qu'un sentier étroit, capable à peine de recevoir un seul homme de front; les transports se font à dos de mulets; des rochers entassés entre lesquels on passe par mille détours, effraient continuellement les regards; le chamois et l'alouette sont les seuls habitans de ces contrées: le voyageur, en s'élevant, s'éloigne de tout ce qui respire: les nuages se forment à ses pieds; il n'aperçoit autour de lui que d'énormes masses de neige se perdant dans les airs; il n'entend que le bruit des avalanches se précipitant dans les abîmes avec un fracas épouvantable, tandis que la Durance et la Doria roulent leurs eaux dans les sinuosités de ces montagnes; la végétation est à peu près nulle dans ce lieu désert; les derniers sapins sont, à ce que j'ai remarqué, à environ une lieue de Saint-Pierre; plus loin se trouvent seulement quelques buissons épars et des arbres avortés; les animaux ne laissent aucune trace sur la neige durcie de ce terrain glacé où la nature semble morte, où règne enfin un hiver éternel.

« C'est sur ces monts escarpés, au milieu de ces précipices que s'avança l'armée de l'Annibal français, portant son artillerie, ses munitions et ses vivres. Dans les lieux les plus difficiles le pas de charge se faisait entendre et les bataillons, entonnant des chants guerriers, avaient bientôt vaincu tous les obstacles; si quelques soldats s'éloignaient imprudemment de la ligne étroite qu'on nous avait tracée, ils étaient infailliblement engloutis. C'était dans la neige sur laquelle nous marchions que le soldat trempait son biscuit pour se désaltérer, comme aussi c'était en chantant qu'il se délassait de ses fatigues.

« Le 18 mai, à 4 heures du matin, l'armée s'ébranla pour gravir la montagne. Cinq heures et demie furent employées pour parvenir à la cîme du Saint-Bernard, vers la maison des ermites, dont je vais dire quelques mots en passant. Cette maison, à ce que m'a dit un des religieux, fut fondée au xe siècle par un habitant riche et hospitalier de la Savoie; l'endroit où elle est située passe pour le point le plus élevé du globe où l'homme ait fixé sa demeure; ces cénobites, étrangers au reste du monde, ne sont en relation qu'avec quelques voyageurs que la curiosité ou le besoin amène sur ces roches désertes; tous les hommes, quels que soient leurs rangs, leurs pays, sont reçus fort humainement et *gratis* pendant trois jours, sans aucune distinction de croyance; ces pieux religieux ne bornent pas là leurs soins envers les voyageurs, le but de leur institution est de guider ceux qui sont égarés et d'aller à la recherche de ceux que le froid aurait saisis au milieu des neiges, ou que des avalanches auraient précipités dans des fondrières.

« Des chiens, dressés par eux pour aller à la découverte de ces infortunés près de périr, manquent rarement l'occasion de les recontrer; alors, ils les caressent, semblent leur dire de prendre courage et reviennent au couvent où, par leur air inquiet et leurs divers mouvemens, ils annoncent qu'il y a un malheureux à secourir; soudain on leur pend au cou un panier rempli d'alimens réchauffans, on les suit armés de longues perches et autres instrumens pour dégager le patient s'il se trouve enseveli sous la neige, on le transporte à l'hospice où tous les secours lui sont prodigués, et de cette manière on parvient souvent à arracher des victimes à la mort.

« Ces animaux bienfaisans, qu'on m'a dit être au nombre de dix, souvent plus ou moins, sont forts, assez gros, et tenant du dogue et du chien de berger, ce qui en fait une espèce toute particulière; ils sont très-caressans, venaient lécher les mains de nos soldats, qui les comblaient de soins et qui se plaisaient à les prendre dans leurs bras.

« C'est dans ce lieu que, d'après les ordres du *premier consul*, l'armée trouva des tables dressées sur la neige; les soldats y prirent un repas inattendu, qui, malgré sa frugalité, nous parut délicieux; il était nécessaire pour réparer nos forces épuisées; les religieux procédaient à cette distribution de vivres avec une complaisance et une gaîté admirable; à ce tableau singulier se joignait celui du terrain couvert de canons, d'affûts, de caissons, de traîneaux, de brancards, de mulets, de chevaux, de bagages, de munitions, un plateau glacé d'où l'on dominait l'Italie et l'ancienne Gaule.

« Descendus, non sans dangers, nous fûmes rangés en bataille dans les plaines d'Aost, où Bonaparte atteignit les ennemis qu'il culbuta de poste en poste, et les força, etc. »

Il est fâcheux que le petit ouvrage dont nous donnons un extrait, n'ait pas été terminé, il aurait fait honneur à un de nos compatriotes. (77.)

18 *juillet* 1805, *ou* 29 *messidor an* XIII. — Les grandes eaux de la Loire, à la fin de l'année précédente, 1804, ayant détruit une partie du duis, attenant à la levée de St-Charles, avaient aussi creusé, entre cette digue et la levée, un bassin très-profond qui, par suite des grandes chaleurs, avait laissé à découvert, dans le fond de la rivière, des restes de constructions à ciment qui s'étendaient vers la ville et en droite ligne avec la poterne Chéneau et l'église de St-Pierre-Empont; cette découverte fut alors constatée par un rapport de l'ingénieur en chef, présenté au préfet du Loiret, Maret, pour être joint à celui de 1769, qui avait également signalé à cette époque la découverte faite, du côté de la ville, d'une construction semblable s'étendant, du nord au midi, dans la direction de celle nouvellement trouvée; ce qui fit présumer alors, d'une manière plus certaine, l'existence d'un très-ancien pont à cet endroit, vis-à-vis le centre de la ville, pont sur lequel aurait passé César, et celui dont il parle dans ses *Commentaires*. (76-77 et 1$^{er}$ volume.)

1$^{er}$ *août* 1803, *ou* 13 *thermidor an* XIII. — L'évêque d'Orléans place le grand séminaire dans une vaste maison située au levant de l'église de Sainte-Croix et mitoyenne avec le palais épiscopal : cette maison lui avait été donnée par la ville, en échange de l'église et du couvent du Bon-Pasteur qu'il avait obtenue du gouvernement, mais qu'il aima mieux abandonner à cause des grandes réparations qu'il y avait à faire et aussi pour aider à placer convenablement la bibliothèque publique que l'on ne savait où loger.

Ce local, situé près celui qui servait au séminaire formé provisoirement en mai dernier par l'abbé Mérault, aidé des dons des Orléanais, n'en fit plus qu'un seul, par le moyen des communications et des ouvertures que l'on pratiqua dans l'un et dans l'autre.

La rétrocession de l'église du Bon-Pasteur ayant été

faite le 1er juin, c'est-à-dire depuis deux mois, les travaux pour la nouvelle bibliothèque avaient été commencés à cette époque et se continuaient avec une grande activité, sur les dessins et sous l'inspection de M. Pagot, architecte de la ville. (4-77.)

27 *août* 1805, *ou* 9 *fructidor an* XIII. — Arrêté du préfet du Loiret, relatif au placement des ouvriers dans la ville d'Orléans; établissement d'un bureau à cet effet et fixation de la rétribution de 75 centimes par chaque placement, à payer au chef de ce bureau par l'ouvrier placé. (3.)

Par le même arrêté, les qualifications de compagnons du devoir, de rouleur, de garou, etc., etc., sont sévèrement défendues. (3.)

9 *septembre* 1805, *ou* 22 *fructidor an* XIII. — Sénatus-consulte sur le rétablissement du calendrier grégorien, du 22 fructidor an XIII. (*Bulletin des Lois, n°* 56.)

3 *novembre* 1805, *ou* 12 *brumaire an* XIV. — Fête publique, à l'occasion des victoires remportées en Allemagne par l'empereur Napoléon, célébrée à Orléans, annoncée aux habitans par une proclamation affichée qui était ainsi conçue :

*Mairie d'Orléans.*

FÊTE PUBLIQUE A L'OCCASION DES VICTOIRES REMPORTÉES EN ALLEMAGNE.

Le Maire d'Orléans,

Considérant que les victoires éclatantes que Sa Majesté l'empereur des Français, roi d'Italie, vient de remporter sur nos ennemis en Allemagne, ont donné lieu à ce qu'il soit chanté, dans toutes les communes de l'empire, un *Te Deum* en actions de grâces ;

Que ces succès brillans doivent procurer une paix prochaine et solide, rendre au commerce son activité, assurer la tranquillité et le bonheur général ;

Qu'il n'y a pas un seul habitant de cette cité qui ne puisse en espérer les plus heureux effets, et qui, en conséquence, ne doive saisir avec empressement l'occasion d'en rendre à la Providence de sincères remercîmens, et d'en témoigner sa joie ;

Prévient que M. l'évêque d'Orléans fera chanter avec pompe, dimanche prochain, à midi précis, dans l'église cathédrale, un *Te Deum* en action de grâces, et pour se joindre à la solennité de cette cérémonie, arrête :

Art. 1er. Toutes les autorités et fonctionnaires publics sont invités à faire illuminer dimanche prochain, 12 brumaire, dans la soirée, le lieu de leurs séances ; il est enjoint à tous les autres habitans de la ville, d'illuminer le devant de leurs maisons.

Art. 2. Les commissaires de police sont chargés de veiller à l'exécution du présent, qui sera imprimé, publié et affiché dans toute l'étendue de cette commune.

Fait en l'hôtel de la mairie, le 11 brumaire an XIII.

CRIGNON-DÉSORMEAUX, maire. (4.)

13 *novembre* 1805, *ou* 22 *brumaire an* XIV. — Circulaire du corps municipal d'Orléans, adressé à tous les propriétaires et cultivateurs de la commune, pour les inviter de faire cultiver leurs terres par les nombreux prisonniers de guerre Autrichiens, qui avaient été faits par les armées françaises, et qui venaient d'arriver à Orléans : cette circulaire portait un réglement indiquant le nombre de travailleurs que l'on pouvait prendre à la fois, le salaire à leur donner, le logement et la nourriture à leur fournir, ainsi que la responsabilité exigée de ceux auxquels il en était accordé. (4.)

Plusieurs centaines de ces victimes de la guerre furent distribuées dans la commune pour y cultiver les terres qui manquaient de bras, ce qui adoucit leur malheureux sort et fit le profit des cultivateurs et des propriétaires qui les employèrent. (76-77.)

1er *décembre* 1805, *ou* 10 *frimaire an* XIV. — *Te Deum*

et réjouissance à Orléans, en actions de grâces pour l'entrée des Français à Vienne, capitale de l'Autriche, cet hymne, adressé au dieu des victoires, fut chanté en musique et avec grande pompe dans la cathédrale de Ste-Croix, en présence des autorités, des corps constitués civils et militaires, ainsi que d'un peuple nombreux. (4.)

21 *décembre* 1805, *ou* 30 *frimaire an* xiv.—M. Lebrun, architecte de la ville, qui avait acheté, depuis quelques mois, la salle du chapitre de Sainte-Croix et la maison de la maîtrise, ou logement du maître de musique et des enfans de chœur, fait seulement abattre la grande salle pour élargir le passage du cloître sud au cloître à l'ouest, au bas des tours, dans la largeur où nous le voyons présentement, et qui n'avait alors que huit pieds au plus. (76-77.)

Depuis quelques années, ce local avait servi de salle publique de concerts par abonnement, régis par les amateurs de musique de la ville, sous la direction du sieur Démar, compositeur et artiste allemand, lequel, à la démolition de la salle du chapitre, fit disposer une autre salle rue Pavée, au nord du spectacle, qu'il désigna sous le nom de Salon d'Apollon, où il donna concert pendant quelques années ; mais ce local étant devenu trop petit, il fit disposer une jolie salle rue des Hennequins, qu'il surnomma Salon de Flore. Cette salle, après avoir été fréquentée par la plus brillante société, a été métamorphosée en salle de bals de noces, de francs-maçons, et enfin est devenue guinguette. Elle a été démolie en 1840.

22 *décembre* 1805, *ou* 1<sup>er</sup> *nivôse an* xiv. — *Te Deum* chanté avec pompe dans l'église de Sainte Croix d'Orléans, en actions de grâces du gain de la bataille d'Austerlitz. Cette fête fut annoncée dans la ville par une affiche ainsi conçue :

*Mairie d'Orléans.*

FÊTE PUBLIQUE A L'OCCASION DE LA BATAILLE D'AUSTERLITZ.

Le Maire d'Orléans,

Considérant que la victoire, à jamais mémorable, que Sa Majesté l'empereur des Français et roi d'Italie, vient de remporter à Austerlitz sur les empereurs d'Allemagne et de Russie, a donné lieu à ce qu'il soit chanté, dans toutes les communes de l'Empire, un *Te Deum* en actions de grâces ;

Que ce succès, dont l'histoire ne présente aucun exemple, vient, après deux mois seulement de campagne contre les deux puissances les plus formidables de l'Europe, de nous procurer un armistice qui doit nous donner une paix assurée et glorieuse, dont les résultats bienfaisans rejailliront sur tous les membres de l'Empire ;

Que notre auguste et invincible souverain doit exciter dans le cœur de tous les Français des sentimens d'admiration, d'amour et de reconnaissance, et qu'il n'y en a pas un qui ne doive saisir avec empressement l'occasion de les lui témoigner et d'en remercier la divine Providence ;

Prévient que M. l'évêque d'Orléans fera chanter avec pompe, dimanche prochain, à midi précis, dans l'église cathédrale, un *Te Deum* en actions de grâces ; et pour se joindre à la solennité de cette cérémonie,

Arrête :

Art. 1$^{er}$. Toutes les autorités, fonctionnaires publics et habitans, sont invités à faire illuminer, dimanche prochain, 1$^{er}$ nivôse, dans la soirée, le lieu de leurs séances et le devant de leurs maisons.

Art. 2. Le présent sera imprimé, publié et affiché dans toute l'étendue de cette commune.

Fait en l'hôtel de ville, le 29 frimaire an XIV.

Pour l'absence de M. le Maire :

Dufresné l'aîné, adjoint.

Ce *Te Deum* coûta à la ville la somme de 487 fr. 8 c., ce qui est constaté par les mémoires que nous avons vus et lus (*). (4-7.)

25 décembre 1805, ou 4 nivôse an XIV. — Leber, jeune

---

(*) Plusieurs officiers français, de nos amis, qui se sont trouvés à cette sanglante bataille d'Austerlitz, nous ont assuré avoir vu, dans les mains du général Savary, aide-de-camp de Napoléon, un papier écrit au crayon par cet empereur, portant la défense aux tirailleurs de l'armée française de tirer sur l'autocrate russe pendant sa fuite, et l'ordre aux maréchaux de protéger de tous leurs moyens la retraite précipitée de son ennemi. (43-77.)

poëte orléanais, fait jouer sur le théâtre d'Orléans, un vaudeville de sa composition, intitulé *Bataille d'Austerlitz*. Cette petite bluette, remplie de sentimens patriotiques et d'enthousiasme pour Napoléon, eut plusieurs représentations. (77.)

*26 décembre 1805, ou 5 nivôse an* XIV. — Le maire d'Orléans fait publier dans cette ville la paix entre la France et l'Autriche, avec les solennités ordinaires en pareille circonstance. (4.)

## 1806.

1$^{er}$ *janvier* 1806. — Date de l'usage du calendrier grégorien, repris dans tous les bureaux des diverses administrations d'Orléans, ainsi que par les habitans, et suppression de celui dit républicain, en conformité du sénatus-consulte organique, du 22 fructidor an XIII. (3-4.)

12 *janvier* 1806. — L'empereur Napoléon adopte pour son fils Eugène Beauharnais, fils de Joséphine; la couronne d'Italie, dont il est nommé vice-roi, lui est dévolue, à défaut de descendans naturels et légitimes de Napoléon-le-Grand. (43.)

Eugène Beauharnais était originaire d'Orléans; ses ancêtres, qui avaient occupé les premières places dans cette ville, habitaient un castel appelé la Chaussée, hors les murs, sur la paroisse de St-Laurent-des-Orgerils, où se trouvent tous les actes de naissance de cette nombreuse et illustre famille, qui avait un pied-à-terre rue des Trois-Maries, n° 10, maison actuellement habitée par Guyot-Chéron, imprimeur. Cette famille est citée dans les annales orléanaises pour l'instruction et le mérite de ses membres, qui possédèrent la première bibliothèque de manuscrits connue dans la province. (77, et page 167, 1$^{er}$ vol. de la 1$^{re}$ partie.)

20 *janvier* 1806. — Mort de Couret de Villeneuve, ancien imprimeur d'Orléans, sa ville natale. Étant en Hollande, où il habitait la ville de Gand, il eut le malheur de tomber dans la Lys, et s'y noya; il avait la

vue très-faible. Ce fut lui qui le premier fit paraître périodiquement un journal intitulé *Annonces orléanaises, ou Gazette orléanaise.* (4.)

1$^{\text{er}}$ *mars* 1806. — Etablissement d'une salpêtrière à Orléans, dans l'ancienne église de Notre-Dame-du-Chemin, près la porte Bourgogne. (76.)

11 *mars* 1806. — Cérémonie pour la bénédiction des cloches de St-Paterne d'Orléans. Le parrain, maire d'Orléans, dépensa, en dragées et autres petits frais, la somme de 728 fr. 90 c., qui fut portée sur les comptes de la commune. (4.)

25 *mars* 1806. — Affiches de *commodo* et *incommodo*, placardées dans les rues et places d'Orléans, pour connaître le vœu des habitans sur le transport projeté de l'Hôtel-Dieu de cette ville, de la place de l'Etape où il est, sur les remparts de la porte Madeleine, entre cette porte et le jardin des plantes.

Ce projet, si utile et si désiré, resta inexécuté, sans que nous ayons pu découvrir le motif qui le fit abandonner. (4-77.)

30 *mars* 1806. — Pendant ce mois, les dames du Calvaire d'Orléans, qui s'étaient provisoirement fixées dans une grande maison, rue de Quatre-Degrés, après leur dispersion, viennent se fixer dans l'emplacement de l'ancienne église de Ste-Colombe, dont on n'avait abattu que le clocher, à sa suppression par l'Evêque de Netz, en 1645. Ces religieuses y firent élever, sur les plans d'un sieur Pout de Nieul, qui devint directeur de la poste aux lettres à Orléans, une maison claustrale, et un pensionnat qui a une sortie sur la place ou cloître St-Etienne, et une dans l'impasse appelé de Sainte-Colombe. (76.)

8 *avril* 1806. — Publication du catéchisme intitulé *Catéchisme de l'Empire*, mis à l'usage du diocèse d'Orléans, précédé d'un mandement de l'évêque Bernier; il était l'auteur de plusieurs chapitres et d'une grande partie des prières pour l'empereur Napoléon et sa famille, que l'on recommandait à Dieu, tant pour une vie longue et heureuse, que pour la prospérité de ses armes, sur lesquelles on appelait la bénédiction du Ciel.

Les partisans de l'ancien catéchisme, que l'évêque d'Orléans ordonnait de supprimer, donnèrent au nouveau le surnom de *Catéchisme des Napoléoniens*. (77.)

*20 avril* 1806. — L'église de St-Marc, hors les murs d'Orléans, est cernée par des gendarmes, chargés d'arrêter des conscrits réfractaires qui se trouvaient à l'office de ce jour. Les femmes qui étaient dans cette église, déposèrent une partie de leurs vêtemens dans la sacristie, afin que les jeunes gens, la plupart leurs frères, leurs parens ou leurs amis, pussent s'en vêtir; ce qui eut lieu sur-le-champ, et pendant qu'on chantait comme à l'ordinaire. L'office fini, tous les assistans sortirent en foule, ce qui donna moyen aux jeunes gens de s'évader, aux yeux mêmes des gendarmes, étonnés de ne voir que des femmes, des vieillards et des enfans en bas âge. (4.)

*21 avril* 1806. — M. Maret, premier préfet du Loiret, qui occupait cette place depuis six ans, avec zèle, et impartialité, est appelé à d'autres fonctions par le gouvernement, et remplacé sur-le-champ par M. Pieyre, de Nîmes. (3.)

*5 mai* 1806. — Décret impérial, daté de la Malmaison, relatif à la discussion qui avait eu lieu le 8 mai de l'année précédente, jour de la fête d'Orléans, entre l'évêque Bernier et le maire, Crignon-Desormeaux, au sujet des invitations faites par le premier, et en son propre nom. Ce décret portait, que cette fête, étant civile, se trouvait dans les attributions du maire, qui avait seul le droit de l'ordonner, de faire les invitations en son nom, et d'en régler la marche, mais que tout ce qui se passerait à l'église, était du ressort de l'évêque, ainsi que tout ce qui concernerait les ecclésiastiques de son diocèse, qu'il était libre d'y inviter seul et sans la participation de l'administration civile. (4.)

*8 mai* 1806. — La fête de la ville d'Orléans, dite de la Pucelle, est célébrée avec une pompe extraordinaire; la dépense s'éleva à la somme de 3,933 fr. 31 c. Il y eut décharge de boîtes, illumination à l'hôtel de la mairie, à la préfecture, au palais épiscopal, aux lieux des séances des divers tribunaux et établissemens publics; danses sur la place du Martroi pour le peuple, distribution de vin et d'eau-de-vie, distribution de bouquets aux principaux assistans, musique militaire, revue de la garde nationale, grande pompe dans la cathédrale de Ste-Croix; le discours fut prononcé par M. Bernet, vicaire de St-Paterne; il y eut surtout un banquet magnifique, donné à la mairie, aux frais de la ville, par le maire, repas dont la dépense s'éleva, pour le traiteur seulement, sans compter le mémoire du cafetier, à la somme de 1,786 fr.: *voir ci-après l'état des dépenses, copié par nous sur l'original, qui se trouve maintenant à la bibliothèque publique.* (4.)

Mairie d'Orléans, dépenses municipales, exercice de 1806, fête de la Pucelle :

*ETAT des dépenses faites pour la fête de la Pucelle, du 8 mai 1806.*

| | |
|---|---|
| Mémoire du charpentier.......... | 81 f. 95 c. |
| Tirage des boîtes.............. | 152 50 |
| Illumination................ | 863 08 |
| Danses sur la place............ | 48 00 |
| Distribution de vin et d'eau de vie.. | 249 00 |
| Mémoire du tonnelier........... | 12 25 |
| Louage de meubles............ | 629 00 |
| Mémoire de l'épicier, pour bougies.. | 96 29 |
| Mémoire du traiteur (le sieur Brunet). | 1,786 00 |
| Mémoire du cafetier............ | 16 50 |
| Indemnités à la musique......... | 68 00 |
| Indemnités à neuf gendarmes étrangers qui ont assisté à la fête, à raison de 9 fr. chacun................. | 81 00 |
| Mémoire de la bouquetière....... | 63 00 |
| Frais d'église................ | 137 50 |
| Tentures noires pour le service..... | 18 25 |
| Menues dépenses............. | 90 95 |
| Total.......... | 3,933 37 |

Arrêté par nous, maire d'Orléans, le présent état, montant à la somme de trois mille neuf cent trente-trois francs trente-sept centimes, ce 31 mai 1806.

CRIGNON-DESORMEAUX, maire. (4.)

*14 mai* 1806. — Par ordre de la police d'Orléans, les boulangers de la ville sont tenus de donner à leurs pains les poids de 4 kilogrammes ou 8 livres, de 2 kilogrammes ou 4 livres, de 1 kilogramme ou 2 livres, et celui de 16 hectogrammes ou 1 livre, tout en continuant d'en faire de trois qualités, savoir : blanc, bis blanc et bis, sans déroger en rien aux autres réglemens relatifs à l'exercice de leur profession. (4.)

Cette ordonnance mit fin à l'usage immémorial, qui existait à Orléans, de donner aux pains de boulanger, les poids de neuf livres, six livres, trois livres et une livre et demie.

*14 mai* 1806. — Arrêté du maire d'Orléans, relatif aux pots au lait, qu'il ordonne être en fer blanc, et non en cuivre comme par le passé, ainsi que les petites mesures dont se servent les laitières, et dont la capacité fut fixée selon le système décimal. (4.)

*30 mai* 1806. — Arrêté du maire d'Orléans, qui renouvelle la défense de vendre et distribuer des chairs de boucherie autre part que dans les halles, connues sous le nom de, 1°, Grande Boucherie du Grand-Marché ; 2°, Boucherie du Petit-Marché ou Porte-Renard; 3°, Boucherie de St-Germain, et non dans les maisons particulières, comme plusieurs bouchers voulaient en prendre l'usage. (4.)

*7 juin* 1806. — L'entrepôt des sels est rétabli à Orléans, par ordre de l'empereur Napoléon, qui venait de mettre un impôt sur cette denrée de première nécessité : les magasins furent placés dans l'ancien local du vieil hôtel de ville, rue Ste-Catherine, qui portait jadis le nom de *Sallouer;* les bureaux furent ouverts rue Bannier, chez le sieur de Boislandry, receveur.

Cette régie fut mise dans les attributions des douanes, et les employés fixés à Orléans, au nombre de sept, un inspecteur, un receveur, deux vérificateurs, un aide-vérificateur, un receveur aux déclarations et un commis aux expéditions. (3.)

*18 juin* 1806. — M. de Tascher prouve sa filiation avec les Beauharnais, originaires d'Orléans, dont Joséphine, impératrice, avait épousé, en premières noces, un des membres. Cette alliance, reconnue par l'empereur, procura à la famille de Tascher la protection et les faveurs de Napoléon, qui plaça près de sa personne, et dans son conseil, le chef de cette famille, M. Tascher de la Pagerie, qui vivait à Orléans. Dès-lors, toutes les premières maisons de cette ville cherchèrent à obtenir, par le canal de cette ancienne et noble famille, les bonnes grâces et un regard protecteur du chef de l'Etat. (76.)

23 *juin* 1806. — Publication, faite à Orléans, du décret concernant le poids des voitures et la police du roulage.

Ce décret donna lieu à l'établissement des ponts à bascule, destinés à peser les voitures, à s'assurer si leur poids n'excédait pas celui déterminé par les réglemens sur la police et la conservation des routes. Plusieurs de ces ponts à bascule furent construits sur les principales routes qui arrivent à Orléans, et à la distance d'une demi-lieue environ en avant des portes de la ville. (3.)

1$^{er}$ *juillet* 1806. — Le conseil de la commune d'Orléans ayant eu connaissance du projet que le gouvernement avait d'établir, dans les vingt-huit principales villes de l'empire, des écoles de Droit, se hâte d'envoyer une députation de ses membres à l'empereur Napoléon, qui passait à Blois, pour le prier de comprendre Orléans dans le nombre de ces vingt-huit villes : le chef de l'Etat accueillit favorablement ces envoyés, et donna l'assurance de s'en occuper. (4.)

Le projet de la commune était d'ouvrir cet établissement sur l'emplacement de l'Hôtel-Dieu d'Orléans, tout en démasquant le monument de Ste-Croix, et de reporter l'Hôtel-Dieu, suivant une ancienne délibération, sur les remparts de la porte Madeleine, entre cette porte et le Jardin de Ville : malheureusement, ces deux projets n'eurent pas lieu, au grand regret des Orléanais. (76.)

2 *juillet* 1806. — L'église de St-Euverte, qui n'avait pas été vendue avec les bâtimens claustraux, est convertie en atelier pour la fabrication du salpêtre, pour le compte du gouvernement : le directeur, nommé Pichot, fut logé

dans la petite maison y attenante, qui est en face de la rue St-Euverte. (3-4.)

*4 juillet* 1806. — Bénédiction d'une des cloches de l'église de St-Aignan d'Orléans : le maire en fut le parrain, et dépensa, en dragées et en confitures, la somme de 140 fr., que nous avons trouvée portée sur les comptes de la commune. (4.)

*6 juillet* 1806. — L'évêque d'Orléans ordonne la lecture, dans toutes les églises de la ville et de son diocèse, du bref du cardinal Caprara, légat *à latere* du pape Pie VII, qui renouvelle la défense de faire les fêtes supprimées par le concordat, et celle d'appeler les fidèles par le son des cloches le jour de ces fêtes, qui ne sont pas obligatoires, mais seulement de dévotion. (7.)

*14 juillet* 1806. — Lagardette, habile architecte, meurt à Orléans, et laisse au sieur Dupuis, couvreur, son intime ami, tous ses portefeuilles remplis de ses dessins, que ce dernier a la générosité de donner à l'école gratuite d'architecture d'Orléans, sans aucune indemnité.

Lagardette fut inhumé au cimetière St-Jean, à quarante pas environ sud-ouest de la porte d'entrée, où un mausolée simple, orné de son portrait en bronze, se voit encore présentement, et rappelle, par une épitaphe, qu'il a été élevé par ses nombreux amis, et de leurs propres mains. (76-77.)

*26 juillet* 1806. — Plusieurs rabbins juifs passent par Orléans, se rendant à Paris, pour assister à la première assemblée de ces religionnaires en France, convoquée par l'empereur. (76.)

*30 juillet* 1806. — MM. Foxlow et Tayer, deux Anglais associés pour la manufacture de coton située près la porte Bourgogne, à Orléans, avaient entre eux un procès qui durait depuis plusieurs années. Le jugement définitif rendu à cette époque, ruina le premier ; par suite, la manufacture fut fermée : huit cents ouvriers, de tout âge et de tout sexe, furent privés de travail et réduits à la plus affreuse misère. (77.)

*20 août* 1806. — Le jardin de l'Hôtel-Dieu d'Orléans,

rue de l'Evêché, qui venait joindre le mur de clôture du Grand Cimetière, et formait une impasse, est diminué de la largeur de quarante pieds, pour y pratiquer une petite rue vis-à-vis la nouvelle bibliothèque, que l'on terminait. Cette rue, sur les deux côtés de laquelle on planta, plus tard, deux rangées d'arbres, fut appelée rue Maret, du nom du premier préfet du Loiret, dont le souvenir était cher aux Orléanais. (4.)

1$^{er}$ *octobre* 1806. — Mort d'Etienne-Alexandre-Marie Bernier, évêque d'Orléans, à Paris, à la suite d'un accident; sa voiture ayant été renversée lorsqu'il se rendait aux Tuileries, où Napoléon l'avait mandé.

Il était né à Daon, au diocèse d'Angers, le 31 octobre 1764; il fut sacré par le cardinal Legat, le dimanche des Rameaux, le 10 avril 1802; ainsi, son épiscopat n'a été que de quatre ans et quelques mois.

D'abord curé de St-Laud, petite paroisse d'Angers, il devint chef des Vendéens, ambassadeur de Napoléon près le pape Pie VII, enfin évêque d'Orléans avec l'espoir d'être cardinal.

4 *octobre* 1806. — L'église, le couvent et le jardin des Jacobins, sur la place de l'Etape d'Orléans, sont disposés pour servir de caserne d'infanterie. (3-4.)

4 *octobre* 1806. — Le cœur de l'évêque d'Orléans, Bernier, est apporté à Orléans; il fut exposé pendant vingt-quatre heures aux regards du public, sur un lit de parade élevé dans une des salles du palais épiscopal, et entouré d'un nombre considérable de cierges allumés; il fut inhumé avec pompe dans la sixième chapelle sud de la cathédrale de Sainte-Croix d'Orléans, où se voit son tombeau et son épitaphe. (77.)

3 *novembre* 1806. — Arrêté du maire d'Orléans, qui défend aux sabotiers de fumer leurs sabots dans la ville, soit dans leurs maisons ou autres endroits d'icelles. (4.)

10 *novembre* 1806. — *Te Deum* chanté en musique et avec grande pompe, dans la cathédrale d'Orléans, en présence de tous les administrateurs, des corps constitués, d'une partie de la garde nationale et d'une affluence considérable de peuple, en actions de grâces des victoires des

Français en Prusse, et de leur entrée à Berlin, capitale de ce royaume. (4.)

*14 novembre* 1806. — Madame de Genlis arrive à Orléans avec un jeune homme de vingt ans, nommé Casimir, que les uns regardaient comme son fils adoptif, d'autres comme un enfant naturel.

Ce jeune homme s'annonça dans la ville comme harpiste, élève de madame de Genlis, et fit afficher un concert dans lequel il se ferait entendre : le concert eut lieu, à la satisfaction des amateurs de musique, et à celle de l'artiste, qui reçut de grands éloges et fit bonne recette.

Madame de Genlis contribua pour beaucoup dans l'affluence des auditeurs, désireux de connaître cette femme célèbre.

Le concert fut donné dans le salon de Flore, rue des Hennequins : la répétition avait été faite chez M. Lottin, professeur, qui dirigea l'orchestre. (76-77.)

*20 novembre* 1806. — Napoléon, étant à Berlin, nomme, par un décret daté de cette ville, quatre notaires certificateurs dans Orléans : les notaires désignés furent MM. 1°, Cabart père ; 2°, Lefebvre ; 3°, Rabelleau, et 4°, Pelletier père. (7.)

*Décembre* 1806. — Vingt mille volumes de la bibliothèque publique ou dépôt littéraire d'Orléans établi dans le couvent des Bénédictins de cette ville, sont vendus à l'enchère pour le prix modique de 9,400 fr. (76.)

―――――

## 1807.

1$^{er}$ *janvier* 1807. — Décret impérial qui fixe ainsi les appointemens des juges des divers tribunaux d'Orléans,
Savoir :

1°, Pour le président de la cour d'appel, 10,000 fr.

2°, Procureur général, 8,000. fr.
3°, Président de la cour criminelle, 10,000.
4°, Procureur de la cour criminelle, 8,000.
5°, Procureur impérial de 1$^{re}$ instance, 3,600.
6°, Président de 1$^{re}$ instance, 3,600.
7°, Juges en 1$^{re}$ instance, 1,800. (3.)

*Janvier 1807.* — Dominique Latour, docteur en médecine à Orléans, est appelé par Louis Bonaparte, roi de Hollande et frère de Napoléon, pour être son médecin en chef ; il quitta de suite Orléans pour se rendre à Lahaye, puis à Amsterdam, où il resta plusieurs années : il sut profiter de cette faveur de la fortune, et trouva dans ce royaume honneurs et richesses. (76-77.)

*8 février 1807.* — Fête des bouchers d'Orléans, et promenade du bœuf gras dans cette ville. Un énorme animal, couvert d'une housse écarlate, les cornes ornées de fleurs et de rubans, portant sur son dos un joli enfant de six ans vêtu en amour, ayant un arc à la main et un carquois sur le dos, était suivi par plus de cinquante garçons bouchers proprement vêtus, en vestes, bonnets et tabliers blancs, partie à cheval et partie à pied ; le cortége parcourut une bonne portion de la ville en faisant éclater sa joie bruyante et s'arrêtant devant la demeure des principaux habitans d'Orléans, ainsi qu'à la porte des meilleures pratiques, dont les générosités servirent à faire un gala splendide qui termina cette fête. (77.)

*9 février 1807.* — M. Payen, chirurgien et très-habile opérateur, né à Orléans, fait paraître un excellent ouvrage de lui, portant pour titre : *Dissertation sur la complicité des plaies des artères.* (77.)

*17 février 1807.* — La jolie petite église des Bénédictins, qui avait servi à divers usages depuis sa suppression, est enfin démolie pour faire la cour actuelle de l'hôtel de la préfecture, où l'on éleva le portail qui se voit aujourd'hui, d'après les dessins de M. Pagot, architecte de la ville. (3-76-77.)

*18 février 1807.* — *Te Deum* chanté en musique et avec grande pompe, dans la cathédrale d'Orléans, en action de grâces du gain de la bataille d'Eyleau, gagnée par les Français sur les Russes, le 10 du présent mois. (4.)

*3 mars 1807.* — Lettre du conseiller d'Etat, Montalivet, directeur de l'instruction publique, écrite au préfet du Loiret, Pieyre, pour qu'il ait à faire nommer, dans son département, une commission chargée d'examiner les jeunes gens qui, doués d'une belle voix, se destineraient à l'art musical, en exécution du décret du 3 mars 1806, relatif au Conservatoire de Paris. (3.)

*29 mars* 1807. — Par ordre des quatre vicaires généraux MM. de Gamanson, Mérault, de Blanbisson, et Demadières, le siége vacant par la mort de l'évêque Bernier, il est ordonné une quête pour le grand séminaire d'Orléans, laquelle fut faite par les curés des paroisses du diocèse : la recette fut considérable, on cite surtout la paroisse de St-Paterne, qui, seule, avait recueilli la somme de 6,000 francs pendant la grande messe. (76-

Cette quête avait été annoncée aux fidèles pendant plus de quinze jours à l'avance, par des prédicateurs choisis.

*Avril* 1807. — La tour Bourbon, au levant de la porte St-Vincent, vis-à-vis les venelles de St-Marc, est disposée pour servir de magasin à poudre : un petit jardin est disposé sur sa sommité par le gardien. (77.)

*8 mai* 1807. — Fête de la délivrance d'Orléans ou de la Pucelle, remarquable par le changement du tour de la procession et par un bal brillant donné dans la salle de spectacle.

Le cortége, sorti de la cathédrale par la porte latérale au sud, passa par la rue de Sémoy, celle des Grands-Ciseaux, le Grand-Marché, le marché à la Volaille, le quai du Châtelet, le pont, la rue St-Marceau ; une station eut lieu comme à l'ordinaire dans l'église ; au retour, la rue Dauphine, le pont, la rue Royale, la place du Martroi, station dans l'église de St-Pierre-en-Sentelée, la rue d'Escures, la place de l'Etape, la rue de l'Evêché, puis on rentra dans Ste-Croix par la porte latérale nord.

L'orateur fut M. Desnoues, vicaire de St-Paul.

Cette fête se fit encore sans le petit représentant de Jeanne-d'Arc.

Il parut assez extraordinaire que le bal donné pour cette fête le fut à la salle de spectacle : la dépense s'éleva à la somme de 2,000 fr. (4.)

1$^{er}$ *juin* 1807. — Arrivée de Napoléon à Dantzick. M. Jousselin, de Blois, inspecteur des ponts-et-chaussées, depuis ingénieur à Orléans, fit des travaux extraordinaires pour la défense de cette place : ils lui acquirent une grande réputation d'activité, de bravoure et de science. (43.)

3 *juin* 1807. — M$^{lle}$ Raucourt fait l'acquisition du château de la Chapelle, près d'Orléans : elle se fit chérir dans cette charmante demeure, qu'elle embellit par de nombreux travaux. (77.)

4 *juin* 1807. — La recette municipale est séparée de la perception des contributions de l'Etat. Elle est donnée à M. Crignon de Bellevue. (38.)

10 *juin* 1807. — Une administration des pompes funèbres, ou convois funéraires, est établie à Orléans, et une adjudication eut lieu à cet effet dans la chambre du conseil municipal pour la nomination de l'entrepreneur.

Le sieur Bobée obtint la ferme moyennant la somme de 15,000 fr. par an, pendant l'espace de neuf années consécutives, et fut tenu à des réglemens particuliers dont voici les principaux articles :

Les porteurs seront au nombre de cinq, dont quatre pour le corps et un pour la tête ;

Ces porteurs seront revêtus d'un costume particulier, habit gris mélangé de noir, boutons, collet et paremens noirs ; veste, culotte ou pantalon et bas noirs, chapeau rond garni d'un crêpe.

La rétribution pour le transport d'un corps à l'église et de l'église au cimetière est fixé ainsi qu'il suit, savoir :

Pour le porteur de la tête, 3 fr. ; pour chacun des quatre autres porteurs, 2 fr. 25 c. ; pour le porteur d'un enfant de quatre ans jusqu'à sept, 2 fr. 50 c. ; pour le porteur d'un enfant de quatre ans et au-dessous, 1 fr. 50 c.

Le prix de chaque bierre en sapin, ou en bois blanc, est fixé, pour les décédés de dix-huit ans et au-dessus, à 9 fr. ; de douze à dix-huit, 6 fr. ; de huit à douze, 4 fr. ; au-dessous de huit ans, 2 fr.

Elles seront faites par l'entrepreneur, qui devra en faire prendre la mesure, la porter au domicile et y faire déposer et renfermer le corps.

L'entrepreneur sera obligé de faire gratuitement le transport des corps des indigens dont l'indigence est constatée et de leur faire un cercueil et fournir un drap mortuaire décent, etc., etc.

A la suite était un arrêté définitif du conseil municipal relatif à la taxe des fournitures pour les convois funéraires.

Le tarif, divisé en plusieurs chapitres, détaillait les frais :

Des corbillards plus ou moins décorés de franges et glands ;

Du nombre de chevaux qui y seraient attelés ;

Des voitures de deuil ;

Des billets d'enterrement et des porteurs ;

Des maîtres de cérémonies et de leurs divers costumes ;

Des habits de deuil à fournir à loyer ;

Pour la fourniture de l'argenterie ;

Pour les divers draps mortuaires avec garnitures différentes ;

Pour catafalques, ou charpentes, à la porte du décédé, etc., etc.

Ce réglement ne fut mis à exécution qu'à la St-Jean de 1809, attendu la confection des objets formant le matériel de cette nouvelle entreprise et le choix des hommes porteurs des corps, auxquels les Orléanais donnèrent le nom de Croquemorts, comme en 1450, ils avaient celui de Corbeaux. (4.30.)

19 *juin* 1807. — Six mille hommes de troupes d'élite espagnoles passent par Orléans pour se rendre en Allemagne, près de Napoléon ; ces soldats étaient vêtus de petits habits-vestes bruns, culottes courtes de même couleur, guêtres en forme de bas sans pieds, chaussés de sandales découvertes avec des cothurnes rouges ornés de rubans verts. Ils marchaient d'un pas accéléré et précipité, même en défilant la parade.

26 *juin* 1807. — Arrêté du préfet du Loiret, relatif

aux fourbisseurs, armuriers et autres, qui font le commerce ou l'échange des armes, lesquels étaient obligés, par les principaux articles :

1°, D'avoir un registre timbré et paraphé, destiné à inscrire, jour par jour, la quantité d'armes vendues et leur espèce ;

2°, De désigner, par leurs noms et surnoms, les personnes qui en feraient l'acquisition ;

3°, D'observer les mêmes formalités pour les armes dont ils feraient eux-mêmes l'acquisition ;

4°, L'interdiction expresse, formelle et punissable, de fabriquer, vendre ou acheter des fusils ou pistolets à vent, de forme nouvelle ou semblables aux premiers faits en 1547, époque de leur invention. (3.)

15 *août* 1807. — Célébration de la première fête de St-Napoléon à Orléans : cette fête fut d'autant plus brillante et remarquable, que la publication de la paix de Tilsitt fut faite en même temps.

Le même jour que toutes ces réjouissances avaient lieu à Orléans, l'empereur Napoléon, en grand cortége, va à Notre-Dame de Paris, entendre un *Te Deum* en actions de grâces de la paix de Tilsitt : en sortant de cette cathédrale, il se rend, avec tout son cortége, sur la place Vendôme, et y pose, avec de grandes cérémonies, la première pierre de la colonne triomphale, élevée par lui à la gloire des armées françaises. (43.)

La colonne de la grande armée, faite à l'imitation de la colonne Trajane, a 133 pieds de hauteur ; le fût a 12 pieds de diamètre.

Ce monument, élevé en pierre, est revêtu de bronze dans toute sa hauteur, formé de 276 plaques de 3 pieds de large sur 3 pieds 8 pouces de haut, fondu avec l'airain conquis sur les ennemis pendant la guerre d'Allemagne, en 1805, guerre qui fut terminée en trois mois. (43.)

16 *août* 1807. — A l'occasion de cette fête et de la publication de la paix de Tilsitt, il y eut à la mairie d'Orléans un souper splendide dont la note suit.

NOTE DU SOUPER ARRÊTÉ AVEC LE SIEUR BRUNET, TRAITEUR, POUR LA FÊTE DE LA PAIX, LE 16 AOUT 1807.

*Table de 60 couverts.*

| | |
|---|---|
| Huit potages à la Julienne et au riz à la purée, à 4 fr. | 32 fr. |
| Un saumon. | 30 |
| Une mère carpe. | 30 |
| Un brochet. | 24 |
| Un barbillon. | 20 |
| Un quartier de mouton au chevreuil. | 14 |
| Un filet de bœuf. | 14 |
| Deux jambons de neuf livres, à 2 fr. | 36 |
| Quatre plats de Bayonnaise de volaille, à 4 fr. | 16 |
| Une hure de sanglier. | 20 |
| Un dinde à la gelée. | 14 |
| Un pâté de perdreaux ou dindonneaux. | 12 |
| Deux dindonneaux rôtis, sur cresson. | 10 |
| Six perdreaux rôtis, en deux plats. | 12 |
| Quatre pigeons de volière, en deux plats. | 4 |
| Deux pâtés chauds aux légumes. | 8 |
| Quatre buissons d'écrevisses. | 30 |
| Quatre salades avec œufs durs. | 8 |
| Quatre salades d'olives. | 8 |
| Trois d'artichauts à la Mérigoule. | 8 |
| Trois de petits pois. | 9 |
| Deux de choux-fleurs. | 5 |
| Trois d'épinards. | 8 |
| Deux de concombres au jus. | 5 |
| Trois d'œufs au jus. | 7 |
| Quatre de crême. | 16 |
| Deux croquantes. | 8 |
| Deux nougats. | 15 |
| Deux biscuits de Savoie. | 16 |
| Deux grosses brioches. | 16 |
| Deux flans aux pommes de terre et charlotés. | 16 |
| Total. | 471 |

Report de la 1re table... 471

### Table de 20 couverts.

| | |
|---|---|
| Quatre potages.......................... | 16 |
| Un filet de bœuf........................ | 14 |
| Un pâté chaud aux légumes.............. | 14 |
| Deux Bayonnaises à la volaille........... | 14 |
| Un de deux perdreaux rôtis............... | 4 |
| Un de deux poulets rôtis................. | 4 |
| Un jambon.............................. | 18 |
| Un buisson d'écrevisses.................. | 8 |
| Deux salades........................... | 4 |
| Quatre de légumes, artichauts, œufs au jus, épinards, haricots......................... | 10 |
| Un brochet............................. | 20 |
| Un saumon............................. | 30 |
| Un biscuit de Savoie.................... | 6 |
| Un nougat.............................. | 6 |
| Total des deux tables..... | 639 |
| Cinquante-six assiettes de dessert pour les deux tables............................... | 100 |
| Douze assiettes montées et douze cristaux.. | 22 |
| Cent-cinquante bouteilles de vin........... | 90 |
| Pain................................... | 72 |
| Transport du tout....................... | 100 |
| Total général.......... | 1,023 |

Prix fait à neuf cent quarante francs. (4.)

19 *août* 1807. — Sénatus-consulte qui supprime le tribunat, un des trois corps de l'Etat : dès-lors, il ne resta plus que le sénat et le corps législatif, et Orléans, ou pour mieux dire, le département du Loiret, qui avait six députés, n'en eut plus que cinq, savoir : un au sénat, et quatre au corps législatif, qui étaient :

Duplessis, au sénat; Bouchet, ingénieur, Delahaye, Souque et Fougeroux, au corps législatif.

Le député sortant fut le tribun Gillet de la Jaqueminière. (3.)

20 *août* 1807. — Ouverture de la nouvelle bibliothèque publique d'Orléans, dans l'église du Bon-Pasteur (actuellement rue Pavée). Cette église avait servi, depuis la suppression du couvent dont elle dépendait, à divers usages : d'abord, de local pour la section de Brutus, l'une des onze de la ville, puis de magasin de fourrages, ensuite de temple décadaire pour la célébration des mariages civils; enfin, elle fut remise à l'évêque Bernier, qui la céda à la ville pour y placer la bibliothèque publique et les écoles de dessin et d'architecture.

Cette précieuse collection de livres et de manuscrits était originairement placée dans le couvent des Bénédictins, et un religieux de cet ordre en avait toujours été le bibliothécaire.

A la Révolution, les livres et les manuscrits furent jetés comme pêle-mêle dans l'église des Bénédictins, et l'on donna à ce local le nom de dépôt littéraire.

Plus tard, l'administration eut le bon esprit de charger M. l'abbé Septier, de mettre les livres en ordre, avec le titre de bibliothécaire.

Il eut la douleur de voir, d'après les catalogues, que de nombreuses soustractions avaient été faites, et nonobstant ses observations, on vendit à l'encan et à vil prix des milliers de volumes destinés de nouveau à la poussière, à l'oubli, ou à des usages souvent indignes des veilles, des recherches et de l'érudition des auteurs.

De nouveaux réglemens pour la police intérieure de la bibliothèque furent mis à exécution.

Parmi les articles de ce réglement, il y en avait un qui ordonnait qu'elle serait ouverte les lundi, mardi, mercredi, vendredi et samedi de chaque semaine, depuis dix heures jusqu'à deux heures, et qu'elle serait fermée depuis le 1$^{er}$ septembre jusqu'au 1$^{er}$ novembre de chaque année. (7.)

3 *septembre* 1807. — Promulgation de la loi portant que le Code civil des Français portera le titre de Code Napoléon. (3.)

16 *septembre* 1807. — Le maire fait dresser par M. Pagot, architecte de la ville, un nouveau plan d'Orléans. Ce travail ayant donné au dessinateur l'idée d'y tracer

l'emplacement et la direction d'une grande rue, projetée depuis long-temps, le corps municipal s'empara de cette idée, pour demander au gouvernement et aux habitans, les moyens d'effectuer ce projet si avantageux pour Orléans, sous le rapport de l'utilité et de l'agrément, et qui vient d'être enfin mis à exécution en 1840. (4.)

18 *septembre* 1807. — Napoléon, par un décret impérial, accorde à l'évêché d'Orléans, pour le séminaire de cette ville, douze bourses entières et vingt-quatre demi-bourses, payées par le trésor public, à raison de 400 fr. par bourse, et 200 fr. par demi-bourse. (4.)

Par le même décret, le monarque accorde la même faveur au lycée d'Orléans, pour les enfans des militaires retraités et peu riches, et pour les enfans des veuves dont les maris étaient morts à son service, peu importe dans quelle carrière. (43.)

20 *septembre* 1807. — Conformément à la loi du 14 présent mois, le tribunal de commerce d'Orléans est installé dans l'ancienne salle de l'Apsallette, cloître sud de Sainte-Croix, pour y tenir ses audiences les mercredi et samedi de chaque semaine. Les juges de ce tribunal furent nommés par les commerçans de la ville assemblés, approuvés par le préfet et le ministre de l'intérieur : ils étaient au nombre de cinq, dont le président était M. Lochon-Houdouart, de plus six suppléans. (7.)

22 *septembre* 1807. — Arrêté du gouvernement qui autorise, dans le département du Loiret, l'établissement de deux oratoires, ou prêches, pour le culte protestant, dont l'un fut placé à Orléans, église et presbytère de St-Pierre-Lentin, l'autre à Patay. (15-28-38.)

Le costume des ministres protestans est l'habit noir à la française, le rabat et le manteau court. (43.)

10 *novembre* 1807. — Publication de la bulle d'institution canonique de Claude-Louis Rousseau, évêque de Coutances, nommé à l'évêché d'Orléans.

Peu de temps après cette publication, ce prélat vint prendre possession de son siége apostolique.

4 *décembre* 1807. — Cambacérès, archi-chancelier de l'empire, passe par Orléans en se rendant à Bordeaux; il

fut reçu dans cette ville avec plus de pompe encore qu'à son premier voyage, en 1801; il coucha à l'évêché avec sa suite, après avoir reçu tous les honneurs dus à son rang; le lendemain, ses frères, les francs-maçons du grand Orient, lui donnent un dîner magnifique dans leur belle salle construite dans l'ancienne église des Carmélites, rue des Anglaises. (76-77.)

12 *décembre* 1807. — Le colonel Chipault, Orléanais, fils d'un chirurgien de ce nom, est reçu à Paris par l'empereur et l'impératrice, qui le félicitent des égards qu'il avait prodigués au pape Pie VI, lorsqu'il avait été chargé, en 1799, de conduire sa sainteté à Valence. Napoléon lui fit présent d'un sabre d'honneur et d'une riche tabatière avec son portrait. (76-77.)

31 *décembre* 1801. — Le préfet du Loiret, Pieyre, ayant été prévenu, par le ministre de l'intérieur, que l'empereur Napoléon passerait par Orléans pour se rendre à Bordeaux, en donne avis au maire de cette ville, qui s'occupa sur-le-champ des préparatifs nécessaires pour recevoir l'empereur. (4-76.)

Une garde d'honneur est organisée en peu de jours. (4.)

Copie de l'invitation imprimée et affichée, pour la formation de la garde d'honneur orléanaise pour sa majesté l'empereur et roi, faite par le maire d'Orléans, le 31 décembre 1807.

*Le maire d'Orléans à ses concitoyens.*

« L'espérance très-fondée de recevoir dans nos murs le héros à qui la France doit son bonheur et sa gloire, vient de donner l'impulsion à tous nos jeunes concitoyens; déjà un grand nombre est venu solliciter notre consentement pour se former en garde à cheval, et partager l'honneur de garder la *personne sacrée* de S. M. l'empereur et roi. Cette démarche spontanée était trop flatteuse pour nous, elle provoquait des encouragemens, et nous nous sommes empressé de les donner ; dès l'instant, nous avons ouvert un registre pour y inscrire les noms de ceux que leur situation mettait à portée de se dévouer à ce service honorable.

« Ils doivent savoir qu'en tout genre la marche de notre héros est un vol rapide, qu'il est difficile de le prévenir, qu'un seul moment perdu dans le cas présent serait irréparable.

« Une garde d'honneur à pied pourra aussi être formée de jeunes gens qui n'ont point de chevaux pour se monter, et à qui la fortune permet de se procurer, à leurs frais, l'uniforme arrêté par la garde à cheval.

« A défaut d'un nombre suffisant de jeunes gens inscrits spontanément pour former une garde d'honneur à pied, nous commanderons et requerrons, pour le service de la garde nationale, tous ceux munis de l'uniforme de cette garde, ou que la notoriété publique désigne comme pouvant en supporter les frais.

« Fait à l'hôtel de la mairie, le 31 décembre 1807.

« CRIGNON-DÉSORMEAUX, maire. » (4.)

*Uniforme de la garde d'honneur à pied.*

Habit blanc galonné en or aux boutonnières, revers verts, veste et culottes blanches, chapeau claque, plumet vert, cocarde aux trois couleurs, et guêtres noires.

*Cavalerie.*

Habit vert, revers roses, pantalon blanc, veste blanche galonnée en argent, chapeau claque, plumet blanc, cocarde aux trois couleurs, trèfles et aiguillettes en argent.

## 1808.

*4 janvier* 1808. — Le conseil municipal d'Orléans, sur la demande du maire, arrête de supprimer le nom de rue Pavée, que portait la petite rue ouest qui conduit à la bibliothèque publique, et de lui donner celui du préfet, M. Pieyre. (4.)

*5 février* 1808. — Les mameloucks de la garde impériale arrivent à Orléans pour se rendre à Bordeaux : leur revue eût lieu dans l'ancien grand cimetière. (77.)

*7 février* 1808. — Commencement du passage de la garde impériale, qui se rendait en Espagne : cette troupe, composée de cuirassiers, de dragons, de hussards, d'artillerie volante, de grenadiers à pied et à cheval, de voltigeurs, d'un corps de marins à pied, de plusieurs trains d'artillerie de quatre, de fourgons, équipages, etc., etc., défila pendant les quinze premiers jours de ce mois. Cette armée, qui avait déjà fait la conquête d'une partie de l'Europe, excita l'admiration des Orléanais. (76-77.)

*16 février* 1808. — Mort d'Antoine-François Lottin, notre père, habile coutelier, graveur et mécanicien, âgé de 67 ans. Ce vertueux citoyen, né à Paris, ne devait son talent qu'à lui seul : il avait été employé à la monnaie d'Orléans pour y graver les carrés, lors de la refonte des pièces, en 1783, et fit preuve d'une grande habileté dans cet emploi. Pendant la tourmente révolutionnaire, étant occupé au club de cette ville en qualité de trésorier-archiviste, il rendit de très-grands services à nombre de personnes incarcérées, qui ne surent jamais que c'était à lui qu'ils devaient leur élargissement, soit par les renseignemens qu'il donnait secrètement à leurs familles, soit par l'enlèvement, aux archives de cette société, des pièces qui les compromettaient.

C'est lui qui enleva et brûla le procès-verbal de la séance où se trouvait l'adresse et le nom des signataires de la pétition à la convention nationale, pour demander la mise en jugement de Louis XVI.

Il livra aux flammes le procès-verbal de l'acceptation du gouvernement républicain, ainsi que l'adresse de félicitation à la convention sur la mort *du tyran,* signée par 1243 Orléanais. (77.)

C'est lui, aussi, qui lacéra et brûla la copie authentique de la trop fameuse pétition signée par 2107 Orléanais, pour demander la mort *du petit Capet* (le fils de Louis XVI), ainsi que le procès-verbal original portant par numéro le nom de chaque signataire.

### 17 février 1808.

*Cérémonie de la remise et bénédiction des drapeaux donnés par M. le maire d'Orléans aux citoyens réunis pour solliciter de Sa Majesté impériale et royale la faveur de faire auprès de sa personne sacrée le service de garde d'honneur lors de son passage à Orléans.*

L'espérance qu'on a fait concevoir aux habitans d'Orléans d'y jouir à leur tour de la présence de leur auguste souverain, avait électrisé toutes les ames ; mais on sentait que les témoignages d'amour et de dévouement qu'on désirait lui présenter, resteraient inévitablement au-dessous de l'énergie des affections dont on était transporté. Calmes et respectueux, les pères cherchaient, proposaient, rejetaient, proposaient encore de nouveaux moyens, lorsqu'une jeunesse brillante s'élance spontanément, sollicite la permission de se réunir, de s'organiser en compagnies, et de se former, par des exercices militaires, au service honorable dont ils prétendaient solliciter la faveur auprès du souverain lui-même.

Flatté de n'avoir à donner que des éloges et des témoignages de reconnaissance, le maire d'Orléans conçut le projet d'imprimer à ce noble dévouement un caractère plus solennel; il voulut que la cité entière adoptât comme ses délégués les braves qui se chargeaient du soin de la représenter auprès de Sa Majesté impériale et royale. Pour atteindre ce but, il proposa à M. le préfet du département d'autoriser les habitans d'Orléans, par l'intermédiaire de leur chef municipal, à donner, en signe de délégation, un drapeau à chacune des deux compagnies. La proposition devait être et fut en effet accueillie par le premier magistrat avec la chaleur du zèle patriotique qui le distingue.

On ne s'occupa plus que de l'exécution, et la ville entière attendait avec impatience le jour indiqué pour l'inauguration des drapeaux. Il était attendu comme un jour de fête, et jamais attente ne fut mieux réalisée.

Le 17 février 1808, jour marqué pour la cérémonie, la population entière de la ville était dès le matin réunie sur les avenues de l'hôtel de la mairie. Les deux corps, distingués par un uniforme militaire d'une simplicité élégante, et analogue à leur arme respective, y parvinrent dans le plus bel ordre, au milieu des acclamations de la joie publique, et des cris mille fois répétés de *Vive l'Empereur!* Ils furent reçus et introduits dans la salle des audiences.

M. le préfet, accompagné de M. le secrétaire général du département, les y avait précédés. Ce magistrat, cédant aux pressantes sollicitations de M. le maire, n'avait pu se défendre de présider la séance.

M. le général Chanèz, environné de l'état-major de la place, de MM. les majors-colonels et commandans des bataillons provisoires cantonnés à Orléans, tous invités et présens, ajoutaient au caractère militaire de la fête, et la rendaient plus imposante.

Elle devait être aussi celle des jeunes élèves que le gouvernement a réunis dans le lycée, et l'à-propos n'avait pas échappé à la sagacité du chef municipal. Ce corps y fut invité, et ajouta par sa présence un nouveau degré d'intérêt à la cérémonie, qui en devint plus touchante.

M. le préfet annonça d'abord aux deux compagnies que Son Excellence le ministre de l'intérieur, à qui il avait transmis leur demande tendante à obtenir la faveur de faire auprès de Sa Majesté impériale et royale le service de garde d'honneur, lui témoigne, dans une lettre sur cette affaire, qu'il applaudit à leur zèle, et qu'il en mettra l'expression sous les yeux de l'empereur, puis il dit:

« Messieurs,

« La circonstance qui nous rassemble dans ce lieu où siége l'autorité municipale, est bien propre à exciter un vif intérêt et une douce satisfaction. Au premier signal de la plus flatteuse des espérances, celle de voir dans ces murs notre auguste souverain, une jeunesse brillante, spontanément réunie sous l'œil de ses magistrats, vient leur offrir le spectacle précieux du zèle patriotique qui l'anime, et recevoir de leurs mains ces étendards, où les sentimens de nos concitoyens, retracés, attestent et l'honneur de la mission que vous vous êtes chargés de remplir, et le dévouement fidèle qui nous attache à jamais au héros chef suprême de ce vaste empire qu'il a sauvé.

« Vos vœux lui ont été transmis, Messieurs; espérons de sa bonté qu'ils seront favorablement accueillis. Puissiez-vous jouir bientôt de la flatteuse prérogative que votre louable empressement vous a méritée ! Songez qu'en entourant la personne sacrée de Napoléon-le-Grand, c'est cette antique et loyale cité tout entière que vous représenterez auprès d'elle ; que cette députation honorable va lui peindre la tendresse ardente et respectueuse dont tous ses habitans sont pénétrés pour le père de la patrie, qui, dans sa vaste et infatigable sollicitude, ne voit qu'une grande famille dans ses sujets, et ne veut régner sur eux que pour leur assurer une inébranlable félicité. Que Sa Majesté lise dans vos yeux tout l'épanchement de notre profonde reconnaissance, et qu'elle y puise la certitude que notre existence sera toujours consacrée à la servir, et à suivre ses glorieuses lois. Nous ne jouirons de sa présence que quelques momens peut-être, mais les regards du génie, comme ceux de la Divinité, pénètrent les cœurs d'un seul trait, et ces rapides instans, si vivement désirés, et dont le souvenir sera le charme de votre vie, peuvent suffire aussi pour embellir les destinées de votre ville natale. Quelle gratitude n'avez-vous pas à attendre, Messieurs, du service que vous lui aurez rendu ! et qu'elle doit se féliciter de voir le dépôt de ses sentimens et de ses intérêts en des mains aussi généreuses ! Vous appartenez, Messieurs, à toutes les classes des citoyens les plus recommandables que cette cité s'honore de renfermer dans son sein, et qui s'empressent ici autour de vous pour applaudir à votre zèle. Le commerce et l'industrie, qui feront toujours sa renommée, et qui ont fait long-temps sa splendeur, sans doute dans peu renaissante sous l'égide du libérateur des mers; l'agriculture, qui compte aujourd'hui, pour la guider et l'éclairer, les plus considérables propriétaires; les arts, qui répandent au loin les lumières, et préparent le perfectionnement successif des sociétés, sont représentés par votre intéressante association ; et si vos magistrats avaient eu à la former pour le but important qu'elle s'est proposé, ils n'auraient pu désigner que ceux-là mêmes qui en se ralliant autour d'eux par un mouvement volontaire, ont donné de nouveaux gages des hautes qualités qui les distinguent.

« Le choix que vous avez fait de vos officiers, Messieurs, ne porte pas moins l'empreinte du bon esprit qui vous dirige, que de la juste appréciation que vous savez faire du mérite. Ils ont reçu de vous ce témoignage flatteur du suffrage de l'opinion publique, qu'il est si doux d'obtenir par la voix même de ses concitoyens.

« Agréez tous, Messieurs, l'expression de la joie qu'éprouvent aujourd'hui les autorités ici réunies en vous proclamant l'*élite de la jeunesse orléanaise*. Ce titre vous suivra partout: vous l'avez acquis par l'élan des vertus civiques; et sans doute elle a droit de vous le décerner, cette assemblée devenue plus imposante par la réunion de ces braves qui ont participé aux riches moissons de lauriers, prix des plus étonnantes campagnes dont l'histoire puisse perpétuer le souvenir, et par la présence d'un général dont le nom est consacré par l'honneur d'une belle carrière militaire, comme par la considération due à de nobles et constans services.

« Je sens, Messieurs, que c'est de la bouche du premier magistrat de cette cité, et qui jouit du bien légitime orgueil de voir l'un de ses fils dans vos rangs, qu'il eût été plus satisfaisant pour vous de recevoir ces distinctions et ces applaudissemens : oui, c'était à lui qu'il appartenait de vous les adresser; mais lorsqu'une délicate et généreuse déférence l'a fait insister auprès de moi pour me céder l'avantage de vous exprimer le premier des sentimens dont nous sommes également animés, j'ai trop dignement apprécié cette faveur, pour ne pas l'accepter avec transport.

« Parmi les douces obligations qu'elle m'impose, je me plais à compter celle de me rendre ici et votre organe et celui de la ville confiée à son administration, pour le remercier de ses soins vigilans à lui assurer tout ce qui peut concourir à son éclat et à sa prospérité : nous lui en devons tous, Messieurs, une juste reconnaissance, et lui en offrir l'hommage au milieu de cette cérémonie solennelle, c'est peut-être y attacher un nouveau prix.

« En formant le vœu de vous rallier sous ces drapeaux dévoués à l'honneur, que vous allez recevoir de sa main, vous y avez joint celui de les voir consacrer par la religion ; et un prélat aussi recommandable par sa brillante éloquence que par son dévouement à la patrie, va tout-à-l'heure appeler sur eux les bénédictions divines. Cet hommage rendu à la piété publique achèvera de combler la joie de nos concitoyens ; il répand sur vous, Messieurs, un nouvel éclat qui vous honore. Vous avez senti qu'en offrant au héros de l'empire le gage de notre amour et de notre reconnaissance, le cœur ne serait point pleinement satisfait, s'il ne portait en même temps au pied des autels un tribut d'action de grâces pour l'inestimable présent que le ciel a fait à la France, en lui donnant pour la gouverner et le plus étonnant des génies et le meilleur des souverains.

« Allez, jeunesse chérie qu'accompagnent tous nos vœux, allez, au sortir de ces touchantes cérémonies, continuer, sous vos estimables chefs, ces exercices de la guerre, destinés à seconder la valeur par les lois de la discipline et de la tactique : votre zèle est le garant de vos succès. Qu'en approchant de notre auguste empereur, votre grâce belliqueuse lui montre en vous de dignes Français jaloux de défendre, au besoin, et l'Etat et vos foyers. Que votre seul aspect, en lui rappelant ces preux qui de ces mêmes murailles chassèrent, il y a quatre cents ans, les éternels ennemis et les impuissans rivaux de notre gloire, lui fasse connaître qu'il y trouvera toujours une pépinière de sujets fidèles et de courageux soldats. »

Les cris de *vive l'Empereur!* furent répétés avec un nouvel enthousiasme, fruit de l'éloquence brûlante de l'orateur.

M. le maire, environné de MM. les adjoints, du secrétaire de la mairie et du conseil municipal, remit alors à chacun des deux corps le drapeau qui lui était destiné, et dit :

« Messieurs,

« Ce n'est point pour vous rappeler des devoirs, que ces étendards flotteront dans vos rangs. Que serait le langage muet de ces symboles, près des affections brûlantes qui vous dévouent à la garde de la personne sacrée du plus grand des héros ? Peuvent-ils parler plus énergiquement à vos cœurs que cet amour que vous portez au père de la patrie, au restaurateur de la France, au génie dont les conceptions vastes assurent le repos de l'Europe ?

« Ce sont, Messieurs, ces vastes conceptions qui ont placé notre patrie au premier rang des nations, en couvrant nos droits de l'égide d'un Code immortel, en défendant notre indépendance contre l'éternel ennemi du repos et de la prospérité du monde, et en rejetant sur cet insolent usurpateur de l'empire des mers les entraves avilissantes dont il a osé menacer le commerce et l'industrie des peuples.

« Gravés au fond de vos âmes, ces sentimens seront pour vous le cri de ralliement. Mais si rien ne peut les remplacer ou les suppléer, si ces étendards que je m'honore de vous offrir au nom de cette cité, ne sont pas destinés à vous rappeler à vos rangs, qu'ils soient, Messieurs, qu'ils soient au milieu de vous le monument impérissable de la reconnaissance de nos concitoyens ; qu'ils vous rappellent qu'ils sont de ma part le gage de ma gratitude et de mon attachement personnels. Rappelez-vous qu'ils vous furent remis en présence de ces braves militaires qui, volant de victoire en victoire, ne cesseront de cueillir des lauriers que lorsque la paix sera rendue au monde entier : rappelez-vous qu'ils vous furent remis en présence du magistrat éloquent qui sut, comme un père au milieu de ses enfans, vous donner des éloges sur ce que vous avez déjà fait, et vous diriger avec la même grâce sur ce qui vous reste à faire.

« Que ces étendards deviennent d'âge en âge le monument de votre zèle et de votre dévouement. Que nos arrière-neveux, en les voyant, apprennent que leurs pères, pour rendre hommage au héros dont ils ont eu le bonheur d'être contemporains, se sont arrachés à des occupations paisibles pour obtenir l'honneur d'environner sa personne auguste de leurs armes; que des braves illustrés par des services distingués dans la carrière militaire, ont été entraînés par un élan simultané; qu'ils ont voulu partager et ont consenti à commander un service qui, s'il n'est pas environné de dangers, n'en est pas moins honorable par la grandeur du prince qui en est l'objet. C'est ainsi, Messieurs, que vos noms se rallieront, dans les âges futurs, à l'époque glorieuse où la ville d'Orléans possédera dans son sein l'homme extraordinaire que nous portons tous dans nos cœurs. C'est ainsi que les monumens qui immortalisent dans nos murs la libératrice d'Orléans, retracent dans nos âmes enorgueillies la mémoire de nos braves aïeux, qui, sous la conduite de cette héroïne, concoururent, en brisant contre nos remparts l'orgueil d'Albion, au rétablissement de leur roi, rendirent la France à elle-même, et scellèrent de leur sang la liberté et la gloire de notre patrie. Comme ils sont vos modèles, vous le serez vous-mêmes de nos neveux. Comme vous, comme les chevaliers français qui vous ont devancés dans la carrière de l'honneur, ils mettront toute leur gloire à honorer la dame de leur pensée, à aimer la patrie, et à servir avec amour et dévouement les princes d'une dynastie dont leurs pères auront aimé le chef immortel autant qu'ils l'ont admiré. »

Ce discours fut suivi par de nouvelles acclamations, qui furent bientôt après répétées au-dehors avec un enthousiasme universel par ceux des habitans que les vastes salles de l'hôtel n'avaient pu contenir.

C'est au milieu de ces transports de l'allégresse publique que les deux compagnies, proclamées solennellement *l'élite de la jeunesse orléanaise* par M. le préfet, suivies des autorités civiles et militaires, se dirigèrent vers l'église cathédrale, où le pontife devait consacrer leurs drapeaux par une cérémonie religieuse.

L'allégresse bruyante qui avait accompagné jusqu'alors cette fête patriotique, céda tout-à-coup la place à des affections plus calmes et plus profondes. Les âmes s'ouvraient d'avance à toutes les impressions pieuses. On attendait avec une impatience respectueuse que le prélat, qui sait exprimer avec autant de talent que de chaleur les élans d'un patriotisme pur et éclairé, comme il sait émouvoir les affections les plus sublimes de la religion, développât avec cette éloquence de sentiment qui lui est propre, l'esprit et le but de la cérémonie. Il surpassa tout ce que l'auditoire attendait, par le discours suivant :

« Messieurs,

« Sans doute il était digne des généraux de nos invincibles phalanges de renouveler, sous le règne du héros restaurateur de l'antique religion de nos pères, le solennel hommage qu'aux plus belles époques de la monarchie française, les Duguesclin, les Bayard, les Turenne, les Luxembourg se glorifiaient de lui rendre, lorsqu'à la veille de rentrer dans les champs de l'honneur, on les voyait venir abaisser aux pieds des autels leurs fronts ceints des lauriers de la victoire, y porter, avec la confiance de nouveaux triomphes, les drapeaux de leurs armées, et demander au pontife que par ses prières élevées jusques au ciel il fît descendre sur eux les bénédictions du Dieu des combats.

« Messieurs, si les étendards que vous nous présentez ne sont point appelés à l'honneur de marcher, à côté des aigles de Napoléon, dans les lignes toujours victorieuses de la grande armée, du moins ils attestent à ces braves guerriers (*) couverts de glorieuses blessures, et sur qui l'on se plaît à voir briller les récompenses de leur intrépide valeur, ils attestent l'héroïque disposition où vous seriez, si une impérieuse nécessité le commandait, de courir, ainsi que le faisaient vos ancêtres, à la défense du trône, et du souverain qui a si bien su le rendre le premier trône de l'univers.

« Avec quelle joie le sage, le paternel administrateur de ce département (**), le loyal, le vigilant magistrat de

---

(*) L'état-major des troupes de ligne alors à Orléans.
(**) M. Pieyre, préfet du Loiret.

cette vaste cité (\*), et votre évêque, si nous avons le bonheur de posséder l'empereur dans nos murs, et qu'il nous soit permis de nous faire entendre, avec quelle joie nous lui dirons que la fidélité et le respect, l'amour et la reconnaissance pour sa personne sacrée sont ici le perpétuel exemple des pères et la vertu chérie des enfans !

« Nous lui dirons que Napoléon peut d'autant plus compter sur la vérité, sur la durée de ces sentimens, que dans cette ville surtout ils sont fortifiés de tout l'empire des principes religieux.

« Ce langage, Messieurs, vous nous donnez le droit de le parler, par le pieux, le noble empressement que vous avez mis à venir solliciter de votre premier pasteur l'exercice de son saint ministère.

« Nous allons donc répondre à votre vœu, plein de la douce certitude qu'en le remplissant nous acquittons tout à la fois et la dette d'évêque et celle de Français. »

Les élèves du lycée avaient été appelés par M. le préfet et M. le maire à la bénédiction des drapeaux : M. l'évêque, au moment où il venait de la terminer, leur a parlé en ces termes :

« Jeunes élèves de la nation, sentez tout le prix de la distinction dont vous jouissez aujourd'hui, celle d'avoir été appelés à l'auguste cérémonie qui nous rassemble dans cette superbe basilique. Nous aimons à croire qu'elle aura parlé à votre âme autant qu'à vos yeux. Conservez-en le souvenir ; que sans cesse il donne une nouvelle énergie à votre émulation, pour répondre dignement, sous tous les rapports, au bienfait inappréciable de l'éducation que vous devez à la générosité vraiment royale de notre magnanime empereur. »

Les deux corps, après la bénédiction des drapeaux, conduisirent jusqu'à l'hôtel de la mairie le corps municipal, et présentèrent à son chef leurs remerciemens avec toute l'effusion de la sensibilité et de la reconnaissance.

19 *février* 1808. — Formation à Orléans d'une compagnie dite de réserve, pour le service particulier du préfet du Loiret, qui en fut le colonel. Cette compagnie, habil-

---

(\*) M. Crignon-Désormeaux, maire d'Orléans.

lée en gris, paremens, revers et collets rouges, pantalon bleu, armée d'un fusil, d'un sabre-briquet, et coiffée d'un chapeau à trois cornes, était composée de soixante hommes, sous-officiers compris, d'un colonel qui ne pouvait être que le préfet, un chef-de-bataillon, un lieutenant, un sous-lieutenant, un sergent-major quartier-maître. Cette troupe fut logée à la caserne des Buttes, ainsi que les officiers, et ne fournissait qu'un poste à l'hôtel de la préfecture. (3.)

21 *février* 1808. — Le prince Murat, beau-frère de Napoléon, grand duc de Berg et de Clèves, passe *incognito* par Orléans, à neuf heures et demie du soir; il fut vu par nous et par quelques personnes, au moment où sa voiture relayait à l'hôtel du Loiret. (76.)

21 *février* 1808. — Publication du tableau de la population du département du Loiret, divisé par arrondissemens de sous-préfectures et par justices de paix; il avait été arrêté au 1$^{er}$ janvier dernier 1808. (28.)

La population du département du Loiret se montait, à cette époque, à 289,766 âmes, et celle de la commune d'Orléans à 42,651. (3-4.)

Le même jour fut publié le tableau des mutations ou du mouvement de la population de la commune d'Orléans pendant l'année 1817, arrêté le 1$^{er}$ janvier 1808; il était ainsi divisé :

*Naissances.*

Mâles............ 1,032 } 2,006
Femelles......... 974

*Décès.*                    Pertes | .. 397

Mâles............ 1,325 } 2,403
Femelles......... 1,078

22 *février* 1808. — Adjudication des réparations des routes du département du Loiret et des bâtimens civils, faite à la préfecture du Loiret, à MM. Lebrun, architecte, Vincent Caillard, Hubert Caillard, Boyer, tous quatre d'Orléans, et à M. Moreau, de Briare. (3.)

27 *février* 1808. — La gendarmerie d'Orléans quitte la caserne qu'elle occupait place du Vieux-Marché, ou

Marché-aux-Veaux, ancien local de l'Aumône, ou Hospice des Filles de St-Paul, pour aller habiter le nouveau bâtiment qui lui avait été préparé dans le couvent des Oratoriens, rue de la Bretonnerie ; on fit l'écurie de l'église, qui avait déjà servi de magasin de fourrages. (77.)

11 *mars* 1808. — Publication faite à Orléans du sénatus-consulte du 1$^{er}$ de ce mois, portant création de titres impériaux, tels que duc, comte, baron et chevalier. (3.)

2 *avril* 1808. — L'empereur part de Paris pour se rendre à Bordeaux. (15-83.)

2 *avril* 1808. — L'empereur Napoléon arrive à Orléans, par la porte Bannier, à huit heures du soir ; il est reçu dans cette ville avec un enthousiasme extraordinaire par le peuple orléanais ; il était escorté par la garde d'honneur qui s'était formée depuis un mois. Ce corps brillant, composé de la jeunesse d'Orléans, avait été au-devant du monarque, ayant le préfet Pieyre, et le maire, Crignon-Désormeaux à leur tête, à une lieue en avant de la porte de la ville.

L'empereur descendit au palais épiscopal : l'évêque, M. Rousseau, le reçut sur le perron comme huit heures sonnaient à l'horloge de Ste-Croix. Après les hommages qui lui furent rendus avec empressement par tout le clergé réuni dans le vestibule, avec les principaux chefs des diverses administrations et les fonctionnaires civils et militaires, l'empereur soupa de deux ailes de bécasse, d'un petit paquet d'asperges, de deux grosses poires, et de deux verres de vin de Bordeaux avec de l'eau ; il ne fut qu'une demi-heure à table. Il reçut les autorités constituées debout, une main dans son sein et l'autre derrière ses reins. Il s'informa de tout ce qui regardait Orléans et le département (*). Il devait remonter en voiture à neuf

---

(*) Napoléon ayant adressé la parole à l'un des membres du conseil municipal, lui demanda à combien s'élevait la population de la ville : — Sire, répondit-il, à environ quarante à cinquante mille. — Vous n'en êtes donc pas sûr ? — Non, Sire. — Quel est le chiffre des revenus de la commune ? — Sire, je n'en sais rien ; mais M. Petit-Semonville, notre secrétaire, est ici ; je vais aller le lui demander. — Non, non, répondit l'Empereur en souriant, ce sera pour une autre fois.

heures; les chevaux étaient attelés; mais, par attention pour son mameluck malade, il consentit à passer la nuit. Il accepta la chambre de l'évêque. La garde d'honneur fit le service de l'hôtel et même de sa chambre à coucher. Cette faveur fut reçue avec enthousiasme et aux cris de *Vive l'Empereur!*

3 *avril* 1808. — L'empereur part d'Orléans à quatre heures du matin, en disant qu'il n'avait jamais si bien dormi; le préfet, le maire étaient encore dans leur lit; il n'y eut que l'évêque, M. Rousseau, qui lui fit seul ses adieux.

Comme cinq heures moins un quart sonnaient, la voiture de Napoléon passait sous la grille du pont; il était escorté de la garde d'honneur orléanaise en masse, suivie d'une quinzaine de gendarmes et d'une partie de la population de la ville. Beaucoup de monde avait passé la nuit sur la place de l'Etape et dans la rue de l'Evêché, craignant de manquer l'occasion de saluer de leurs acclamations l'empereur, qui y répondait par des saluts affectueux. (76-77.)

L'empereur était accompagné, dans la même voiture, du prince de Neufchâtel (Berthier), et du grand-maréchal du palais (Duroc); sa suite se composait seulement de trois domestiques et d'un courrier.

La veille de son départ, l'empereur ayant demandé à M. le maire quelle somme se trouvait disponible dans la caisse municipale, M. Désormeaux répondit: Sire, il y a environ 250,000 fr.; et bien! dit Napoléon, je les retiens, et vous les remettrez à la personne qui vous les demandera de ma part.

Quelques jours après, le ministre du trésor public, fit prendre les 250,000 fr.

On a prétendu que cette remise a valu à M. le maire les faveurs et le titre de baron de l'empire, dont il fut gratifié. (77.)

---

Napoléon s'adressant à un groupe de personnes qui l'entourait, demanda à quelle distance de la ville se trouvait l'embouchure du canal d'Orléans; à cette question, on ne lui donna aucune réponse positive: les uns lui dirent à la distance d'une demi-lieue, d'autres à une lieue et trois quarts; personne ne fut d'accord.

*5 avril* 1808. — L'impératrice, suivie de son grand-écuyer et de plusieurs de ses dames d'honneur, arrive à Orléans à neuf heures du soir, se rendant à Bayonne pour rejoindre l'empereur. Elle descendit au palais épiscopal; elle habita la même chambre que Napoléon, et eut la même garde d'honneur. Le préfet, Pieyre, le maire, Crignon-Désormeaux, madame de Tascher, sa parente, M. et M$^{me}$ Auguste de Talleyrand et M. Lhuillier de Saugeville lui furent présentés par l'évêque.

La ville fut spontanément illuminée, et les cris de *Vive l'Impératrice Joséphine! Vive l'Empereur!* se firent entendre dans toutes les rues; une pièce de vers, relative à son voyage de Bayonne, faite par M. Boinvilliers, membre correspondant de l'Institut, et censeur des études au lycée d'Orléans, lui fut présentée par l'auteur. (4-77.)

*6 avril* 1808. — L'impératrice Joséphine (qui avait épousé en premières noces un Beauharnais, originaire d'Orléans), quitte cette ville après un séjour de douze heures; comme à son arrivée, elle fut saluée des acclamations des Orléanais. (76.)

12 avril 1808.

EXTRAIT DU MÉMORIAL DE L'ÉGLISE GALLICANE.

*Au rédacteur du journal.*

Orléans, 12 avril 1808.

Toute la France sait, Monsieur, que nous avons eu le bonheur de posséder dans nos murs LL. MM. II. et RR., le héros qui tient en ses mains les destinées de l'Europe, et son auguste compagne qui embellit le trône de tant de charmes, et tempère par sa bonté la gloire dont il est couvert. Nous croyons perpétuer pour nous ces jours heureux, en donnant par le moyen de votre journal de la publicité à des détails qui ne doivent pas être renfermés dans l'enceinte de notre ville.

M. l'évêque ou M. le préfet devaient être auprès de Sa Majesté les premiers interprètes du noble sentiment de respect et d'amour dont les cris de *vive l'empereur!* répétés mille fois à son passage, lui avaient été déjà un témoignage si touchant.

L'empereur étant descendu au palais épiscopal, c'est M. l'évêque que Sa Majesté a fait appeler, et elle a daigné le garder pendant le temps de son souper et même au-delà. C'est ici un des beaux momens de la vie du prélat. Qu'il est doux à un pasteur, et plus particulièrement à notre évêque, de n'avoir que des louanges à donner à ses diocésains! C'est aussi faire agréablement sa cour à notre souverain, que de pouvoir l'entretenir de l'excellent esprit qui règne dans le clergé, dans toutes les branches de l'administration, dans le sein même des familles, et de l'harmonie parfaite, peut-être même rare, qui se rencontre entre toutes les autorités. Rien n'a été oublié dans ces momens si rapidement écoulés, ni cette brillante jeunesse qui formait la garde d'honneur, ni le séminaire que nous appellerons l'enfant chéri et de prédilection de la ville et du diocèse, cet établissement vers lequel se portent tous les vœux et toutes les espérances.

Nous avons été touchés des marques de bonté que Sa Majesté a données à notre évêque, comme si chacun de nous en particulier en eût été l'objet.

Un mot heureux qui court la ville fait connaître avec quelle noble délicatesse le prélat sait demander. Il s'agissait de solliciter auprès de Sa Majesté l'achèvement de la cathédrale. *Sire*, lui dit M. l'évêque, *Henri IV en posa la première pierre, c'est une lettre-de change qu'il a laissée à acquitter à Napoléon.*

Sa Majesté, reconduite à sa voiture par M. l'évêque, est repartie entre quatre et cinq heures du matin. C'était le dimanche de la Passion, et le prélat, qui avait déjà prêché deux fois pendant le carême dans sa cathédrale, avait promis pour ce jour-là un troisième sermon.

Les vives émotions qu'il avait éprouvées la veille et le jour même, peu de sommeil la nuit, le bonheur d'avoir reçu et possédé Sa Majesté, les regrets de la briéveté de son séjour, le souvenir de ses bontés qui le suivait partout, que de distractions! et ce sont de celles qui sont aimables, qui sont heureuses, que l'on ne cherche point à combattre; on le tenterait en vain. Mais qui sert si bien son roi sert encore mieux son Dieu; l'attente du public eût été cruellement trompée; elle ne l'a point été, et la cathédrale suffisait à peine aux flots de la multitude qui s'y précipitait; plusieurs milliers d'auditeurs fixant sur leur évêque leurs regards, ont eu la consolation de l'entendre leur peindre, *avec tout le pouvoir et tout le sublime de la parole de Dieu, l'autorité dont elle est revêtue, celle de Dieu même, la fin qu'elle se propose, le changement des mœurs. Comme il a condamné et ceux qui descendent de l'auguste dignité d'apôtre à la faible qualité d'orateur, et ceux qui attribuent à l'éloquence seule le triomphe des passions humaines!* Dans un mouvement qui a produit le plus grand effet, il s'est écrié, *Des applaudissemens!.... ah! portez-les sur vos théâtres; des ministres du Seigneur mettent à un bien plus haut prix leurs peines, leurs sueurs, leurs fatigues. Vous nous déshonorez par une admiration toute profane. Eh quoi! de vaines louanges et pas une conversion!*

Ici, Monsieur, je l'avoue, nous avons contredit notre évêque; et où il repoussait les applaudissemens, ils étaient unanimes. L'impression a été si vive, que la sainteté du lieu a pu seul empêcher qu'elle n'éclatât. Hélas! tous ne sont pas convertis sans doute; mais c'est un concert d'éloges dans lequel il n'y a pas une voix discordante. Vous le voyez, et nous aussi, nous savons, comme notre évêque, et recevoir notre empereur avec l'enthousiasme de l'admiration, et le jour même entendre la parole sainte, nous l'espérons, avec fruit, parce que nous l'entendons avec foi et docilité, parce que nous reconnaissons la voix de Dieu dans celle de son éloquent apôtre.

Trois jours après, l'arrivée de l'impératrice a renouvelé un délicieux souvenir, et donné un nouvel objet à la joie publique.

Sa Majesté est également descendue au palais épiscopal. Comme on se pressait sur son passage! les cris de *vive l'Impératrice!* se répétaient sans cesse; on ne parlait que de son inépuisable bonté, dont la douce renommée l'avait précédée dans nos murs. Toutes les dames de la ville voyaient avec attendrissement, dans leur auguste souveraine, la protectrice des malheureux, l'amie tendre de tout ce qui souffre, et un modèle qu'elles s'honorent d'imiter.

Sa Majesté a été reçue par M. l'évêque au bas des marches de son palais; elle lui a fait l'honneur, et à M. le préfet, de l'admettre à sa table. On aimait voir aux deux autorités dont l'union vraiment intime opère le bien dans un concert, un accord parfait, l'une et l'autre voulant toute espèce de bien, l'une et l'autre heureuses seulement de tout le bien qu'elles ne cessent de faire; et c'est l'impératrice qui a acquitté notre reconnaissance en adressant souvent la parole à l'un et à l'autre, et toujours sur ce qui était du plus grand intérêt ou pour la ville ou pour eux-mêmes.

Le lendemain, Sa Majesté a retardé son départ pour recevoir l'hommage des autorités, des tribunaux, celui du clergé, du corps municipal, de la chambre de commerce, du bureau de bienfaisance; elle a daigné adresser la parole à tout ceux qui ont eu l'honneur de lui être présentés, et ce fut, dit un papier public, avec ce charme indicible dont Sa Majesté semble seule avoir le secret.

Son départ, comme l'avait paru celui de l'empereur, semblait une calamité. Nous avons vu couler des larmes d'attendrissement, ces larmes, les seules que la bonté ne peut essuyer, et qu'il est si doux de faire répandre! M. l'évêque, attendri lui-même, nous a adouci ces vifs regrets qu'il partageait, en donnant de la publicité à l'espérance que nous ont laissée LL. MM. II. et RR. qu'elles repasseraient à leur retour dans notre ville.

Ces détails, Messieurs, ne peuvent qu'accroître, s'il est possible, le dévouement de tous les Français à la personne sacrée de LL. MM. Ils sont d'une grande édification, et un hommage rendu au zèle et aux talens de notre évêque. C'est sous ce double rapport que je crois pouvoir vous les adresser.

J'ai l'honneur d'être, etc.

L...., un de vos abonnés.

*A Orléans, de l'imprimerie de Darnault-Maurand.*

1$^{er}$ mai 1808. — Renouvellement des adjoints au maire d'Orléans : Colas-Delanoue, réélu; Dufaur-Pibrac, en remplacement de Dufresné aîné, serrurier; Tassin-

Nonneville, en remplacement de Delaloge-Ligny, chamoiseur. (4.)

3 *mai* 1808. — Arrêté du maire d'Orléans, relatif aux passeports des voyageurs. Les principaux articles de cet arrêté portaient la défense aux maîtres de poste aux chevaux et aux directeurs des diligences, de recevoir des voyageurs sans leur faire représenter leurs passeports et s'être assurés s'ils avaient été visés à la mairie de cette ville. (4.)

3 *mai* 1808. — Aignan, de Beaugency, fait paraître son *Iliade* traduite en vers français, ouvrage qui fit honneur à son auteur. (77.)

6 *mai* 1808. — M. Jacob aîné, imprimeur de la préfecture à Orléans, fait paraître une épître imprimée à la louange du préfet du Loiret, Pieyre, par M. Chaudruc, sous-préfet : cette pièce de vers français fut critiquée par M. Boinvilliers, censeur des études au lycée d'Orléans, non pour les louanges outrées adressées au préfet, mais à cause de la versification.

Cette sentence, juste sans doute, mais sévère peut-être d'un aristarque redoutable, par ses fonctions mêmes, bouleversa tout le parnasse orléanais. (3-77.)

6 *mai* 1808. — Le corps municipal d'Orléans reçoit de Paris le portrait en pied de l'empereur, dans son costume impérial, peint par Gérard : il coûtait 10,000 fr. Ce précieux tableau fut soustrait à tous les regards, pour n'être découvert que le jour de son inauguration, fixé au 8 de ce mois, jour de la fête de Ville, ou de Jeanne d'Arc. (4.)

8 *mai* 1808. — Célébration de la fête de la délivrance d'Orléans ; le panégyrique de Jeanne d'Arc fut prononcé par M. Corbin, curé de Sainte-Croix, dans l'église de St-Pierre. (76.)

Après la procession, eut lieu, dans la grande salle de la mairie, l'inauguration solennelle du portrait en pied de l'empereur, et pour rendre plus remarquable cette double fête, la journée finit par un grand bal donné par le maire à la salle de spectacle, lequel coûta à la ville la somme de 1,800 fr. (4.)

*Procès-verbal de l'inauguration du portrait de Sa Majesté l'empereur et roi, dans l'hôtel de la mairie d'Orléans.*

Aujourd'hui, huit mai mil huit cent huit, à une heure après midi, à la suite de la procession qui a lieu chaque année, pour célébrer la fête de la délivrance d'Orléans par Jeanne d'Arc, les autorités judiciaires, administratives, religieuses et militaires, accompagnées de la garde d'honneur de Sa Majesté l'empereur et roi, se sont rendues à l'hôtel de la mairie; elles avaient été invitées à y venir prendre part, à la cérémonie de l'inauguration du portrait de Sa Majesté l'empereur, que le maire d'Orléans et le corps municipal ont été autorisés à placer dans l'une des salles de cet hôtel.

Admises dans la salle des audiences, et placées dans l'ordre des préséances que la loi attribue à chacune d'elles, on leva le voile qui couvrait l'auguste effigie : elle resta exposée aux regards impatiens de l'assemblée, qui ne put contenir les acclamations de la joie et de l'enthousiasme.

Les témoignages d'allégresse ayant cessé, M. le préfet, M. l'évêque, M. le maire et M. le président de la chambre de commerce, ont, dans des discours aussi éloquens que remplis de respect et d'admiration, développé tous les sentimens de reconnaissance qu'inspire le grand homme, l'homme incomparable qui gouverne l'empire français.

Ces discours, successivement couverts d'applaudissemens, ont été terminés aux cris mille fois répétés de *vive l'Empereur! vive Napoléon!* Divers morceaux de musique analogues à la circonstance, exécutés par les musiciens de la garde nationale, ont couronné cette cérémonie attendrissante.

La fête de la Pucelle d'Orléans, ainsi devenue doublement chère aux Orléanais, a été terminée par une réunion de tous les fonctionnaires publics à l'hôtel de la mairie : l'allégresse et le plaisir ont fait tous les frais de ce banquet.

Le présent procès-verbal, dressé en l'hôtel de la mairie, les jour, mois et an que dessus, pour être consigné au registre des arrêtés du maire.

CRIGNON-DÉSORMEAUX, maire. (4-77.)

DISCOURS PRONONCÉS LE 8 MAI 1808, JOUR DE LA FÊTE DE LA PUCELLE D'ORLÉANS, A L'OCCASION DE L'INAUGURATION DU PORTRAIT DE L'EMPEREUR.

## Discours de M. Pieyre, préfet du Loiret.

« Messieurs,

« Lorsque le retour de cette solennité, si chère à nos concitoyens, les réunit chaque année dans le temple sacré, ils y entrent pénétrés à la fois de la reconnaissance due au héros, restaurateur de tout ce qui est noble et grand, qui a rétabli parmi nous cette fête honorable, du juste sentiment d'orgueil que leur inspire la gloire dont se sont couverts leurs aïeux, à l'époque où vivait l'héroïne libératrice que nous célébrons aujourd'hui, et de la louable émulation de se dévouer, comme eux, à la défense et à la prospérité de la patrie ; ce jour, consacré par la joie publique à jamais mémorable pour les Orléanais, sera toujours un précieux monument de leur fidélité au souverain, de leur courage contre les ennemis de l'État, et de leur admiration pour cette fille guerrière, que l'ordre des destins mit à la tête de ses défenseurs, pour délivrer la France de l'invasion et de la fureur des Anglais ; ces souvenirs sont glorieux sans doute, et dignes d'exciter en nous une généreuse fierté ; car les villes, comme les familles, ont leur patrimoine de vertu et d'honneur, et ne doivent pas être moins jalouses de le conserver intact et pur, et de l'immortaliser par leur gratitude.

« Mais, Messieurs, jamais cette belle journée ne s'offrit à nous accompagnée de circonstances aussi touchantes, aussi susceptibles de donner une nouvelle énergie à tous ces sentimens ; un mois s'est à peine écoulé depuis le moment heureux où nous avons pu voir dans nos murs le fondateur, le sauveur, le législateur de l'empire, et l'auguste et bienfaisante compagne de ses hautes destinées ; nos cœurs sont encore remplis des témoignages d'intérêt que la bienveillance de nos souverains a donnés à la ville d'Orléans : l'arbitre de l'Europe a daigné écouter avec complaisance l'expression de nos vœux, et sourire à la vue du bien qui pouvait être répandu sur cette contrée ; une céleste bonté s'est plu à ajouter encore, par la grâce inexprimable qui semble être son exclusif apanage, un nouveau charme aux gages précieux de cette protection toute-puissante; et l'espérance qu'ils nous ont laissée d'un passage moins rapide à leur retour, fait, depuis, notre plus douce jouissance. Alors pourront se signaler, avec plus d'éclat, et notre joie et notre sensibilité profonde; alors le premier magistrat de cette cité pourra faire entendre, en votre nom, un langage digne des sentimens qui vous animent; alors cette jeunesse, dont le zèle a obtenu sa plus digne récompense par l'approbation que Leurs Majestés ont donnée à l'empressement qui l'a consacrée à leur service personnel, pourra déployer, avec plus de liberté et d'ardeur, le dévouement qui la caractérise; alors, Messieurs, nous verrons se réaliser notre plus cher désir, et nous jouirons tous d'un bonheur vraiment complet.

« Puisse ce jour de faveur luire bientôt pour nous, et que du moins celui-ci, où nous trouvons tant de charmes, dans l'expression de nos hommages, proclame ensemble et nos vœux et nos espérances !

« En considérant la hauteur des conceptions du grand homme qui nous gouverne, l'importance de ses innombrables bienfaits, la multiplicité de ses victoires, la magnanimité de son âme, et l'immensité de cette influence qu'il exerce sur le monde politique, pour la prospérité des nations, ne vous semble-t-il pas, Messieurs, assister à ces temps héroïques conservés jusques à nous, à l'aide d'une tradition devenue plus imposante par la vague obscurité qui l'environne, ces temps où quelques mortels extraordinaires, intrépides protecteurs de l'humanité, obtinrent d'être élevés, par la reconnaissance, au rang idéal des demi-dieux ; à la suite des siècles accumulés, les actions qui fondèrent ces renommées avaient fini par ne plus offrir à la raison que l'empreinte d'événemens fabuleux, fruit de l'imagination des poètes, pour enflammer les cœurs de l'amour sacré de la gloire et de la patrie. Napoléon paraît et leur rend toute la vraisemblance de l'histoire. Mais en accordant quelque réalité à l'existence d'un Thésée, d'un Hercule, la pensée s'arrête à croire que l'orgueil des peuples qui l'ont consacrée a fait couronner une seule tête du prix mérité par plusieurs. Ainsi, une succession de héros fut déshéritée pour exalter en un seul toutes leurs vertus réunies, et toutes les merveilles de leurs travaux, tandis que, par un effet contraire, la lointaine postérité admirant les hauts faits de Napoléon, sera forcée, quelque jour, de supposer qu'une foule de grands hommes ont rassemblé l'éclat de leur gloire pour former le spectacle éblouissant de la sienne.

« Pontifes, magistrats, guerriers dont les vertus, les talens et la valeur ont utilement servi l'Etat, qu'un noble dévouement anime sans cesse, et que l'amour pour votre souverain réunit aujourd'hui dans les mêmes rangs, vous tous, nos concitoyens de toutes les classes, comme de tous les âges, que la fidélité et le zèle ont rassemblés ici en foule, vous venez y porter, aux pieds de Napoléon, de nouveaux tributs de respect, d'admiration et de gratitude. Eh bien! favorisés par la plus douce illusion, vous le voyez devant vous, ce père de la patrie, ce héros toujours triomphant, ce génie sans cesse occupé de donner à la félicité publique des bases inébranlables, ce conquérant pacificateur, ce vengeur du droit des nations, et de l'oppression des mers; son image, placée sous vos yeux, au milieu de nous, est l'un de ses plus chers bienfaits; là, nous viendrons chaque jour, en contemplant ce front auguste, ces traits où sont si vivement empreintes et la majesté des rois et la sollicitude d'un père, électriser nos âmes au feu de l'amour de la patrie; nous y viendrons, avec transport, renouveler nos sermens de fidélité à sa personne sacrée, et d'obéissance à ces lois imposantes et prospères que dicte sa sagesse pour le bonheur de l'Europe et de l'Empire. Ah! si une main savante a imité, pour nous, avec tant de succès l'œuvre visible de la Divinité, dont il est l'image, cette image est encore bien plus intimement gravée dans nos cœurs; oui, malgré tous ses prodiges, l'art sera toujours moins heureux que le sentiment dont les pinceaux sont dirigés par l'amour et la reconnaissance.

« Pleins du passé, du présent et de l'avenir, que les époques d'une gloire déjà antique, de notre félicité actuelle et de la brillante perspective qui s'ouvre devant nous, confondues dans notre imagination et dans l'âme de nos enfans, attestent aux générations les plus reculées, aux âges qui vont dater de la gloire de notre immortel souverain, tous les sentimens qu'il nous inspire. Que la religion les fortifie et les consacre, et que tous les ans nos compatriotes, nos successeurs, rassemblés comme nous dans cette enceinte, autour de l'auguste représentation du premier de leurs empereurs, prosternés aux pieds des autels, devant le Dieu qui y réside, puissent, avec une noble confiance, se dire, et jurer à leurs maîtres, qu'ils n'ont pas cessé un instant d'être, et les Orléanais du temps de la Pucelle, et ceux du siècle de Napoléon-le-Grand ! (4-76.) »

*Discours de M. l'évêque d'Orléans, Rousseau.*

« Messieurs,

« C'est du pied des autels, perpétuels témoins des vœux qui d'heure en heure s'élèvent jusqu'au trône de l'Eternel, pour lui demander de prolonger, bien au-delà du terme ordinaire de la vie, celle du héros, l'orgueil de la France, l'arbitre du continent, et bientôt, grâce à son génie, le libérateur des mers, que nous venons consacrer, par notre présence, la solennelle inauguration de son auguste image.

« O sublime accord du christianisme avec le plus noble mouvement des plus belles âmes, la reconnaissance ! on dirait que c'est de la religion seule qu'elle reçoit tout son développement, toute son énergie, et particulièrement le caractère d'éternité qui la fait surnager aux orages politiques, la rend indépendante des applaudissemens fugitifs de la multitude, de la constante fluctuation des opinions humaines, et même de l'empire du temps.

« Combien, Messieurs, le nouveau témoignage de fidélité, de respect et d'amour que vous offrez à Napoléon, réuni aujourd'hui, à l'anniversaire de la mémorable délivrance de votre ville, délivrance opérée par un prodige d'héroïsme inouï jusqu'alors, s'embellit des souvenirs du passé, des merveilles du présent et des magnifiques espérances de l'avenir.

« Vous avez vu, Messieurs, dans vos murs, l'empereur et roi couvert de tous les genres de gloire, les seuls qu'il semble possible à l'homme de conquérir : eh bien ! au moment où vous en étiez le plus frappés, au moment où vous sortiez d'auprès de sa personne sacrée, partagés entre la sensibilité et l'étonnement d'avoir trouvé tant de manières simples et rassurantes, tant de sollicitude paternelle, tant de détails de bien particulier, comme de bien public, dans le premier souverain du monde, et tout-à-la-fois le régulateur de l'état social, peut-être la divine Providence qui, depuis plus de quatorze ans, se plaît à renouveler sur son front l'irrésistible empreinte qui le présente à l'univers comme l'instrument de ses impénétrables desseins, peut-être la divine Providence lui préparait, lui ménageait aux frontières d'Espagne....

« Ici, Messieurs, je m'arrête, loin de nous l'idée téméraire de tenter de lever, d'une main indiscrète, le voile, j'ai pensé dire religieux, qui couvre à nos faibles regards les magnanimes dispositions de l'empereur; attendons avec le reste de l'Europe, attendons dans un respectueux silence qu'il daigne les manifester.

« Mais, Messieurs, dès aujourd'hui nous pouvons le dire, et nous le dirons, avec toute l'assurance que nous donne la grande âme de Napoléon, s'il revient dans cette vaste cité, où l'appellent tous les cœurs, où nos divers établissemens invoquent sa sagesse autant qu'ils réclament son œil, cet œil toujours, suivant les circonstances, créateur ou réparateur, il offrira, n'en doutez pas, il offrira de nouveaux objets à l'admiration, de nouveaux titres à la reconnaissance, et à l'histoire une page inattendue.

« C'est au milieu de ces brillantes idées que nous aimons à nous livrer à l'espoir que, bientôt, nous serons associés au bonheur dont les heureux habitans de Bordeaux ont vu prolonger pour eux la jouissance; du moins aujourd'hui et désormais nous pourrons tempérer notre vive, notre trop vive impatience, en venant contempler, dans la maison commune les traits augustes du monarque qui embrasse dans sa pensée l'universalité de ses sujets.

« Vos concitoyens, Monsieur le maire, vous doivent cette inappréciable faveur; vous avez transmis leurs vœux au ministre (le ministre de l'intérieur) de Sa Majesté, et, dans sa haute bienveillance, l'empereur a daigné s'y rendre. La ville d'Orléans continuera de justifier cet acte de bonté par un ardent patriotisme, par une inviolable fidélité à Napoléon et à sa dynastie, par tous les sacrifices que commande la conquête de la paix.

« Si, de la hauteur des grands objets dont je viens, Messieurs, de vous parler, il m'était permis de descendre jusques à moi, je profiterais de l'événement qui nous rassemble pour vous exprimer combien, dans les journées du 2 et du 6 avril, les deux plus belles de ma vie, j'ai été touché de voir les habitans de ma résidence se montrer aussi sensibles qu'ils ont paru l'être, à l'honneur que recevait leur évêque, et à la considération qui en rejaillit sur son ministère, en possédant successivement dans le palais épiscopal S. M. l'empereur et roi, et S. M. l'impératrice et reine. » (4-17.)

*Discours du maire d'Orléans, Crignon-Désormeaux.*

« Messieurs,

« Les tableaux que la mémoire ou l'imagination retracent dans nos âmes, y laissent, par leur mobilité, je ne sais quel vague qui irrite nos affections les plus tendres sans les satisfaire c'est afin de suppléer à leur imperfection, que la reconnaissance, l'amour, l'admiration ont employé le secours des arts, pour fixer l'image des héros bienfaiteurs du genre humain : leurs traits, retracés sur le marbre ou sur la toile, soutiennent, élèvent, échauffent l'âme de celui qui les considère : vertus, gloire, talens, tout se présente dans le même cadre, et semble y avoir été tracé par le pinceau.

« J'en appelle à votre expérience, Messieurs, la simple effigie des grands hommes de l'antiquité ne vous a-t-elle pas saisis, au premier coup-d'œil, d'un sentiment de vénération, par l'aperçu rapide de tout le bien qu'ils ont fait ? L'image chérie des Français, la statue du bon, du grand Henri ne vous retraçait-elle pas son cœur noble et généreux, son courage intrépide, son amour pour son peuple et ses vues profondes pour le bonheur général, qu'un héros, digne de lui succéder, devait réaliser un jour ?... Dans l'effigie de l'héroïne à laquelle nous payons aujourd'hui le tribut anniversaire de notre reconnaissance, vous trouvez, indépendamment de la scène historique, la réunion, sous un seul point de vue, de tout ce qu'elle a fait pour son pays, pour son roi et pour vous, dont les aïeux se sont couverts de gloire en partageant ses succès.

« Grâces immortelles vous soient donc rendues, auguste restaurateur de la gloire de notre patrie, qui avez daigné consentir que notre cité prolongeât, par la vue de cette image, le bonheur qu'elle a eu et qu'elle espère voir renouveler, de vous posséder dans son enceinte! Ce monument précieux nous retracera les traits de votre personne sacrée, et plus vivement encore tout ce que nous vous devons d'amour et de reconnaissance.

« Ne vous semble-t-il pas en effet, Messieurs, voir sous les pieds du héros les débris hideux de l'anarchie et du vandalisme irréligieux qui ont désolé si long-temps le sein de notre malheureuse patrie? ne voyez-vous pas, à ses côtés, la France régénérée, la religion rétablie sur ses autels, la justice assise sur son tribunal, le commerce replacé sur les bases de la bonne foi et des lois, les sciences, les arts encouragés et honorés, l'éducation publique marchant avec rapidité vers le perfectionnement des études, et la restauration des mœurs et de l'esprit public? ne voyez-vous pas, Messieurs, sur la tête du héros, cette couronne de gloire où le laurier s'enlace si heureusement avec le symbole de la paix? ne distinguez-vous pas quelques rayons de lumière qui, s'élançant de cette couronne, vont éclairer dans le lointain les ruines des coalitions sur les champs de Marengo, d'Austerlitz, d'Iéna et sur les rives du Niémen? et, par suite de tous ces prodiges, vous n'êtes plus étonnés de voir les alliés de notre éternelle ennemie désabusés ou détrônés, les amis de la France agrandis, récompensés et couronnés, le sceptre des mers échappant des mains du tyran, et sa puissance ébranlée par la chute de ses voisins, devenus les tristes victimes de sa perfidie?

« Il nous est donc permis d'entrevoir dans un heureux avenir l'Europe pacifiée, les haines éteintes, le commerce vivifié et la terre n'ouvrant plus son sein trop souvent abreuvé de sang, que pour épancher sur nous les richesses qu'elle renferme.

« Braves enfans de la victoire, vous que l'immortel Napoléon a signalés à l'estime et à la reconnaissance des Français, par les distinctions honorables qui vous décorent, vous savez combien il a de droits à notre amour; pourquoi ne m'est-il pas donné de vous peindre, dans toute son énergie, celui que nous lui portons? Veuillez, Messieurs, vous pénétrer de cette scène attendrissante, et, lorsque vous approcherez du grand prince qui en est le héros, dites-lui que nous rivalisons de zèle et de dévouement avec ses braves compagnons d'armes; dites-lui, Messieurs, que dans une cérémonie que vous décorez de votre présence, tous nos cœurs brûlaient d'une même affection; qu'un pontife sacré que nous regardons comme un présent du ciel, et qui sait si bien allier les vertus sacerdotales et le talent précieux de la persuasion, les principes les plus purs de la religion et la morale du citoyen, s'est joint à nous pour célébrer ce beau moment; dites-lui que sur ce front vénérable, et sur celui de ses dignes collaborateurs dans la carrière évangélique, se peignaient tour-à-tour l'attendrissement, l'admiration et une pieuse allégresse; dites-lui que les ministres de la justice, présidés par un chef dont la vertu et la science ont acquis une maturité parfaite à l'âge où d'autres en font encore l'apprentissage, se sont empressés de concourir à la fête municipale dont il est l'objet; que le calme austère que l'habitude de l'impassibilité a dessiné sur leurs fronts a cédé au mouvement de l'enthousiasme et de la joie; vous lui ajouterez, Messieurs, que le chef de l'administration de ce département, flatté de présider l'inauguration de l'image auguste que nous plaçons au milieu de nous, a su, avec son éloquence accoutumée, ajouter au monument de la reconnaissance, les décorations du talent et des louanges aussi délicates que méritées; assurez-le, Messieurs, que cette brave jeunesse, à qui notre cité a délégué le soin de veiller à la garde de sa personne sacrée, ne contenait qu'avec peine les élans de son zèle et de son amour pour lui.

« Image auguste, nos neveux nous envieront le bonheur que nous avons d'être les témoins des prodiges qui, dans un intervalle si court, viennent de replacer notre patrie au premier rang des nations; mais ils ne pourront nous refuser quelques sentimens de reconnaissance du soin que nous avons pris d'assurer votre présence au milieu d'eux; comme vous serez le monument de notre gratitude, vous serez aussi la leçon du dévouement et de l'amour qu'ils devront eux-mêmes à Napoléon-le-Grand et aux princes de sa dynastie : puisse-t-elle gouverner cet empire aussi long-temps que durera la gloire de son chef ! » (4-76.)

*Discours de M. Lochon-Houdouard, président de la chambre de commerce d'Orléans.*

« Messieurs,

« Au nom de la chambre de commerce et de tous les négocians d'Orléans, je viens aussi apporter un tribut d'hommages que toute la France doit au héros qui en fait la gloire.

« Il ne nous appartient pas, il est au-dessus de nos forces d'essayer l'éloge de tout ce que Napoléon a fait de grand, soit dans la guerre, où tous ses combats ont été des victoires, soit dans la politique, par laquelle il a ramené toutes les cours de l'Europe au système général de proscription contre l'ennemi du monde; soit dans l'administration intérieure, par ces lois sages qui assurent le repos de ses sujets et deviennent successivement, par le vœu des peuples, celles d'une grande partie de l'Europe; mais nous nous bornerons à parler, avec l'admiration qu'elles méritent, de ces grandes conceptions qui touchent plus particulièrement le commerce.

« Sans chercher à pénétrer la profondeur de son étonnante politique, les négocians reconnaissent que tous les travaux auxquels se livre ce grand homme, les fatigues, les dangers mêmes auxquels il s'expose, ont pour un de leurs principaux objets celui d'écraser l'implacable rival du commerce français et l'éternel tyran des mers.

« En effet, Messieurs, le système oppresseur du gouvernement anglais n'a-t-il pas été, depuis trente ans, d'entraver d'abord, d'étouffer totalement ensuite l'industrie entière des manufactures, les relations, la concurrence et les débouchés des productions françaises dans quelque pays que ce soit?

« Les Anglais, par l'immensité de leurs relations coloniales, le nombre prodigieux de leurs vaisseaux, leur despotisme maritime, ont-ils laissé aucun moyen au commerce français de rivaliser avec eux? ont-ils accédé à aucune des propositions pacifiques qui pouvaient nous rendre la liberté commerciale? tout ce que le droit naturel, tout ce que la raison pouvait offrir de motifs de paix, n'a-t-il pas fait qu'accroître au contraire leur tyrannie maritime, et imposer un joug plus pesant qu'ils ont étendu même sur toutes les nations commerçantes?

« Qu'a fait Napoléon? il a isolé du reste de l'Europe ces destructeurs du repos du monde; il leur a enlevé ces alliés dont ils étaient si fiers, qu'ils n'ont jamais aidés réellement que par de lâches subsides; il leur a ôté ces débouchés si étendus par lesquels ils faisaient rentrer chez eux, si facilement, le montant de leurs vils secours; il les a encombrés d'une masse de denrées qui, en leur devenant inutiles aujourd'hui, porte un préjudice incalculable aux planteurs de leurs colonies, aux intérêts de leurs capitalistes, aux spéculations de leurs négocians, et surtout à l'industrie et à l'existence de leurs populeuses manufactures.

« Voilà, Messieurs, le grand acte de politique que personne ne peut se dissimuler, et que le négociant surtout sent mieux que tout autre avec admiration.

« Il voit que cette lutte, qui ne peut-être longue, doit finir par la liberté des mers, par la renaissance du commerce et des manufactures en France, par la création de nouveaux moyens qui donneront une plus grande activité au génie naturellement industrieux des Français, par faire valoir tout ce que l'heureuse situation de cet empire, sa féconde agriculture, ses facilités dans la circulation intérieure, ses ports si vastes et si multipliés qui dominent les deux mers, peuvent lui procurer d'avantages et porter sa prospérité à un point de grandeur qui n'a encore été atteint sous aucun de nos souverains.

« Les sacrifices que nous avons faits, ceux que nous devons faire encore, sont donc bien faciles à supporter, si nous considérons qu'ils nous associent en quelque sorte aux travaux, aux soins, aux inquiétudes du grand homme, que leur récompense sera d'en recueillir les plus riches fruits, et de partager, comme Français, la gloire du héros dont ils seront l'ouvrage.

« Les négocians de cette ville se font un devoir de proclamer, à cet égard, que leur dévouement est aussi entier que leur respect et leur fidélité sont inviolables pour Sa Majesté impériale et royale ; ils aspirent au bonheur qu'il leur a fait espérer de le revoir, et à celui de lui confier, comme à un père, et leurs sentimens d'amour, et les bénédictions de ceux qu'il se plaît à nommer ses enfans. » (4-76.)

Le portrait de l'empereur resta dans l'une des salles de la mairie, dite *des Abeilles*, jusqu'aux désastres de l'empire ; à cette époque, cette précieuse peinture, objet de tant d'hommages respectueux, fut portée sur le bûcher qui la réduisit en cendres, par les mêmes hommes qui l'avaient encensée. (76-77.)

*13 mai 1808*. — L'évêque d'Orléans, M. Rousseau, accompagné de MM. Borras de Gamanson, de Blanbisson, Demadières, Métivier, Mérault, Barbazan, Fauvel, ses vicaires-généraux, visite le lycée.

M. Genty, proviseur, à la tête de tous les membres de l'établissement, présente ses élèves à cet éloquent et vertueux prélat, en lui adressant le discours suivant :

« Monseigneur, c'est avec les sentimens de la joie la plus vive, que j'ai vu arriver le moment de vous présenter ma famille adoptive ; cette faible, mais intéressante portion du nombreux troupeau que vous gouvernez avec tant de sagesse et de gloire. A l'exemple du divin modèle de tous les pasteurs, vous voulez *que les enfans viennent à vous*. Ces enfans de la patrie, Monseigneur, ils sont aussi les vôtres : depuis votre avénement au siége d'Orléans, vous n'avez cessé de leur donner des marques d'une sollicitude vraiment paternelle.

« Vous daignez applaudir à leurs travaux ; vous vous informez surtout de leur avancement dans la sagesse et la piété. Vous voulez qu'ils assistent à vos solennités, à vos instructions pastorales, qu'ils reçoivent de vous-même les grandes leçons de la doctrine et de la morale évangéliques. Avec quelle sainte avidité cette bonne jeunesse écoute les paroles sorties de votre bouche ! ces paroles qui, en proclamant les mystères augustes, les vérités sublimes de la religion, nous offrent en même temps des modèles de la plus haute éloquence. Votre Grandeur a conquis ces jeunes cœurs par la vertu ; elle les a subjugés par tous les moyens de la plus noble séduction.

« Vous avez prévenu nos hommages, vous nous jugez avec indulgence, d'après la bonté de votre cœur, d'après les principes de la religion de charité que vous annoncez avec tant d'empire, et que vous faites si bien aimer. »

M. l'évêque a parlé d'abondance, avec ce choix d'expressions, ce goût des convenances si nécessaire aux hommes élevés en dignité ; il a mis dans tous ses discours ce noble abandon, ce charme irrésistible qui lui est propre et qui lui gagne tous les cœurs. S'adressant à plusieurs reprises aux élèves rangés devant lui, il leur disait : « Mes « enfans, *Dieu et l'Empereur!* Que ces deux objets sacrés « soient gravés dans votre cœur en traits ineffaçables. »

M. l'aumônier du lycée a distribué, en présence du prélat, les élèves en trois classes, suivant l'ordre observé dans les instructions religieuses qu'il leur donne régulièrement deux fois par semaine. Il a particulièrement désigné ceux qui, indépendamment de ces instructions communes, reçoivent, pendant plusieurs mois, des leçons extraordinaires trois fois la semaine, pour se préparer à la première communion. Le prélat, soit par lui-même, soit par l'organe de MM. les vicaires-généraux qui l'accompagnaient, a interrogé successivement tous les élèves de cette classe sur les articles fondamentaux de la religion ; il a paru pleinement satisfait de leurs réponses et de la manière solide dont ils sont instruits.

Parcourant ensuite les rangs des élèves, il a également paru frappé de la décence de leur maintien, de l'aimable gaîté qui éclatait dans les yeux, malgré les sentimens de respect qu'inspirait sa présence ; de la santé, signe heureux de l'innocence des mœurs, qui brillait sur toutes les figures.

Il a visité, avec le plus vif intérêt, les diverses parties de l'établissement : les élèves, immobiles dans leurs rangs, attentifs à toutes les démarches et à toutes les paroles du prélat, gardaient le silence, et ne le rompaient par intervalles que par les cris unanimes de *Vive l'Empereur! Vive Monseigneur!*

Cet illustre prélat n'a cessé de prodiguer à tous les membres du lycée, en général et en particulier, les attentions les plus délicates et les témoignages d'une affectueuse bienveillance. Il a laissé dans tous les cœurs des impressions profondes et des germes de vertu que le temps ne pourra jamais détruire. (7.)

16 *mai* 1808. — Plusieurs centaines de prisonniers portugais arrivent à Orléans et sont logés provisoirement dans la grande maison de St-Charles ; quelques jours après leur arrivée, le maire proposa aux cultivateurs de la commune de les employer au travail de leurs terres. (77.)

18 *mai* 1808. — Le prince des Asturies et son frère, don Carlos, arrivent au château de Valençay, propriété de M. de Talleyrand, ministre des relations extérieures de France ; à la suite de ces princes se trouvait un sieur d'Amézaga, intendant de leur maison, qui fit beaucoup parler de lui à Orléans par le mariage disproportionné qu'il fit de sa fille, âgée de quatorze ans, avec M. Delavergue de la Roncière, âgé de soixante-quinze ans. (76.)

19 *mai* 1808. — Le sénateur Tascher de la Pagerie, Orléanais, parent de Joséphine Beauharnais, impératrice, est nommé par Napoléon chancelier de la 15$^e$ cohorte de la Légion-d'Honneur, dont le département du Loiret faisait partie, et dont le chef-lieu était Chambord.

Cette Légion-d'Honneur, instituée pour récompenser les services militaires, ainsi que les services et les vertus civils, était composée de seize cohortes ; 200,000 fr. de rente, en biens nationaux, étaient affectés à chacune d'elles.

Chaque cohorte avait son conseil particulier d'administration dans le chef-lieu de sa résidence.

Le département du Loiret et ceux du Cher, Creuse, Indre, Indre-et-Loire, Loir-et-Cher, Sarthe, Haute-Vienne faisaient partie de la 15$^e$ cohorte.

A cette époque, le conseil d'administration de cette 15ᵉ cohorte était ainsi composé :

Le maréchal Augereau, *chef*; le sénateur Tascher, *chancelier*; le législateur Fontenay, *trésorier*. (43.)

*22 mai* 1808. — Le roi d'Espagne, Charles IV, la reine et leurs équipages arrivent à Orléans, se rendant à Fontainebleau; leur entrée eut lieu par la porte Madeleine. Ils furent conduits à l'Evêché, où ils passèrent la nuit; ils repartirent le surlendemain, le tout sans pompe et sans cérémonial. (77.)

*25 mai* 1808. — L'infant dom Francisque, et Marie-Louise d'Espagne, sa sœur, arrivent à Orléans par la porte Madeleine, et vont habiter les mêmes appartemens que leurs père et mère avaient occupés à l'Evêché quelques jours avant; ils les quittèrent le lendemain pour suivre leurs parens à Fontainebleau. (77.)

*28 mai* 1808. — Vente par adjudication, au tribunal de première instance d'Orléans, de la manufacture de coton près la porte Bourgogne, maison de maître et neuf autres maisons dans le voisinage de cet établissement, sur l'enchère de 90,000 fr., saisies sur le sieur François-Thomas Foxlow, ancien manufacturier, à la requête de plusieurs de ses créanciers, parmi lesquels se trouvait M. Tayer, son ex-associé, qui devint propriétaire de cette fabrique. (*Voir* 30 juillet 1806.)

*Juin* 1808. — Les frères Dufresné, habiles serruriers d'Orléans, sont chargés, par l'adjudication qui leur en fut faite, de confectionner les nouvelles grilles de fer à placer au pont, à la porte Bannier, sur la prisée de 35,000 fr., montant du devis.

Les anciennes avaient été enlevées pendant la Révolution et remplacées par des barrières en planches. (77.)

*5 juillet* 1808. — Promulgation faite à Orléans, d'un décret impérial qui défend la mendicité dans tout l'empire français.

*18 juillet* 1808. — Dominique Latour fils, docteur en chef de l'Hôtel-Dieu d'Orléans, ouvre dans une des salles de cette maison, un cours gratuit de médecine-pratique en faveur des élèves de l'hospice.

A la même époque, ce jeune docteur fait paraître un ouvrage intéressant, intitulé *Manuel sur le Croup*, ou histoire d'une maladie propre aux enfans, qui s'était manifestée d'une manière épidémique dans l'Orléanais. (77.)

*Juillet* 1808. — Les anciens murs qui faisaient partie des fortifications de la Tour-Neuve, laquelle avait déjà disparu, sont démolis, ainsi que ceux du fort Alleaume, bâtis en 1570; les matériaux de l'un et de l'autre furent vendus à la toise. (77.)

15 *août* 1808. — Pour la deuxième fois on célèbre à Orléans la fête de saint Napoléon, patron de l'empereur. Cette fête, où rien ne fut épargné pour la solennité, fut annoncée la veille par une proclamation et un programme ainsi conçus:

MAIRIE D'ORLÉANS.

*Fête anniversaire de la naissance de S. M. l'Empereur et Roi, protecteur de la confédération du Rhin.*

« Orléanais,

« Le retour anniversaire de la naissance des grands hommes donne un nouveau degré d'énergie aux sentimens d'admiration que leurs vertus et leurs talens nous ont inspirés, et cet hommage est calme comme la raison; mais lorsque ces grands hommes sont des princes bons et généreux, qui ne règnent que pour le bonheur des peuples, lorsqu'ils sacrifient tout à la félicité publique, lorsqu'ils ne voient dans les succès militaires qui nous étonnent, qu'un pas qu'ils ont fait de plus vers la paix du monde et la prospérité de la nation qu'ils gouvernent, sans rien perdre de leur intensité, notre admiration et nos respects s'unissent et s'exaltent en se confondant avec les affections brûlantes de l'amour et de la reconnaissance.

« Vous en faites dans ce moment l'heureuse expérience, ô mes concitoyens! vous qui fûtes toujours distingués par une fidélité aussi invariable que respectueuse envers vos souverains; l'époque à laquelle vous vous disposez à solenniser la fête du grand Napoléon va donner une nouvelle impulsion à tous les sentimens tendres et respectueux que vous inspire le plus grand des héros, le restaurateur de l'empire et le père de la patrie ; que ne puis-je vous annoncer qu'il va venir lui-même dans vos murs recueillir ce jour-là même les hommages de l'allégresse publique, applaudir à vos transports et sourire avec bonté à l'expression tumultueuse de votre joie ! N'en désespérons point, mais que nos désirs restent subordonnés à sa volonté suprême : qui sait si les momens que le grand Napoléon accorderait à nos vœux ne seraient pas perdus pour l'exécution de ces conceptions sublimes qui tendent à accélérer le terme unique de ses désirs, la paix du monde entier !

« Donnons un libre essor aux sentimens qui nous animent, et ajoutons, s'il se peut, par les témoignages publics de notre gratitude et de notre dévouement, à l'enthousiasme qui a distingué chaque année la fête de famille à laquelle nous nous préparons.

Pour seconder vos vœux, et d'après ces considérations, nous avons arrêté et arrêtons ce qui suit :

« Art. 1$^{er}$. Le dimanche, 14 de ce mois, à midi précis, le son de la cloche de la ville et le bruit des fanfares, sur la tour de la ville, annonceront la fête du lendemain.

« La cloche continuera à se faire entendre d'heure en heure jusqu'à la fin du jour.

« Art. 2. Le jour de la fête, à six heures du matin, la cloche de la ville sonnera pendant un quart d'heure, ensuite d'heure en heure, jusqu'à la fin du jour, et depuis la sortie jusqu'à la rentrée de la procession.

« Art. 3. Après la rentrée de la procession, des danses, des jeux de bagues, et des mâts de cocagne, avec prix, et distribution de vin, seront établis sur le grand Mail.

« Art. 4. Les habitans sont invités à se tenir prêts à exécuter les dispositions qui seront ordonnées pour la décoration extérieure et illumination de leurs maisons, dans le cas où nous aurions le bonheur de posséder Sa Majesté impériale et royale à son passage. » (4.)

16 *août* 1808. — Arrêté, sur avis du conseil d'Etat, du maire d'Orléans, relatif aux fourniture de noir à faire par l'entrepreneur des pompes funèbres de cette ville ;

partie de cette fourniture est ôtée à l'entrepreneur, pour la donner aux fabriques des églises, qui obtinrent le droit de tendre dans l'intérieur; l'extérieur du temple regarda seulement les pompes funèbres. (4.)

21 *septembre* 1808. — La seconde division de la grande armée passe par Orléans, sous le commandement du maréchal Lefèvre.

Les habitans couraient au-devant de ces troupes, assistaient à leurs manœuvres, admiraient leur belle tenue.

M. l'évêque Rousseau saisit cette occasion pour donner plus de pompe à la publication, dans la cathédrale, de sa lettre pastorale, à l'occasion du dernier message de Sa Majesté l'empereur au sénat, sur les affaires d'Espagne. L'église de Ste-Croix offrait le plus imposant spectacle :. les autorités militaires, civiles et judiciaires y étaient réunies ; une double haie des grenadiers du 28$^e$ régiment, placée sous la chaire épiscopale, ajoutait par l'éloquence énergique et muette de leur fierté guerrière, à l'effet que produisit sur l'assemblée l'éloquence du prélat, rappelant au peuple les travaux et les bienfaits immortels du grand Napoléon, et lui montrant la paix universelle, but de ses sublimes desseins, comme le prix du dernier sacrifice qu'il demandait à ses sujets, pendant qu'il donnait lui-même sans cesse l'exemple du sacrifice perpétuel pour leur bonheur.

Le maréchal, durant son séjour à Orléans, s'étant rendu au spectacle avec son état-major, fut salué des acclamations des Orléanais, et entre les deux pièces, un acteur vint lire, sur l'avant-scène, une pièce de vers faite en son honneur par M. Leber, laquelle fut couverte par une triple salve d'applaudissemens. (76.)

24 *septembre* 1808. — Mort du général Muller, compagnon d'armes du général Moreau, après quatre ans d'exil à Orléans. (7.)

27 *septembre* 1808. — Le sénateur Roger-Ducos arrive à Orléans pour y résider l'espace de temps voulu par l'institution des sénatoreries ; il est reçu dans cette ville, chef-lieu de sa sénatorerie, avec de grandes cérémonies.

Par décret du 22 nivôse an XII, il avait été créé une

sénatorerie par arrondissement de cour d'appel ; elle était dotée d'une maison, et d'un revenu annuel de 20,000 à 25,000 fr. La sénatorerie d'Orléans, formée des départemens du Loiret, Loir-et-Cher et Indre-et-Loire, payait au sénateur Roger-Ducos 20,000 fr. de rente. Les sénatoreries étaient possédées à vie ; les sénateurs qui en étaient pourvus étaient tenus d'y résider au moins trois mois chaque année.

Ils remplissaient les missions extraordinaires que l'empereur leur confiait dans leurs départemens, et ils lui en rendaient compte directement, comme leur étant conférées par lui. (43-77.)

10 *octobre* 1808. — Les dames Carmelites, qui s'étaient réunies dans une maison particulière depuis leur dispersion, viennent se loger dans l'ancien bâtiment des Petits-Carmes, ou Carmes-Déchaussés, au levant de la préfecture, que plusieurs personnes charitables de la ville avaient acheté pour elles et fait disposer à leur usage, en détruisant les ateliers de la manufacture de coton qui y avait été élevée par un sieur Granger, ancien organiste de St-Paul, qui avait épousé une demoiselle Crignon-Bonvallet.

20 *novembre* 1808. — Réunion du collége électoral du département du Loiret dans une des salles de la mairie, présidé, en l'absence du maréchal Augereau, par le général de division Duplessis, commandant de la Légion d'Honneur.

Ce collége a présenté pour candidats, MM. Duplessis et Gudin, généraux de division.

M. Légier, du Loiret, ex-législateur, a présenté à M. Duplessis, sur sa nomination à la candidature, des vers imprimés chez Huet-Perdoux. (77.)

30 *novembre* 1808. — Le collége d'arrondissement d'Orléans, réuni dans cette ville, a été présidé par M. Bouchet, inspecteur-général des ponts-et-chaussées ; ce collége a présenté pour candidats au corps législatif, MM. Bouchet, inspecteur-général des ponts-et-chaussées, et Brillard, avocat et conseiller de préfecture.

*Extrait de la Constitution de 1799, dite de l'an* VIII.

Les colléges électoraux de département et ceux d'arrondissement présentent chacun deux citoyens domiciliés dans le département, pour former la liste sur laquelle doivent être nommés les membres de la députation au corps législatif; un de ces citoyens doit être pris nécessairement hors du collége qui le présente; il doit y avoir autant de candidats sur la liste formée par la réunion des présentations des colléges électoraux de département et d'arrondissement qu'il y a de places vacantes.

*Collége électoral du département du Loiret.*

Les membres du collége du département dont le nombre s'élève au complet, à 290, sont choisis, par les assemblées de canton, sur la liste des six cents domiciliés les plus imposés au rôle des contributions directes; les grands-officiers, les commandans et officiers de la Légion-d'Honneur, domiciliés, peuvent être adjoints au collége, par décret de l'empereur.

*Colléges électoraux d'arrondissement.*

Les colléges électoraux d'arrondissement sont formés à l'instar des colléges électoraux de département: le nombre des membres est fixé d'après la population de l'arrondissement; il ne peut être moindre de 120, ni au-dessus de 200. Chaque collége présente deux candidats domiciliés dans l'arrondissement pour chaque place vacante dans le conseil d'arrondissement; un de ces candidats doit être pris hors du collége; il présente encore deux candidats domiciliés dans le département pour établir la liste des membres qui doivent composer la députation au corps législatif; l'un d'eux doit être pris hors le collége.

*Présidens des assemblées de canton à cette époque.*

### ORLÉANS.

| | | |
|---|---|---|
| 1$^{er}$ arrondissement. | | Crignon-Désormeaux, maire; |
| 2$^{me}$ | id. | Bouchet, inspecteur des ponts-et-chaussées; |
| 3$^{me}$ | id. | Demadières-Curé, d'Orléans; |
| 4$^{me}$ | id. | Tassin-Nonneville, d'Orléans; |
| 5$^{me}$ | id. | Souque, député au corps législatif. |

Les colléges d'arrondissement de Pithiviers, de Montargis et de Gien s'étant réunis ce mois, et ayant présenté leurs candidats, la députation du département fut ainsi composée :

Duplessis, *sénateur* ; — Delahaye, Boucher, Souque, Fougeroux, *législateurs*. (7.)

*3 décembre* 1808. — M. de Jarente d'Orgeval, qui avait été évêque d'Orléans, va voir l'évêque actuel, M. Rousseau, en est bien reçu et dîne avec lui. (76.)

*7 décembre* 1808. — Violent incendie, qui se manifesta vers dix heures du soir dans la prison de St-Hilaire : le feu prit dans le bâtiment des femmes, où il avait été mis à dessein ; les plus grandes précautions furent prises pour ne pas laisser échapper les prisonniers : ils furent parqués dans le Marché à la Volaille, puis conduits, par petits pelotons, dans les prisons des Ursulines, où ils furent renfermés pour ne plus en sortir ; l'ancienne prison était déjà en mauvais état, et fut alors abandonnée. (77.)

*15 décembre* 1808. — *Te Deum* chanté avec pompe dans l'église de Ste-Croix d'Orléans, en action de grâces de l'entrée de l'Empereur Napoléon dans Madrid, capitale de l'Espagne. (4.)

— Belle-Teste, interprète de langues, Orléanais, qui fut de l'expédition d'Egypte, meurt cette année. (76.)

— Riffé de Caubray (Louis), avocat, natif d'Orléans, meurt cette année. (76.)

— Rondonneau (Louis), natif d'Orléans, imprimeur libraire, dépositaire de la collection du *Bulletin des Lois*, auteur de *Napoléon considéré comme législateur*, meurt cette année. (7.)

## 1809.

*7 janvier* 1809. — De Jarente d'Orgeval, ancien évêque d'Orléans, meurt à Paris dans une maison de retraite établie pour les ecclésiastiques âgés. (7.)

*22 janvier* 1809. — Par ordre du maire d'Orléans, le marché aux bestiaux, qui se tenait dans le Vieux-Marché, ou Marché-aux-Veaux, est transporté dans le cloître St-Aignan. (4.)

*22 janvier* 1809. — Mouvement de la population de la commune d'Orléans pendant l'année 1808 :

Naissances ..... 1,400  
Décès .......... 1,698 } Pertes ....... 298

*2 février* 1809. — Une partie de l'armée française qui était en Espagne, et qui se rendait en toute hâte en Allemagne, passe en poste à Orléans, et en repart de suite par le même moyen, sans séjour ni logement; plus de six cents chevaux et voitures de réquisition, organisés par relais, faisaient le service de ce transport militaire. Ce passage dura pendant près de huit jours : les habitans étaient dans les rues royale et Bannier, sur les places du Martroi et de l'Etape, pour voir un spectacle aussi nouveau. La célérité de cette marche était commandée par la conduite hostile de l'empereur d'Autriche. (4-76.)

*3 février* 1809. — Construction d'un arc de triomphe, élevé à la porte Madeleine, pour l'arrivée de l'empereur Napoléon, qui revenait d'Espagne pour se rendre à Paris, et de là se porter en Allemagne. Il prit une autre route à Blois, pour ne pas gêner les transports de ses troupes, qui se faisaient aussi en poste par la route d'Orléans. (4.)

*7 février* 1809. — Arrêté du maire d'Orléans, qui défend aucun chargement de voitures de roulage ou particulières sur la voie publique, attendu que personne ne peut en disposer, et que ceux qui ont des établissemens doivent les former dans des lieux propres à exercer leur profession.

« La voie publique, y est-il dit, appartient au public ; chacun a droit d'en user pour le service auquel elle est destinée, et nul n'a celui de s'en approprier aucune partie pour l'appliquer à son usage particulier. (4.) »

*3 mars* 1809. — Arrêté du maire d'Orléans, relatif aux boulangers forains et aux bernassiers, qui furent obligés d'aller placer leurs échoppes dans le Marché-aux-Veaux, ou Vieux-Marché, les mercredi et samedi, avec la défense de se placer, comme par le passé, dans celui de la Porte-Renard. (4.)

1$^{er}$ *avril* 1809. — Incendie assez considérable, rue de la Bretonnerie, près l'hôtel de St-Nicolas, dans la maison de l'abbé Renard, causé par l'imprudence d'une servante. (76-77.)

8 *avril* 1809. — Mort de Jérôme Lhuillier-Desbordes, natif d'Orléans, jurisconsulte estimé, littérateur, poète français, couronné à l'académie de Rouen (*).

9 *avril* 1809. — M. l'abbé Thibault, ancien professeur au collége royal d'Orléans, fait paraître, chez Huet-Perdoux, imprimeur libraire de cette ville, une ode en l'honneur de l'empereur Napoléon. (77.)

22 *avril* 1809. — Leçon de politesse donnée à une dame d'Orléans, par M$^{lle}$ Raucourt, célèbre tragédienne. M$^{lle}$ Raucourt possédait le château de La Chapelle; elle l'avait orné d'une manière qui y attirait de nombreux visiteurs. Dans une de ces visites, faite par une société orléanaise, une personne s'extasiant sur la beauté du parc et la richesse de la serre: « A-t-on jamais vu, lui dit une femme qui l'accompagnait, des choses pareilles à une comédienne; mais c'est scandaleux ! »

M$^{lle}$ Raucourt était dans un bosquet voisin : elle se montre tout-à-coup, et prenant la pause et la voix de Sémiramis : « Cette comédienne est chez elle, lui dit-elle avec dignité; elle voulait bien vous y recevoir; vous n'en êtes pas digne : sortez ! » (77.)

----

(*) Voir, à la fin du volume, une excellente pièce de vers composée par M. Lhuillier, *sur les preuves morales du dogme de l'existence de Dieu.*

*8 mai* 1809. — Fête de la Ville, encore sans la présence du petit puceau; le panégyrique de Jeanne d'Arc, à St-Pierre-en-Sentelée, fut prononcé par M. Nutein, chanoine, vicaire de Ste-Croix. (76.)

*12 mai* 1809. — Décret impérial, daté de Vienne, relatif à l'institution de l'université impériale de France, sous l'inspection générale de M. de Fontanes. (43.)

L'enseignement de tout l'empire est confié exclusivement à l'Université; aucune école, aucun établissement quelconque d'instruction ne peut être hors de l'université impériale, et sans l'autorisation de son chef; nul ne peut ouvrir d'école, ni enseigner publiquement sans être membre de l'université impériale et gradué dans l'une de ses facultés, etc., etc.

L'université est composée d'autant d'académies qu'il y a de cours d'appel : dès lors, Orléans ayant une cour d'appel, fut aussi désignée pour avoir une académie.

*21 mai* 1809. — Installation de l'académie impériale d'Orléans, faite avec pompe par le préfet du Loiret, Pieyre, et le maire, Crignon-Désormeaux, accompagnés des divers corps civils, administratifs, judiciaires et militaires.

Cette académie comprend dans son arrondissement trois départemens, Loiret, Loir-et-Cher, Indre-et-Loire.

Les membres de cette académie, à l'époque de son institution, étaient :

MM. de Champeaux, recteur; Duparc et Poullet de l'Ille, inspecteurs; Dupuis, secrétaire.

*Faculté des lettres.* — *Professeurs.*

MM. de Champeaux, philosophie; Rousseau, suppléant; de Rochaz, littérature grecque; Roger, littérature latine; de Saint-Surin, littérature française; Jondot, histoire.

Le lycée était composé, à cette époque, de MM. Genty, proviseur; Semelet, censeur; Pataud (l'abbé), aumônier; Millade, économe; Latour fils, médecin; Lambron, chirurgien.

## Professeurs.

MM. Rousseau, philosophie ; Roger, rhétorique ; Liger, humanités, 2$^{me}$ année ; Brou de la Salle, humanités, 1$^{re}$ année ; Michel, grammaire, 2$^{me}$ année ; Féraud, grammaire, 1$^{re}$ année ; Gobert, classes élémentaires ; Magnier, élève de l'école normale, professeur supplémentaire ; Barré, sciences physiques ; Besançon, mathématiques spéciales ; Lauzeral, mathématiques élémentaires ; Radereau, maître d'étude ; Girard, maître d'étude ; Rey, officier instructeur, chevalier de la Légion-d'Honneur ; Salmon, maître de dessin, Dinomé, maître d'écriture.

### Etat des bourses à cette époque.

Il y avait au lycée d'Orléans dix bourses à pension entière, vingt à trois-quarts de pension, et vingt à demi-pension, dont les fonds étaient faits par les villes de Paris, Orléans, Tours, Blois, Vendôme et Romorantin.

Le montant de ces bourses s'élevait à 22,750 fr., répartis ainsi qu'il suit, savoir :

| | |
|---|---|
| Orléans............................ | 9,100 fr. |
| Paris................................ | 6,175 |
| Blois................................ | 2,275 |
| Tours............................... | 4,550 |
| Vendôme.......................... | 325 |
| Romorantin...................... | 325 |
| Total......... | 22,750 fr. |

Les pensions autorisées par l'académie d'Orléans, pour les jeunes gens de cette ville, furent fixées au nombre de onze, savoir :

MM. Moisard, rue des Petits-Souliers ; Dubois, rue de l'Etelon ; Roget, cloître St-Etienne ; Daldin de Fonblaves, cloître St-Aignan ; Philippon, rue Bannier ; Villiers, rue du Bœuf-St-Paterne ; Bouchard, rue porte St-Jean ; Berthevin, rue du Pot-de-Fer ; Leclerc, rue Neuve ; Poullain, rue de l'Epée-d'Ecosse ; Guesnois, rue des Basses-Gouttières.

Telle était l'organisation de l'instruction secondaire à

Orléans en 1809, époque de l'installation de l'Académie dans cette ville. (77.)

24 *mai* 1809. — Le jeune Camille Delahaye, fils du député d'Orléans, fait imprimer une ode en vers latins, portant pour titre, *Napoleonis epicinium*. (77.)

25 *mai* 1809. — *Te Deum* chanté dans l'église de Sainte-Croix d'Orléans, en action de grâces des triomphes des Français en Allemagne et de leur seconde entrée à Vienne; il y eut à cette occasion illumination générale, feu de joie, danses publiques, distribution de vin et de pain. (4.)

25 *mai* 1809. — M. Moutié, procureur impérial à Orléans, adresse à domicile à tous les juges de paix et aux notaires de l'arrondissement de cette ville, la circulaire du ministre relative aux majorats déterminés par un décret impérial. (3.)

10 *juin* 1809. — *Te Deum* chanté avec pompe dans la cathédrale de Ste-Croix d'Orléans, en action de grâces du gain de la bataille d'Essling, et prières pour remercier le ciel d'avoir conservé les jours de l'empereur Napoléon, qui y avait couru de grands dangers. (76.)

11 *juin* 1809. — Il est répandu à Orléans, et sans que la police s'en inquiète, un petit imprimé conçu dans les termes suivans :

*Excommunication de Bonaparte, par S. S. le Pape Pie VII.*

« A l'empereur des Français, par l'autorité du Dieu
« tout-puissant, des apôtres Pierre et Paul, et par la
« nôtre, nous déclarons que vous et tous vos coopéra-
« teurs, d'après l'attentat ( la réunion des états du pape à
« l'empire français ), avez encouru l'excommunication
« dans laquelle ( selon la forme de nos bulles apostoliques
« qui, dans les occasions semblables, s'affichent dans les
« lieux accoutumés de cette ville ), nous déclarons être
« tombés tous ceux qui, depuis la dernière invasion vio-
« lente de cette ville, le 2 février, ont commis, soit dans
« Rome soit dans l'Etat ecclésiastique, les attentats contre
« lesquels nous avons réclamé non-seulement dans le

« grand nombre de protestations faites par nos secrétaires-
« d'Etat, qui ont été successivement remplacés, mais
« encore dans nos deux allocutions consistoriales des
« 14 mars et 11 juillet 1808; nous déclarons également
« excommuniés tous ceux qui ont été les mandataires, les
« fauteurs, les conseillers, et quiconque aurait coopéré
« à l'exécution de ces attentats, ou les aurait commis lui-
« même.

« Donné à Rome, à Ste-Marie majeure, etc. (43.) »

*Juin* 1809. — L'évêque d'Orléans, M. Rousseau, qui avait déjà fait replacer dans le chœur de la cathédrale de Ste-Croix la chaire ou stalle des évêques, fait aussi poser toutes celles des chanoines, sans leurs dossiers, qui restèrent au fond de l'église, enfermés par des planches. Le chef-d'œuvre de menuiserie et de sculpture, fait en 1706, par le célèbre Dugoullon, fut, par ce nouvel arrangement, incomplet, au grand regret des connaisseurs. (77.)

*7 juillet* 1809. — Manufacture de porcelaine fine, peinte et dorée, établie par M. Lebrun, architecte de la ville, dans le couvent et l'église des ci-devant Capucins d'Orléans. L'on vit sortir des ateliers de cette fabrique des vases et des objets de luxe dignes de la manufacture royale de Sèves. (77.)

*15 juillet* 1809. — *Te Deum* en action de grâces du gain de la bataille de Wagram, chanté avec pompe et en musique dans la cathédrale d'Orléans. (4.)

*17 juillet* 1809. — Incendie considérable dans la rue du Poirier, à Orléans.

La dame Foucher, épouse d'un des juges de paix de la ville, étant morte la veille, son corps fut mis sur une paillasse, comme cela se pratique ordinairement, et les rideaux fermés. La garde sortant fit voler, sans s'en apercevoir, un des rideaux sur la lumière, en fermant la porte. Le feu se communiqua au lit, du lit au plancher, du plancher aux étages supérieurs, et l'incendie avait déjà dévoré une partie de la maison, lorsqu'on s'aperçut du feu. Les habitations voisines, quoique toutes en bois, furent préservées d'une destruction presque inévitable. La maison de M. Foucher fut entièrement consumée, et il ne resta plus que les quatre murs; le corps de la défunte, aux trois-quarts brûlé, fut retiré des cendres et exposé le lendemain à la porte de sa demeure tout à jour et noircie par la fumée. (76-77.)

*28 juillet* 1809. — Grétry vient à Orléans pour assister au mariage de son neveu Grétry avec une des filles de M. Caillard; il voulut bien recevoir une fête qui lui fut donnée par Lottin, artiste musicien, lequel, réuni à ses confrères et aux amateurs, donna un concert dont tous les morceaux avaient été choisis dans les œuvres de Grétry. Le préfet Pieyre, le maire, Crignon-Désormeaux, avec ses adjoints, et un grand nombre de personnes distinguées de la ville assistèrent à ce concert.

La soirée finit par la lecture d'une pièce de vers faite par le secrétaire de l'académie, M. Dupuis, prononcée par les deux jeunes enfans du professeur Lottin, qui donnait la fête.

De retour à Paris, Grétry envoya à M. Lottin son buste accompagné d'une lettre de remerciement. (77.)

10 *août* 1809. — M. de Talleyrand, oncle du ministre des relations extérieures de l'Empire, meurt à Orléans. (4.)

11 *août* 1809. — Un marin hollandais arrive dans Orléans, et obtient du maire la permission d'exposer, sous les tours de Ste-Croix, à la curiosité des habitans, un énorme poisson appelé *squal* ou *pèlerin du nord*. Ce cétacé de la grande espèce était si monstrueux, que le public passait dans son corps. (77.)

14 *août* 1809. — Etablissement à Orléans des conseils officieux, chargés, d'après la loi du 6 brumaire an v, de consulter et défendre gratuitement les affaires des défenseurs de la patrie; sont nommés :

*A la cour d'appel.* — MM. Johanet, Dinochau, Pompon;

*Au tribunal de première instance.* — MM. Moreau, Bimbenet et Ferrière.

6 *octobre* 1809. — Mort de Pierre Bardin, peintre d'histoire et directeur-professeur de l'académie de dessin d'Orléans, à l'âge de 72 ans. Cet artiste distingué, à

24 ans, remporta le premier prix de peinture à l'académie royale de Paris, et fit le voyage de Rome, d'où il rapporta plusieurs beaux tableaux de sa composition, remarquables par la hardiesse du dessin et la pureté du style. (76.)

*14 octobre* 1809. — Formation d'un camp à St-Omer, dont les troupes furent toutes gardes nationales. Orléans fournit trois mille hommes, payés par le gouvernement. Ces trois mille volontaires, tous habillés, armés et organisés, étaient prêts à quitter la ville, lorsqu'ils reçurent l'ordre de rester.

Ce qui avait donné lieu à la formation de ce camp, où il y avait déjà soixante mille volontaires nationaux de réunis, c'est que les Anglais, débarqués dans quelques îles de la Zélande, avaient fait une tentative inutile contre Anvers : le prince de Ponte-Corvo (Bernadotte), à la tête d'une armée envoyée contre eux, les repoussa. (43-77.)

*23 octobre* 1809. — Arrêté du maire d'Orléans, qui ordonne la destruction des lanciers ou gouttières saillantes des maisons de la ville, et leur remplacement par des tuyaux de descente. (4.)

*7 novembre* 1809. — L'empereur Napoléon, par un décret daté de ce jour à Paris, accorde à la ville d'Orléans un dépôt de vaccin, qui fut placé à l'Hôtel-Dieu. (76.)

*10 novembre* 1809. — Société des sciences physiques et médicales établie à Orléans, avec l'agrément de l'empereur Napoléon et sous les auspices du préfet, qui en fut nommé le président. (76.)

*3 décembre* 1809. — Fête anniversaire du couronnement de Napoléon célébrée avec pompe à Orléans, et suivant le programme ci-après, qui fut affiché dans la ville plusieurs jours avant la cérémonie :

FÊTE DU COURONNEMENT.

*Mairie d'Orléans.*

Citoyens,

Telle est la confiance que nous inspire le génie du héros invincible, qui a porté si haut la gloire du nom français,

# JEAN BARDIN.

Peintre d'Histoire, Membre de l'Institut de France
Né à Montbard 1732 mort à Orléans 1809.

que le signal des combats n'éveille en nous que la douleur de voir s'ouvrir encore les scènes affligeantes où l'espèce humaine va payer de son sang les agressions imprudentes de nos ennemis. Le succès ne nous laisse aucun doute, et l'expérience, en nous familiarisant avec la victoire, nous rend moins sensibles à des triomphes prévus qu'on attend avec sécurité: c'est ainsi que nous avons vu s'ouvrir la campagne mémorable qui vient de donner la paix au continent. Le mouvement général d'un empire naguère si vaste, ses préparatifs immenses, sa population toute entière les armes à la main, pouvait nous inspirer des alarmes, et ils ne nous ont arraché que les pleurs de la pitié sur le sort inévitable de cette population elle-même; heureuse confiance que les événemens ont si bien justifiée dans les journées d'Abemberg, d'Esling, d'Enzersdorff, d'Ekmulh, et enfin de Wagram!

Mais ce qui a échappé à notre prévoyance, malgré les exemples multipliés que notre héros nous a tant de fois donnés, c'est que sur le champ même où il triomphe, il suspend le coup qui semblait devoir faire disparaître la maison de Lorraine du nombre des dynasties régnantes, pour lui accorder encore une fois la paix, la paix qu'elle avait tant de fois violée, au mépris des sermens.

Quelle puissance a donc pu arrêter dans cette âme sublime le penchant qui entraîne irrésistiblement les autres hommes à venger les offenses qu'ils ont reçues?

La magnanimité qui s'honore de faire grâce à un ennemi qui la sollicite;

L'attachement d'un maître, juste appréciateur des services, qui contient l'essor du dévouement de ses fidèles serviteurs, disposés pour le venger d'un outrage, à en poursuivre la réparation, au risque de l'affliger dans ses affections les plus chères par la perte de l'un d'eux;

Les tendres sollicitudes d'un père, qui porte au plus haut dégré dans son cœur l'amour de sa famille, et qui compte les journées qu'il passe loin d'elle au nombre des journées perdues pour son bonheur;

La force de son âme enfin, qui ne permet pas qu'aucun ressentiment influe sur ses déterminations.

Elle est donc doublement précieuse, cette paix mémorable, puisque nous la devons à l'ascendant irrésistible de notre héros dans les batailles; et à sa modération inaltérable au sein même des succès les plus décisifs; mais ce qui doit encore en relever le prix à nos yeux, c'est cet amour du père de la patrie pour sa grande famille; c'est cette impatience de venir lui-même présenter l'olivier à la France reconnaissante, et jouir au milieu de nous du spectacle de la nation rendue à son industrie et au bonheur.

Il manquera au nôtre de l'avoir pour témoin des épanchemens de l'allégresse publique qui signalera le jour que nous allons consacrer à sa gloire et à notre amour pour sa personne auguste. Tant de motifs vont concourir à la fois à exalter ce sentiment dans nos âmes; ce jour est déjà consacré par l'anniversaire du contrat solennel par lequel il prit aux pieds des autels, avec le symbole de la puissance souveraine, l'engagement de veiller à la gloire et à la félicité de la grande nation, époque glorieuse qui a rendu à la France le rang qu'elle eût toujours dû tenir parmi les empires les plus puissans, et qui ramenant au milieu de nous le repos et la prospérité, nous a donné pour l'avenir le gage d'un bonheur que nous aurons à partager avec l'univers enfin pacifié.

D'après ces considérations, le maire d'Orléans arrête:

Art. 1$^{er}$. Le dimanche 3 décembre prochain, jour de l'anniversaire du couronnement de Sa Majesté impériale et royale, à six heures du matin, le son de la cloche annoncera la fête, et elle se fera entendre d'heure en heure pendant le reste du jour.

Art. 2. A neuf heures et demie, la fille dotée par la caisse municipale, d'après l'intention de Sa Majesté, sera mariée en l'hôtel de la mairie.

Art. 3. Le corps municipal accompagnant les nouveaux mariés, se rendra à onze heures à l'église cathédrale, pour assister à la bénédiction nuptiale et au *Te Deum* qui doit être chanté en action de grâces du couronnement de Sa Majesté, et de la paix conclue entre la France et l'Autriche.

Art. 4. A neuf heures du soir, après le spectacle, où

Le Baron Etienne Alexandre BARDIN

Maréchal de Camp, Commandeur de la Légion d'honneur, Chevalier de S.<sup>t</sup> Louis.
né à Paris 1774.
auteur de plusieurs ouvrages sur l'art militaire traduits en plusieurs langues.

Recherches historiques sur Orléans
par M.<sup>r</sup> L. Hin.ère.

assisteront les nouveaux mariés, leur famille et une partie de la garnison, il y aura bal *gratis* jusqu'à minuit.

Art. 5. Les habitans seront tenus de faire illuminer le devant de leurs maisons pendant toute la soirée; il est enjoint aux commissaires de police de veiller à la stricte exécution de cette disposition.

Le présent sera préalablement soumis à l'approbation du préfet de ce département.

Fait en l'Hôtel de la Mairie, le 23 novembre 1809.

Crignon-Désormeaux, maire. (4.)

## 1810.

10 *janvier* 1810. — Dominique Latour, d'Orléans, ex-médecin en chef de l'Hôtel-Dieu de cette ville, et premier médecin du roi de Hollande, Louis Napoléon Bonaparte, frère de l'Empereur, offre à ce souverain, lorsqu'il était à Amsterdam, son grand ouvrage intitulé *Nosographie synoptique*, et reçoit de lui une tabatière sur laquelle était peint Alexandre buvant sans crainte le breuvage que lui présente son médecin Philippe. (76-77).

25 *janvier* 1810. — Plusieurs salles du grand séminaire d'Orléans, rue de l'Evêché, sont louées à des jeunes gens de la ville, qui y établirent un bal d'abonnés qui fut très-suivi. (77.)

25 *janvier* 1810. — Mouvement de la population de la commune d'Orléans pendant l'année 1806:

*Naissances* .......... 1,421 } *Gain* ....... 58
*Décès* ............... 1,363 }

*Janvier* 1810. — Un particulier demeurant rue du Bourdon-Blanc, côté ouest, faisant démolir une portion de mur de la première enceinte de la ville d'Orléans, qui se trouvait dans la cour de son habitation, trouve une petite médaille d'argent de M. Aurelius, et un casque de fer assez curieux. (76.)

4 *février* 1810. — Le conseil académique d'Orléans arrête un réglement concernant l'instruction religieuse et le culte catholique au lycée d'Orléans. On y remarquait les deux articles suivans :

Art. 5. Après la communion de la messe, les élèves chanteront en chœur le *Domine salvum fac Imperatorem.*

Art. 13. Le lendemain de l'Assomption, il sera chanté en chœur une messe en l'honneur de saint Napoléon, patron de la famille impériale et royale. (76.)

20 *février* 1810. — Les membres de la société de médecine et d'agriculture d'Orléans tiennent leur première séance dans l'ancienne salle de l'école de chirurgie, rue du Sanitas, sous la présidence du préfet. (76.)

21 *février* 1810. — Mort de Dubois de Roncière, ex-professeur au collége d'Orléans. (76.)

25 *février* 1810. — Le corps municipal d'Orléans fait commencer les travaux de charité, pour occuper les ouvriers sans travail, par le comblement des fossés de la ville, du côté de la porte Bannier. (4.)

17 *avril* 1810. — Arrêté du maire d'Orléans, qui ordonne de placer sur la façade et à l'extérieur des maisons en construction, une lumière pour éclairer les passans, et d'en faire autant pour les amas de terre, de moellons, de bois, etc., etc., qui peuvent obstruer la voie publique. (4.)

20 *avril* 1810. — La cour d'appel d'Orléans est, comme toutes celles de France, organisée en cour impériale. La cour d'Orléans eut dans son ressort les départemens du Loiret, d'Indre-et-Loire et de Loir-et-Cher.

Elle fut composée d'un premier président, de trois présidens de chambre, de vingt conseillers, de cinq conseillers auditeurs, d'un procureur impérial, de six substituts du procureur général, dont deux sous le titre d'avocats-généraux, pour le service des chambres civile et criminelle ; deux sous le titre de procureurs impériaux criminels, pour le service des cours d'assises spéciales autres que celle du chef-lieu, et deux pour le service du parquet; d'un greffier en chef, lequel nomme et présente au serment un commis-greffier pour le service de chacune des chambres, et un pour le service des cours d'assises du chef-lieu du département.

Elle se divisa en trois chambres, savoir : 1°, chambre civile; 2°, une de mise en accusation; 3°, une chambre d'appel de police correctionnelle.

Les assises tiennent, dans chaque département, de trois mois en trois mois, plus souvent si le service l'exige ; leur ouverture est indiquée par des ordonnances publiées et affichées.

*Membres de la cour impériale d'Orléans lors de sa formation.*

*Premier président.* — M. le chevalier Petit-Lafosse.

*Présidens de chambre.* — MM. le chevalier Moreau, Enouf et le baron Arthuis de Charnisai.

*Conseillers.* — MM. Hautefeuille, Foucher aîné, Ferrand, Bouquerot-Voligny, Lemolt-Phalary, Bordier, Magon de Saint-Elier, Fougeron aîné, Macarel, Taschereau, de Thébaudières, Couët-Montaran, Loiré, Moisand, Delaplace, Légier, Baschet - Saint - Aignan, Boscheron-Desporte, Boullanger, d'Arnaud.

*Conseillers auditeurs.* — MM. Goubeau, Mauvif de Montergon, Colas de La Noue fils, Ferrière de Loyac, Durzy.

## PARQUET.

*Procureur-général.* — M. le baron Sézeur, chevalier de Bois-Mandé.

*Substituts de M. le procureur-général.*

*Avocats-généraux.* — MM. le chevalier Russeau et Bureau du Colombier.

*Pour le service des Cours d'assises.* — MM. le chevalier Calmelet et Turpin.

*Pour le service du Parquet.* — MM. Leroux et Miron de l'Espinay.

*Greffier en chef.* — M. Demachy.

*Commis-greffiers.* — MM. Touchard, Bouron, Picasnon et Désormeaux. (76-77.)

6 *mai* 1810. — *Te Deum*, réjouissances publiques à Orléans, et le mariage de six Rosières, à l'occasion du mariage de l'empereur. (76.)

7 *mai* 1810. — Le préfet du Loiret fait afficher et publier à Orléans, et insérer dans les journaux de cette ville un décret ainsi conçu :

« NAPOLÉON, Empereur des Français, Roi d'Italie, etc., etc.,

« Portant un intérêt spécial au progrès des manufactures de notre empire dont le lin est la matière première;

« Considérant que le seul obstacle qui s'oppose à ce qu'elles réunissent la modicité des prix à la perfection de leur produit, résulte de ce qu'on n'est point encore parvenu à appliquer des machines à la filature du lin comme à celle de coton,

« Nous avons décrété et décrétons ce qui suit :

« Art. 1$^{er}$. Il sera accordé un prix d'un million de francs à l'inventeur, de quelque nation qu'il puisse être, de la meilleure machine propre à filer le lin.

« Art. 2. A cet effet, la somme d'un million est mise à la disposition de notre ministre de l'intérieur.

« Art. 3. Le présent décret sera traduit dans toutes les langues, et envoyé à nos ambassadeurs, ministres et consuls, dans les pays étrangers, pour y être rendu public.

« Art. 4. Nos ministres de l'intérieur et des relations extérieures sont chargés de l'exécution du présent décret.

« NAPOLÉON. »

Suivait le programme relatif au prix d'un million promis par le décret ci-dessus.

8 *mai* 1810. — Fête de la Ville : comme les années précédentes pour les cérémonies; toujours sans la présence du puceau.

L'orateur fut M. Ladureau, chanoine honoraire. (76.)

17 mai 1810.

*Adresse du Conseil municipal d'Orléans à l'Empereur, à l'occasion de son mariage.*

« Sire,

« Le conseil municipal de votre bonne ville d'Orléans, en son nom et au nom de ses concitoyens, s'empresse de déposer aux pieds de Votre Majesté l'hommage de son amour et de sa reconnaissance.

« Ces sentimens, gravés dans tous les cœurs, semblaient ne plus pouvoir prendre de nouveaux accroissemens.

« La France sauvée des fureurs de l'anarchie et recouvrant tout-à-coup le calme et la sécurité sous l'empire des lois, la religion rétablie sur ses autels, les temples de la justice ouverts à l'opprimé, les finances rétablies par l'ordre et la régularité, l'université ouvrant à tous les Français le sanctuaire des sciences et des arts, et au milieu de tant de travaux au dedans, la France placée au premier rang des nations par les prodiges de la valeur et de la science militaire.

« En fallait-il davantage, Sire, pour nous attacher à votre personne sacrée par toutes les affections de nos âmes? Votre Majesté vient de leur donner une nouvelle énergie. Vous avez voulu imprimer sur le bonheur national un caractère de perpétuité, en plaçant sur votre trône une princesse auguste qui, en faisant votre félicité, assurera à jamais la prospérité d'un peuple distingué, surtout par le besoin d'aimer ceux qui le gouvernent; alliance illustre qui promet la paix au monde, le bonheur à deux nations dignes de leur mutuelle estime, et à la France une longue suite de bons princes et de héros.

« Vu et approuvé par nous, membres du conseil municipal.

« LAISNÉ-VILLEVÊQUE, RABELLEAU, LIGNEAU-GRANDCOUR, BENOIST - MÉRAT, HEME-LEMOINE-MONTBRUN, BASSEVILLE l'aîné; SEPTIER, TASSIN DE VILLIERS, LAMBERT DE VILLEMARRE, CRIGNON-D'OUZOUER, F.-R. CALLIER, G.-S. BAGUENAULT, COLAS DE BROUVILLE, CRIGNON-DÉSORMEAUX. (4.) »

19 mai 1810,

*Lettre du ministre de l'intérieur à M. le baron Pieyre, préfet du département du Loiret.*

« Vous m'avez invité, M. le baron, à présenter à Sa Majesté le vœu que le conseil municipal d'Orléans a formé d'être admis, par députation, à porter aux pieds du trône les félicitations respectueuses des habitans de cette ville.

« MM. les députés pourront se rendre à Paris lorsque Sa Majesté y sera de retour; ils devront m'informer du jour de leur arrivée.

« Recevez, M. le baron, l'assurance de ma parfaite considération.

« Par autorisation du ministre absent,

« *Le chef de la 1<sup>re</sup> division*,

« BENOIST. »

22 mai 1810.

*Lettre de M. le préfet du Loiret à M. le maire de la ville d'Orléans.*

« Monsieur le maire,

« J'ai l'honneur de vous adresser copie d'une lettre de S. E. le ministre de l'intérieur, en date du 19 courant, qui autorise la députation du conseil municipal d'Orléans à se rendre à Paris pour présenter ses respectueuses félicitations à l'empereur, lors du retour de Sa Majesté dans sa capitale.

« Je vous invite, Monsieur le maire, à me faire connaître, en m'accusant réception de cette lettre, les noms des députés choisis par le conseil municipal, et l'adresse que cette députation est chargée de présenter à Sa Majesté.

« J'ai l'honneur d'être, Monsieur le maire, votre très-humble et très-obéissant serviteur,

« *Le préfet du Loiret, baron de l'empire,*

« PIEYRE. »

22 mai 1810.

*Lettre de M. le maire d'Orléans à M. Bouchet, député du Loiret, à Paris.*

( Textuel. )

« M. Bouchet ,

« S. Exc. le ministre de l'intérieur vient de me faire part, par l'entremise de M. le préfet, que Sa Majesté a bien voulu accueillir la demande du conseil municipal, et recevoir la députation dont vous êtes membre, lorsque l'empereur sera de retour à Paris.

« Seriez-vous assez bon pour, aussitôt l'arrivée de Sa Majesté, prendre les renseignemens convenables auprès de S. Exc. le ministre, pour connaître à peu près le moment auquel la députation sera admise? ce serait le moyen d'éviter aux membres qui la composent un séjour trop prolongé dans la capitale, en n'y arrivant que quelques jours avant celui qui serait indiqué.

« Je vous prie de me faire connaître le résultat de vos démarches, et me croire, avec les sentimens de la plus haute considération,

« Crignon-Désormeaux. »

*Noms des députés.* — MM. Bouchet, ingénieur ; Crignon-Désormeaux, maire; Lebrun, architecte de la ville; Septier (l'abbé), bibliothécaire; Basseville aîné, Benoist-Mérat.

22 *mai* 1810. — Arrêté du maire d'Orléans, relatif à la sûreté publique, lequel portait défense à tous voituriers conduisant des voitures non suspendues, de monter dans ces voitures, et les contraignait de conduire les chevaux par la bride, et non autrement, dans l'intérieur de la ville, comme aussi celle de conduire à l'abreuvoir plus de trois chevaux à la fois, étant monté sur celui du milieu, le tout avec punition pécuniaire et corporelle aux délinquans. (4.)

7 *juin* 1810. — Par ordre du recteur de l'académie d'Orléans, un discours latin est prononcé dans le lycée d'Orléans sur le mariage de S. M. l'empereur et roi et S. S. A. I. et R. l'archiduchesse d'Autriche. (76-77.)

A la suite de ce discours, les chefs des maisons

d'éducation de la ville, qui avaient été invités à la cérémonie du matin, conduisirent à l'église de St-Pierre-en-Sentelée, tous leurs élèves, depuis la cinquième.

Les élèves du lycée, le recteur, les inspecteurs, le secrétaire de l'académie, les professeurs et le proviseur du lycée, ainsi que les chefs des écoles, tous en costume, et accompagnés des autorités civiles et militaires, s'y rendirent aussi. A onze heures commença la messe du Saint-Esprit, qui fut précédée par le *Veni Creator*, et terminée par le *Domine salvum fac Imperatorem*.

Le lendemain de cette cérémonie, les maîtres de pension furent contraints de conduire au lycée, depuis la cinquième, tous les élèves de leurs maisons. (77.)

*Juin* 1810. — Le grand séminaire d'Orléans, rue de l'Evêché, qui depuis sa suppression avait servi de maison de détention pour les prêtres dits réfractaires, de manége, de réunion pour des bals, d'ateliers pour les cordonniers de l'armée, est à cette époque disposé en caserne d'infanterie; le premier régiment qui vint y loger fut le 6$^e$ de ligne italien. (77.)

*6 juillet* 1810. — Service funèbre pompeux, pour le repos de l'âme du duc de Montebello (le maréchal Lannes), ami de Napoléon, tué le 22 mai 1809, à la bataille d'Essling.

Il fut élevé, dans le chœur de la cathédrale, un catafalque de dix-huit pieds de haut, surmonté d'un baldaquin qui pendait de la voûte; le pourtour du chœur, les stalles, les chapelles, l'autel étaient tendus et couverts de deuil; le *Requiem* de Mozart y fut chanté à grand orchestre par les artistes et les amateurs de la ville, sous la conduite de M. Lottin. La dépense de ce service s'éleva à la somme de 5,509 fr. 60 c. (4.)

*11 juillet* 1810. — Décret impérial qui déclare le département du Loiret de la troisième classe, sa population ayant été fixée à 285,395 individus, par suite du dernier recensement: en conséquence, et vu ladite population, les appointemens du préfet de ce département sont arrêtés à 30,000 fr., y compris les frais de bureau. (3.)

11 *juillet* 1810. — Publication faite à Orléans du décret relatif au port d'armes et à l'ouverture de la chasse.

Par un des articles, le prix des permis était fixé à 15 fr.

L'ouverture de la chasse, dans chaque département, devait être déterminée par les préfets, qui étaient tenus d'en donner avis aux citoyens par une circulaire imprimée et affichée partout où besoin serait. (3.)

15 *juillet* 1810. — Commencement des travaux pour la démolition de l'ancienne rue appelée de l'Ecriverie, afin de démasquer au nord une partie de la cathédrale de Ste-Croix, et au sud le portail de l'hôtel de la préfecture. Cette nouvelle rue, lorsqu'elle fut terminée, fut appelée du nom de Pothier, jurisconsulte, qui était né, qui a habité toute sa vie, et qui est mort dans la maison faisant au levant le coin de la rue de Semoy et de celle de St-Pierre-Lentin. (4.)

30 *juillet* 1810. — Les dames Ursulines, après leur dispersion, s'étaient réunies provisoirement dans une maison particulière; mais, par suite, ayant fait l'acquisition d'un emplacement au couchant de l'église de Saint-Aignan, sur le terrain de la tour ou clocher de ce temple, où elles avaient fait construire leur monastère, l'évêque d'Orléans en fait la consécration publique, avec les cérémonies usitées en pareille circonstance. (76.)

18 *août* 1810. — Ouverture du comité central de vaccine, établi dans une des salles de l'Hôtel-Dieu d'Orléans, par M. le préfet Pieyre, qui commença la séance par un discours remarquable sur le bienfait de cette découverte et la nécessité de sa propagation.

*Membres du comité central de vaccine d'Orléans.*

MM. Pieyre, préfet, président; Latour fils, vice-président; Lanoix, vaccinateur; Payen neveu, secrétaire; Rousseau, évêque d'Orléans; Crignon-Désormeaux, maire; de Champeaux, recteur de l'Académie; Suë et Lambron, chirurgiens; Fourré, Maussion, Gable, Jallon, Ranque, Pelletier et Fougeron, médecins.

Le comité se réunit tous les premiers mardis de chaque mois à l'hôpital général, où est le dépôt de vaccin, et où l'on vaccine.

La salle fondée par M. Petit, rue de l'Evêché, est également ouverte à tous ceux qui désirent se faire vacciner, les mercredi et samedi, depuis midi jusqu'à deux heures. La vaccination est gratuite, seulement dans cette salle, et non dans celle de l'hôpital général. (3.)

22 *août* 1810. — Promulgation faite à Orléans du décret impérial par lequel Napoléon promet le don de 200,000 fr. pour la première fabrication de sirop et sucre de raisin; pour l'obtenir, il fallait se conformer à la circulaire déposée à la préfecture, et fournir 1,000 kil. de cette matière. (3.)

12 *septembre* 1810. — Promulgation faite à Orléans du décret impérial concernant la valeur des pièces de 48 et 24 liv. en or, et les pièces d'argent de 6 et 3 liv. tournois, lequel était ainsi conçu :

« NAPOLÉON, Empereur, etc., etc., nous avons décrété et décrétons :

« Art. 1$^{er}$. A compter du jour de la publication du présent décret, la valeur réduite en francs, des pièces d'or de 48 et 24 liv. tournois, des pièces d'argent de 6 et 3 liv. tournois, est de

« 1°, La pièce de 48 liv. tournois à 47 fr. 20 c.
« 2°,   Id.   de 24   id.   à 23   55
« 3°,   Id.   de 6    id.   à 5    80
« 4°,   Id.   de 3    id.   à 2    55. » (4.)

7 *octobre* 1810. — Mort, à Blois, de Claude-Louis-Rousseau, baron de l'empire, évêque d'Orléans, après avoir gouverné l'église de cette ville pendant environ trois ans. Son corps fut exposé avec les cérémonies d'usage, et inhumé au cimetière de Blois ; son cœur fut inhumé à Ste-Croix d'Orléans, dans la chapelle de la sainte Vierge, côté de l'évangile, selon sa demande.

15 *octobre* 1810. — Promulgation faite à Orléans, d'un décret impérial relatif aux établissemens répandant une odeur insalubre ou incommode, et qui ne doivent être formés présentement qu'après une enquête de *commodo* et *incommodo*, publiée et affichée par toute la ville. (4.)

20 *octobre* 1810. — Réparation des chemins vicinaux

de la commune d'Orléans, faite par les habitans, qui étaient contraints par un petit bulletin ainsi conçu :

*Mairie d'Orléans.*

Le 20 octobre 1810.

Le sieur Lottin, professeur de musique, demeurant rue Bannier, n° 41, acquittera, en nature, une journée d'un homme, dans la rue de la Mouillière, 5ᵉ section, où il sera tenu de faire par jour quatre mètres courans en remblais, déblais, fossés ou terrasse, sur une profondeur de deux décimètres, et, en outre, il sera tenu de transporter trois mètres deux tiers, mètres cubes, de jarre de rivière.

Dubois, voyer. (4.)

21 *octobre* 1810. — Publication de la nomination de M. l'abbé Jacques Raillon à l'évêché d'Orléans; n'ayant pas reçu sa bulle canonique du pape Pie VII, il fit son entrée à Orléans sous le titre d'administrateur capitulaire. (77.)

17 *novembre* 1810. — M. Raillon, évêque nommé d'Orléans, de concert avec son clergé, ordonne des prières publiques dans toutes les églises du diocèse, pour l'heureuse grossesse de l'impératrice Marie-Louise. (77.)

24 *novembre* 1810. — Les prêtres, tant chanoines qu'autres ecclésiastiques d'Orléans, sont taxés, comme les autres habitans, aux journées de travail pour les réparations des chemins vicinaux de la commune, non en nature, mais pour une somme d'argent équivalente. (4.)

2 *décembre* 1810. — Fête anniversaire du couronnement de Napoléon, célébrée avec pompe à Orléans : il y eut danses publiques, jeux, illumination générale, spectacle *gratis*, distribution de comestibles, et mariage d'une fille sage par la caisse municipale. Cette dernière cérémonie fut annoncée, quelque temps avant la fête, par une affiche du maire d'Orléans, qui était ainsi conçue :

*Mairie d'Orléans.*

ANNIVERSAIRE DU COURONNEMENT DE S. M. L'EMPEREUR;
MARIAGE D'UNE FILLE SAGE.

*Le maire d'Orléans à ses concitoyens.*

Un décret impérial porte que chaque année, le jour de

la célébration de l'anniversaire du couronnement de S. M. l'empereur, une fille sage sera dotée et mariée avec un homme ayant fait la guerre.

Le maire d'Orléans invite en conséquence les filles qui désirent jouir de ce bienfait, à se présenter, d'ici au 15 de ce mois, délai de rigueur, au secrétariat de la mairie, pour déclarer leur intention d'être admises à cet honorable concours.

Il leur observe que chacune d'elles devra en même temps faire connaître le militaire dont elle a fait choix, et que les candidats sont tenus de prouver légalement qu'ils sont de vie et mœurs irréprochables.

Fait à la mairie, le 10 novembre 1810.

CRIGNON-DÉSORMEAUX, maire. (4.)

7 *décembre* 1810. — Napoléon, pour récompenser le maire d'Orléans de son attachement et de sa fidélité à sa personne et à sa dynastie, et surtout, assura-t-on, en souvenir des 250,000 fr. de la caisse municipale, qu'il avait reçus de lui lors de son passage par cette ville, le décore de la croix de la Légion-d'Honneur, avec le titre de baron de l'empire. C'est à cette époque que ce fonctionnaire public signa ses actes ainsi : *Le baron de l'empire, Crignon-Désormeaux, maire d'Orléans et membre de la Légion-d'Honneur.* (4-76.)

10 *décembre* 1810. — Adjudication faite dans la salle du conseil de la mairie d'Orléans, des travaux à faire dans la Loire pour continuer le duit, ou digue, qui rejette les eaux de ce fleuve du côté de la ville, et le prolonger de la longueur de 80 pieds, pour joindre à l'un des piliers du pont ; les travaux furent adjugés au sieur Hersant, pour la somme de 20,000 fr., avec l'obligation de les commencer et terminer l'année d'après ; ce qui fut fait en 1811. (4.)

12 *décembre* 1810. — Décret impérial qui reconnaît et approuve les réglemens ou statuts des religieuses de l'ordre de St-Augustin, qui soignent les malades de l'Hôtel-Dieu d'Orléans ; ce décret porte que les membres de cette congrégation continueront de porter leur costume actuel, et jouiront de tous les priviléges accordés aux congréga-

tions hospitalières, en se conformant aux réglemens généraux concernant ces congrégations.

Cette maison sert également d'hôpital militaire, tant pour l'armée de terre que pour la marine. (77.)

12 *décembre* 1810. — M. l'abbé Pataud fait paraître une brochure intitulée *Recherches historiques sur l'éducation nationale et les écoles publiques d'Orléans*, ouvrage dont un sieur *** s'est dit depuis faussement l'auteur. (7.)

## 1811.

2 *janvier* 1811. — Mort de Lebœuf, ex-législateur et président de la cour de justice criminelle d'Orléans. (76.)

4 *janvier* 1811. — Le docteur Ranque, médecin à Orléans, découvre un remède pour la guérison de la gale; il en fit avec succès l'application à plusieurs malades de l'Hôtel-Dieu d'Orléans, dont il était médecin. (4-28.)

11 *janvier* 1811. — Etablissement de la direction de l'imprimerie et de la librairie dans l'empire français. Des inspecteurs furent placés dans les principales villes, et les imprimeurs ne purent exercer leur profession sans avoir des brevets du directeur-général.

Le sieur Guillard-D'Hérou fut nommé inspecteur pour les départemens du Loiret, de Loir-et-Cher, d'Eure-et-Loir et du Cher.

Les imprimeurs d'Orléans brevetés furent MM. Rouzeau-Montault, Jacob aîné, Darnault-Maurant, Huet-Perdoux, et Guyot par tolérance. (4-43.)

18 *janvier* 1811. — Par ordre du directeur-général des droits réunis, il est enjoint à tous les débitans de tabac, en vertu de licence, de faire placer sur-le-champ, au-dessus de la porte de leur demeure, et à l'extérieur, un tableau peint portant les armes de l'empire, et en gros

caractères, ces mots: *Bureau du débit des tabacs des manufactures impériales.* Cet ordre fut de suite exécuté à Orléans comme par toute la France. (3-4.)

*18 janvier 1811.* — Le préfet du Loiret fait publier et afficher par toute la ville, comme dans les principaux chefs-lieux du département, un décret impérial ainsi conçu :

NAPOLÉON, empereur des Français, roi d'Italie, etc.

Art. 1$^{er}$. Ordonnons que le bref du pape, donné à Savone le 30 novembre 1810, et adressé au vicaire capitulaire et au chapitre métropolitain de Florence, soit regardé comme contraire aux lois de l'empire de France, du royaume d'Italie, et à la discipline ecclésiastique.

Nous défendons, en conséquence, de le publier et de lui donner directement ou indirectement aucune exécution.

Art. 2. Que ceux qui seront prévenus d'avoir, par des voies clandestines, propagé, transmis ou fait circuler ledit bref, seront poursuivis devant les tribunaux, et punis comme tendant à troubler l'état par la guerre civile.

Ce décret avait été provoqué par la supplique du chapitre métropolitain de Paris, qui avait présenté à l'empereur Napoléon une adresse pour se plaindre du pape Pie VII, qui ne voulait pas donner sa sanction canonique à la nomination d'un évêque, que ledit chapitre avait approuvé, et que l'empereur avait désigné.

Il ne fut rendu et expédié qu'après l'avis par écrit et publié de tous les chapitres métropolitains extraordinairement assemblés, soit en France, soit en Italie ; lesquels chapitres s'accordaient tous à défendre leurs droits contre les prétentions du pape Pie VII, dont la sanction demandée ne l'était que par respect pour le caractère saint de l'élu, mais qu'il n'avait pas le droit de refuser. Ce décret reçut son exécution, et ne fit aucune sensation inquiétante ni en France, ni en Italie.

*25 janvier 1811.* — Mouvement de la population de la commune d'Orléans pendant l'année 1810 :

*Naissances*........ 1,637 } *Perte*.... 6
*Décès*............ 1,643

30 *janvier* 1811. — L'empereur Napoléon fait changer les anciennes armes de la ville d'Orléans, lesquelles, depuis 1390, sous Charles VI, étaient des gueules à trois cœurs de lys d'argent, au chef cousu d'azur chargé de trois fleurs de lys d'or ou de France, avec deux branches de laurier; les nouvelles furent ainsi composées : un champ mi-partie à dextre d'azur, à une Jeanne d'Arc en pied et armée sur un terrain d'argent, à sénestre de gueules, à une tierce-feuille d'argent, en chef cousu de gueules, à trois abeilles d'or surmontées d'une couronne murale; le tout entouré d'une guirlande de feuilles de laurier. (4.)

*Armes nouvelles.*

*Armes anciennes.*

6 *février* 1811. — Pour la première fois les salles de la mairie d'Orléans sont prêtées, par le maire, pour un bal d'abonnés. Cette condescendance s'est continuée jusqu'à présent, non-seulement pour des bals, mais aussi pour des concerts publics et payés. (76).

*18 mars 1811*. — Création d'un conseil gratuit et charitable des prisons d'Orléans. Les premiers membres nommés furent MM. Demadières - Curé, Hardouineau l'aîné, Daudier, Marcueyz-Destas, Tristan fils. (4-3-38-77.)

*20 mars 1811*. — Le mardi 20 mars, à neuf heures vingt minutes du matin, Marie-Louise, impératrice, donne le jour au roi de Rome. (43.)

22 mars 1811.

*Adresse pour l'heureuse délivrance de l'Impératrice.*

Sire,

L'heureuse délivrance de Sa Majesté Impériale et Royale, votre épouse bien-aimée, et la naissance de votre auguste fils le roi de Rome, ont comblé les vœux et les désirs des habitans de votre bonne ville d'Orléans.

Le monde entier partage avec nous cette joie, car cet événement, qui met le sceau à la gloire et à la prospérité de votre empire en éternisant sa durée, assure aussi la paix du monde entier.

A tant d'autres couronnes qui ceignent votre tête sacrée, la nature vient d'en ajouter une autre, et celle-ci donne des jouissances pures et de tous les instans; elle donne le bonheur personnel, le bonheur domestique. Puissiez-vous, Sire, le goûter dans toute sa pureté, et aussi long-temps que nous le désirons! c'est notre vœu le plus cher; c'est celui dont nous sommes expressément chargés de déposer l'hommage aux pieds de Votre Majesté; puisse-t-elle l'accueillir avec autant de bonté qu'il est pur et sincère!

Vos respectueux et fidèles sujets,

*Les membres composant la députation d'Orléans.*

*23 mars 1811*. — Décision du conseil académique d'Orléans, qui autorise provisoirement l'établissement des écoles primaires des départemens sous son inspection, et fixe le nombre de celles d'Orléans à vingt, (non compris les frères des écoles chrétiennes), lesquelles étaient tenues alors par MM. Aubry, Asselineau, Baligand, Borday,

Cretté, Fournier, Guérin, Giroud, Gillot, Jouan, Lucas, Regnaudin, Dinomé, Benard, Blandin, Philippon père, C.-A. Philippon, Jarasse, Chatelin, Gauthier.

Plus les écoles chrétiennes. (4.)

*Avril* 1811. — Etablissement à Orléans d'une manufacture de draps par mécanique, ancienne maison des Récollets.

Jusqu'alors, malgré la position avantageuse d'Orléans, personne n'avait appliqué son industrie à la fabrication des draps; le sieur Augustin Miron, déjà connu d'une manière avantageuse par sa fabrique de couvertures en laine blanche, créa une fabrique qui rivalisa avec celles de Louviers par la qualité des draps et la beauté de leurs apprêts.

Ses succès excitèrent l'émulation de la maison Benoist-Mérat et Desfrancs, qui, à la même époque, ajoutèrent également à leur manufacture de bonneterie orientale celle d'une fabrique de draps ordinaires, façon de Châteauroux et Romorantin : ces deux manufactures sont encore en pleine activité. (77.)

1$^{er}$ *mai* 1811. — Renouvellement des adjoints du maire d'Orléans, Crignon-Désormeaux, baron de l'empire et membre de la Légion-d'Honneur.

1$^{er}$ adjoint, Colas de La Noue père, conservé;

2$^e$ adjoint, Dufaur de Pibrac père, conservé;

3$^e$ adjoint, Bigot de Morogues, élu en place de Tassin-Nonneville, sortant.

4 *mai* 1811. — Peine du carcan, d'après le Code pénal, sur la personne d'un voleur avec effraction; il fut exposé sur la place du Martroi, debout et appuyé le long d'un poteau où il était enchaîné par le cou, les mains liées par derrière, sur un petit échaffaud de dix-huit pouces de haut, et ayant au-dessus de sa tête un écriteau sur lequel étaient écrits, en gros caractères, le motif de sa condamnation et la peine qui lui était infligée. Auparavant, les criminels étaient placés sur une estrade de cinq pieds d'élévation, assis sur une chaise, les mains liées par-devant, et le corps attaché au poteau d'infamie par une sangle qui faisait le tour du ventre et des reins. (76.)

*8 mai 1811.* — Fête de la ville d'Orléans ou de la Pucelle, remarquable, non-seulement par l'absence du petit représentant de Jeanne d'Arc, comme depuis plusieurs années, mais par la suppression du banquet d'usage à la mairie : cette suppression fut due à une lettre confidentielle du préfet du Loiret, Pieyre, adressée au maire, par laquelle il demandait que les dépenses ordinaires fussent diminuées, et que tout fut réduit aux réjouissances du peuple. Le discours d'usage fut prononcé par M. Pataud, chanoine honoraire. (4.)

18 mai 1811.

*Copie de la lettre de S. M. l'Empereur et Roi à M. l'évêque d'Orléans.*

Monsieur l'évêque d'Orléans, la naissance du roi de Rome est une occasion solennelle de prières et de remercîmens envers l'auteur de tout bien. Le 9 juin, jour de la Trinité, nous irons nous-même le présenter au baptême dans l'église de Notre-Dame de Paris; notre intention est, que le même jour nos peuples se réunissent dans leurs églises pour assister à un *Te Deum*, et joindre leurs pières et leurs vœux aux nôtres; concertez-vous à cet effet avec qui de droit, et remplissez nos intentions avec le zèle dont vous nous avez donné des preuves réitérées.

Cette lettre n'étant à autre fin, nous prions Dieu qu'il vous ait, Monsieur l'évêque, en sa sainte garde.

A Rambouillet, le 18 mai 1811.

NAPOLÉON.

Pour copie conforme :
*Le ministre des cultes, comte de l'empire,*
BIGOT DE PRÉAMENEU.

Par le Ministre,
*L'auditeur au conseil d'Etat, secrétaire-général,*
JAUZÉ. (77.)

24 mai 1811.

*Mandement de M. Raillon, nommé évêque d'Orléans, administrateur capitulaire, le siége vacant, baron de l'empire, qui ordonne que le* Te Deum *sera chanté dans toutes les églises du diocèse, en action de grâces de la naissance de S. M. le Roi de Rome.*

Jacques Raillon, nommé évêque d'Orléans, administrateur capitulaire, le siége vacant, baron de l'empire,

Au clergé et aux fidèles du diocèse, salut en notre Seigneur Jésus-Christ.

Les prospérités d'un règne tout brillant de gloire ne suffisaient pas à vos vœux, mes très-chers frères, vous sentiez qu'une des plus grandes bénédictions du ciel, la naissance d'un héritier du trône vous manquait encore.

Du sein de tant d'immortels triomphes au-dehors, et d'une paix si douce au-dedans, vous portiez malgré vous, sur l'avenir, des regards pleins d'inquiétude; vous ne pouviez songer sans effroi que la vie des héros est courte et fragile comme celle des autres hommes, et vous trembliez, au moins pour vos enfans, à la seule pensée de ce jour, qui ne sera jamais assez éloigné, où la première des nations aura à déplorer la perte de l'homme invincible que Dieu suscita pour notre délivrance, et qui, dans les jours de la désolation universelle, nous fut donné d'en haut, comme ce signe de réconciliation et de paix que Dieu plaça dans les nuages pour annoncer la fin des tempêtes.

Quelles étaient vos alarmes quand vous voyiez ce grand prince, n'écoutant que l'ardeur de son courage et son amour pour ses peuples, voler du nord au midi et du couchant à l'aurore, pour aller exposer au sort toujours incertain des combats, cette tête auguste, à laquelle semblaient être attachées toutes les destinées du peuple valeureux qu'il élevait si haut par ses victoires? combien de fois, s'il avait daigné les entendre, ses fidèles généraux, interprètes des sentimens publics, ne lui auraient-ils pas dit, comme autrefois les chefs des armées de Juda à David: « Vous ne viendrez plus avec nous à la guerre, de peur que la lumière d'Israël ne s'éteigne. » Ni le succès si constant de ses armes, ni la protection du ciel, si visiblement attachée à sa personne, ne pouvaient vous rassurer assez !

Grâces immortelles vous soient rendues, ô mon Dieu, les jours de craintes et d'inquiétudes sont passés ; à David succédera Salomon.

Oui, nos très-chers frères, la cruelle espérance de nos ennemis est déçue, le sceptre de Napoléon passera d'âge en âge à des princes de son sang, héritiers de sa puissance et de sa gloire. Dieu, dont la providence veilla toujours sur ce bel empire, semble dire au chef auguste de la nouvelle dynastie, comme autrefois à un des douze patriarches : « De toi naîtront des rois sans nombre : cette terre heureuse que je t'ai donnée, et qui a déjà vu passer une si longue suite de monarques, je la donnerai encore à ta postérité après toi. » Il semble lui dire comme à David : « J'ai choisi ton fils pour le faire asseoir, quand il en sera temps, sur le trône du royaume du Seigneur, au-dessus de tout Israël ; j'affermirai son règne à jamais ; s'il persévère dans l'obéissance qu'il doit à mes lois, son trône sera établi comme les astres que j'ai placés dans le firmament pour l'embellir, et pour animer jusqu'à la fin des âges toute la nature. »

Il vient de naître, nos très-chers frères, cet enfant de bénédiction, heureux fruit des vœux publics, aussi bien que d'un auguste mariage ; il vient de naître, ce mot seul dit tout à vos cœurs ; accourez en foule dans les temples ; venez, faites des vœux, rendez des actions de grâces, apportez en présent à votre Dieu les hommages d'un cœur pur ; que les transports de votre reconnaissance s'élèvent jusqu'au trône céleste, d'où cette faveur est descendue sur vous ; votre empereur lui-même vous convie d'unir vos prières à ses prières, et vos vœux à ses vœux : le même jour qui vous rassemblera dans les temples pour y chanter le cantique d'actions de grâces, verra ce grand prince aux pieds des autels, offrant à l'auteur de tous biens, le royal enfant qu'il tient de ses miséricordes.

Quels vœux, nos très-chers frères, formerons-nous pour l'héritier du trône, qui ne retombent sur nous-mêmes et sur nos neveux ! car, telle est la destinée d'un enfant qui naît pour régner, qu'il ne peut être grand que des prospérités des peuples, ni heureux que de leurs félicités.

Demandons avant tout qu'il soit long-temps le premier sujet d'un père magnanime, pour apprendre, en obéissant sous un tel maître, l'art si difficile de commander.

Demandons qu'il soit long-temps témoin des vertus de son auguste mère, cet ange de paix, qui assure le repos du monde par son heureuse fécondité.

Demandons pour lui toutes les vertus des grands rois, la clémence qui les fait aimer, la force qui les fait respecter, la sagesse qui les fait régner avec équité, et surtout l'amour de cette religion sainte qui consacre les princes, et qui, selon la belle expression d'un père de l'Eglise, les fait révérer comme la seconde majesté après Dieu;

Qu'à la fin d'un long et glorieux règne, il puisse dire avec Job: « La compassion a crû en moi dès mon enfance : « j'écoutais les cris du pauvre, je délivrais le pupille qui « était sans secours, je consolais le cœur de la veuve, et la « bénédiction de celui qui allait périr venait sur moi. »

Qu'il puisse dire avec le pieux Néhémias : « O Dieu, « souvenez-vous de moi en bien, selon tout ce que j'ai « fait pour ce peuple! »

Enfin, que, destiné à succéder au monarque auguste qui releva nos autels, il mérite un jour de la religion l'honorable témoignage qu'elle rend encore aujourd'hui, après tant de siècles, à la mémoire du saint roi Josias : il fit que tous les enfans d'Israël servirent le Seigneur, et durant tous les jours de son règne, ils ne s'éloignèrent point du Seigneur leur Dieu. »

A ces causes, pour nous conformer aux pieuses intentions de Sa Majesté, après en avoir conféré avec les personnes vénérables qui composent notre conseil (Borros de Gamanson, de Blanbisson, de Madières, Métivier, Mérault, Barbazan, Gallois, Jourdan, Fauvel, secrétaire particulier; Constant, chanoine titulaire, chevecier et secrétaire), nous avons ordonné et ordonnons qu'en action de grâces de la naissance de Sa Majesté le roi de Rome, il sera chanté solennellement, dans l'église cathédrale et dans toutes les église du diocèse, le dimanche 9 juin prochain, jour de la Très-Sainte-Trinité, un *Te Deum* avec le psaume *Exaudiat*, les versets *Benedic anima mea*, etc.; *Domine salvum fac Imperatorem*, etc., et les oraisons *Deus cujus misericordiæ non est*, *etc.*; *Quæsumus, omnipotens Deus, ut famulus tuus Imperator noster, etc.*;

Et sera, notre présent mandement, lu et publié au prône des messes paroissiales le dimanche qui suivra sa réception.

Donné à Orléans, au palais épiscopal, sous notre seing et le contre-seing de notre secrétaire, le 24 mai 1811.

J. RAILLON.

Par mandement :

CONSTANT, chanoine-chevecier, secrétaire.

*Mai* 1811. — Chapelle des morts, établie dans l'église de Ste-Croix, la première en entrant par la porte latérale sud, par M. J.-P. Simonin, natif de Lyon, officier en retraite à Orléans, pour le repos de l'âme de son fils, et des officiers et soldats ses camarades, morts pendant l'année 1810 et le commencement de celle de 1811. (77.)

2 *juin* 1811. — Fête et réjouissances publiques données à Orléans à l'occasion de la naissance du roi de Rome, suivant le programme ci-dessous.

*Mairie d'Orléans.*

FÊTE POUR LA NAISSANCE DU ROI DE ROME.

Le baron, maire d'Orléans,

Vu la lettre de M. le baron, préfet du Loiret, sur les fêtes à célébrer à Orléans le 2 juin prochain, pour la naissance du roi de Rome ;

Considérant que cet évènement est l'époque la plus mémorable pour la France, puisqu'il assure à jamais son bonheur et sa gloire ;

Voulant procurer aux habitans de cette ville les moyens d'exprimer toute l'étendue de leurs sentimens d'amour et de dévouement pour notre auguste souverain, sa bienaimée épouse et leur auguste rejeton ;

Arrête le programme de la fête ainsi qu'il suit :

Art. 1$^{er}$. Le lieu principal de la fête sera établi sur le grand Mail, de la porte Bannier à celle St-Vincent.

Art. 2. Le jour de la fête, à six heures du matin, une musique guerrière se fera entendre de dessus la tour de Ville.

Art. 3. La cloche de la ville sonnera d'heure en heure, et à chaque fois un quart-d'heure, dans tout le cours de la journée.

Art. 4. A dix heures, dix militaires en retraite, dotés par la caisse municipale, seront mariés à l'hôtel de la mairie, avec dix filles vertueuses; ils recevront la bénédiction nuptiale dans l'église cathédrale, à l'issue de la messe paroissiale, où ils seront accompagnés par le corps municipal et la musique de la garde nationale.

Art. 5. De deux à quatre, et de cinq à sept heures, des courses, avec distribution de prix, seront ouvertes sur le terrain plein, au bas du grand Mail.

Art. 6. Il sera établi sur le Mail, du côté de la porte St-Vincent, des mâts de cocagne et des orchestres pour la danse.

Art. 7. Tous les spectacles de la foire du Mail, qui tient à cette époque, seront ouverts gratuitement au public, depuis quatre heures du soir jusqu'à dix.

Art. 8. Il sera élevé deux arcs de triomphe aux deux extrémités du Mail, et des colonnes triomphales avec emblêmes et devises; à la suite, et à portée de l'arc de triomphe, du côté de l'est, il sera établi une rotonde entourée de guirlandes en verdure, pour former une salle de danse ouverte au public, et destinée à prolonger les réjouissances plus avant dans la nuit. Chaque issue du Mail sera illuminée, ainsi que toutes les boutiques des marchands établis sur le champ de foire.

Art. 9. A neuf heures du soir, il sera allumé sur le terrain où les courses auront lieu, un feu de joie avec artifice.

Art. 10. Tous les établissemens publics et les maisons des particuliers seront généralement illuminés.

Fait et arrêté en l'hôtel de la mairie, à Orléans, le 27 avril 1811.

CRIGNON-DÉSORMEAUX, maire.

Vu et approuvé par moi baron, préfet du Loiret, à Orléans, le 1<sup>er</sup> mai 1811.

PIEYRE.

Pour copie conforme, le baron, maire d'Orléans,

CRIGNON-DÉSORMEAUX. (4.)

*Détails de la fête du 2 juin.*

La fête de la naissance de Sa Majesté le roi de Rome vient d'être célébrée dans notre ville (Orléans), avec une pompe et une allégresse dont jusqu'alors nous avions eu peu d'exemples. Elle concourait avec la tenue d'une foire dont le champ est une belle et vaste promenade ombragée par trois rangs d'ormes qui, dans une longueur de 1200 mètres, forment deux voûtes impénétrables aux rayons du soleil. C'est sur ce lieu même que M. le baron Pieyre, notre préfet, dont l'esprit et le goût servent si bien les affections, a saisi l'idée heureuse de concentrer les pompes de la fête.

Ouverte d'un côté par un arc triomphal de la plus belle proportion, cette promenade était terminée par un deuxième arc de triomphe formant l'entrée et comme le portique d'une salle de verdure ornée avec beaucoup de grâce et de fraîcheur ; dans le pourtour, tant au-dehors que dans l'intérieur, des quatrains ingénieux, d'heureuses allégories, des inscriptions élégantes rappelaient les grands objets de la fête, et chacun trouvait avec plaisir et une sorte de surprise, l'expression du sentiment qu'il éprouvait, embellie par les charmes d'une poésie agréable et légère, dont l'heureuse facilité décelait l'auteur (*).

---

(*) M. Pieyre, préfet du Loiret.

C'est là que dix braves enfans de la victoire, dotés par la munificence impériale, se sont réunis avec leurs nouvelles épouses et le cortége de leurs amis, à une table de 100 couverts, dont M. le préfet et les adjoints à la mairie se sont empressés de faire les honneurs. La gaîté aimable et franche, la joie décente qu'ils ont su inspirer aux convives, ont donné à cette réunion l'aspect touchant d'une fête de famille.

Cette scène de calme a bientôt cédé la place aux transports de la reconnaissance et de l'amour d'un peuple qui adore ses maîtres, au moment où M. le préfet a proclamé les toasts pour la conservation du fils des héros et à la gloire de ses augustes parens. La joie concentrée, pour ainsi dire, jusqu'alors dans la salle du banquet, en a bientôt franchi l'enceinte, pénétré toutes les âmes et électrisé la population immense qui couvrait le champ de foire et toutes les avenues qui y conduisent. L'ivresse du bonheur se peignait dans tous les regards; tous les rangs confondus étaient animés du même enthousiasme, et l'allégresse publique, alimentée par les jeux, les courses, les mâts de cocagne, les feux d'artifice, les danses et les spectacles de tous genres, s'est soutenue et prolongée pendant la nuit tout entière.

Il serait difficile de se peindre l'effet magique que produisait au milieu de l'obscurité une illumination brillante prolongée régulièrement depuis le premier arc de triomphe jusqu'à la salle du banquet, où elle redoublait d'éclat et éblouissait par ses feux réunis; il serait plus difficile encore, peut-être, de deviner par quel pouvoir secret une population immense, réunie sur un seul point, et enivrée de plaisir, a présenté le spectacle aimable d'une famille assemblée, sans que le trouble le plus léger, une seule plainte ait attristé ou flétri la joie publique; la cause en est sans doute dans l'estime et la confiance que le peuple a vouées à ses magistrats et à la popularité aimable de ceux-ci, qu'on a vus constamment partager avec franchise les plaisirs et la gaîté d'un bon peuple (4).

*7 juin* 1811. — Baptême du roi de Rome. Noms des députés orléanais qui assistèrent à cette cérémonie, à Paris:

MM. le baron Crignon-Désormeaux, maire; Hubert-

Husson, Fougeron, juge au tribunal de première instance, conseillers municipaux.

9 *juin* 1811. — *Te Deum* chanté avec pompe dans l'église cathédrale de Ste-Croix d'Orléans, en présence de tous les corps administratifs, civils et militaires, pour l'heureuse délivrance de l'impératrice et la naissance de Sa Majesté le roi de Rome. Cette cérémonie religieuse, qui fut célébrée dans toutes les églises du diocèse, avait été ordonnée par l'évêque d'Orléans, par le mandement publié quelques jours avant.

18 *juin* 1811. — Décret impérial qui fixe le tableau des distances en myriamètres et kilomètres, de chaque commune du département du Loiret aux chefs-lieux du canton, de l'arrondissement et du département. (4.)

20 *juin* 1811. — MM. Dupuis et Batailler, de Romorantin, élèves de seconde au lycée, composent une cantate latine sur la naissance du roi de Rome; elle fut mise en musique par M. Demar, exécutée dans la grande salle des distributions de prix du collége; M. Lottin dirigeait l'orchestre.

Cette séance publique fut présidée par M. de Champeaux, recteur de l'académie, qui couronna les deux jeunes auteurs.

21 *juin* 1811. — Concile à Paris, entre plusieurs prélats de France, pour s'opposer à l'effet de la bulle d'excommunication que le pape Pie VII avait lancée contre l'empereur, bulle dont on ne sut aucun mauvais gré au St-Père, mais dont on fit tomber la responsabilité sur le cardinal Pacca, qui l'avait signée. L'intention de Napoléon était, si quelque individu eût été assassiné à Rome ou autres lieux, par suite de cette excommunication, de prendre ce ministre à partie, et de le punir des malheurs qu'elle aurait pu occasionner; mais elle excita par toute la France, et l'Italie même, la plus profonde indifférence.

27 *juin* 1811. — M. Aignan, de Beaugency, fait jouer sur le théâtre d'Orléans une tragédie en cinq actes, de sa composition, ayant pour titre *Brunéhauld, ou les Successeurs de Clovis.* (77.)

*28 juillet 1811.* — Petite émeute entre les troupes composant la garnison d'Orléans, pour un motif très-minime d'amour-propre, laquelle fut heureusement arrêtée par le général Schiner, commandant la place à cette époque. (77.)

*2 août* 1811. — Décret impérial qui institue à Orléans, et pour le département, un jury médical, dont le président fut Duméril, professeur à l'école de médecine de Paris, et les deux membres, MM. Latour fils, et Lanoix, médecins à Orléans. (3.)

*Août* 1811. — Des pavillons sont élevés aux portes Madeleine, St-Vincent et Bourgogne, sur les dessins de M. Pagot, architecte de la ville. Ils furent destinés à loger les portiers et les commis de l'octroi. Ces pavillons remplacèrent les tours, et les portes en bois qui existaient avant. (77.)

*5 septembre 1811.* — Napoléon ayant été averti d'une trame anglaise pour enlever le pape Pie VII de Savone, et s'en servir de brandon pour soulever les catholiques contre lui, le fit transporter à Fontainebleau, près Paris. Le pape y occupa le logement qu'il avait habité lors du couronnement de l'empereur, et ne cessa d'y être traité de la manière la plus grande. (43-82.)

*14 septembre* 1811. — Décret impérial qui fixe à vingt-sept le nombre des avocats à la cour impériale d'Orléans, et arrête le tableau composé comme il suit :

MM. Pompon, bâtonnier; Isambert-St-Aignan, Marion, Brouet, Chaufton, Savart, Brillard, Régnard, Davesiès de Pontès, Petit-Semonville, Panchet, Briollet, Guibourg, Jolin, Johanet, Brossard, Bachevillier du Cormier, Petit père, Cabart père, Simon, Barbot-Duplessis, Sevin, Georgeon, Colas de La Noue, Fouqueau, Robillard et Perrot. (7.)

*17 septembre* 1811. — Le conseil municipal, réuni en assemblée générale, sous la présidence du maire, décide que la nouvelle rue faite au sud de la cathédrale d'Orléans, et qui conduit à la préfecture, porterait le nom de rue Pothier, et qu'une inscription en lettres d'or, gravée sur un marbre noir, placée à la maison que ce grand jurisconsulte habitait, rappellerait aux Orléanais et aux étrangers le lieu de sa naissance. (4.)

*24 septembre* 1811. — Comète visible à Orléans : cette comète, d'un très-grand volume, avait une queue longue fort brillante, tournée vers le sud-sud-ouest. (77.)

*8 octobre* 1811. — Procès scandaleux et qui excita au plus haut point la curiosité, contre le sieur Ladureau, riche négociant, et le sieur Canard, qui ayant trouvé chez lui, près de sa femme, le sieur Ladureau, lui avait fait souscrire un billet à son profit. Cette cause fut gagnée par M$^{es}$ Chauveau-Lagarde et Moreau, avocats de Canard, contre M$^{e}$ Dinauchau, avocat de Ladureau.

*19 novembre* 1811. — Les grilles en fer des portes Madeleine, St-Vincent et Bourgogne, dont l'adjudication avait été faite au sieur Dufresne, pour la somme de 35,000 fr., sont placées entre les pavillons nouvellement faits à ces portes.

Le prix total des pavillons et des grilles s'éleva à la somme de 76,750 fr. 17 c. (4.)

### 7 décembre 1811.

INSTALLATION DU CONSEIL DES PRUD'HOMMES A ORLÉANS, FAITE PAR LE PRÉFET DU LOIRET, PIEYRE, ASSISTÉ DU SECRÉTAIRE-GÉNÉRAL DE LA PRÉFECTURE, CHAUDRUC DE CRAZANNES.

*Extrait du procès-verbal d'installation.*

En exécution du décret impérial rendu le 24 avril 1811, en vertu de l'arrêté de M. le préfet du Loiret en date du 23 juillet suivant, et de la circulaire du maire d'Orléans, du 6 juin 1811, présente année, l'assemblée du conseil des prud'hommes, réunie dans une des salle de la mairie, et présidée par M. le maire, les membres dudit conseil, nommés dans sa séance du 25 novembre dernier, au nombre de sept et deux suppléans, savoir :

*Membres du conseil.*

Prouvençal de St-Hilaire, raffineur; Augustin Miron, fabricant de draps; Labot-Marmet, apprêteur de draps; Benoist-Mérat, fabricant de bonneterie orientale; Jutteau-Bretin, teinturier; Laisné de Villevêque, manufacturier de toiles de coton; Fédou aîné, teinturier.

*Suppléans.*

Lesourd-Luisy, marchand; Bernard Massonnier, tondeur de draps; Bertheau, secrétaire, et Pastoureau, huissier.

Bureau particulier pour la conciliation, à l'Hôtel-de-Ville, les mardi, jeudi et samedi de chaque semaine; bureau général en audience publique, le vendredi.

Les jugemens de ce tribunal sont définitifs et sans appel, si la condamnation n'excède pas 100 fr. en capital et accessoires; tous les délits tendant à troubler l'ordre et la discipline de l'atelier, les manquemens graves des apprentis envers leurs maîtres sont punis, par les prud'hommes, d'un emprisonnement qui n'excède pas trois jours. (4.)

14 décembre 1811.

*Formation d'un régiment de pupilles de la garde.*

Le préfet du Loiret fait placarder, dans Orléans, un avis qu'il adresse au maire de cette ville, et à tous ceux de son département, lequel était ainsi conçu:

« Monsieur le maire,

« Sa Majesté impériale et royale a approuvé qu'on reçût dans le régiment des pupilles de la garde, des enrôlemens volontaires et des enfans de l'âge de quinze ans au moins, dont les parens demanderaient l'admission dans ce corps; ces derniers ne pourront être reçus que lorsqu'ils seront bien constitués et qu'ils paraîtront susceptibles d'atteindre la taille de 1 mètre 678 millimètres; les jeunes gens de seize à dix-huit ans devront avoir au moins 1 mètre

645 millimètres, et justifier du consentement de leurs parens ; ceux de dix-huit ans ne pourront avoir moins de 1 mètre 678 millimètres.

« Les jeunes gens enrôlés seront dirigés sur Versailles, où est le dépôt.

« MM. les maires feront sentir aux parens combien ce service sera avantageux et honorable pour leurs enfans.

« Orléans, le 14 décembre 1811.

« Pieyre, préfet du Loiret et baron de l'empire. » (3-4.)

17 *décembre* 1811. — Arrêté du maire, relatif aux individus trouvés couchés sur la voie publique, de jour ou de nuit, par suite d'ivresse ; lesquels seront conduits au corps-de-garde le plus près, pour y rester déposés jusqu'au parfait rétablissement de leur raison. (4.)

## 1812.

1<sup>er</sup> *janvier* 1812. — Fixation définitive du contingent du département du Loiret, à la contribution foncière de 1812, portée en principal à 2,330,000 fr.

Son contingent à la contribution personnelle, somptuaire et mobiliaire, de la même année, est de 373,100 fr., total, 2,703,100 fr.

Il est imposé, en sus du principal de l'une et de l'autre de ces contributions, savoir :

1°, Deux centimes par franc, pour fonds de non-valeurs et de dégrèvement ;

2°, Dix-sept centimes pour dépenses fixes et variables ;

3°, Quatre centimes pour constructions des canaux, chemins et établissemens publics, réparations et supplémens de frais de culte;

4°, Cinq centimes pour dépenses des communes;

5°, Plus, le trentième du principal de la contribution foncière pour frais de l'arpentage parcellaire;

6°, Quinze mille huit cent soixante-deux francs vingt centimes pour moitié du traitement du préfet. (3.)

*18 janvier 1812.* — Jean-Louis Renault et Jean-François-Joseph Tellier, domiciliés à Orléans, obtiennent un brevet d'invention, pour quinze années consécutives, pour une machine qu'ils désignèrent sous le nom de *diligence hydropneumatique*, qui était destinée au remontage des bateaux sur les rivières et fleuves, malgré le vent et le courant. (76.)

*21 janvier 1812.* — Promulgation faite à Orléans, d'un décret impérial portant réglement de la police de la pêche de la Loire et autres rivières y affluentes. (4.)

*28 janvier 1812.* — M. Fouqueau de Pussy, jeune Orléanais, fait paraître la pièce de vers qui suit:

MARIE-LOUISE A LA VIERGE.

*Hymne pour l'anniversaire de la naissance du roi de Rome.*

L'hiver laissait enfin respirer la nature,
Et l'ange du printemps, le front ceint de verdure,
Ramenait la journée où, nouveau Samuël,
Un enfant-roi naquit pour un autre Israël.
A peine de ses feux l'aube à demi-vermeille,
Blanchit le marbre obscur du palais qui sommeille,
Louise, dont les vœux appelaient ce beau jour,
Vole au berceau du fils objet de son amour,
L'admire, et l'entourant de la plus douce étreinte,
Porte un si cher fardeau vers la chapelle sainte,
Où nos rois, à genoux devant le Roi des cieux,
Courbent la majesté d'un front religieux.
L'image du Seigneur, et la Vierge modeste,
De ses pieuses mains pressant la croix céleste,

Et l'enfant endormi qui nous révèle un Dieu
L'auguste sainteté, le silence du lieu,
Tout jette dans son âme un trouble involontaire.
La reine, s'approchant de l'autel solitaire,
Se prosterne, et sa voix, en timides accens,
Vers la mère du Christ s'élève avec l'encens :

« Pour ma mère, autrefois votre bonté fidèle,
  « Sourit à mes vœux accueillis ;
« Vierge sainte! à vos pieds un autre soin m'appelle ;
  « Je viens vous prier pour un fils !

« Aimable et faible enfant ! il est le premier gage
  « D'un hymen béni par les cieux ;
« Ses traits, où d'un héros revit la noble image,
  « Le rendent plus cher à mes yeux.

« Tels étaient les transports de votre heureuse ivresse,
  « Chaste épouse de l'Eternel,
« Lorsque du Christ naissant la première caresse
  « Charma votre cœur maternel.

« O vous! dont je reçus le doux nom de Marie,
  « Du haut de l'immortel séjour,
« Abaissez sur mon fils, Vierge auguste et chérie,
  « Un regard de paix et d'amour !

« Qu'il grandisse, l'espoir et l'orgueil de la France,
  « Puisse, sous l'aile du Seigneur,
« Aucun souffle ennemi n'altérer l'innocence
  « De cette aimable et tendre fleur !

« Que mon fils aux vertus ouvre son cœur docile,
  « Et que sa bienfaisante main,
« Doux appui de la veuve et du vieillard débile,
  « Sèche les pleurs de l'orphelin.

« Quand pour sa jeune ardeur la gloire aura des charmes,
  « Veillez sur lui dans les combats ;
« Qu'il imite son père, et, calmant mes alarmes,
  « Revole vainqueur en mes bras !

« Et moi, lorsque de Mars l'aurore printanière
  « Ramènera cet heureux jour,
« Je viendrai, pour un fils élevant ma prière,
  « O Vierge! implorer votre amour. »

Elle dit, et trois fois son front royal s'incline:
Présage fortuné de la faveur divine!
La Vierge semble émue, et sur ses traits chéris
Repose avec douceur des regards attendris;
Tandis que, balançant l'or de sa tête blonde,
Le fils de Dieu sourit au fils du roi du monde.
O prodige! trois fois un rayon lumineux,
De l'enfant endormi couronne les cheveux,
Les touche mollement, et la flamme expirante
S'exhala dans les airs en vapeur odorante.

*29 janvier* 1812. — Mouvement de la population dans la commune d'Orléans pendant l'année 1811 :

*Naissances* ...... 1,632 } *Gain* .... 44
*Décès* .......... 1,588 }

*12 février* 1812. — Promulgation faite à Orléans, d'un décret impérial relatif aux poids et mesures, qui statue qu'il ne sera fait aucun changement dans le système métrique, qui est conservé dans son intégrité; mais que les noms anciens pourront être adaptés aux nouveaux, quoique ces premiers aient été changés par la loi du 10 décembre 1799. (4.)

Ces poids ne pourront être construits qu'en fer ou en cuivre, et toutes les autres matières sont interdites. (3.)

*15 février* 1812. — Les élèves de l'école ecclésiastique du petit séminaire d'Orléans sont obligés de se rendre aux classes du lycée de cette ville, comme tous ceux des pensions. Ce surcroît d'élèves obligea de doubler les cours de cet établissement, qui comptait alors 499 écoliers. (77.)

1*er mars* 1812. — Hyacinthe Tabault de La Touche, élevé à Orléans, fait jouer sur le théâtre de cette ville une pièce de sa composition, intitulée *les Projets de sagesse*. Cette production eut un succès brillant et mérité; il la présenta à Paris aux directeurs du théâtre de l'impératrice, qui la reçurent avec empressement. (77.)

4 *mars* 1812. — Etablissement d'une fabrique de charbon animal, fait avec des os brûlés et réduits en poudre pour être employés au raffinage du sucre. Cette fabrique

fut élevée par le sieur Beaucheton, sur l'île Arrault, près la Loire ; un petit moulin à eau fut placé sur le fleuve, et destiné à broyer les os brûlés. (77.)

*14 mars* 1812. — La France est divisée en 100 cohortes de garde nationale; un appel des 88 premières de ces cohortes est fait; Orléans, qui faisait partie de celle de Paris, envoya dans cette ville 409 hommes, qui lui étaient demandés pour la défense du territoire français, pendant que les troupes de l'empire se portaient en Russie. (3.)

*14 mars* 1812. — Napoléon, pour encourager la fabrication du sucre de betteraves, destiné à remplacer celui de cannes, délivre plusieurs licences aux principaux négocians des villes de l'empire pour cette sorte de fabrication : quatre raffineurs d'Orléans, les sieurs Rime aîné, Crignon-Bonvalet, Allard aîné et Robert Colas-Desfrancs, furent gratifiés de cette autorisation.

Le préfet du Loiret, Pieyre, fit afficher et publier dans tout le département du Loiret une circulaire pour inviter les cultivateurs à semer de la graine de betterave, en leur faisant espérer un grand avantage pour la vente, et en leur indiquant le moyen de prouver leur attachement à la patrie, en secondant les vues de l'empereur, qui avait l'intention de détruire la prospérité du commerce anglais, en empêchant la vente de leurs denrées coloniales. (3.)

*18 mars* 1812. — Arrêté du maire d'Orléans, qui défend de vendre du poisson vivant, mort ou salé, autre part que dans la halle appelée la Grande-Poissonnerie, située place du Grand-Marché. (4.)

*Mars* 1812. — Puits artésien commencé sur la place de l'Etape, vis-à-vis la rue de l'Evêché, à vingt pieds en avant des bâtimens de la mairie; les travaux en furent poussés avec activité, et, malgré la grande profondeur à laquelle on était parvenu, les résultats n'en furent pas heureux; les travaux furent discontinués, le puits fut bouché, et la dépense de 4 à 5,000 fr. qui avait été faite, resta en pure perte, au regret des habitans, qui auraient vu avec plaisir une fontaine s'élever dans leur ville. (4.)

*7 avril* 1812. — Publication faite à Orléans d'un décret impérial portant formation d'une garde d'honneur à cheval, pour le service particulier de Napoléon. Les soldats de cette garde furent pris dans chaque département, parmi les jeunes gens les plus riches, et au sort ; chaque cavalier était obligé de s'habiller, s'armer, s'équiper et se monter à ses frais. Le département du Loiret, peu de temps après cette publication, fit partir vingt-cinq cavaliers qui lui avaient été demandés, et contribua alors, par son contingent, à la formation de cette belle garde, composée de deux mille sept cents cavaliers de la plus brillante jeunesse de la France. (3.)

28 *avril* 1812. — Mort de M. Macarel, conseiller à la cour impériale d'Orléans, père de M. Macarel, ancien élève distingué du lycée de cette ville, depuis avocat et conseiller d'état, auteur de plusieurs ouvrages estimés de droit administratif. (76-77.)

8 *mai* 1812. — Fête de la Ville, comme l'année précédente, toujours sans petit puceau, représentant de Jeanne d'Arc ; orateur, M. Ladureau, chanoine.

11 *mai* 1812. — Mort, à l'âge de 68 ans, de M. l'abbé Gallard, natif d'Artenay près Orléans, auteur de l'éloge de M. de Beauvais, évêque de Senez. (77.)

15 *août* 1821. — Anniversaire de la fête de Napoléon, empereur, célébrée à Orléans avec les mêmes cérémonies qu'aux années précédentes, mais cette fois-ci remarquable par les distributions de vivres faites aux indigens de cette ville.

Le maire d'Orléans, par une proclamation affichée et placardée dans les rues et places de cette ville, avait indiqué le jour de la fête et les distributions qui s'y feraient ; ladite proclamation était ainsi conçue :

*Mairie d'Orléans.*

FÊTE DE SAINT NAPOLÉON.

Le maire d'Orléans, baron de l'empire, officier de la Légion-d'Honneur,

Vu la lettre de M. le baron, préfet du Loiret, qui lui rappelle l'approche de la fête de Sa Majesté, qui doit être célébrée dans tout l'empire le 15 de ce mois ;

Considérant qu'on ne peut donner à notre auguste souverain une marque plus certaine de notre amour et de notre reconnaissance, et célébrer plus dignement le jour de la naissance du héros, dont la sollicitude paternelle est sans cesse occupée des moyens de soulager la classe indigente de son peuple, qu'en le secondant par la distribution de nouveaux secours aux malheureux, surtout dans le moment où nous éprouvons encore les effets de la cherté extraordinaire du blé ;

Arrête que le 15 de ce mois, à deux heures après midi, il sera, place du Martroi et rue porte Madeleine, dans les locaux où sont distribuées les soupes à la *Rumfort*, donné à tous les indigens ordinairement soulagés par le bureau de bienfaisance, du pain sur les bons particuliers qu'ils recevront de MM. les curés et desservans des paroisses et succursales de cette ville.

Fait en l'hôtel de la mairie d'Orléans, le 12 août 1812.
CRIGNON-DÉSORMEAUX, maire. (4.)

18 *août* 1812. — Mort, au combat de Valoutina, en Russie, route de Moskou, du brave Gudin, né dans le département du Loiret, général de division dans la grande armée qui était en Russie. Il était parti d'Orléans en 1792, commandant du premier bataillon du Loiret, composé de jeunes gens de ce département. (43.)

5 *septembre* 1812. — A la suite d'une disette qui avait duré plusieurs mois, il arriva une si grande quantité de blé au marché d'Orléans, que le pain de huit livres, qui était à 40 sous, fut diminué le lendemain, dimanche, de 18 sous, ce qui ne s'était peut-être jamais vu à Orléans. (77.)

Voici l'explication de ce fait :

Dans cette pénurie extrême, M. le maire était parvenu, par ses instances, à obtenir, par souscriptions, et en moins de deux heures, un prêt en argent avec lequel il acheta des blés en Belgique.

Cette acquisition se monta à la somme de 341,184 f. 70 c., les dépenses furent de 333,584 fr. 52, et il y eut un boni 2,600 fr. 18 c., qui furent versés dans la caisse des hospices de la ville.

M. Baguenault, banquier à Paris, ne voulut pas recevoir les signatures des souscripteurs pour lesquels il avait avancé les fonds, en disant à M. le maire : « Je m'en rap-« porte à l'honneur des Orléanais, mes concitoyens, et « vous les remercierez de m'avoir procuré l'occasion « d'imiter leur généreux dévouement, en offrant pour « ma part 30,000 fr. comptant. »

6 *octobre* 1812. — *Te Deum* chanté dans l'église de Ste-Croix, en action de grâces du succès de la bataille de la Moskowa. Cette cérémonie fut pompeuse et brillante, malgré la dispute de préséance entre le maire et les membres de l'académie d'Orléans : les deux parties firent passer leur réclamation au ministre, dont la décision fut favorable au maire de cette ville, qui, par suite, prit le pas sur le recteur. (4.)

11 *octobre* 1812. — *Te Deum* chanté dans la cathédrale d'Orléans, en présence de tous les corps civils, ecclésiastiques, judiciaires et militaires, pour remercier le ciel des succès des armées françaises en Russie et de leur entrée dans Moskou. (4.)

13 *octobre* 1812. — Arrêté du maire d'Orléans, relatif à la prolongation de la foire d'Orléans, dite foire du Mail, laquelle fut fixée à quinze jours, au lieu de huit qu'elle durait avant. (4.)

6 *décembre* 1812. — Fête anniversaire du couronnement de l'empereur Napoléon, célébrée à Orléans avec pompe, et suivant le programme qui suit, publié et affiché dans les rues et places de la ville le 13 novembre.

*Mairie d'Orléans.*

ANNIVERSAIRE DU COURONNEMENT DE SA MAJESTÉ
IMPÉRIALE ET ROYALE.

*Le maire d'Orléans à ses concitoyens.*

« Citoyens,

« L'anniversaire de la fête du couronnement, en nous rappelant la grande époque qui a fixé les bases de la gloire et de la prospérité de la France, nous rappelle nos devoirs envers le héros réparateur qui nous a replacés au premier rang des nations, dette immense qui s'accroît chaque jour par les sacrifices sans nombre qu'il fait à la tranquillité de son peuple.

« Eh! vers quel autre but, en effet, pourraient tendre les efforts de cette grande âme? la gloire! Depuis longtemps, ce héros du siècle a atteint la première place; les héros anciens et modernes la lui ont cédée.

« Pour la conserver, il eût suffi d'attendre les ennemis aux pieds des forteresses qui bordent le sol français sur tous les points; était-il nécessaire de franchir les Alpes, et, de leurs sommets glacés, de fondre avec la rapidité de l'éclair sur un ennemi surpris et déconcerté?

« Pour conjurer l'orage qui grondait dans le nord, fallait-il, dans un délai qui suffirait à peine à un voyageur isolé, voler des bords de la Manche aux pieds des remparts d'Ulm?

« Quand un roi imprudent amenait à une ruine inévitable toute sa puissance militaire, était-il nécessaire de le prévenir par une marche inattendue, et de le contraindre à mettre sa couronne au hasard d'une bataille au sein même de ses états?

« Etait-il indispensable, pour remporter de nouvelles victoires sur un souverain abusé, qui s'abaisse à devenir le vil instrument des vengeances et de l'égoïsme perfide du tyran des mers, était-il indispensable d'aller braver, à l'extrémité du monde, jusqu'aux glaces de la Russie?

« Nous ne saurions nous y méprendre : tant de travaux et d'efforts ne tendaient qu'à éloigner de nous le fléau de la guerre; repos, santé, jouissances domestiques, compagne adorée, tendre fruit d'une union si chère, tout a été sacrifié au repos d'un peuple qu'il aime.

« Puisse donc une paix solide et durable ramener à ce peuple qui l'adore, le père de la patrie! puissent ses ennemis sentir enfin tout ce qu'ils ont à perdre dans la lutte politique qu'ils s'opiniâtrent à soutenir contre lui! puissions-nous le voir libre enfin des travaux de la guerre, jouir en paix de la reconnaissance et de l'admiration des Français, concentrer ses hautes conceptions sur le maintien des lois, la prospérité du commerce, les progrès de l'agriculture! puissent les premières pensées, les premières affections de l'auguste rejeton de sa race se diriger sur les traits d'un si grand modèle, vers le bonheur d'un peuple qui sait si bien aimer! Il saura, un jour, cet enfant auguste, que nous avons prévenu les retours de sa bienveillance par nos affections les plus tendres pour sa personne sacrée, par un dévouement sans bornes à son service, et surtout par un attachement inviolable à ses droits héréditaires. Pourra-t-il jamais refuser ces justes retours aux enfans que son auguste père daigne chérir avec tant de bonté, qu'il compte au nombre des journées perdues pour son bonheur celles qu'il passe loin d'eux?

« D'après ces considérations, le maire d'Orléans, baron de l'empire, officier de la Légion-d'Honneur,

Arrête :

« Art. 1$^{er}$. Le dimanche 6 décembre prochain, jour de l'anniversaire du couronnement de Sa Majesté impériale et royale, à six heures du matin, le son de la cloche annoncera la fête, et elle sera entendue d'heure en heure, pendant le reste du jour.

« Art. 2. A neuf heures et demie, la fille dotée par la caisse municipale, d'après l'intention de Sa Majesté, sera mariée en l'hôtel de la mairie.

« Art. 3. Le corps municipal, accompagnant les nouveaux mariés, se rendra à onze heures à l'église cathédrale pour assister à la bénédiction nuptiale, et au *Te Deum* qui doit être chanté en action de grâces du couronnement de Sa Majesté.

« Art. 4. A six heures du soir, il y aura spectacle *gratis*, où assisteront les nouveaux mariés et leurs familles, dans une place qui leur sera préparée.

« Art. 5. Dans la soirée, réunion à la mairie (grand dîner pour les corps constitués).

« Art. 6. Les habitans seront tenus de faire illuminer le devant de leurs maisons pendant toute la soirée ; il est enjoint aux commissaires de police de veiller à la stricte exécution de cette disposition.

« Art. 7. Tous les établissemens publics seront également illuminés.

« Art. 8. Le présent sera préalablement soumis à l'approbation de M. le préfet de ce départemeut.

« Fait en l'hôtel de la mairie d'Orléans, le 12 novembre 1812.

« CRIGNON-DÉSORMEAUX, maire. »

Cette fête fut la dernière célébrée à Orléans. (4-77.)

*27 décembre* 1812. — Le duc d'Orléans, Louis-Philippe, étant en Espagne, est chargé par le gouvernement de cette nation du commandement de Tarragonne et de Tortonne; mais le duc de Vellington engage ce gouvernement à le renvoyer. Voulant avant toutes choses rester généralissime et craignant que le commandement ne fût donné à ce prince français, il écrivit une lettre à Dumourier contre le duc d'Orléans (*). (43.)

*30 décembre* 1812. — Barré de la Bussière, professeur de physique au lycée d'Orléans, fait paraître une dissertation intéressante sur les pierres tombées du ciel depuis quelques jours dans les environs de Patay : ces pierres, dont une a été en notre possession, étaient d'une nature graveleuse, d'une surface irrégulière, obscure et comme brûlée par le feu; frottée par nous et grattée avec un couteau, elle avait une odeur souffrée et désagréable. (77.)

*31 décembre* 1812. — Suppression de la rue des Moulins, située au sud de St-Aignan, afin d'élargir le quai du fort Alleaume. La démolition du vieux mur de ville qui renfermait cette rue au sud, comme la terrasse de Saint-Aignan au nord, fut faite par travaux de charité. Cette rue, fort étroite, était remarquable parce que le passage, pour les gens de pied, avait été établi à hauteur, sur l'épaisseur du mur de clôture, et celui des voitures dans le bas de la rue qui n'était point pavée.

Son nom de rue des Moulins lui venait de ce que, très-anciennement, elle conduisait à des moulins à eau qui étaient placés vis-à-vis dans la Loire; c'est aussi à cette époque que les ruines du fort Alleaume, bâti en 1570, furent totalement rasées. (77.)

*Décembre* 1812. — Orléans fut, pendant une partie de cette année, affligé d'une disette extraordinaire; les habitans ne se nourrissaient qu'avec des pommes de terre; la

---

(*) *Histoire de France*, par l'abbé Montgaillard.

campagne fut encore plus malheureuse : les paysans se virent réduits à manger des herbes, des racines, ce qui en fit mourir un grand nombre dans le département. L'hiver fut aussi très-rigoureux et excessivement froid et long, le thermomètre descendit de 16 à 17 degrés au-dessous de glace ; il fut très-mémorable par les désastres de l'armée française en Russie.

Dans ce temps de calamité, on mit en usage les soupes dites à la Rumfort, du nom de l'inventeur, lesquelles se faisaient avec des pois mis en purée, de la graisse et peu de pain.

On fit aussi une nourriture ainsi préparée, appelée économique : on faisait crever une livre de riz dans trois pintes d'eau, que l'on remuait fortement pendant la cuisson ; on y joignait une pinte de lait dont on réservait une partie sur la fin de la cuisson, pour délayer trois onces de farine assaisonnées avec une once et demie de sel; ce riz, ainsi préparé, présentait une nourriture saine et suffisante pour alimenter douze personnes. (76-77.)

## 1813.

11 *janvier* 1813. — Promulgation d'un décret impérial portant la levée de 250,000 hommes en France ; le département du Loiret fut désigné pour fournir un contingent de 2,015 conscrits, qui furent levés, habillés, armés et équipés en un mois de temps. (3.)

11 *janvier* 1813. — Les jeunes gens mariés étant, par la loi de la conscription, exempts de partir pour l'armée, nous avons nous-même compté, sur les tableaux qui couvraient les deux portes de l'hôtel de la mairie d'Orléans, à l'extérieur, soixante-dix mariages affichés pour la même semaine, dont la plupart étaient contractés par des enfans de 17, 18 et 19 ans, qui voulaient profiter du bénéfice de la loi avant la promulgation du décret. (77.)

15 *janvier* 1813. — Le corps municipal d'Orléans offre à l'empereur 15 chevaux pour la remonte de sa cavalerie

perdue en Russie; cette offrande fut imitée par les habitans de Montargis, Gien et Pithiviers, qui donnèrent, en eux trois, 29 chevaux, ce qui fit 44 pour le département, savoir :

| | | | |
|---|---|---|---|
| 1°, Orléans, | 15 | chevaux tout harnachés.. | 15 |
| 2°, Montargis, | 12 | idem.......... | 12 |
| 3°, Gien, | 10 | idem.......... | 10 |
| 4°, Pithiviers, | 7 | idem.......... | 7 |
| | | | 44 (4.) |

*17 janvier* 1813. — Des écrits incendiaires et très-violens contre Napoléon sont placardés pendant la nuit du 17 au 18 dans divers endroits d'Orléans, notamment dans les rues d'Escures et de la Bretonnerie ; les allarmistes de la ville se donnent beaucoup de mouvement ; les royalistes lèvent la tête ; les jacobins semblent vouloir ressusciter ; les administrateurs craignent le retour des calamités publiques. (76.)

*18 janvier* 1813. — Fixation définitive de la base de la répartition des contributions de 1813, comme celle de l'année précédente.

Le contingent du département, à la contribution foncière de 1813, est porté en principal à 2,330,000 fr. (3-4-38.)

Son contingent à la contribution personnelle, somptuaire et mobiliaire de la même année est de 373,000 fr.

Pour les centimes additionnels, comme en 1812. (3.)

*20 janvier* 1813. — Mouvement de la population de la commune d'Orléans pendant l'année 1812 : .

*Naissances*..... 1,398 } *Perte*....... 222
*Décès*........... 1,620 }

*1er février* 1813. — Eclipse de soleil visible à Orléans, laquelle commença à 7 heures 20 minutes du matin. (38-76-77.)

*16 mars* 1813. — Mort, à 79 ans, de l'abbé Delafosse, poète et orateur orléanais, ancien chanoine de la cathédrale d'Orléans. (76.)

17 *mars* 1813. — Les curés et desservans des églises du département du Loiret sont assujettis aux logemens militaires par décision du préfet. (3-30.)

*Lettre du préfet relative aux logemens militaires.*

« Les curés et desservans sont exempts du logement des gens de guerre, hors les cas de presse qui exigent l'emplacement de toutes les habitations, en conformité de l'ordonnance royale du 28 décembre 1758, qui porte que les ecclésiastiques ne sont sujets aux logemens des gardes, pour les maisons qu'ils occupent personnellement, que dans le cas d'une nécessité indispensable; le préfet du Loiret, vu le grand nombre de troupes qui traversent et qui vont encore traverser ce département, déclare qu'il y a presse et nécessité indispensable, qui exigent l'emplacement de toutes les habitations sans exception aucune. (3.)

2 *avril* 1813. — Napoléon se disposant à partir pour se mettre à la tête de ses armées, institue l'impératrice Marie-Louise épouse, régente de l'Empire. (15-82-85.)

20 *avril* 1813. — Mort de Rouet (Simon-Alexis), vigneron de la paroisse de St-Marc, auteur de plusieurs lettres édifiantes dédiées au pape Pie VII. (77.)

8 *mai* 1813. — Fête de la ville d'Orléans ou de la Pucelle, comme les autres années, et encore sans le petit Puceau, représentant de Jeanne d'Arc.

Orateur à Ste-Croix, M. Pisseau, curé de Meung-sur-Loire.

11 *mai* 1813. — L'impératrice et régente de France, Marie-Louise, ordonne des fêtes par tout l'empire en réjouissance des victoires remportées en Saxe par les armées françaises, dans les batailles de Lutzen, de Botzen, de Wurtzen, et autres gagnées sur les Russes et les alliés de cette puissance qui marchaient sur la France. (43.)

LETTRE DE S. M. L'IMPÉRATRICE-REINE ET RÉGENTE
A MONSIEUR L'ÉVÊQUE D'ORLÉANS.

*Au nom de l'empereur, l'impératrice-reine et régente, à Monsieur l'évêque d'Orléans.*

Monsieur l'évêque d'Orléans, la victoire remportée aux champs de Lutzen par S. M. l'empereur et roi, notre très-cher époux et souverain, ne doit être considérée que comme un acte spécial de la protection divine. Nous désirons qu'au reçu de la présente, vous vous concertiez avec qui de droit pour faire chanter un *Te Deum* et adresser des actions de grâces au Dieu des armées, et que vous y ajoutiez les prières que vous jugerez le plus convenables pour attirer la protection divine sur nos armes, et surtout pour la conservation de la personne sacrée de S. M. l'empereur et roi, notre très-cher époux et souverain. Que Dieu le préserve de tout danger ! Sa conservation est aussi nécessaire au bonheur de l'empire qu'au bien de l'Europe et à la religion, qu'il a relevée, et qu'il est appelé à raffermir : il en est le plus sincère et le plus vrai protecteur. Cette lettre n'étant à autre fin, nous prions Dieu qu'il vous ait, Monsieur l'évêque, en sa sainte garde.

Donné en notre palais impérial de Saint-Cloud, le 11 mai 1813.

MARIE-LOUISE.
Par l'impératrice-régente,
*Le ministre d'État secrétaire de la régence,*
DUC DE CADORE.

Pour copie conforme :
*Le ministre des cultes, comte de l'empire,*
BIGOT DE PRÉAMENEU.

Par le Ministre :
*L'auditeur au conseil d'État, secrétaire-général,*
JANZÉ.

20 mai 1813.

*Mandement de M. Raillon, nommé évêque d'Orléans, administrateur capitulaire le siège vacant, baron de l'empire, membre de la Légion-d'Honneur, portant que le* Te Deum *sera chanté solennellement dans l'église cathédrale et dans toutes les églises du diocèse, en action de grâces pour la victoire remportée à Lutzen le 2 mai 1813, sur les Russes et les Prussiens, par l'armée française, sous le commandement immédiat de S. M. l'empereur et roi.*

Jacques Raillon, nommé évêque d'Orléans, administrateur capitulaire le siége vacant, baron de l'empire, membre de la Légion-d'Honneur.

Au clergé et aux fidèles du diocèse, salut en notre Seigneur Jésus-Christ.

Que les desseins de Dieu sont impénétrables, nos très-chers frères, et qu'il est au-dessus de notre faible intelligence d'en sonder la profondeur! Qui de nous eût pensé, il y a cinq mois, quand nous gémissions d'une calamité jusque-là sans exemple dans notre histoire, que si peu de temps après ces accablans revers, toute la terre dût encore retentir du bruit de nos triomphes? Adorons cette main puissante et miséricordieuse qui abat et qui relève; cette main divine toujours favorable à la France, et qui, en la soumettant à une si rude épreuve, semble n'avoir voulu que lui faire connaître toute l'étendue de ses forces, et apprendre au reste du monde, par un mémorable exemple, que cette valeureuse nation, comme le peuple le plus célèbre de l'antiquité, ne montre pas moins de courage à souffrir, qu'à faire de grandes choses (\*), et que tout lui est possible, excepté de se laisser vaincre.

Quel avantage immense ce triomphe des élémens n'eût-il pas donné à nos ennemis contre tout autre peuple! Vous savez aussi jusqu'où il avait élevé leurs espérances. A peine s'attendaient-ils à trouver encore des obstacles, lorsque, pleins de confiance, comme autrefois ces ennemis du peuple d'Israël, dans la multitude de leurs chars et de leurs chevaux (\*\*), ils s'avançaient sur les terres de nos alliés, et menaçaient de loin ces belles contrées du midi de l'Europe, qu'une protection si marquée du ciel a toujours préservées, dans ces derniers temps, du malheur d'être le théâtre de la guerre. Comme si Dieu eût voulu que tout contribuât à accroître encore l'illusion qui les flattait, il a permis qu'à l'aspect d'une puissance en apparence si formidable, les peuples et les rois, séduits ou épouvantés, cherchassent un honteux refuge dans la protection de ces mêmes armées dont l'approche ne leur était annoncée que par des ravages.

(\*) *Et facere et pati fortia Romanum est.* Tit. Liv. lib. 2, 12.
(\*\*) *Hi in curribus et hi in equis, nos autem in nomine Domini Dei nostri invocabimus.* Ps. 19, 8.

Vous avez vu cette Prusse, toujours si variable dans sa faible politique, s'associer par un pacte monstrueux à ses ennemis naturels, et se détacher de l'alliance du prince magnanime à qui seul elle avait dû, il y a peu d'années, de rester encore au nombre des nations et de conserver un trône.

De quelle joie cruelle les menaces de tant d'ennemis réunis contre nous ne transportaient pas cette île fatale d'où furent lancés sur le continent les premiers brandons qui allumèrent ce vaste incendie! Déjà elle morcelait en idée cet antique empire des Gaules, dont la destinée fut toujours de ne dépendre, après Dieu, que de lui-même : déjà elle en proposait les plus belles provinces comme le prix de la défection des souverains. On eût dit, à entendre les calculs de sa haine et ses relations mensongères, que la France n'était plus qu'un grand arbre déjà coupé dans ses racines, qui allait tomber avec fracas, et dont tout le voisinage était appelé à se partager les branches.

Quand l'orgueil des hommes est monté à son comble, c'est alors que l'arbitre suprême qui régit l'univers, tonne du plus haut des cieux (*), et fait évanouir comme un songe les fausses idées de grandeur qui les abusaient. On dirait qu'une voix secrète avertit le héros de la France que le moment est venu de s'arracher, non pas aux douceurs du repos, sa grande âme les connaît-elle? mais aux soins laborieux de l'intérieur de son empire, pour aller se mettre à la tête de ses braves. Il part : la rapidité de l'aigle lui fut donnée, aussi bien que la force du lion ; et seize jours après qu'il a quitté sa capitale, le triomphe de Lutzen met fin à nos anxiétés, et aux rêves ambitieux de nos ennemis.

Mémorable journée! Qui pourrait en calculer les suites heureuses? Nos derniers neveux en recueilleront encore les fruits. Mais pourquoi nous borner à la France? C'est du sort de l'Europe qu'il s'agissait à Lutzen.

Goûtez donc, nos très-chers frères, les doux fruits des sacrifices que vous avez faits avec tant de zèle pour la patrie, et un dévouement si tendre pour le monarque au-

___
(*) *Intonuit de cælo Dominus.* Eccli. 46, 20.

guste qui fait votre sûreté aussi bien que votre gloire. Ne songeons plus à des pertes qui ont appris à nos ennemis que pour un empire si fécond en ressources, et pour un peuple d'un si grand caractère, il n'en est point d'irréparables.

Aurons-nous jamais de plus beau sujet d'actions de grâces? Venez, nos très-chers frères; que vos chants et vos prières fassent retentir les voûtes de nos temples; l'auguste régente vous y invite elle-même. Qu'il est consolant pour les âmes vraiment chrétiennes, qui sont en si grand nombre dans ce diocèse, de lui voir commencer l'usage de l'autorité souveraine par l'acte solennel d'une piété si tendre! Comme toutes les vertus de cet ange de paix se peignent dans cette lettre que nous avons reçue avec des respects si profonds! Quel tendre intérêt elle y montre pour ce peuple français, qui est devenu son peuple! Quelle vive et touchante piété! Quels vœux ardens pour la conservation du héros dont elle fait le bonheur comme il fait sa gloire! *Que Dieu le préserve de tout danger* (\*)! s'écrie-t-elle avec une émotion qui a pénétré toutes les âmes. Princesse auguste, ce cri de foi, de piété et d'amour sera répété d'une extrémité de l'empire à l'autre : de toutes les bouches, ou plutôt de tous les cœurs, il va s'élever vers le trône de celui qui tient dans ses mains les destinées des héros, et qui leur donne la victoire.

Grand Dieu, toute la France est en ce moment prosternée devant vous. Exaucez les prières de ce peuple qui vous fut toujours cher, et qui vous demande avec larmes, bien plus vivement encore que de nouveaux triomphes, la conservation du grand prince que vous avez protégé jusqu'ici d'une manière si visible dans les combats. Maintenez cette force et cette vigueur que vous avez pris plaisir à proportionner à l'ardeur de son génie, et que semblent accroître encore les fatigues de la guerre. Faites plus, Seigneur, mettez fin aux dangers où s'expose depuis si long-temps une tête si précieuse. Accordez la paix à nos vœux : elle est le premier besoin du monde. Donnez-nous paix sur paix, comme parlent vos Prophètes (\*\*), afin que n'ayant plus

———

(\*) Lettre de Sa Majesté l'impératrice-reine et régente.

(\*\*) *Servabis pacem, pacem quia in te speravimus.* Isaï, cap. 26, 3.

rien à craindre des ennemis du dehors, il ne nous reste à combattre que ces ennemis de notre salut que nous portons en nous-mêmes, et avec lesquels nous ne pouvons jamais espérer d'avoir ici-bas une paix entière.

A ces causes, pour nous conformer aux religieuses intentions de S. M. l'impératrice-reine et régente, et après en avoir délibéré avec les personnes vénérables qui composent notre conseil, nous avons ordonné et ordonnons ce qui suit :

1°, En action de grâces de la victoire remportée à Lutzen le 2 mai, sur les Russes et les Prussiens, par l'armée française, sous le commandement immédiat de S. M. l'empereur et roi, le *Te Deum* sera chanté solennellement dimanche prochain 23 du même mois, dans l'église cathédrale. On y joindra comme prière spéciale, pour demander à Dieu la conservation de S. M. l'empereur et roi, le psaume *Exaudiat*, le verset *Fiat manus tua*, le verset *Domine, salvum fac*, etc., l'oraison *pro gratiarum actione*, et l'oraison *pro Imperatore*;

2°, Les mêmes actions de grâces seront célébrées dans toutes les églises du diocèse, le dimanche qui suivra immédiatement la réception du présent mandement, lequel sera lu au prône de la messe paroissiale.

Donné à Orléans, au palais épiscopal, sous notre seing et le contre-seing de notre secrétaire, le 20 mai 1813.

J. RAILLON.
*Par mandement,*
CONSTANS, chanoine-chevecier, secrétaire.

*7 juillet* 1813. — Plusieurs centaines de prisonniers anglais, qui venaient du dépôt de Verdun, arrivent à Orléans et sont logés à St-Charles ; l'approche des armées étrangères vers les frontières de France, avait nécessité l'évacuation de ces prisonniers dans l'intérieur de l'empire. (4.)

*27 juillet* 1813. — Le maréchal Jourdan, qui se rendait à Bayonne, arrive à Orléans; mais à peine est-il descendu de sa chaise de poste pour dîner à l'hôtel des Trois-Empereurs, rue Bannier, qu'il est arrêté par ordre supérieur, sans que nous en ayons su le véritable motif, malgré nos investigations les plus scrupuleuses. (77.)

*29 juillet* 1813. — Joseph Bonaparte, roi d'Espagne,

qui avait quitté son royaume pour retourner à Paris, passe par Orléans avec une très-faible suite après lui ; il traversa la ville, qui ne lui fit aucun honneur ni réception. (76.)

12 *août* 1813. — Eclipse de lune visible à Orléans à une heure cinquante minutes du matin.

14 *août* 1813. — Arrêté du maire d'Orléans relatif au pavage aux frais des propriétaires, en face de leurs maisons ; cet arrêté, qui avait été pris le 25 juillet de la même année, ne fut affiché et placardé qu'à cette époque dans les rues d'Orléans. (4.)

19 *octobre* 1813. — Le corps municipal d'Orléans, réuni en assemblée générale, arrête à la majorité d'envoyer une députation extraordinaire et une adresse à Marie-Louise, impératrice et régente, laquelle contenait l'expression du dévouement le plus absolu aux volontés de Napoléon, leur empereur et souverain, et les vœux les plus sincères pour la prospérité de ses armes et la perte des ennemis de la France, qui étaient aussi les siens. (4.)

*La ville d'Orléans à Sa Majesté l'impératrice-reine et régente.*

« Madame,

« Le trône et la couronne que vous partagez avec le héros réparateur de l'empire français, seront transmis sans tache à la postérité de Votre Majesté impériale et royale, s'il ne faut, pour en conserver la gloire, que la vie et la fortune du peuple auquel vous venez de donner des gages si solennels de votre attachement et de votre estime ; il en sent le prix, et il sacrifiera tout pour justifier à la face du monde entier un témoignage si glorieux pour lui.

« Notre empereur, la patrie et l'honneur nous appellent, avez-vous dit, Madame, et c'est vous qui nous transmettez ce cri de guerre ; nous ne nous laisserons pas devancer en dévouement par le peuple hongrois, et nous saurons faire un rempart de nos personnes à la fille auguste de Marie-Thérèse, à l'épouse du grand Napoléon, à la mère tendre de l'enfant chéri, l'espoir de l'empire, et, disons-le, à la femme forte qui vient de proclamer, avec tant de courage, l'adoption solennelle de ses nouveaux enfans.

« Daignez, Madame, agréer l'hommage de fidélité, de reconnaissance et de respect que la ville d'Orléans nous charge de déposer aux pieds de Votre Majesté. »

(Autographe de M. l'abbé Septier, bibliothécaire de la ville).

Furent nommés députés pour porter l'adresse ci-dessus :
MM. Crignon-Désormeaux, maire ;
Moreau, membre du conseil municipal d'Orléans ;
Lebrun, *idem.*

*9 novembre* 1813. — Allocation ordonnée par Son Excellence le ministre de l'intérieur, suivant sa décision de ce jour, en faveur de MM. les députés auprès de Sa Majesté impériale et royale, à raison de 30 fr. chaque par jour de séjour, et 6 fr. par poste.

M. Crignon-Désormeaux, maire, président de la députation, suivant l'allocation de Son Excellence :

| | |
|---|---|
| 16 postes 1/4 d'Orléans à Paris, pour aller ; | |
| 16 postes 1/4 de Paris à Orléans, pour revenir ; | |
| 32 postes 1/2, à 6 fr. . . . . . . . . . . . . 195 fr. | |
| Frais de séjour, du jeudi 21 octobre, jour du départ, au 1er novembre, jour d'arrivée à Orléans, douze jours, à 30 fr. chaque. . . . . . . . . . . . 360 | 555 fr. |
| M. Moreau, avocat, membre du conseil municipal, pour 32 postes 1/2 et douze jours de séjour. . . . . . . . . . . . . . . . . . . . . . . . . . . . . . . . . | 555 |
| M. Lebrun, architecte, pour *idem*. . . . . . . . . | 555 |
| | 1665 f. (*) |

*17 novembre* 1813. — Promulgation faite à Orléans du décret impérial qui mobilise 160,000 hommes de gardes nationales ; cette ville, ainsi que le département du Loiret, fut désignée sur le tableau de répartition pour fournir 1,200 hommes. (3.)

(*) Manuscrit de M. le maire.

## 1814.

1$^{er}$ *janvier* 1814. — Les bases de la répartition des contributions de 1814 sont fixées comme celles de l'année précédente 1813.

Le contingent du département, à la contribution foncière de 1814, est porté en principal à 2,330,000 fr.

Son contingent à la contribution personnelle, somptuaire et mobiliaire de la même année est de 373,100 fr.

Il est imposé, en sus du principal de l'une et l'autre de ces contributions, des centimes additionnels, comme les autres années. (3.)

1$^{er}$ *janvier* 1814. — L'armée russe et prussienne, forte de 70,000 hommes, passe le Rhin et entre en France.

4 *janvier* 1814. — Le prince Schawartzemberg, à la tête d'une armée de 120,000 hommes de plusieurs nations, entre en France par la Suisse.

14 *janvier* 1814. — Association à Orléans sous le nom de Pénitens de Ninive; le nombre en était limité, mais il y avait des sous-frères en grand nombre. Cette association, qui avait des prières particulières, des stations à jour fixe à St-Aignan, avait, sous une dénomination religieuse, un but politique et royaliste contraire au gouvernement impérial. (76.)

16 *janvier* 1814. — Le maire d'Orléans fait placarder et afficher dans cette ville, une proclamation pleine de sentimens patriotiques et de dévouement à Napoléon, pour engager les jeunes gens d'Orléans à s'armer et à marcher à la défense de la France, qui venait d'être envahie par les étrangers. (4.)

21 *janvier* 1814. — On ressentit ce jour, à Orléans, vers sept heures un quart du matin, quelques petites secousses de tremblement de terre; le temps alors était nébuleux, le vent sud-est, et le thermomètre de Réaumur à 3 degrés 1/3 au-dessus de zéro.

28 *janvier* 1814. — Conformément à la lettre ci-après, M. Raillon, nommé évêque d'Orléans, publie un mandement pour implorer les secours du ciel sur les armes de Napoléon et la délivrance de la patrie envahie par les troupes étrangères.

*Lettre de S. M. l'empereur et roi à Monsieur l'évêque d'Orléans.*

Monsieur l'évêque d'Orléans, au moment où nous allons nous mettre à la tête de nos armées pour repousser l'invasion des ennemis de la France et en délivrer notre territoire, notre première pensée est de recourir à la protection de Dieu, pour qu'il daigne bénir nos armes, et l'énergie de l'honneur français dans la défense de la patrie. Nous désirons donc qu'à la réception de la présente, vous réunissiez les fidèles dans les temples de votre diocèse, pour adresser au ciel les prières consacrées par l'Eglise, et que vous leur retraciez, avec les sentimens que la religion inspire, les devoirs qu'elle impose dans ces circonstances à tout citoyen français. La présente n'étant à autre fin, nous prions Dieu, Monsieur l'évêque d'Orléans, qu'il vous ait en sa sainte garde.

Donné en notre palais impérial des Tuileries, le 24 janvier 1814.

NAPOLÉON.
Par l'empereur,
*Le ministre secrétaire d'Etat,*
Le duc DE BASSANO.
Pour expédition conforme:
*Le ministre des cultes,*
Le comte BIGOT DE PRÉAMENEU.
Par le ministre:
*L'auditeur au conseil d'Etat, secrétaire-général,*
JANZÉ.

*Mandement de M. Raillon, nommé évêque d'Orléans, administrateur capitulaire le siége vacant, baron de l'empire, membre de la Légion-d'Honneur, qui ordonne que des prières publiques auront lieu dans toutes les églises du diocèse, pour demander à Dieu de bénir les armes de S. M. l'empereur et roi.*

Jacques Raillon, nommé évêque d'Orléans, administrateur capitulaire le siége vacant, baron de l'empire, membre de la Légion-d'Honneur,

Au clergé et aux fidèles du diocèse, salut en Notre Seigneur Jésus-Christ.

Accourez dans les temples, nos très-chers frères ; que tout ce qui a conservé des principes de foi lève vers le ciel des mains suppliantes. La guerre, ce fléau dont nous n'avons cessé de déplorer les ravages, même au milieu de nos plus beaux triomphes ; la guerre, que toutes les chances de la fortune semblaient devoir tenir éloignée de nous, quelques mois ont suffit pour la ramener du fond des contrées du nord sur les anciennes limites de nos Gaules. Exemple mémorable à ajouter à tant d'autres que Dieu s'est plu à donner au monde, de l'instabilité des prospérités les plus étonnantes !

Oui, nos très-chers frères, cet empire si constamment protégé du ciel, cette France naguère encore si redoutée, et qui sans doute n'a pas entièrement cessé de l'être, réduite aujourd'hui à combattre, non plus seulement pour les intérêts de sa gloire, mais pour son indépendance, entend de toutes parts l'insulte et la menace de l'ennemi qui frémit à ses portes. Les peuples qu'elle a protégés s'unissent contre elle aux peuples qu'elle a vaincus : du nord au midi et du couchant à l'aurore, dans sa vaste étendue ils l'entourent, ils la serrent comme une effroyable ceinture de maux, et déjà la dévastation est entrée avec eux sur quelques points de son territoire.

Ah ! sans doute il fallait qu'il fût dans les desseins de Dieu de nous mettre à cette rude épreuve, puisque ni le génie si fécond en ressource d'un grand monarque, ni la valeur toujours indomptable de nos légions, n'ont pu retenir plus long-temps cette horrible calamité loin de nos provinces.

C'est dans ces graves circonstances, nos très-chers frères, que la religion et la patrie se réunissent pour imposer les mêmes devoirs. Quel cœur demeurerait fermé, quand le cri de la foi, quand le cri de l'honneur, quand le cri de l'intérêt propre de chaque citoyen se fait entendre ?

Que notre première pensée, nos très-chers frères, et c'est le vœu religieux qu'exprime notre auguste empereur en nous annonçant son départ pour aller se mettre à la tête de ses braves, que notre première pensée soit de recourir à la protection de ce Dieu puissant qui tient dans ses mains le sort des peuples et des empires. Mais en levant les yeux vers la montagne sainte d'où les âmes fidèles attendent leur secours, pénétrons-nous de cette idée, que nos prières ne peuvent être exaucées ni agréables à Dieu qu'autant que nous ferons nous-mêmes pour la patrie tout ce que les dangers qui la pressent la mettent en droit d'exiger de ses enfans, et que nous nous prêterons, non-seulement sans résistance et sans murmure, mais avec résignation et avec zèle, à tous les sacrifices que les besoins de l'Etat auront rendus nécessaires. Eh! quels sacrifices pourraient paraître pénibles à un peuple qui combat pour ses propres foyers, et à qui tous les nobles sentimens qui ont action sur le cœur de l'homme font un besoin comme un devoir d'éloigner l'ennemi de ses demeures?

Suivons, nos très-chers frères, l'exemple de dévouement qui nous est donné du haut du trône. Ce grand prince que nous avons vu aussi ferme dans les revers qu'il a toujours paru calme et sans orgueil dans les triomphes, s'élance de ses palais, tout ému des gémissemens de nos provinces envahies qui l'implorent. Il part; il va exposer pour nous à de nouveaux dangers cette tête auguste, et cette vie précieuse qu'il semble ne compter pour rien dès qu'il s'agit du salut de ses peuples.

Enflammons-nous du même zèle, nos très-chers frères; ayons pour la patrie, menacée de tant de périls, les sentimens qui conviennent à des Français. Loin d'une si grande nation, l'abattement qui accroît les maux parce qu'il trouble la sagesse même, et qu'en obscurcissant les lumières il empêche d'apercevoir les ressources. Si l'esprit du christianisme est un esprit de résignation et de paix, il est aussi un esprit de confiance et de force. Ouvrez les livres saints, ouvrez les fastes de l'église, vous y verrez que le découragement n'entra jamais dans une âme vraiment chrétienne.

Mettons Dieu dans nos intérêts, nos très-chers frères; voilà ce qui importe au salut de l'Etat, aussi bien qu'au salut de nos âmes. En quelque nombre que soient nos ennemis, que peut-il nous rester à craindre, si nous avons pour nous celui qui commande aux vents et aux tempêtes, et qui n'a besoin que d'un souffle pour briser les cèdres du Liban ?

Quel motif de sécurité pour nous, nos très-chers frères, de songer que ce Dieu de bonté n'a point cessé de regarder d'un œil favorable les heureuses contrées que nous habitons! Car à quelle autre cause pourrions-nous attribuer le calme dont nous jouissons encore ? Continuons à nous reposer du soin de notre tranquillité intérieure sur sa protection sainte, et après elle, sur le zèle des sages magistrats à qui sa providence a confié le bonheur des provinces qui composent ce diocèse.

Nous en avons l'espérance, nos très-chers frères; si la paix, dont nous croyons entrevoir l'aurore même à travers le feu des combats, était refusée aux vœux du monde entier qui l'attend, qui la veut, qui l'appelle, le retour des anciennes faveurs du ciel, qui ont si long-temps illustré nos armes, en accélèrerait pour la France le moment souhaité.

C'est dans cette ferme confiance, c'est dans ces sentimens de piété et de foi que nos prières et nos cœurs vont s'élever vers le trône du Tout-Puissant, d'où dépendent également et la paix et la guerre.

A ces causes, pour nous conformer aux religieuses intentions de Sa Majesté l'empereur et roi, et après en avoir délibéré avec les personnes vénérables qui composent notre conseil, nous avons ordonné et ordonnons ce qui suit :

1°, Dimanche prochain, 30 janvier, à l'issue de la grand'messe, le *Miserere* sera chanté dans l'église cathédrale, sous l'antienne *Parce, Domine,* avec l'oraison *pro tempore belli.* On y ajoutera le verset *Domine, salvum fac,* et l'oraison *Pro imperatore.*

2°, Il y aura dans la même église exposition du Saint-Sacrement pendant trois jours consécutifs, à commencer lundi 31 du même mois. On dira au salut les prières *Ave, verum; Domine, non secundùm;* le *Miserere,* et l'antienne *Parce, Domine;* le *Sub tuum;* l'antienne pour la paix; la prière pour l'empereur; les oraisons, 1°, du St-Sacrement; 2°, *Deus cujus proprium est misereri;* 3°, *Pro pace;* 4°, *Deus qui salutis æternæ; Pro Imperatore.*

3°, Les mêmes prières des Quarante-Heures se feront successivement dans les autres églises paroissiales de l'intérieur de la ville, selon l'ordre qu'elles ont coutume d'observer entre elles.

4°, Elles auront lieu de la même manière dans les églises des villes chefs-lieux d'arrondissemens, et dans celles dont la population est de plus de 3,000 âmes.

5°, Dans les autres églises du diocèse, elles se feront pendant trois dimanches consécutifs, immédiatement après la réception du présent mandement.

6°, A toutes les messes on dira la collecte, la secrète et la post-communion *Pro tempore belli*, jusqu'à la paix.

Et sera notre présent mandement, lu et publié le dimanche qui suivra immédiatement sa réception.

Donné à Orléans, au palais épiscopal, sous notre seing et le contre-seing de notre secrétaire, le 28 janvier 1814.

J. RAILLON.

*Par mandement*,
CONSTANS, chanoine-chevecier, secrétaire.

— Mouvement de la population dans la commune d'Orléans pendant l'année 1813 :

*Naissances*.......... 1,346 ⎫
*Décès*............... 1,646 ⎭ *Perte*...... 300

*30 janvier* 1814. — Le pape Pie VII, qui venait de quitter sa résidence de Fontainebleau pour retourner à Rome, passe par Orléans en poste à six chevaux pour sa berline, et vingt-deux en tout pour sa suite; il donna, sans descendre de voiture, trois bénédictions papales, une à la porte Bourgogne, à quelques ecclésiastiques qui s'y étaient rendus avec l'abbé Romain-Gallard, et qui la reçurent à genoux; la seconde sur le Martroi, aux habitans qui s'y trouvaient rassemblés et qui la reçurent debout, seulement découverts; la troisième à l'entrée du pont, aux personnes qui y étaient arrêtées, dont plusieurs restèrent couvertes et debout. (76-77.)

La présence du pape à Orléans fut une faveur accordée aux habitans par considération de S. S., qui voulut bien prendre cette route de Fontainebleau à Lyon pour visiter le troupeau de l'évêque Bernier qu'il avait vu à Rome, et avec lequel il avait eu des conférences pour arrêter le concordat. (7-76-80.)

5 février 1814.

*Arrêt de la cour impériale d'Orléans, portant enregistrement des lettres-patentes qui confèrent à Sa Majesté l'impératrice, Marie-Louise, le titre de régente.*

Ce jour, la cour, réunie en audience publique et extraordinaire, toutes les chambres assemblées, d'après l'indication donnée par M. le premier président, à l'audience d'hier,

M. le procureur-général a présenté à la cour le *Bulletin des lois*, n° 556, contenant les lettres-patentes données par Sa Majesté l'empereur et roi, au palais des Tuileries, le 23 janvier 1814, pour conférer à Sa Majesté l'impératrice et reine, Marie-Louise, le titre de régente de l'empire ; puis il a dit :

« Messieurs,

« Il est encore présent à votre pensée, le moment où, dans cette enceinte, je retraçais les avantages de notre organisation sociale.

« Fort de cette organisation, qui assurait la tranquillité à l'intérieur, et confiant dans l'alliance et dans la bonne foi de souverains dont l'empereur avait élevé, agrandi ou consolidé les trônes, Sa Majesté entreprit une guerre nécessaire à l'honneur du pavillon et à la prospérité du commerce de son empire.

« Un hiver anticipé a trompé tous les calculs de la prévoyance, et affaibli les armées ; le génie de l'empereur les a subitement réorganisées, et conduites de nouveau à la victoire.

« Ce que l'intempérie n'avait qu'ébauché, la trahison l'a consommé : des alliés ont déchiré les traités ; ils ont tourné contre la France les armes qu'ils avaient prises de concert avec elle ; maintenant ils menacent notre patrie de subversion, ils sont sur notre territoire ; ils y sont entrés avec des projets de pillage, de dévastation.

« Les insensés ! ignorent-ils que Napoléon, grand dans

la prospérité, est supérieur à lui-même dans l'adversité? Ignorent-ils combien est forte une nation qui combat chez elle, dans son intérêt et pour sa propre conservation?

« Français, ralliez-vous à ses aigles! Napoléon, que la Providence a suscité pour le salut de la France; Napoléon qui, en l'an IV, a garanti la capitale d'une guerre civile; Napoléon qui, en l'an VIII, au milieu des flottes anglaises, a su traverser les mers pour retirer l'État du gouffre dans lequel il était sur le point d'être englouti; Napoléon qui, après avoir tout recréé, a constamment marché à la victoire, saura surmonter les désastres des élémens et de la trahison; l'empereur vaincra toutes les coalitions, il purgera l'empire de la présence des coalisés.

« Déjà sont réunis autour de lui des guerriers dont les revers n'ont fait qu'enflammer le courage; six cent mille nouveaux combattans prennent les armes; chaque citoyen devient soldat, et veut concourir à conserver intact l'honneur national; il sera conservé! Sans rechercher dans l'histoire, ni dans le événemens passés, ce que peut le courage joint au génie des Français, nous avons pour garant de notre salut les défaites qu'éprouve déjà l'ennemi. Dès que l'empereur a paru à la tête de ses troupes, des succès ont annoncé sa présence; encore quelques jours, et on ne connaîtra la force des alliés que par le nombre des morts et des prisonniers qu'ils auront laissés sur notre sol.

« L'ennemi ne pourrait avoir de force que dans notre désunion; restons donc unis.

« Il cherche à inspirer de la sécurité: c'est une perfidie; quel est son intérêt dans nos affaires? il ne peut nous gouverner.

« Il ne pénètre que dans les villes où on ne lui oppose aucune résistance. Un seul coup de fusil tiré sous les murs de Montargis l'en a éloigné; armons-nous, combattons.

« Des proclamations fallacieuses le précèdent; qu'elles soient déchirées!

« Les rapines, le viol, l'assassinat, l'incendie marquent son passage; il est au pouvoir des Français d'éviter ces fléaux........ De l'énergie, de l'intrépidité!

« Les habitans du Loiret, fiers des victoires de leurs ancêtres, prouveront à l'univers qu'ils n'ont pas dégénéré de leurs aïeux; comme eux, ils défendront leur territoire; comme eux, ils seront vainqueurs.

« Magistrats et citoyens, fidèles au serment que nous avons prêté, donnons dans ce moment de crise l'exemple pour tous les sacrifices que les circonstances exigent! Dévoués au succès de la cause commune, inspirons ce dévouement aux Français par des vertus, de la moralité, et par notre attachement au chef de l'Etat....... Que nos actions, nos discours soient tous dirigés vers l'accomplissement de ses grands desseins; secondons-les de notre autorité; aidons, de l'influence que nous donnent nos fonctions, l'auguste compagne que, pour le bonheur de l'Etat, l'ordre et le maintien des lois, Sa Majesté l'empereur a associée à son gouvernement; concourons tous à asseoir et à rendre stable leur dynastie.

« Le Français aime ses magistrats; jamais il ne fut sourd à leur voix; les grands corps de magistrature ont fait entendre utilement la leur dans tous les orages politiques : vous remplacez ces corps; imitez-les, donnez le signal et l'exemple; vous l'avez solennellement juré dans une de vos dernières assemblées; j'en ai rendu compte au gouvernement; vos justiciables le sauront; ils resteront unis à vous et entre eux.

« Assurés que vous veillez pour la conservation de leurs propriétés, que le repos des objets de leurs affections, des vieillards, des femmes, des enfans ne peut être troublé, que les citoyens valides s'arment et marchent à l'ennemi, ils reviendront bientôt jouir de leurs succès;

« Que le cri de *vive l'Empereur! vive l'Impératrice! vive le roi de Rome!* parti de cette enceinte, retentisse dans tout le ressort de la cour, échauffe, électrise tous les cœurs, et soit répété partout; qu'à ce cri de ralliement chacun coure aux armes, et la France sera sauvée! »

M. le procureur-général a ensuite requis qu'il plaise à la cour ordonner que les lettres-patentes, qu'il vient de présenter, soient lues, publiées audience tenante, et qu'elles soient transcrites sur les registres de la cour.

La cour donne acte à M. le procureur-général de l'apport du *Bulletin des lois*, n° 556; ordonne que les lettres-patentes y contenues seront à l'instant lues et publiées.

Icelles lecture et publication faites, la cour a ordonné que lesdites lettres-patentes seraient transcrites sur ses registres;

Et à l'instant, M. le premier président *et tous les membres de la cour*, par un mouvement spontané, ont prononcé ce cri si cher aux Français : *Vive l'Empereur! vive l'Impératrice! vive le Roi de Rome!*

Ce cri a été répété dans toute l'enceinte du palais.

La cour, partageant les sentimens exprimés par M. le procureur-général dans son discours,

Arrête que ce discours sera transcrit sur les registres des délibérations de la cour, et qu'il en sera envoyé copie à tous les tribunaux de première instance du ressort.

Fait et donné par la cour, l'audience tenante, en robes rouges, toutes les chambres réunies, le 5 février 1814.

*Signé au registre :*

Le baron PETIT-LAFOSSE, président.
*Collationné :*
Le greffier en chef, DEMACHY. (7.)

NOMS DES MEMBRES COMPOSANT LA COUR IMPÉRIALE, SÉANT A ORLÉANS LE 5 FÉVRIER 1814.

*Premier président.*

M. le baron Petit-Lafosse, rue des Fauchets, n° 1$^{er}$.

*Présidens de chambre.*

MM. Enouf, rue Bretonnerie, n° 3 ;
Le baron Arthuys de Charnisay, rue de la Crosse, n° 8 ;
Dupont, rue Bretonnerie, n° 3.

*Conseillers.*

MM. Hautefeuille, rue du Bordon-Blanc, n° 15 ;
Foucher aîné, cloître Ste-Croix, n° 5 ;
Ferrand, cloître St-Aignan, n° 6 ;
Bouquerot-Voligny, rue de l'Oie, n° 10 ;
Lemolt-Phalary, rue Royale, n° 20 ;
Bordier, rue St-Maclou, n° 16 ;
Magon de St-Elier, rue Bretonnerie, n° 12 ;
Fougeron aîné, cloître Ste-Croix, n° 1$^{er}$ ;

MM. Taschereau, place de l'Etape, n° 1ᵉʳ;
De Thébaudières, rue des Quatre-Degrés, n° 4;
Couët-Montarand, rue Bretonnerie, n° 43;
Loyré, rue Mâchecloux, n° 41;
Moisand, rue St-Euverte, n° 22;
Delaplace, rue des Grands-Ciseaux, n° 13;
Légier, rue d'Escures, n° 16;
Baschet-Saint-Aignan, rue de Gourville, n° 1ᵉʳ;
Bocheron-Desportes, rue des Carmelites, n° 1ᵉʳ;
Boullanger, rue de la Tour-Neuve, n° 5;
D'Arnaud, rue Bretonnerie, n° 58;
Goubeau de la Madeleine, rue de la Lionne, n° 47.

*Conseillers auditeurs.*

MM. Mauvif de Montergon, rue de la Lionne, n° 1ᵉʳ;
Colas de La Noue, rue Mâchecloux, n° 39;
Ferrière de Loyac, quai de Recouvrance, n° 21;
Durzy, quai de Recouvrance, n° 34;
Ferraud, quai de Recouvrance, n° 34.

PARQUET.

*Procureur-Général.*

M. le baron Sezeur, chevalier de Bois-Mandé, place du Martroi, n° 19.

*Avocats-Généraux.*

MM. Le chevalier Russeau, rue des Pensées, n° 10;
Bureau du Colombier, rue aux Ours, n° 1ᵉʳ.

*Pour le service du parquet.*

MM. Leroux, rue Maret, n° 3:
Miron de Lespinay, rue Neuve, 57.

*Greffier en chef.*

M. Demachy, rue Vieille-Monnaie, n° 16. (7.)

10 *février* 1814. — Bataille de Champaubert, dans le département de Seine-et-Marne, qui touche à celui du Loiret.

Une division de cosaques de l'armée russe fondit dans le département du Loiret, et vint même sous les murs d'Orléans quelques jours après. (43-76.)

10 *février* 1814. — Le général de brigade Chassereaux, nommé commandant de la subdivision militaire du Loiret, en remplacement du baron Schiner, qui était en activité aux armées, est envoyé à Orléans par Napoléon, avec ordre de mettre cette ville en état de défense, attendu que les troupes indisciplinées des alliés avaient fait une excursion dans le département du Loiret, et semblaient vouloir se porter sur cette place. (4-3.)

Le général Chassereaux, le jour même de son arrivée à Orléans, commence par faire évacuer sur Poitiers tous les prisonniers de guerre anglais qui étaient dans la ville, afin de ne pas être embarrassé de ces étrangers; déjà ils commençaient à prendre un air menaçant, et sortirent même de la place presque en révolte, mais ils furent contenus par la fermeté du général, et la présence de la compagnie des Buttes et celle de plusieurs braves orléanais, débris de la garde nationale. (4-77.)

11 *février* 1814. — Le général Chassereaux, qui était chargé de conserver Orléans, désigne pour commandant de cette place un officier nommé Léopold Cunietti, chef de bataillon, commandant depuis quelque temps la compagnie de réserve ou des Buttes d'Orléans. (4-76.)

— Le commandant de la place d'Orléans demande au corps municipal de cette ville, pour travailler aux fortifications, vingt maçons, deux cent cinquante terrassiers, cinq cents tonneaux vides, trente mille sacs à terre, deux cents planches de quatre pouces d'équarrissage, douze cents livres de clous, des pelles, des brouettes et des hottes, enfin tout ce dont il avait besoin pour mettre la place à l'abri d'un coup de main, et la défendre le plus possible. (4-76.)

— Le maire d'Orléans s'empresse de mettre en réquisition maçons, charpentiers, artificiers, plombiers, ferblantiers, serruriers, terrassiers, marchands de toile, etc., etc., et de fournir au commandant de place, Cunietti, planches, madriers, poinçons, clous, fer, etc., sous la responsabilité du sieur Dubois, entrepreneur de bâtimens et voyer de la ville.

Ces réquisitions occupèrent une grande partie des ouvriers de la ville qui étaient sans ouvrage, par la stagnation des travaux dans la plupart des manufactures d'Orléans. (4-77.)

12 *février* 1814. — Le commandant Cunietti fait fortifier la porte Bourgogne; les grands arbres qui étaient à l'extérieur sont abattus et placés l'un sur l'autre, avec leurs branches enlacées; il fit creuser, en avant de cet abattis, un fossé circulaire qui venait se terminer, au sud et au nord, dans les fossés de la ville; la grille de fer fut garnie de fortes planches de quatre pouces d'épaisseur, crénelées à quatre pieds de terre; deux pièces de canon de quatre furent placées sur les remparts intérieurs, à droite et à gauche de la porte, et dirigées sur la route de Bourgogne. (4-76.)

— Par un ordre du jour, il est enjoint à tous les propriétaires de vignes, à une lieue à la ronde des murs de ville, au levant, au nord et au couchant, de planter des échalas dans leurs terres, et de les enfoncer à la hauteur de deux pieds, pour empêcher la cavalerie ennemie de s'approcher de la place.

— Des barrières de bois très-épaisses sont établies sur le port, au bas de la manufacture de coton de la porte Bourgogne, au levant de la ville et à la porte Barentin; ces barrières, crénelées et terrassées, s'avançaient de plusieurs toises dans la rivière pour empêcher de les tourner; la terrasse du bâtiment de maître de la manufacture de coton était aussi disposée pour y placer des tirailleurs.

— Un courrier passe par Orléans et y annonce que les alliés avaient été battus à Champaubert le 10 de ce mois, et rejetés en Bourgogne; cette nouvelle fut de suite mise à l'ordre du jour par le commandant de la place.

13 *février* 1814. — Le commandant de la place fait élever une petite tête de pont du côté du Portereau, vis-à-vis la rue Dauphine; le pavé en avant de la grille, dans la demi-lune, fut relevé et amoncelé en arrière des fossés pratiqués en avant sur cette rue. (4-77.)

Toutes les grilles des portes de la ville sont flanquées de pièces de bois de cinq pouces d'épaisseur, de neuf pieds de hauteur, crénelées à quatre pieds de terre, et garnies d'un petit parapet intérieur. (4-77.)

14 *février* 1814. — Le général Chassereaux, qui commandait la subdivision d'Orléans, fait fortifier la porte St-Vincent avec des chevaux de frise de douze pieds de haut sur une grande longueur et largeur; il fit créneler les premières maisons du faubourg après en avoir fait murer les portes et les croisées qui donnaient issue sur la campagne; puis il ordonna de creuser un fossé sur le chemin à gauche qui conduit à St-Marc, un autre à droite sur le chemin du Champ-Carré, derrière lesquels il fut élevé des banquettes palissadées et terrassées pour y placer des tirailleurs. (4-77.)

— Arrivée à Orléans de plusieurs petits détachemens d'infanterie et de cavalerie, qui allaient à l'armée rejoindre leurs corps; le général Chassereaux les retient dans cette ville pour renforcer sa petite garnison et faciliter la garde de tous ses postes. (4-76-77.)

— Tous les pionniers et terrassiers qui travaillaient aux fortifications d'Orléans sont réunis dans les fossés depuis la rivière, au bas de la manufacture de coton, jusqu'à ceux de la porte St-Vincent, pour creuser lesdits fossés, auxquels on voulait donner assez de profondeur pour que les murs de ville eussent vingt pieds d'élévation. (4-77.)

— Le général Chassereaux donne l'ordre au commandant de la place d'Orléans, Cunietti, de faire ranger tous les bateaux qui se trouvaient sur la Loire dans un seul et même endroit, qu'il désigna entre l'ancien couvent de St-Charles et le pont, de l'autre côté de la ville, avec l'autorisation de faire brûler sur-le-champ tous ceux qui n'y seraient pas garrés dans la journée.

Il s'en trouva réunis 710 de vides et 326 chargés. (4.)

15 *février* 1814. — Ce jour, de bon matin, le bruit ayant couru à Orléans que les ennemis s'approchaient de la ville, bon nombre d'habitans se hâtent de passer sur la rive gauche de la Loire, ou de fuir dans leurs terres avec leurs femmes, leurs enfans, leurs domestiques; ceux qui restent dans la ville cachent leurs effets les plus précieux. Quant au peuple orléanais, il attendait avec tranquillité le

résultat des événemens en vivant du travail de ses mains aux fortifications; les travaux étaient payés très-exactement par le sieur Dubois, voyer de la ville, qui en avait la conduite, sous l'inspection du commandant de place Cunietti, avec les fonds fournis par la ville. (4-77.)

— Le commandant de la place d'Orléans fait élever, en avant de la porte St-Jean, un épaulement avec les terres d'un fossé circulaire qu'il fit creuser pour interrompre le passage à droite et à gauche, le tout embarrassé de plusieurs arbres abattus, couchés l'un sur l'autre, les branches entrelacées; la porte en bois fut fermée et barricadée, après avoir été crénelée à la hauteur de quatre pieds. (77.)

— Les travaux pour la défense des portes Madelaine et Bannier sont terminés; à la première il fut placé des madriers de cinq pouces d'épaisseur, hauts de dix, rangés en forme de palissade, à la distance de cinq toises de la grille de fer; cette palissade, crénelée pour la fusillade, était enfoncée en terre et soutenue par celle d'un fossé circulaire qui interrompait le passage; les premières maisons du faubourg furent crénelées, les portes et croisées bouchées, et la rue à gauche qui conduit à l'église de St-Laurent fut fermée par un mur qu'on y éleva et dans lequel on fit des créneaux et une banquette pour les tirailleurs. (77.)

La seconde, la porte Bannier, fut fortifiée de la même façon; la palissade seulement fut carrée et non circulaire, ainsi que le fossé qui était en avant, afin de faire face à la route de Paris au nord, au chemin qui va à la porte St-Vincent au levant, et à celui de la porte St-Jean au sud-ouest; la petite rue à gauche et à celle à droite qui vont dans les vignes, furent fermées par des murs de dix pieds de haut, crénelés et défendus par un fossé en avant; les premières maisons du faubourg furent fermées, les portes et croisées murées solidement. (77-4.)

— Le commandant de la place fait placer auprès des portes de la ville, dans l'intérieur, à l'entrée des petites rues adjacentes aux rues principales qui y conduisent, des voitures renversées, liées fortement et garnies de fascines de terre et pavés, afin d'arrêter plus facilement les ennemis s'ils parvenaient à pénétrer dans la ville; les maisons de droite et de gauche de ces rues principales des portes, furent disposées pour y placer des tirailleurs par les portes et fenêtres des étages supérieurs, si le cas devenait nécessaire. (4-77.)

16 *février* 1814. — Le maire d'Orléans fait livrer au commandant de place, par le sieur Meunier-Mathieu, marchand de toile, rue Porte-Bourgogne, les trente mille sacs que ce dernier avait été requis de fournir à jour nommé; ils avaient été taillés dans ses magasins et cousus par une grande quantité de femmes et d'enfans, qui étaient sans ouvrage. Ces sacs de toile, de deux pieds et demie de hauteur, sur huit pouces de large, c'est-à-dire vingt-quatre pouces de diamètre, furent remplis de terre par les pionniers et sur-le-champ placés sur les parapets, principalement aux environs de toutes les portes de la ville, afin de mettre à couvert les tirailleurs destinés à les défendre.

— Le sénateur, comte Chasseloup, arrive à Orléans vers midi; il était envoyé dans cette ville par Napoléon, pour faire la visite des moyens de défense employés pour mettre la place en état de soutenir une première attaque, et pour s'entendre avec le général Chassereaux, le commandant Cunietti et les autorités pour conserver Orléans. (4-77.)

— A peine le sénateur, comte Chasseloup, est-il arrivé à Orléans qu'il est averti par un exprés et par plusieurs habitans de Châteauneuf, que quinze à dix-huit cents cosaques étaient entrés à Châteauneuf, où ils pillaient et dévastaient tout, en menaçant de se porter sur Orléans pour en faire autant, et brûler la ville si on ne leur ouvrait pas les portes à la première sommation. (4-76-77.)

17 *février* 1814. — Le préfet du Loiret, Pieyre, quitte Orléans pour se retirer à Beaugency, à six lieues au couchant de la première ville; il était suivi des principaux commis de son administration; il fit établir ses bureaux et

déposer les principaux papiers de la préfecture à l'hôtel de la commune de cette petite ville, où il prit lui-même momentanément son logement; des courriers furent placés le long de la route d'Orléans à Beaugency, à l'effet de donner à ce fonctionnaire des nouvelles d'heure en heure de tout ce qui se passait dans la place d'Orléans. (4-3-77.)

— Le sieur Salomon Dallière-Plaisant, ancien chapelier d'Orléans, rue Bannier, maire de la petite commune de Semoy, à une lieu environ au levant de cette ville, se disant prisonnier sur parole des cosaques, se présente à une heure après midi à la porte Bourgogne, en demandant à parler aux généraux et commandant de la place, pour leur remettre un écrit dont il était porteur, lequel lui avait été donné par le chef des troupes étrangères; il est conduit à la mairie par quatre citoyens armés de ce poste, dont nous faisions partie; arrivé dans la salle du conseil, où le baron général de brigade Chassereaux, le sénateur comte Chasseloup, le chef de bataillon Léopold Cunietti, commandant de la place, le maire d'Orléans, Crignon-Désormeaux, Petit-Sémonville, secrétaire de la mairie, et quelques membres de la commune, la plus grande partie ayant quitté la ville, étaient assemblés, il présenta un écrit au crayon portant ces mots: « *La ville d'Orléans est en danger, si on ne la rend pas, alors le corps qui vient sous le commandement du général fera brûler la ville.*

« Le 17 février.

« Général SESLARIN. »

Les membres du conseil, indignés d'une sommation si fanfaronne et aussi indécente, furent unanimement d'avis de renvoyer le messager des cosaques sans réponse, ce qui fut fait sur-le-champ; ils prirent la résolution de prouver à ces cosaques le peu de crainte qu'ils inspiraient aux Orléanais et à la petite garnison de cette ville, en marchant le lendemain à leur rencontre; tous les membres sortirent pour faire part de cette décision aux habitans, aux troupes, et pour disposer cette expédition. (4-76-77.)

— Le soir même de la sommation fanfaronne du chef de Tartares, il arriva un accident bien fait pour jeter l'alarme dans Orléans : des plombiers qui travaillaient sur les toits de la cathédrale de Ste-Croix, ayant quitté l'ouvrage sans avoir bien éteint le charbon de leurs fourneaux, qu'ils n'avaient fait que retourner sens dessus dessous, il s'en suivit dans le clocher un commencement d'incendie qui obligea de sonner le tocsin, et répandit l'épouvante dans la ville; les habitans les moins résolus crurent que les cosaques s'étaient emparés de la place et donnaient le signal de leur victoire au corps d'armée qui menaçait Orléans; mais les braves officiers, soldats et habitans, sans s'inquiéter des Russes, prirent si bien et si promptement leurs mesures, qu'en peu d'instans le feu fut éteint, le calme revenu dans la place et le bel édifice de Ste-Croix conservé. (76-77.).

— Le général cosaque Seslarin, qui avait si cavalièrement sommé la ville d'Orléans de se rendre à lui, ayant vu son envoyé, le sieur Dallière-Plaisant, maire de Semoy, revenir sans réponse, avait fait avancer ses troupes sur la place; elles en étaient si près, que depuis huit heures du soir jusqu'à une heure du matin, on entendait et voyait, dans la direction de St-Marc et de St-Loup, les coups de pistolets qu'ils tiraient et les feux qu'ils avaient allumés dans ces deux endroits. A la même heure nous avions concert d'élèves dans notre maison, et le bruit des armes à feu des cosaques qui se mêlait à notre symphonie n'intimida aucun des exécutans, qui devaient, quelques momens après, aller se mesurer avec eux. (4-76-77.)

— Mort, à St-Jean-le-Blanc, de Maussion, habile chirurgien, natif de Chartres. (77.)

18 *février* 1814. — Le général Chassereaux, commandant à Orléans, qui avait, pendant toute la nuit du 17 au 18 février, disposé son expédition contre les cosaques qui menaçaient la ville, rassemble, à quatre heures du matin et en silence, sa petite garnison, qui s'élevait à 498 hommes formée de divers détachemens, composée d'infanterie et de quelques cavaliers retenus à leur passage à Orléans; la compagnie de réserve ou des Buttes, de 60 hommes, et environ 160 volontaires orléanais, se réunirent à ces braves et formèrent une petite armée qui s'éleva à 717 hom-

mes, officiers, sous-officiers et soldats compris, dont 60 dragons pour toute cavalerie, les gendarmes du département ayant été appelés à l'armée active depuis plusieurs mois. (4-76-77.)

A cinq heures du matin les troupes sortent par la porte Bourgogne, qui resta défendue par le commandant de place Cunietti, ayant sous lui plusieurs centaines de citoyens orléanais, débris de la garde nationale; arrivée à une lieue environ d'Orléans, entre St-Jean-de-Braye et un endroit appelé Carré, l'armée rencontra environ 1,500 cosaques, traînant avec eux deux mauvaises petites pièces de canon dont ils se servaient fort mal; le général Chassereaux fit prendre position à ses troupes sur la hauteur, en avant la croix de bois de St-Jean-de-Braye; puis fit passer dans les vignes, à droite et à gauche de la route, une partie de ses soldats en tirailleurs, commandés, ceux de droite par le major Calais, du $155^e$, et ceux de gauche par le major Lagneau, du $153^e$; ensuite il fit barrer le milieu de la route par des planches, des pièces de charpente de pressoirs, des poinçons vides, des fagots, des bourrées, des javelles, qu'il trouva dans les maisons de campagne voisines de sa position : cela fait, il plaça le corps principal de sa troupe derrière ces retranchemens et fit commencer le feu. Les cosaques, qui ne pouvaient entrer dans les vignes à cause des fossés et des haies qui leur en défendaient le passage, ni courir après les tirailleurs, à cause des échalas qui avaient été enfoncés à deux pieds en terre par les propriétaires, d'après un ordre du jour du commandant de la place d'Orléans, tentèrent à plusieurs reprises d'enlever la redoute qui était sur la route; mais toujours repoussés avec perte, et ne pouvant enfoncer le centre, ils prirent le parti de battre en retraite : c'est alors que le général fit avancer ses 60 dragons, qui chargèrent inopinément les cosaques étonnés et surpris, lesquels croyant avoir donné dans une embuscade, et avoir un régiment de cavalerie à leurs trousses, s'enfuirent à toute bride, non sans avoir laissé plusieurs des leurs, qui furent sabrés sans miséricorde par les dragons français, qui les poursuivirent presque jusqu'à Chécy, où était le gros de leur troupe. (76-77.)

Cette petite expédition coûta aux ennemis environ 160 hommes tués, qui restèrent sur la route, dans les vignes et dans les fossés, et beaucoup de blessés dont on ne sut pas le nombre, parce qu'ils les entraînèrent avec eux dans leur fuite; du côté des Français il ne fut heureusement tué personne, parce que les cosaques ne purent les aborder; mais il y eût plusieurs blessés, parmi lesquels se trouvèrent le major Lagneau du 153e et Calais, major du 155e. On ne perdit qu'un seul homme parmi les volontaires orléanais : un artiste comédien fut fait prisonnier au moment où, seul, il était sorti des rangs pour courir, la baïonnette en avant, après un officier cosaque.

Le général Chassereaux fit établir un bivouac pour toutes ses troupes sur le champ de bataille même, avec la défense la plus expresse de le quitter, croyant que les ennemis reviendraient à la charge en plus grand nombre; il fit porter en ville les blessés qu'il recommanda aux Orléanais. (4-76-77.)

— Le maire d'Orléans fait porter aux défenseurs de la ville, à leur bivouac de St-Jean-de-Braye, du vin, du pain et des rafraîchissemens; les habitans, de leur côté, leur portèrent de la soupe et des viandes cuites.

— Bataille de Montereau, département de Seine-et-Marne, à quinze lieues S.-E. de Paris, la huitième qui eut lieu sur le sol de la patrie. (43.)

— Le général Chassereaux ayant fait passer à sa petite armée orléanaise plus de vingt-quatre heures sur la route de St-Jean-de-Braye, pour y attendre les cosaques, qui ne revinrent pas à la charge, la ramène vers la ville, et établit un bivouac sur la hauteur avant St-Loup, près de la maison de campagne du séminaire, dans laquelle il plaça un corps-de-garde avec un officier de la compagnie de réserve ou des Buttes, nommé Buisson, et 50 hommes, tant de cette compagnie que de la troupe de ligne et des volontaires orléanais, et de plus 12 dragons et un maréchal-des-logis de ce corps.

— Le général Chassereaux rentre à Orléans après trente-six heures d'absence; il est reçu avec joie et enthousiasme; plusieurs des soldats rapportaient en triomphe des casques, des armes, des vêtemens et plusieurs chevaux qu'ils avaient pris sur les cosaques; ils vendirent à leur profit tous ces objets; des curieux firent l'acquisition des armes offensives et défensives : un casque, une paire de pistolets et une veste de cosaque nous ont appartenu.

Cette petite expédition coûta à la ville, seulement pour les troupes, pour les munitions de guerre et de bouche, la somme de 1,305 fr. 5 c. (4-77.)

*19 février* 1814. — Les ennemis qui étaient entrés dans le département du Loiret, ayant été avertis du résultat de la bataille de Montereau, où la division dont ils faisaient partie avait été battue, s'enfuirent avec précipitation, et délivrèrent de leur présence, non-seulement les environs d'Orléans, mais encore tout le département. Le corps municipal d'Orléans, en mémoire de cette délivrance, attribuée à la protection de St-Aignan, fonda pour la somme de 150 fr. annuelle, un salut dans l'église de ce saint évêque. (*Compte de ville.*)

*20 février* 1814. — Publication faite à Orléans, par le chef de bataillon Léopold Cunietti, commandant de la place, d'un ordre du jour dans lequel il félicite la garnison et les volontaires orléanais du zèle, de la discipline, du sang-froid et de la bravoure qu'ils ont tous montrés dans l'expédition qu'ils venaient de faire, dont le résultat avait été de chasser les ennemis des environs des murs de la ville.

*21 février* 1814. — Arrivée à Orléans du brave artiste comédien nommé Philis St-Léger, celui qui avait été pris par les cosaques au combat de St-Jean-de-Braye. Après avoir été traîné et maltraité par eux jusqu'à Chécy, où ils le firent garder dans la grange d'une auberge par quatre cavaliers, ils le laissèrent tout le reste de la journée du 18, époque où il fut pris, sans boire ni manger, en menaçant à tout moment de le fusiller; enfin, il fut assez heureux pour s'évader, aidé du fils de l'aubergiste chez qui il était retenu, et alors que les cosaques, ayant appris le résultat de la bataille de Montereau, s'enfuirent avec une telle peur qu'ils abandonnèrent une partie de leurs bagages, leurs prisonniers et leurs fournitures de bouche et de guerre.

Cet artiste ayant reparu sur le théâtre quelques jours après, fut reçu par les spectateurs orléanais avec enthousiasme, surtout lorsqu'il chanta, dans la *Caravane du Caire*, le rôle de Saint-Phare, et les paroles *la Victoire est à nous*. (76-77.)

22 *février* 1814. — Mort de Latour fils, jeune médecin, natif d'Orléans.

Son oraison funèbre fut prononcée sur sa tombe par le docteur Lanoix père, son intime ami.

— Combat de Méry-sur-Seine.

Ce combat de Méry, donné le jour du mardi gras, fut remarquable par le sang-froid, le courage et la folie des troupes françaises de la division du général Boyer, qui, toutes masquées, se battirent comme des lions et ne quittèrent leurs déguisemens qu'après avoir fait fuir les ennemis.

« Ces fous sont pleins d'honneur,
« Ainsi qu'au bal, ils courent aux batailles. » (*Voltaire*.)

Ce fait nous a été confirmé par plusieurs Orléanais qui se sont trouvés à cette action tout extraordinaire. (43-76-77.)

5 *mars* 1814. — Publication faite à Orléans, par ordre du commandant de place, des décrets impériaux qui suivent :

Au quartier-impérial à Fismes, le 5 mars 1814.

NAPOLÉON, empereur des Français, roi d'Italie, protecteur de la confédération du Rhin, médiateur de la confédération suisse, etc., etc., etc. ;

Considérant que les généraux ennemis ont déclaré qu'ils passeraient par les armes tous les paysans qui prendraient les armes,

Nous avons décrété et décrétons ce qui suit :

Art. 1$^{er}$. Tous les citoyens français sont non-seulement autorisés à courir aux armes, mais requis de le faire ; de sonner le tocsin aussitôt qu'ils entendront le canon de nos troupes s'approcher d'eux, de se rassembler, de fouiller les bois, de couper les ponts, d'intercepter les routes, et de tomber sur les flancs et les derrières de l'ennemi.

Art. 2. Tout citoyen français pris par l'ennemi et qui serait mis à mort, sera sur-le-champ vengé par la mort, en représailles, d'un prisonnier ennemi.

Art. 3. Nos ministres sont chargés de l'exécution du présent décret, qui sera imprimé, affiché et inséré au *Bulletin des Lois*.

NAPOLÉON.

Par l'empereur,

*Le ministre secrétaire d'Etat,*

Le duc de BASSANO.

Au quartier-impérial à Fismes, le 5 mars 1814.

NAPOLÉON, empereur des Français, roi d'Italie, protecteur de la confédération du Rhin, médiateur de la confédération suisse, etc., etc., etc.;

Considérant que les peuples des villes et des campagnes, indignés des horreurs que commettent sur eux les ennemis, et spécialement les Russes et les cosaques, courent aux armes, par un juste sentiment de l'honneur national, pour arrêter des partis de l'ennemi, enlever ses convois et lui faire le plus de mal possible; mais que dans plusieurs lieux ils en ont été détournés par le maire ou par d'autres magistrats,

Nous avons décrété et décrétons ce qui suit :

Art. 1$^{er}$. Tous les maires, fonctionnaires publics et habitans qui, au lieu d'exciter l'élan patriotique du peuple, le refroidissent ou dissuadent les citoyens d'une légitime défense, seront considérés comme traîtres, et traités comme tels.

Art. 2. Nos ministres sont chargés de l'exécution du présent décret, qui sera inséré au *Bulletin des Lois*.

NAPOLÉON.

Par l'empereur,

*Le ministre secrétaire d'Etat,*

Le duc de BASSANO.

9 *mars* 1814. — Un nommé Guynand-Roma, natif d'Orléans, désigné comme étant un espion des ennemis,

est arrêté sur la place du Martroi de cette ville et conduit sur-le-champ dans la prison des Ursulines. (4-77.)

10 *mars* 1814. — Une division de cosaques russes qui rôdait sur les confins du département du Loiret, ayant arrêté la voiture de la poste aux lettres, qui venait de Nemours à Montargis, les habitans de Pers, commune de cet arrondissement, sonnèrent le tocsin, et leur curé, nommé *Pothier*, en tête, attaquent les ennemis, les mettent en fuite, reprennent la voiture et délivrent le conducteur et le postillon. Le curé était monté sur un cheval ; il rangea ses paroissiens en bataille et leur donna l'exemple de la charge en faisant le premier feu de ses pistolets. (7.)

— Seize pièces de canon de divers calibres, envoyées par le gouvernement, arrivent à Orléans. Le général Chassereaux les met à la disposition du commandant de place Cunietti, qui les fait de suite mettre en batterie sur les remparts, principalement de chaque côté des portes de la ville. (4-76-77.)

11 *mars* 1814. — Des citoyens d'Orléans, anciens canonniers dans le 1er corps volontaire de cette ville, en 1789, ou membres de la compagnie des pompiers de la ville, se présentent au général Chassereaux pour offrir de faire le service des seize pièces d'artillerie qui étaient arrivées de la veille ; leur offre de service est acceptée avec empressement, et le commandant de place Cunietti est chargé de les distribuer par batterie.

- Voici les noms de ces braves volontaires :

    Alamassé, charpentier.
    Allard, raffineur.
    Basseville aîné, couvreur.
    Baucherie, commis.
    Benoist-Vernin, plâtrier.
    Bertrand, plombier.
    Blondin, commis.
    Boucher, serrurier.
    Boyer, entrepreneur.
    Breton-Durauzeau, commis.
    Champoix fils, chaudronnier.
    Chartier père, cordonnier.

Chaumeau, maçon.
Conscience, charpentier.
Crescendiau, boucher.
Delaume, maçon.
Denance, fondeur.
Dubois, voyer.
Dufresné le jeune, serrurier.
Dupuis-Fanet, couvreur.
Fédou, teinturier.
Fragni, couvreur.
Grellet, maçon.
Gourgoulin aîné, couvreur.
Hatton.
Hochard fils.
Machereau, charpentier.
Marchand fils.
Martin-Villette.
Merle, charpentier.
Moreau, couvreur.
Pagot-Rougeau, maçon.
Paris, couvreur.
Paterne-Gourgoulin, *idem*.
Pécantin-Sallé.
Pinard, charpentier.
Ponceau, *idem*.
Poulain, chamoiseur.
Renard, maçon.
Roma aîné, charpentier.
Saintoin, confiseur.
Simonin, plâtrier.
Sirou, serrurier.
Vendais, menuisier.
Vernein aîné, plâtrier.

12 *mars* 1814. — Le duc d'Angoulême arrive à Bordeaux avec l'avant-garde des troupes anglo-espagnoles. Cette ville fut la première qui se déclara pour les Bourbons, et qui proclama Louis XVIII. (43.)

30 *mars* 1814. — Combat de Paris sur les hauteurs de Montmartre, douzième bataille donnée sur le sol de la patrie. (43.)

Le même jour, Napoléon qui avait porté son quartier-général à Troyes le 29, était à Fontainebleau. Il apprend que les Russes et les Prussiens accouraient à marches forcées sur Paris. Ce prince et son armée partent aussitôt, et volent au secours de la capitale. Arrivé à Troyes, Napoléon, que fatigue la lenteur d'une marche militaire, se jette dans une carriole de poste, et le 30 mars, à dix heures du soir, comme il relayait à Froidmanteau, à cinq lieues de Paris, il apprend que cette ville a capitulé.

Napoléon, en apprenant cette nouvelle, voulut marcher en avant; mais il en fut empêché par le prince de Wagram, le duc de Vicence et le général Belliard. (43.)

31 mars 1814. — A midi, l'empereur de Russie, le roi de Prusse et le généralissime Wellington font leur entrée dans Paris, à la tête d'une grande partie de leurs troupes. « Le peuple en foule, dit un écrivain, est attiré par la curiosité à un spectacle tout nouveau pour lui, et qui cesse d'être humiliant, quand on se rappelle que l'invasion n'est pas le fruit d'une victoire; mais du moins ce peuple reste dans un morne silence, tandis que des rubans, des guirlandes, des couronnes sont jetés aux dévastateurs de la France comme des témoignages de reconnaissance et d'union. Le Prussien, le Russe, le Tartare sont embrassés, fêtés par des dames françaises, et l'on voit prodiguer aux soldats mercenaires de l'étranger des soins et des secours refusés quelques heures avant à des héros citoyens...... Par respect, jetons un voile sur ces bassesses; elles mériteraient d'être honorées, *si c'était pour leur prince légitime, mais le nom auguste des Bourbons ne retentissait pas encore dans les airs.* » (43.)

Le même jour, la nouvelle de la capitulation de Marmont avec les étrangers et leur entrée dans Paris est annoncée à Orléans; dès lors les préparatifs de la défense de cette ville sont arrêtés, et le sénateur comte Chasseloup, le général de brigade Chassereaux, commandant la subdivision du Loiret, cessent leurs fonctions, ainsi que le commandant de place Cunietti, qui reprit son premier emploi de commandant de la compagnie de réserve, à Orléans, casernée aux Buttes, au levant de l'hôpital général. (76-77.)

1er *avril* 1814. — Le préfet du Loiret, Pieyre, revient de Beaugency à Orléans avec les chefs de ses bureaux et les papiers de son administration. (3-77.)

3 *avril* 1814. — Pendant les deux premiers jours de ce mois, l'on vit rentrer à Orléans les *braves* Orléanais qui, avec leurs richesses, leurs équipages et leurs familles avaient abandonné la ville avec précipitation au seul nom de Cosaque. On remarqua avec pitié que ces personnages levaient la tête plus haut que ceux qui avaient payé de leur personne dans la défense de leurs foyers, et fait le coup de feu avec les Cosaques; il semblait, à voir ces premiers avec leur air altier, qu'ils étaient les auteurs des grands événemens arrivés en France et même en Europe. (76-77.)

— Une portion du sénat prononce la déchéance de Napoléon Bonaparte. (43.)

— Formation d'un gouvernement provisoire, composé de cinq membres et d'un secrétaire-général; savoir : Talleyrand, prince de Bénévent, le duc d'Alberg, François de Jaucourt, Beurnonville, l'abbé de Montesquiou, Dupont (de Nemours), secrétaire-général. (43.)

4 *avril* 1814. — Mise en vente, à Orléans, de la brochure de M. de Chateaubriant, intitulée *de Bonaparte et des Bourbons*. Cet écrit fit beaucoup de sensation dans cette ville.

On a reproché à cet écrivain, si justement célèbre, de s'être oublié au point de dire..... que les enfans étaient placés dans des écoles où on leur apprenait, au son du tambour, l'irréligion, la débauche et le mépris des vertus domestiques. (7-77.)

— Arrêté du gouvernement provisoire, qui ordonne la suppression des emblèmes et armoiries du gouvernement de Napoléon Bonaparte, et la reprise de la cocarde blanche. (4-76.)

— Proclamation de Marie-Louise, impératrice et

régente, pour rappeler les Français à leurs sermens envers la patrie, à son époux et à la défense de son fils, le roi de Rome. Cette proclamation, datée de Blois, où la régente s'était retirée avec sa cour, lors de l'entrée des alliés dans Paris, était contre-signée Montalivet, ministre de l'intérieur, faisant fonction de secrétaire de régence, affichée et publiée à Orléans; elle n'eut d'autre effet que la distribution d'écrits séditieux. (43-77.)

*5 avril* 1814. — Distribution clandestine d'un écrit séditieux ainsi conçu :

*Arrêté du peuple français.*

« Considérant que la ville de Paris a manqué à la fidélité qu'elle avait vouée à Sa Majesté Napoléon I$^{er}$, notre très-auguste et bien-aimé empereur, en recevant dans ses murs les ennemis de l'empire, et en voulant placer sur le trône de ce souverain de la nation française, un prétendu Louis XVIII, espèce de roitelet à elle présenté par l'Erostrate de la Russie, le Néron prussien, le Chilpéric anglais et l'*Ochus* autrichien; que non contens de ce, les monstres qui habitent cette cité, si justement appelée, depuis son parjure par les coalisés *la grande Cosaquie* osent encore répandre dans les villes de l'empire qui soutiennent la bonne cause, celle de Napoléon le Grand, et qui lui sont restés fidèles, des journaux, proclamations, pamphlets, et autres écrits séditieux tendant à corrompre la fidélité des bons citoyens qui les habitent, et à les rendre parjures comme eux;

« Vu ces motifs, le peuple français, levé en masse pour se venger quand il en sera temps,

« Arrête ce qui suit :

« Art. 1$^{er}$. L'infâme ville de Paris s'étant parjurée, et ayant pris, le 31 mars dernier, le nom de Cosaquie, et ses habitans celui de monstres cosaques, nous déclarons que toute ville qui aura quelque relation avec cette cité ennemie, sera considérée comme rebelle à la Patrie, au Grand Napoléon, et punie comme telle.

« Art. 2. Tout citoyen qui recevra les journaux et autres écrits provenant de la grande Cosaquie (ci-devant Paris), et s'abonnera pour cet effet avec les libellistes de ce mauvais lieu, sera déclaré ennemi de la nation et de son auguste souverain, et conséquemment effacé du nombre des Français, et puni de mort à l'heure de la vengeance.

« Art. 3. Les citoyens qui s'honorent du nom français, et voudront être reconnus pour tels, sont tenus de s'armer, et de se tenir prêts au premier appel qui sera fait par l'empereur Napoléon ; de le suivre partout où besoin sera, et de verser jusqu'à la dernière goutte de leur sang pour la défense de son trône ; ce n'est qu'à ce titre et à ceux de l'article suivant que nous reconnaîtrons les vrais Français.

« Art. 4. Nous déclarons que nous ne reconnaîtrons pour bons et fidèles Français et sujets de Napoléon I$^{er}$, notre empereur, que ceux qui prendront la devise suivante :

« *A bas Louis XVIII, et les traîtres qui composent le gouvernement provisoire!*

« *Vivent à jamais Napoléon et le roi de Rome!*

« *Haine implacable aux Parisiens cosaques et aux autres ennemis de notre belle patrie!*

« *Guerre à mort, plutôt que de faire une paix honteuse qui nous priverait du monarque que nous nous sommes choisi!*

« *Point de Louis XVIII ni de droits réunis!*

« *Vive Napoléon, protecteur de la liberté des cultes!*

« Au palais de la Vérité, l'an de grâce 1814 ; scellé de notre grand sceau de justice et de fidélité.

« *Le peuple français levé en masse.* (77.)

6 *avril* 1814. — Nouvelle constitution décrétée par le sénat, par laquelle elle appelait librement au trône de France Louis-Stanislas-Xavier de France, et après lui les membres de sa famille. (43.)

*Voyage de Marie-Louise de Paris à Orléans.*

Le 29 mars, l'impératrice Marie-Louise, accompagnée de son fils, le roi de Rome, avait quitté les Tuileries, et était allée coucher à Rambouillet ; le 30, elle coucha à Chartres ; le 31, à Châteaudun ; le 1$^{er}$ avril, à Vendôme, où elle était arrivée à trois heures de l'après-midi ; on avait commencé récemment la route de Vendôme à Blois, et elle n'était pas entièrement terminée ; les voitures s'embourbèrent dans la fange ; il fallut, pour les en tirer, appliquer la force de tous les chevaux sur quelques-unes des voitures, et quand on les en eut fait sortir, faire avancer de la même manière celles qui étaient restées derrière : ce fut ainsi que s'opéra la fuite de cette cour naguère si brillante.

Le 2 avril, l'impératrice arrive à Blois à cinq heures de l'après-midi, le préfet, Christiant, était allé à une lieue en avant de la ville pour la complimenter, et l'avait conduite à l'hôtel de la préfecture, préparé pour la recevoir.

La reine-mère, le cardinal Fesch, et les frères de l'empereur, Joseph, Jérôme et Louis, étaient logés dans la ville.

Les voitures de la cour fugitive furent placées dans l'espace vide qui se trouve en avant de l'hôtel de la préfecture ; le nombre en était considérable, puisque le train seul de l'impératrice se composait de deux cents chevaux. Ces voitures, ainsi réunies et toutes couvertes de boue amassée pendant le voyage, offraient un aspect singulier : ce fut la pluie qui les nettoya, car dans la situation incertaine des choses, les domestiques n'avaient pas jugé à propos de s'occuper de ce soin ; les superbes voitures de gala n'avaient pas même été mieux traitées.

Le 3 avril, dimanche, le curé de la paroisse de St-Denis vint dire la messe à l'hôtel de la préfecture, attendu qu'aucun des ecclésiastiques attachés à la chapelle impériale n'avait accompagné l'impératrice.

Le 4 avril, proclamation de l'impératrice-régente au peuple français.

Le 8 avril, vers neuf heures du matin, Joseph et Jérôme ayant fait venir deux voitures attelées devant la porte de la préfecture, entrèrent brusquement dans l'appartement de l'impératrice, et l'un d'eux s'écria : Madame, il faut que vous veniez avec nous. — Je suis très-bien ici, répondit l'impératrice, où voulez-vous me conduire ? Jérôme répliqua : C'est ce que nous ne pouvons pas vous dire. Marie-Louise demanda si c'était par ordre de l'empereur qu'ils voulaient la forcer de partir, et comme leur réponse fut négative, elle dit : Dans ce cas je n'irai pas. — Nous vous y forcerons bien, reprit Jérôme. Alors elle se mit à fondre en pleurs, ce qui n'empêcha pas les deux frères de la saisir par le corps et de l'entraîner avec violence vers la porte; elle cria, et M. d'Hossonville, le général Caffarelli, M. de Bausset, préfet du palais, et quelques autres officiers de sa maison accoururent à son secours: Caffarelli dit d'un ton sévère à Joseph et à Jérôme de cesser leurs violences. — Savez-vous à qui vous parlez? dit Jérôme. — Oui, répliqua le général d'un ton dédaigneux...

Jérôme et Joseph se retirèrent; il paraît que leur intention était de l'emmener à Romorantin ou à Bourges, et de là en Auvergne et dans le Limousin, où ils l'auraient conservée comme otage. Louis était étranger à ces combinaisons, qu'ils tentèrent, quelques jours après, de mettre à exécution à Orléans.

Il avait été décidé que l'impératrice quitterait Blois le jour suivant; mais lorsque le comte d'Hossonville se présenta pour prendre ses ordres, elle lui dit qu'on ne pouvait pas atteler, attendu que de tous les domestiques qui restaient il n'y en avait pas un qui voulût lui obéir; une partie d'entre eux, en apprenant les événemens, l'avaient abandonnée pour retourner à Paris. Cependant, grâce à l'intervention du comte Schauwaloff, l'impératrice, le roi de Rome, les personnes qui composaient leur cour, et les troupes françaises qui les avaient accompagnés, partirent le samedi 9 avril, entre dix et onze heures du matin pour Orléans. L'impératrice portait le même vêtement brun avec lequel elle avait quitté Paris.

Le 9 avril, samedi, quatre heures du soir, l'impératrice-régente, le roi de Rome, âgé de trois ans, madame de Montebello, sa gouvernante, la reine-mère, le cardinal Fesch, Jérôme, Joseph, (Louis se rendit directement de Blois à Lausanne), ainsi que toute la cour, le trésor et les équipages arrivent de Blois à Orléans par la porte Madeleine; Marie-Louise est conduite, sans pompe ni cortége, au palais épiscopal; une espèce de garde d'honneur prise au moment parmi les hommes de bonne volonté de la garde urbaine à pied, fit le service à l'évêché; l'évêque, Jacques Raillon, et M. Mérault, directeur et fondateur du séminaire, furent les seuls membres du clergé orléanais qui reçurent l'impératrice; le préfet, Pieyre, le premier président de la cour impériale, et le maire, Crignon-Désormeaux, furent aussi les seuls de tous les magistrats, administrateurs et fonctionnaires publics, qui rendirent visite à Marie-Louise.

LOGEMENS DE LA COUR LORS DE SON ARRIVÉE A ORLÉANS.

*Maison de Sa Majesté l'impératrice.*

S. M. l'impératrice, le cardinal Fesch, la duchesse de Montebello, le général Caffarelli, au palais épiscopal; le comte Montesquiou, chez M. Jacquet fils, rue Hurepois; le comte Beauharnais, le prince Aldobrandini, chez M. Boislève-Pompon, rue de l'Evêché; M. de Guerchy, au palais épiscopal; la comtesse Deluçay, chez M. Chenille, rue du Bourdon-Blanc; la comtesse Brignole, chez M. Chavannes, rue du Bourdon-Blanc; la duchesse de Castiglionne, chez M. Demelleray, place de l'Etape; le comte de Ségur, chez M. Raguenet St-Albin, place de l'Etape; le duc de Cadore, chez M. d'Autroche de la Porte; le baron de Bausset, chez M. de Boissy; le baron de Cussi, chez madame veuve Miron-Raguenet, rue des Carmélites; le comte d'Hossonville, chez M. Duroux, rue Ste-Anne; le comte Gontault, chez M. Develard, rue des Carmélites; le comte Ph. de Ségur, chez M. Raguenet St-Albin, place de l'Etape; le comte de Seyssel, chez M. Deville-Bourgeon, rue des Carmélites; le baron Labouillerie, chez M. Benoît-Mérat, aux Carmélites; le baron d'Héricy, chez M. Benoît-Latour, rue St-Martin-du-Mail; le baron de Lamberty, chez M. de Gargillès, rue des Carmélites; le baron Monneval, chez M. Geffrier-des-Iles, le baron Damieucourt, chez M. Raguenet aîné; M. Devienne, chez M. Jousse-Fontanière; M. St-Pereu, chez M. Royer aîné; le baron Corvisart, chez M. Darnaud; M. Bourdier, chez M. Broue de la Salle; M. Lacornes, chez M. Tribou; M. Roullier, chez M. Hautefeuille; M. Auger, chez M. Dorsanne; M. Emery, chez M. Brossard de Lintrye; M. Jonckbloet, M. Etant, chez M. Chenille, rue du Bourdon-Blanc; le capitaine Lambourg, chez M. Geoffroy Mathieu, rue Ste-Catherine; trois pages de service, deux sous-gouverneurs, dix-huit pages, au lycée ; quatre secrétaires de la secrétairerie, deux chez M. Delahaie, rue de l'Evêché, deux chez M. Lucas-Dubois, rue de Hurepois; deux payeurs du trésor, un chez M. Debordelières, rue du Bourg-Neuf, un chez M. Fraise, rue des Bouteilles; trois premières femmes, chez madame Lebert: deux secondes femmes, chez madame Brécherand; deux filles de garde-robes, chez madame Delaporte, rue du Bourg-Neuf; le coiffeur, chez M. Dubosc, rue des Bons-Enfans; deux sous-contrôleurs, un maître d'hôtel, trois tranchans, un chef de cave, au palais; un chef d'office, un chef d'éclairage, chez M. Lemercier, rue de l'Evêché; vingt-quatre hommes de livrée, douze billets de soldats, faubourg St-Vincent; six huissiers, trois chez M. Baulu père, trois chez M. Baulu fils; huit cuisiniers, deux chez M. Deloynes, deux chez M. Payen, plâtrier, deux chez M. Petit, boulanger, deux chez M. David, courtier, rue Porte-St-Vincent.

*Maison de Sa Majesté le roi de Rome.*

S. M. le roi de Rome, madame la gouvernante, au palais; madame la comtesse de Doubert, madame la baronne de Mesgrigny, chez mademoiselle Ducoudray, rue du Bourdon-Blanc; le baron Canisy, chez M. Trion, rue du Bourdon-Blanc, n° 28; M. Bourdois, chez M. Berthau; M. Auvity, chez M. Beaumarié; trois premières femmes, chez M. Pisseau Laurent; quatre secondes femmes, deux chez madame Simon, deux chez madame Rousse; deux huissiers, chez M. Royer, avoué, rue du Bourdon-Blanc; un maître d'hôtel, chez M. Legendre, rue des Pensées; deux garçons de salle, un billet de logement, chez M. Bertrand, rue des Bons-Enfans.

*Maison de Madame mère.*

Madame mère, chez M. Tassin de Montcourt, rue Bretonnerie; le baron de Fontause, le comte de Laville, chez M. Curault, rue d'Escures; M. Ornano, chez M. Georgeon, rue Ste-Anne; M. Rosier, secrétaire, chez M. Tassin de Montcourt, rue Bretonnerie; M. Georgeon, colonel de la gendarmerie, chez M. d'Autroche des Marais, rue des Carmélites; deux femmes de chambre, trois valets de chambre, à l'hôtel, rue Bretonnerie; deux valets de chambre, chez M. Chonton; un maître d'hôtel, chez M. Tourtière d'Alaine; un cuisinier, chez M. Venet, épicier; deux valets de pied, un billet de logement, rue Bretonnerie; un piqueur, sept palefreniers, quatre billets dans le voisinage.

### *Maison de Sa Majesté le roi Joseph.*

Le roi Joseph, les deux princesses, madame la baronne Danery, six dames de service, chez M. Geffrier-Lenormand, rue d'Escures, n° 12; M. le comte Mathieu, chez M. Porcher-Chrétien, rue des Fauchets, n° 6; M. le comte de Meliteau, chez M. Cabart fils; M. le colonel Miot, chez M. Cabart père, rue d'Escures; le général de Slotz, chez Desailly, rue Bretonnerie; le général Enpert, aide-de-camp, chez M. Louet-Mainville; le comte Tascher, aide-de-camp, chez M. Braschet; M. Désastignac, écuyer, chez M. Louvel-Miron; M. Monval, écuyer, chez M. Guenou, rue de Gourville; M. Depresle, intendant, chez M. Cabart, rue d'Escures; M. Lallemand, officier d'ordonnance, chez M. Verdier, notaire, rue des Eperonniers; M. Rippert, officier d'ordonnance, chez M. Papillon, propriétaire; M. Gudin, sous-chef d'état-major, chez M. Demadières-Seguy, rue des Basses-Goutières; M. le comte Dannerie, chez M. Savart, cloître Ste-Croix.

### *Maison de Sa Majesté la reine Julie.*

La reine, chez M. Geffrier-Lenormand, rue d'Escures; M. Bernard, chef d'escadron, chez M. de Farville fils; M. Ocar, capitaine d'état-major, chez M. Bimbenet, avoué; M. Lecordier, capitaine d'état-major, chez M. Marchand, avoué, rue de la Petite-Horloge; treize valets de chambre, trois chez madame veuve Clavier, rue de la Monnaie; trois chez M. Beaufort-Leblanc, rue des Basses-Gouttières; trois chez M. Darnault-Maurant, rue des Basses-Gouttières; un chez M. Baulu-Ragu, rue St-Maclou; trois au palais; deux cochers, au palais, rue d'Escures, n° 12.

### *Maison de Sa Majesté la reine Hortense.*

La reine, chez M. Tristan, rue d'Escures.

*Maison de LL. MM. le roi et la reine de Westphalie (Jérôme.)*

Le roi et la reine, la comtesse de Brochot, madame de Loptrice, le comte de Wittemberg, chez M. d'Embrun; le comte de Surtenslein, chez M. Montaudouin, place du Martroi; le général de Zundt, le général comte Malsburg, chez M. de Mesliers, rue de la Levrette; le comte de Berger, chez M. Gauthier, place du Martroi; le colonel de Phul, chez mademoiselle d'Orléans; le baron de Sorsème, chez M. Foucault-Pussy, rue Ste-Anne; le médecin de la reine, chez M. Jallon, rue de la Levrette; le médecin du roi, chez madame veuve César Berthel, rue des Carmes; le capitaine de Mulsburg, chez M. de Moret, rue Sainte-Anne; le major de Gail, chez M. Johanet, rue Croix-de-Malte; le comte de Pickles, chez M. Chéron, rue Sainte-Anne; le capitaine Hamel, chez M. de la Giraudière, rue Vaslin; le colonel de la gendarmerie, chez M. Arnault, ingénieur rue des Huguenots; quatre gendarmes, à la caserne, rue Bretonnerie; deux femmes de chambre, une à l'hôtel, une chez M. Maillet; une fille de garde-robe, à l'hôtel; sept valets de chambre, deux chez M. Babet, deux chez M. Sirou, deux chez M. Daguet, un chez M. Delvignes; deux valets de pied, chez la veuve Maugars; deux maîtres d'hôtel, chez M. Fourcher, confiseur, place du Martroi; un piqueur, un billet de logement, trente palfreniers, quinze billets de logement, dans le voisinage; M. Chauvet et son épouse, chez M. Guyot, imprimeur, rue des Trois-Maries; plus quatre-vingt-dix chevaux dans les auberges, faubourg Bannier.

*Maison de MM. les ministres.*

Le comte Molé, ministre de la justice, chez M. le premier président, rue des Fauchets, n° 1; ses bureaux, à la cour d'appel; le comte de Montalivet, ministre de l'intérieur, et ses bureaux, chez M. Laverne, rue des Fauchets, n° 7; le comte Molien, ministre du trésor public, chez M. Doyen; ses bureaux, chez M. Lasneau, rue Bretonnerie; le ministre de la marine, chez M. Arthuis, rue de la Crosse, n° 1; ses bureaux, chez M. Leduc, rue des Charretiers; le ministre des relations extérieures et ses bureaux, chez M. Baguenault de Viéville, rue Bretonnerie, n° 9; le duc de Gaëte, ministre des finances, et ses bureaux, chez M. Guilleville, rue Bannier, n° 6; le duc de Feltre, ministre de la guerre, et ses bureaux, chez M. Grenouillet, rue du Colombier, n° 12; le ministre du commerce, chez M. Hubert-Crignon, rue de Gourville, n° 23; ses bureaux, chez M. Lasneau de Lattingy; le ministre des cultes et ses bureaux, le comte Daru, chez M. Crignon-d'Ouzouer, rue de Recouvrance; le ministre de l'administration de la guerre, chez M. Miron-Lamotte; ses bureaux, chez M. Caillard, rue d'Escures; le duc de Rovigo, ministre de la police générale, et ses bureaux, chez M. de Brunville, rue Bretonnerie, n° 5; le comte Renaud St-Jean d'Angely, chez M. de Rocheplatte; M. le duc et M$^{me}$ la duchesse de Bassano, secrétaire d'Etat, chez M. de Grillau; ses bureaux, chez M. Froberville, rue Bretonnerie.

*Maison de S. A. R. le prince archi-chancelier.*

Le prince, deux valets de chambre, trois valets de pied, huit chevaux, à la préfecture.

*Logement de MM. les conseillers d'Etat.*

Le comte Duchâtel, chez M. Davesiès, impasse des Barbacannes; le comte Français de Nantes, chez M. de Bussy; le comte Muraire, chez M. de la Place, rue de la Clouterie, n° 13; le comte de Lavalette, chez M. Demadières père, rue d'Iliers; le comte Merlin, procureur-général impérial, chez M. Moreau; le comte Bergon, chez M. Longuet; le comte Maret, chez M. Deloynes-Fumichon, rue Bretonnerie; le comte Costaz, directeur des ponts-et-chaussées, chez M. Baillet, ingénieur en chef, rue des Basses-Gouttières; le baron de Pomereuil, chez M. Laisné-Villevêque, rue St-Euverte; le baron Quinette, chez M. Loyré, rue Mâchecloux; le comte Réal, chez M. Landré, rue des Petits-Souliers; M. de Guerchy, chez M. Pajot, rue Vieille-Monnaie; M. le chevalier Gault, chez M. de Morogues, rue d'Escures; M. le comte Boulay, chez M. Esnouf, rue Bretonnerie. (4.)

Le 9 avril 1814, le trésor de l'impératrice, les belles voitures de la cour, principalement celle où était le berceau du roi de Rome, qui avait été, à la naissance de cet enfant, donné par la ville de Paris, sont conduits en partie dans la cour de l'hôtel de la mairie, dans le cloître de Sainte-Croix, devant les tours, pour y être en sûreté; une soixantaine d'autres voitures furent placées sous le portail de la raffinerie de M. de Brouville, faubourg Bannier, ainsi que sur la place en avant de cet établissement. (77.)

*10 avril 1814 (huit heures du matin).* — A cette heure le bruit se répand dans Orléans que les plus riches voitures qui étaient dans la seconde cour de l'hôtel de la mairie, quoique gardées par plusieurs factionnaires placés à l'extérieur sur la place de l'Etape, et la fermeture des portes intérieures, avaient été pillées par des personnes qui s'étaient introduites par une issue qui communiquait du jardin de la mairie à une maison de la rue d'Escures.

*Dix heures du matin, jour de Pâques.* — Messe dans les appartemens de l'impératrice, en présence de madame mère et de quelques dames de la cour; l'évêque Jacques Raillon officia, et M. l'abbé Mérault fit la quête.

On fit la remarque que les prières pour l'empereur ne furent point dites. (7.)

*Dix heures du soir.* — Plusieurs coups de fusils et des cris de *vive l'empereur* se font entendre sur la place du Martroi et dans la rue d'Escures. M. le baron de Morogues, alors membre du conseil municipal, dans l'intention de connaître les motifs de ce bruit, s'échappe de chez lui, malgré les prières de madame de Morogues, de ses enfans et de ses parens qui l'entouraient, pour aller avertir M. le maire, Crignon-Désormeaux, et s'entendre avec lui pour arrêter ce commencement d'émeute; ce dernier, d'abord irrésolu, consent enfin à suivre M. le baron de Morogues, et ils sortent ensemble.

Arrivés sur la place de l'Étape, ils virent un jeune homme à cheval suivi de plusieurs centaines de gens du peuple qui prenaient le chemin du cloître ouest de Sainte-Croix, où stationnaient les fourgons contenant le trésor de l'impératrice Marie-Louise.

Ces messieurs s'étant approchés, entendirent ce chef

sommer les soldats de la garde impériale, qui veillaient sur ce précieux dépôt, de se réunir à lui pour l'enlever; mais ces braves, loin de trahir leur consigne, s'opposèrent à ses projets, et, après des refus très-énergiquement exprimés, l'un d'eux tira un coup de fusil, lequel ayant abattu le cheval et renversé le cavalier par terre, mit la déroute parmi les révoltés, qui, en poussant des cris, se sauvèrent dans toutes les directions.

Par le plus grand bonheur, M. le baron de Morogues, resté seul sur la place, ne fut point reconnu par les fuyards, lesquels en se dispersant le renversèrent sur le pavé et lui passèrent même sur le corps.

On sut le lendemain que le jeune chef était Jérôme, un des frères de Napoléon, qui, comptant sur la participation de la garde impériale, avait monté ce coup pour se saisir du trésor, enlever l'impératrice et le roi de Rome, espérant réussir à Orléans plus aisément qu'à Blois, où il avait échoué dans un semblable projet. (7-77.)

11 *avril* 1814. — Madame mère quitte Orléans pour se rendre à Rome avec son frère le cardinal Fesch.

— La maison de St-Charles, au Portereau, est convertie en hôpital militaire pour y recevoir une partie des blessés français qui devaient être évacués sur cette place.

Pour hâter son établissement, le maire fait un appel à l'humanité de ses administrés, auxquels il faut rendre la plus éclatante justice en publiant que napoléonistes, royalistes, républicains, ultras ou modérés, tous à l'envi oublièrent leurs opinions particulières pour ne voir, dans les malheureuses victimes de la guerre, que des Français. Aussi à peine la circulaire imprimée du maire, qui désignait les objets nécessaires, fut-elle connue, que bois de lits, paillasses, matelas, draps, couvertures, ainsi que les ustensiles et la poterie nécessaires furent de suite portés à St-Charles avec un zèle et un empressement vraiment admirables. On ne voyait dans toutes les rues et maisons d'Orléans que femmes, vieillards, enfans des deux sexes, faisant de la charpie et des bandes ou compresses pour garnir de ces objets la pharmacie et les magasins de l'hospice, avant que les blessés fussent arrivés. On vit plusieurs maîtresses de pensions occuper leurs jeunes élèves, non-seulement pendant les récréations, mais encore pendant les jours de congés, à préparer les linges pour les pansemens. (4-77.)

— Plus de cent voitures, attelées de deux et trois chevaux, chargées de pains de munition arrivent à Orléans, et leur chargement est de suite jeté à la rivière, le pain étant moisi au point que les chiens les plus affamés n'en voulurent point manger.

Ces équipages, qui devaient se rendre à l'armée, où les soldats mouraient de faim, avaient été méchamment et à dessein détournés de leur destination. (76-77.)

— Ordre du gouvernement provisoire qui fait saisir, à Orléans, le trésor de Napoléon, par des commissaires envoyés à cet effet.

Ce trésor se composait de la somme de vingt-trois millions en or, de quatre millions cinq cent mille francs de présens et de portraits enrichis de diamans, de la vaisselle d'or et d'argent, des effets précieux et ceux même d'un usage journalier à l'impératrice et à son fils : le tout fut emporté à Paris sur les mêmes fourgons qui les avaient amenés de Blois à Orléans, et sous l'escorte des mêmes gardes impériaux qui les gardaient.

Un coffre renfermant pour plus de six cent mille francs de diamans, est resté deux jours en dépôt chez M. Loyré.

*12 avril 1814.* — Le prince Esterhazy arrive à Orléans, et l'impératrice partit avec lui le même jour pour le château de Rambouillet ; elle avait six voitures pour elle et pour son fils, mais point d'escorte. M. le comte de Ségur, grand-maître des cérémonies, lui présenta pour la dernière fois la main pour monter dans sa voiture.

Pendant le séjour de Marie-Louise à Orléans, son fils, le petit roi de Rome se fit remarquer par sa gentillesse et par ses jeux enfantins : pour l'amuser, des pages, en présence de sa gouvernante, lui avaient placé, dans la longueur de la cour de l'évêché, des petits bâtons fichés debout entre les pavés, et le jeune prince, habillé en matelot couleur bleu tendre, coiffé sur l'oreille avec une toque de velours noir, armé d'un joujou fait en forme de sabre turc, leur commandait comme à des soldats rangés en bataille.

Plusieurs habitans, soit de la garde ou autres, qui, par curiosité étaient entrés dans la cour, eurent la permission de le prendre dans leurs bras pour le caresser et jouir des sourires de cet enfant malheureux.

— Arrivée à Orléans d'un commissaire extraordinaire envoyé par le gouvernement provisoire de France pour faire prêter aux autorités civiles et administratives le serment de fidélité à leur gouvernement, et faire disparaître les signes extérieurs du règne de Napoléon.

Dans la même journée, le maire fait porter le buste en marbre de l'empereur et le tableau en pied de Napoléon dans un des greniers de la mairie, et ôter du portail principal le drapeau tricolore qui flottait à l'extérieur, et le fait remplacer par le drapeau blanc. La vue de ce signe fut un coup de massue pour plusieurs habitans d'Orléans, qui furent désignés sous le nom de *napoléonistes;* mais aussi cette couleur fut pour bien d'autres personnes le symbole de leur triomphe et l'objet de leur vénération. On cita l'enthousiasme extraordinaire de M. le marquis de \*\*\*, chevalier de St-Louis, lequel ayant voulu voir de ses propres yeux, le drapeau blanc qui était placé à l'hôtel-de-ville, se rendit sur la place de l'Etape, où étant arrivé, il se mit à deux genoux sur le pavé, et, dans son extase, dit à haute voix en élevant ses mains jointes vers le ciel : « Je te salue, ô drapeau de mes pères! je te salue, ô drapeau de mon maître, de mon roi! » (76.)

— Il est répandu avec profusion, à Orléans, l'écrit séditieux qui suit :

### LE BRANDON.

Tous les rois alliés pour asservir la terre,
Ont dit nous ne pouvons maîtriser nos sujets
Qu'en portant dans Paris la famine et la guerre;
Mais ce n'est pas assez pour punir les Français

De ravager leurs champs, d'incendier leurs villes,
D'épuiser leurs trésors et les charger de fers;
Livrons-les aux fureurs des discordes civiles,
Rendons-leur les Bourbons, c'est ouvrir les enfers.

Ce peuple aime les arts, les sciences, la gloire,
Et de la Renommée il lassa les cent voix,
Vingt ans sous ses drapeaux il fixa la victoire,
A l'Europe vingt ans il a dicté des lois;
Vengeons-nous, ravissons à cette belle France
Ses arts, ses monumens, son commerce et son or;
Portons-lui tous les maux qu'enfanta l'ignorance,
Rendons lui les Bourbons, c'est cent fois pis encor!!!!

Dans les vastes déserts quand l'Africain voyage
Dévoré par la soif sous un ciel enflammé,
Des tigres, des lions, il craint encor la rage,
Il craint le Bédouin, au meurtre accoutumé;
Dans sa course, sans guide, il s'épuise, il s'égare,
Nul mortel ne répond à ses cris douloureux.
Voulez-vous ajouter à son destin barbare?
Donnez-lui les Bourbons, il sera plus affreux!

Quel est donc ce mortel qui brave la tempête
Sur un vaisseau léger qu'il abandonne aux flots?
Il voit gaîment la foudre éclater sur sa tête,
Sans effroi, sans regrets, il dit aux matelots:
Je puis encor braver les volcans et la peste,
Au bout de l'univers je porterai mes pas.
Est-il donc poursuivi par le courroux céleste?
Non, il fuit les Bourbons, ne le retardons pas.

Plaindrai-je le Lapon, le triste Samojède,
Sous les glaçons du nord engourdis, affamés,
Quand pour eux à l'hiver un long *hiver* succède,
Des poissons corrompus à demi consommés,
De la mousse, un pain noir, voilà leur nourriture;
Sous la neige, neuf mois, on les voit s'enterrer;
Mais au moins dans les maux que leur misère endure,
Ils n'ont pas les Bourbons, ils peuvent respirer!

D'un vautour dévorant éprouvant les morsures,
Prométhée aux enfers sur un roc enchaîné,
Régulus expirant au milieu des tortures,
Tantale au sein de l'onde et toujours altéré,

> Les martyrs courageux que l'église révère,
> Etienne lapidé, Laurent sur les charbons,
> Dans leurs tourmens affreux, dans leur douleur amère,
> Etaient moins malheureux qu'un sujet des Bourbons!

— Commencement de l'évacuation sur Orléans des blessés et des malades de l'armée. Ces braves soldats étaient couchés sur de la paille dans des charrettes de réquisition, à ridelles, non suspendues et découvertes; leur arrivée dans cette ville présentait un spectacle affreux et déchirant : la plupart étaient couverts d'habits en lambeaux, la tête, les bras ou les jambes enveloppés de linges sales et teints du sang qu'ils avaient versé pour la patrie; la plupart privés de membres perdus dans les combats ou par suite d'amputations. Ces malheureux portaient sur leurs figures mourantes l'empreinte des souffrances et des privations qu'ils avaient endurées pendant la dernière campagne.

Beaucoup d'habitans ne purent voir ce spectacle épouvantable, qui arrachait des larmes et déchirait l'âme des plus indifférens; d'autres, qui demeuraient dans les rues Bannier et Royale, tinrent constamment leurs portes et leurs croisées closes, pour ne pas avoir la vue frappée de l'horreur d'un tel spectacle, ou se retiraient dans l'intérieur de leurs maisons pour ne pas entendre le bruit des voitures chargées de ces victimes de la guerre.

Tous les blessés qui arrivaient par le faubourg Bannier furent conduits, par une pluie battante et froide, à la maison de St-Charles, laquelle en fut encombrée, ce premier passage ayant duré plus de huit jours sans interruption.

13 *avril* 1814. — Jérôme, frère de Napoléon, qui habitait Orléans depuis le 9 de ce mois (quatre jours), quitte cette ville à six heures du matin pour se rendre au château de Lamotte-Beuvron.

13 *avril* 1814. — Il a été affiché et placardé à Orléans, par ordre du gouvernement provisoire de France, signé Talleyrand, prince de Bénévent :

1°, La copie de l'abdication de l'empereur Napoléon;
2°, La copie de l'adhésion d'Alexandre Berthier, vice-connétable de France;

3°, La copie de l'adhésion du duc de Feltre, ministre (Clark);

4°, La copie de l'adresse du gouvernement provisoire à l'armée.

*Adresse du gouvernement provisoire à l'armée.*

Soldats,

Vous n'êtes plus à Napoléon, mais vous êtes toujours à la patrie; votre premier serment de fidélité fut pour elle: ce serment est irrévocable et sacré.

La constitution nouvelle vous assure vos honneurs, vos grades, vos pensions; le sénat et le gouvernement provisoire ont reconnu vos droits; ils sont sûrs que vous n'oublierez pas vos devoirs. Dès ce moment vos souffrances et vos fatigues cessent; votre gloire demeure tout entière; la paix vous garantira le fruit de vos longs travaux.

Quelle était votre destinée sous le gouvernement qui n'est plus! Traînés des bords du Tage à ceux du Danube, des bords du Nil à ceux du Nieper; tour-à-tour brûlés par les chaleurs du désert ou glacés par les frimats du nord, vous éleviez, sans intérêt pour la France, une grandeur monstrueuse dont tout le poids retombait sur vous comme sur le reste du monde. Tant de milliers de braves n'ont été que les instrumens et les victimes d'une force sans prudence qui voulait fonder un empire sans proportion; combien sont morts inconnus pour augmenter la renommée d'un seul homme! Ils ne jouissaient pas même de celle qui leur était due; leurs familles, à la fin de chaque campagne, ne pouvaient constater leur fin glorieuse et s'honorer de leurs faits d'armes.

Tout est changé: vous ne périrez plus à cinq cents lieues de la patrie, pour une cause qui n'est pas la sienne; des princes nés Français ménageront votre sang, car leur sang est le vôtre. Leurs ancêtres ont gouverné vos ancêtres; le temps perpétuait entre eux et nous un long héritage de souvenirs, d'intérêts et de services réciproques; cette race antique a produit des rois qu'on surnommait les pères du peuple; elle nous donna Henri IV que les guerriers nomment le roi vaillant, et que les laboureurs nommeront toujours le bon roi.

C'est à ses enfans que votre sort est confié ; pourriez-vous concevoir quelques alarmes? Ils admiraient dans une terre étrangère les prodiges de la valeur française ; ils l'admiraient en gémissant que leur retour fût suspendu par tant d'exploits inutiles.

Ces princes sont enfin au milieu de vous; ils furent malheureux comme Henri IV, ils régneront comme lui.

Ils n'ignorent pas que la portion la plus distinguée de leur grande famille est celle qui compose l'armée ; ils veilleront sur vous comme sur leurs premiers enfans.

Restez donc fidèles à votre drapeau; de bons cantonnemens vous seront donnés; il est parmi vous des guerriers qui, jeunes encore, sont déjà des vétérans de la gloire;. leurs blessures ont doublé leurs années : ceux-là, s'ils le veulent, iront vieillir auprès de leur berceau, avec des récompenses honorables ; les autres continueront de suivre la carrière des armes avec toutes les espérances d'avancement et de stabilité qu'elle peut offrir.

Soldats de la France, que tous les sentimens français vous animent ; ouvrez vos cœurs à toutes les affections de famille, revenez vivre avec vos pères, vos frères, vos compatriotes. Gardez votre héroïsme, mais pour la défense du territoire et non pour l'invasion du territoire étranger ; gardez votre héroïsme, mais que l'ambition ne le rende point funeste à la France, funeste à vous mêmes et qu'elle n'en fasse plus un sujet d'inquiétude pour l'Europe entière.

    Le prince DE BÉNÉVENT (Talleyrand), le duc DE DALBERG, FRANÇOIS DE JAUCOURT, BEURNONVILLE, l'abbé DE MONTESQUIOU.

    Par le gouvernement provisoire :

    DUPONT ( de Nemours ), secrétaire-général.

Imprimé à Orléans, chez Rouzeau-Montaut, imprimeur de l'évêché et de la mairie, rue Royale.

13 *avril* 1814. — Soult, à la tête de 30,000 Français, combattait sous les murs de Toulouse, et défendait cette ville contre 80,000 vieux soldats commandés par Wellington; ce fut ce jour qu'eut lieu cette bataille si glorieuse pour ce maréchal et pour les troupes françaises ; le champ

de bataille, fut couvert de 18,000 Anglais et 10,000 Français.

Il paraît que c'est par suite des ordres secrets du duc de Rovigo que cette bataille a eu lieu : lord *Calhcart* et le gouvernement provisoire avaient envoyé le colonel Cooke et le colonel St-Simon à lord Wellington et aux maréchaux Soult et Suchet, pour leur donner la nouvelle de ce qui s'était passé à Paris, et de la déchéance de Napoléon ; ils arrivèrent à Orléans le matin du 8 avril, et ils déjeunèrent à l'hôtel de la Boule-d'Or, rue des Minimes. avec M. Thompson, autrefois membre du parlement pour Evesham, et depuis plusieurs années prisonnier de guerre dans cette ville ; des gendarmes qui entrèrent dans la chambre où ils se trouvaient leur dirent de se rendre chez le général Chassereaux, qui commandait la division ; le colonel St-Simon répliqua que lui et le colonel étaient porteurs de dépêches pour le maréchal Soult et lord Wellington, annonçant la déchéance de Napoléon, et que comme ils n'avaient pas de lettres pour le général Chassereaux, ils ne se rendraient chez lui qu'après leur déjeuner ; les gendarmes sortirent, mais ils revinrent quelques instans après et donnèrent ordre aux deux colonels de les suivre de suite : après les avoir entendus, le général Chassereaux les fit partir sous escorte pour Blois, où ils furent retenus jusqu'au 9 au soir, jour du départ de l'impératrice pour Orléans ; de manière qu'ils ne purent se mettre en route que le 10 et n'arrivèrent à Toulouse qu'au moment où la bataille finissait.

Ainsi, la mort de 25 à 30,000 hommes, qui a eu lieu dans cette sanglante affaire, a été occasionnée par suite d'un déjeuner pris dans une auberge d'Orléans, puisque, sans ce repas, les colonels St-Simon et Cooke seraient arrivés à Toulouse avant la bataille. (7.)

— Distribution gratuite, faite à Orléans, d'un pamphlet très-violent contre Napoléon et sa famille, intitulé *Lettre au Sénat*.

Cet écrit fut attribué à M. de V***, membre du conseil municipal de cette ville.

*14 avril* 1814. — Proclamation du maire d'Orléans, affichée et publiée dans les rues et places de cette ville.

Cette proclamation portait textuellement la phrase suivante ; le maire y disait que « les vœux secrets de son cœur appelaient depuis quinze ans Louis XVIII sur le trône de France. »

La même affiche indiquait une fête publique le dimanche suivant.

— Le comte d'Artois, frère de Louis XVIII (depuis Charles X), est proclamé lieutenant-général du royaume de France.

Ce prince fait son entrée à Paris en cette qualité, et promet, au nom de son frère, l'abolition de la conscription et celle des droits réunis. (43-82.)

— La maison de St-Charles, faubourg d'Orléans, ne pouvant contenir tous les blessés et les malades de l'armée qui continuaient d'arriver dans cette ville, on est obligé d'établir un deuxième hôpital militaire dans les bâtimens de la raffinerie de M. Ladureau, aux Augustins, qui alors n'était pas en activité.

15 *avril* 1814. — Des personnes charitables d'Orléans, épouvantées de la position malheureuse des soldats blessés, remettent en moins de six heures de temps, entre les mains du maire, plusieurs sommes d'argent.

Ces dons gratuits, qui s'élevèrent à la somme de 40,000 fr., furent remis à mesdames de Billy, de Talleyrand, Gallard et Delaage, qui par humanité et charité s'étaient dévouées à la mort, et faisaient le service de l'hôpital militaire.

M. le maire trouva ces dames occupées à panser des blessés dans une salle des bâtimens des anciens Augustins, où gisaient sur le carreau plus de soixante corps morts déjà en putréfaction et entassés les uns sur les autres à la hauteur des croisées.

Il fit sur-le-champ enlever ces objets hideux, qui suffoquaient et infectaient les plus résolus des infirmiers.

— Par ordre du gouvernement provisoire promulgué à Orléans, les notaires et autres officiers publics sont obligés de rédiger les actes au nom de ce gouvernement, et non plus à celui du gouvernement déchu.

Déjà les diverses administrations s'étaient conformées à cet ordre avant sa promulgation.

16 *avril* 1814. — Ordre de la police d'Orléans qui enjoint à tous les habitans de porter la cocarde blanche.

Depuis quelques jours les plus chauds partisans des changemens survenus en France s'en étaient décorés par enthousiasme.

— Les blessés et les malades français ne discontinuant pas d'arriver à Orléans, l'hôpital de St-Charles ni la raffinerie des Augustins ne suffisant pas pour les contenir, l'église des Capucins est encore transformée en hôpital militaire.

Ces hospices improvisés étaient dirigés par des religieuses de l'Hôtel-Dieu de la ville, ainsi que par M$^{mes}$ de Billy, de Talleyrand, Gallard et Delaage, dont le zèle charitable et angélique ne reculait devant aucun danger.

17 *avril* 1814. — Les hôpitaux militaires établis à l'Hôtel Dieu, à St-Charles, dans l'église des Capucins, et dans la raffinerie des Augustins, ne suffisant pas pour contenir les malades et les blessés qui arrivaient à Orléans, les ordres furent donnés pour évacuer ces malheureux sur la ville de Tours; en conséquence, plus de trente bateaux et les hommes d'équipage nécessaires sont mis en réquisition par l'autorité préfectorale.

Le sieur Robineau-Marois, marinier, fut désigné pour faire partie de ce convoi; mais son grand âge ne lui permettant pas de faire ce voyage, il chargea son fils, Robineau-Champanois, jeune homme actif et intelligent, de le remplacer.

Chaque bateau portait de 150 à 160 blessés, ce qui faisait, pour les trente, environ 4,800 malades.

Rendu à Tours, M. Robineau fils se disposait à revenir, lorsqu'un ordre signifié avec menace *d'être mis sous clé*, l'obligea de partir sur-le-champ pour Saumur avec 120 prisonniers de guerre de diverses nations, blessés ou malades, et de plus, 42 détenus royalistes, extraits des prisons de cette ville, sous l'escorte de gardes nationaux et d'un gendarme chargé de la surveillance particulière du sieur Robineau.

Arrivé dans cette dernière ville, il croyait son voyage terminé; mais il en fut bien autrement: une réquisition, avec menace de prison, le força de repartir pour Angers avec les prisonniers politiques. Pendant ce trajet, qui dura dix jours et dix nuits, son bateau, assailli par des vents impétueux, faillit périr.

M. Robineau, insensible à ses malheurs personnels, ne s'occupait que du soin de sauver, secourir et encourager les infortunés prisonniers, dont plusieurs perdirent la vie en route, non-seulement par la fatigue, mais aussi par le manque de nourriture et par l'humidité de la paille infecte et pourrie sur laquelle ils étaient couchés.

Enfin, M. Robineau-Champanois revint à Orléans, n'apportant, pour prix de ses fatigues et de son humanité, que des pertes, le souvenir des mauvais traitemens qu'il avait éprouvés, dénué d'argent, de vêtemens, et attaqué d'une maladie contagieuse qui le retint vingt jours au lit, maladie qui lui aurait infailliblement donné la mort, sans les soins assidus de M. le docteur Jallon.

*17 avril 1814.* — Fête publique, et *Te Deum* chanté dans l'église de Ste-Croix d'Orléans, pour célébrer le retour des Bourbons en France.

Beaucoup d'Orléanais parurent à cette cérémonie avec des cocardes blanches, des rubans blancs à leurs chapeaux et à la boutonnière de leurs habits.

Des lis étaient placés sur l'autel, lequel était entouré d'anciens nobles, chevaliers de St Louis, ou autres ordres, tenant leurs épées nues à la main, leurs décorations en sautoir, et leurs chapeaux militaires sur l'oreille.

Le soir il y eut illumination dans la ville, et transparens en l'honneur de Louis XVIII et de sa famille, principalement dans les rues de la Bretonnerie et d'Escures, à l'Hôtel-Dieu, à la mairie et autres monumens publics, ainsi que sur le devant des maisons des personnes les plus attachées aux Bourbons.

Pour la première fois, l'on entendit dans les rues d'Orléans chanter et jouer les airs de *Vive Henri IV* ; *Charmante Gabrielle* ; le tout entremêlé des cris de *vive Louis XVIII ! vivent les Bourbons !* et de quelques cris de *vive l'Empereur !* sans que cela troublât le fête. (77.)

*18 avril 1814.* — Le roi Joseph, l'un des frères de

Napoléon, quitte la ville d'Orléans, qu'il habitait depuis le 9 de ce mois. (77.)

20 *avril* 1814. — Louis XVIII fait son entrée solennelle à Londres.

20 *avril* 1814. — Napoléon, se rendant à l'île d'Elbe, passe à Montargis à quatre heures et demie du soir, dans une voiture à six chevaux, ayant vingt-cinq hommes derrière lui : les généraux russes, autrichiens, anglais, prussiens et français qui l'accompagnaient, occupaient six voitures à six chevaux chacune ; vingt autres voitures formaient sa suite. (43).

— M. V\*\* d'Orléans, se présente dans la cour de l'hôtel de la préfecture de cette ville, et là, en élevant son chapeau de la main droite, et étendant la gauche, il se mit à crier à tue-tête, et à plusieurs reprises..... *Vive Louis XVIII! vivent le Bourbons et la famille royale! à bas, à bas l'empereur et son préfet!*

M. le préfet Pieyre, averti de ces vociférations, se présente sur le perron de son sallon ; alors, le provocateur le saisit au collet, le renverse par terre en lui reprochant d'avoir retenu les journaux, et même les lettres qui depuis quelques jours arrivaient de Paris.

Cette démarche imprudente fut blâmée par les Orléanais paisibles, attendu que le préfet était encore en place et dans son hôtel, que la cour de la préfecture était remplie des oldats mécontens, ce qui pouvait occasionner une révolte et de grands malheurs dans la ville ; heureusement il n'en fut pas ainsi : les provocations de M. V\*\* furent méprisées, et il eut le temps de se sauver de la ville après cette action imprudente, qui trouva pourtant quelques approbateurs.

— Le même jour, à sept heures du soir, M. le préfet Pieyre, prévenu de l'arrivée de son successeur, quitte son cabinet et son hôtel pour se loger en ville en attendant son départ. (76-79.)

21 *avril* 1814. — Arrivée à Orléans de M. Auguste de Talleyrand, neveu de Talleyrand, prince de Bénévent, le-

quel venait d'être nommé préfet du Loiret en remplacement de M. Pieyre, destitué.

*22 avril* 1814. — Mutations survenues à la préfecture du Loiret, lors de l'arrivée du nouveau préfet de Talleyrand ; cette administration fut ainsi composée :

M. de Talleyrand, préfet, en remplacement de M. Pieyre.

M. de Kermelec, sous-préfet.

M. Olivier de Maisonneuve, secrétaire-général, en remplacement du baron Chaudruc de Crazannes.

MM. Brillard et Savart, conseillers de préfecture, conservés ; M. Rabelleau, conseiller de préfecture en remplacement de M. Meunier.

*24 avril* 1814. — Louis XVIII débarque à Calais.

*28 avril* 1814. — Louis XVIII arrive à Compiègne.

*29 avril* 1814. — Le roi Louis XVIII, en attendant son entrée dans Paris, sa capitale, vient fixer momentanément sa résidence dans l'abbaye de St-Ouen, non loin de Saint-Denis, qui avait été préparée pour le recevoir. (43.)

*30 avril* 1814. — Une épidémie, occasionnée par les miasmes pestilentiels, se déclare dans les hôpitaux militaires établis à Saint-Charles, aux Capucins et à la raffinerie des Augustin. Malgré toutes les précautions qui furent prises, la mortalité fut effrayante parmi les malades et les blessés; plusieurs ecclésiastiques d'Orléans se vouèrent, pour ainsi dire, à la mort en administrant les secours spirituels et des consolations à ces victimes de la guerre. Aucun d'eux n'abandonna la tâche qu'il s'était volontairement imposée, malgré tous les dangers qu'ils couraient, et la perte de plusieurs de leurs confrères, parmi lesquels on cite avec vénération M. l'abbé Harengd, savant botaniste et précepteur du fils de M. le baron de Cambray, à Orléans. Ce vertueux ecclésiastique, par un zèle charitable, quitta une vie douce et heureuse pour aller, à trente ans, chercher la mort dans ces lieux de douleur.

Le même sentiment admirable dirigea mesdames de Billy, de Talleyrand, Gallard et Delaage, les sœurs de l'Hôtel-Dieu d'Orléans qui gouvernaient ces maisons empestées, ainsi que les médecins de la ville qui donnaient leurs soins aux malheureux soldats qui mouraient par centaines.

Parmi ces derniers, MM. Jallon, Payen, Latour fils, Maussion, Ranque, Lanoix, Lambron, Gable, se firent remarquer par leur dévoûment et leur courage. C'est avec un sentiment d'admiration et de reconnaissance que nous les signalons dans notre ouvrage : puisse ce souvenir d'un simple citoyen les dédommager de l'ingratitude de ceux qui oublièrent leurs bienfaits !

*30 avril 1814.* — M. Talleyrand, préfet du Loiret, et le corps municipal d'Orléans, arrêtent les mémoires des ouvriers et des marchands qui avaient été mis en réquisition pour travailler et fournir tout ce qui avait été nécessaire pour les travaux des fortifications de la ville, du 15 février au 11 mars dernier.

Les états de dépenses furent arrêtés à la somme de 29,000 fr. et les époques de paiement furent fixées à diverses dates.

Ce montant ne renfermant pas la dépense faite pour la petite expédition militaire contre les Cosaques, qui s'éleva à 1,305 fr. 05 c., il en résulte que la présence des sauvages du nord sous les murs d'Orléans, occasionna à cette ville la dépense totale de 30,305 fr. 05 c. (4.)

*30 avril 1814.* — Le corps municipal d'Orléans s'assemble pour nommer cinq députés pris dans son sein, afin d'aller au-devant du duc d'Angoulême, neveu du roi Louis XVIII et fils de Monsieur, que l'on attendait dans cette ville.

Furent nommés :

MM. Crignon-Désormeaux, maire; Dufour de Pibrac père, adjoint; Vandebergue Champguérin, Baguenault de Viéville, Crignon d'Ouzouer.

*1er mai 1814.* — *Te Deum* en action de grâces de l'arrivée de S. M. Louis XVIII à St-Ouen, près Paris, remarquable par la revue et l'enthousiasme de la belle cohorte urbaine à pied, nouvellement formée à Orléans sous le commandement de M. de Guercheville.

2 mai 1814.

*Déclaration du roi Louis XVIII.*

LOUIS, par la grâce de Dieu, roi de France et de Navarre, à tous ceux qui ces présentes verront, salut.

Rappelé par l'amour de notre peuple au trône de nos pères, éclairé par les malheurs de la nation que nous sommes destiné à gouverner, notre première pensée est d'invoquer cette confiance naturelle si nécessaire à notre repos, à son bonheur.

Après avoir lu attentivement le plan de constitution proposé par le sénat dans la séance du 6 avril dernier, nous avons reconnu que les bases en étaient bonnes, mais qu'un grand nombre d'articles, portant l'empreinte de la précipitation avec laquelle ils ont été rédigés, ne peuvent dans leur forme actuelle devenir lois fondamentales de l'État.

Résolu d'adopter une constitution *libérale*, voulant qu'elle soit sagement combinée, et ne pouvant en accepter une qu'il est indispensable de rectifier, nous convoquons, pour le 10 du mois de juin de la présente année, le sénat et le corps législatif, nous engageant à mettre sous leurs yeux le travail que nous aurons fait, avec une commission choisie dans le sein de ces deux corps et à donner pour base à cette constitution les garanties suivantes :

Le gouvernement représentatif sera maintenu tel qu'il existe aujourd'hui, divisé en deux corps, savoir :

Le sénat et la chambre composée des députés des départemens;

L'impôt sera librement consenti;

La liberté publique et individuelle assurée;

La liberté de la presse respectée, sauf les précautions nécessaires à la tranquillité publique;

La liberté des cultes garantie;

Les propriétés seront inviolables et sacrées; la vente des biens nationaux restera irrévocable;

Les ministres responsables pourront être poursuivis par une des chambres législatives et jugés par l'autre;

Les juges seront inamovibles et le pouvoir judiciaire indépendant;

La dette publique sera garantie, les pensions, grades, honneurs militaires seront conservés ainsi que l'ancienne et la nouvelle noblesse;

La Légion-d'Honneur, dont nous déterminerons la décoration, sera maintenue;

Tout Français sera admissible aux emplois civils et militaires;

Enfin nul ne pourra être inquiété pour ses opinions et ses votes.

Fait à St-Ouen, le 2 mai 1814.

LOUIS.

3 mai 1814.

*Ordre du jour.*

Monsieur le baron de Talleyrand, préfet de ce département, me charge, Messieurs, de vous témoigner sa satisfaction du zèle que vous avez montré dimanche dernier. Vos cris d'allégresse au *Te Deum* ne l'ont point surpris: Français et propriétaires, cet élan du cœur était l'expression pure des sentimens de joie que vous éprouvez de voir remonter la famille des Bourbons sur le trône de leurs ancêtres. Officiers, sous officiers et gardes, ce remerciement doit être pour tous un motif d'encouragement.

Tous les membres de la cohorte sont, par le présent, prévenus de se rendre dimanche prochain, 8 mai, à huit heures et demie très-précises du matin, à l'hôtel de la mairie, pour assister à la cérémonie de la Pucelle. Cette fête de la ville rappelle de glorieux souvenirs ; M. le commandant a la certitude que chacun sera dans la plus grande tenue, et que personne ne manquera à l'appel qui sera fait à l'heure précitée.

La précaution que l'on prend de donner l'heure de rigueur, atteint le double but de faire perdre le moins de temps possible et d'éviter de rompre les files déjà formées, ce qui retarde le départ de la troupe.

On attend de jour en jour S. A. Monseigneur le duc d'Angoulême. Messieurs de la garde auront l'honneur de faire le service auprès de sa personne. Les autorités constituées et M. le commandant désirent que quelques-uns d'entre eux veuillent bien former une escorte de cavalerie pour aller au-devant du prince.

Ceux qui sont dans l'intention de former cette compagnie, qui devra être au moins de trente personnes, voudront bien donner leur nom à M. Boulé, adjudant de la cohorte, qui leur transmettra les ordres que l'autorité supérieure aura donnés.

*Le commandant de la cohorte,*

DE GUERCHEVILLE.

*Extrait du* Moniteur *du 3 mai* 1814.

Le roi a admis à son audience à St-Ouen, le 2 mai, les grands corps de l'État ; parmi les réponses que Sa Majesté a daigné adresser à chacun d'eux et qui peignent sa bonté, on remarque celle faite à la cour des comptes.

Le roi a bien voulu répondre qu'il recevait avec satisfaction les sentimens exprimés par le premier président au nom de la cour des comptes, que ses besoins personnels ne seraient jamais rien pour lui, que ceux de l'État sont et seront tout, que cette cour pouvait toujours y compter.

Lors de la présentation des clés de Paris, le roi, plein de la joie de se voir enfin rendu à ses peuples, a dit :

« Enfin, me voici dans ma bonne ville de Paris ; j'éprouve une vive émotion du témoignage d'amour qu'elle me donne en ce moment ; rien ne pouvait être plus agréable à mon cœur que de voir relever la statue de celui de mes nobles aïeux dont le souvenir m'est le plus cher.

« Je touche ces clés et je vous les remets ; elles ne peuvent être en de meilleures mains, ni confiées à des magistrats plus dignes de les garder. »

*4 mai 1814.* — Le duc d'Angoulême arrive à Orléans par la porte du pont, vers midi ; il fut reçu avec enthousiasme et conduit au palais de la préfecture où ses logemens avaient été préparés. Après environ deux heures de repos, ce prince, vêtu à l'anglaise, coiffé d'un petit chapeau à deux cornes, l'une par devant, l'autre par derrière, lequel était ombragé de plumes de coq de diverses couleurs, parcourut les principales rues de la ville, monté sur un grand cheval blanc, escorté du préfet Talleyrand, du maire Crignon-Désormeaux, de plusieurs gardes urbains à pied ; d'une compagnie de cavaliers volontaires orléanais, et suivi du peuple qui criait : *Vive Louis XVIII ! vive le duc d'Angoulême ! vivent les Bourbons !* (4-76-77.)

*5 mai 1814.* — Le duc d'Angoulême quitte Orléans pour aller à Paris ; il fit le trajet du palais de la préfecture à la porte Bannier dans une voiture qui allait au pas et dont les portières étaient ouvertes ; il passa par la place de l'Étape, la rue d'Escures, le Martroi, la rue Bannier et sortit de la ville à neuf heures du matin, aux acclamations du peuple orléanais.

Cette petite fête, improvisée pour la réception du prince, coûta à la ville la somme de 1,100 fr. (4-77.)

— A huit heures du matin le roi Louis XVIII quitte sa résidence de St-Ouen pour se rendre à Paris et faire son entrée dans cette ville, capitale de son royaume, dont les clés lui avaient été présentées la veille par des députés parisiens et pour prendre les rênes du gouvernement.

*5 mai 1814.* — Louis-Stanislas-Xavier de France, frère de l'infortuné Louis XVI, fait son entrée à Paris, entre midi et une heure, sous le titre de Louis XVIII le Désiré

Cette entrée fut brillante et solennelle ; elle avait été préparée depuis plusieurs jours par M. le comte d'Artois, que le roi avait nommé lieutenant-général du royaume, et par son fils le duc d'Angoulême, de concert avec les souverains alliés, en présence du peuple de Paris, d'une portion de la garde nationale de cette ville, et de quatre cent cinquante mille soldats étrangers de toutes les nations.

Louis XVIII, à son arrivée dans la capitale, prend aussitôt les rênes du gouvernement, et par le fait dissout le gouvernement provisoire.

Le roi, qui avait fait rédiger une nouvelle constitution, ou charte constitutionnelle, qu'il voulait octroyer à ses peuples, renouvelle la convocation du sénat et du corps législatif pour le 10 juin prochain, comme il l'avait annoncé par sa déclaration datée de St-Ouen le 2 mai dernier, à l'effet de la faire adopter aux lieu et place de celle proposée par ces deux corps dans leur séance du 6 avril présente année. (43.)

5 *mai* 1814. — M. le baron de Talleyrand, nouvellement nommé préfet du département, pour célébrer l'entrée du roi dans Paris, réunit à un banquet de soixante-dix personnes, tous les chefs des corps religieux, civil et militaire, parmi lesquels on distinguait M. le baron Boyer, général de division de la garde, MM. les barons Hemion et Lapointe, généraux de la même division, et M. le baron Chassereaux, général commandant le département.

M. le préfet prouva qu'élevé à la cour de Louis XVI, il en avait conservé le bon ton et la dignité, par la manière affable et aimable avec laquelle il fit les honneurs de cette réunion brillante et nombreuse, et la franche gaîté qu'il sut inspirer à tous les convives.

A la fin du repas, plusieurs toasts furent portés, le premier par M. le baron Petit-Lafosse, premier président de la cour royale, à qui M. le préfet fit la galanterie d'en réserver l'honneur : « A la prospérité du règne de Sa Ma« jesté Louis XVIII; puisse-t-il durer autant que notre « amour et notre respect! » Il a été répété avec enthousiasme par tous les convives, aux acclamations de *vive le Roi! vivent les Bourbons!*

M. le baron Roger en propose un pour Madame la duchesse d'Angoulême : « Puisse-t-elle, a-t-il dit, long-temps « nous faire jouir de ses vertus, et nous, lui faire oublier

« par notre amour et notre attachement tous les malheurs
« qui ont désolé son âme ! » On y joignit l'expression des
mêmes sentimens pour LL. AA. RR. Monsieur et les ducs
d'Angoulême et de Berry.

M. le baron de Talleyrand en porta un autre aux
braves de l'armée française, aux généraux et officiers de
tous grades, stationnés dans le département; il fut rendu
par M. le baron Chassereaux, à la concorde et à l'union
parfaite des autorités civiles et militaires ; en y joignant
des sentimens particuliers pour M. le préfet.

Enfin, un dernier toast fut proposé par M. le baron
Raillon, pour l'heureux retour de Sa Sainteté dans la capitale du monde chrétien.

Le banquet fut terminé par un cri de *vive le Roi !*
spontané partant de tous les cœurs.

*6 mai 1814.* — M. Colas de La Noue, premier adjoint,
fait publier et afficher la proclamation suivante :

« Orléanais,

« Sa Majesté Louis XVIII, notre légitime souverain,
vient de faire son entrée dans sa capitale. Son auguste présence efface à jamais le souvenir des maux que vingt-cinq
ans d'anarchie et de despotisme avaient fait peser sur
nous ; nous ne voyons plus dans l'avenir que des jours de
bonheur et de paix.

« Avec un prince bon comme Henri IV, le père de son
peuple, comme Louis XVI, une destinée plus heureuse
nous est promise, et c'est avec l'accent de la conviction
que nous pouvons dire : Les arts vont renaître, le commerce prospérer, l'agriculture refleurir, et la religion
nous donner toutes ses consolations.

« Que d'actions de grâces n'avons-nous donc pas à
rendre à l'Être suprême, qui a conduit à sa fin un si grand
événement, depuis long-temps désiré de tous les Français,
mais qui ne pouvait avoir lieu sans qu'il y apposât le sceau
de sa toute-puissance !

« En conséquence, il sera, dimanche prochain, dix
heures du matin, avant la procession de la Pucelle, chanté
dans l'église cathédrale un *Te Deum* solennel d'action de
grâces, auquel toutes les autorités civiles et militaires
assisteront.

« Pendant la cérémonie il sera, par le bureau de bienfaisance, fait une quête pour le soulagement des pauvres.

« De concert entre toutes les autorités civiles et militaires, il a été arrêté que la réunion de tous les corps se ferait en l'hôtel de la mairie, à neuf heures et demie très-précises du matin.

« Le soir, les établissemens publics seront illuminés, et les habitans sont invités à le faire pour la façade de leurs maisons.

« *Vive Louis XVIII! Vivent les Bourbons!*

« Fait en l'hôtel de la mairie d'Orléans, le 6 mai 1814.

« *Pour l'absence de M. le baron maire,*
« COLAS DE LA NOUE, adjoint. »

— Ordonnance royale, la première connue à Orléans, portant l'ordre aux administrateurs et officiers publics d'intituler leurs actes au nom du roi, et non à celui du gouvernement provisoire. (43.)

8 *mai* 1814. — Fête de la ville d'Orléans, ou de la Pucelle, comme à l'ordinaire, fort simple, et encore sans le représentant de Jeanne d'Arc ou petit puceau, mais remarquable par le *Te Deum* qui fut chanté dans la cathédrale de Ste-Croix, en action de grâces de l'entrée de Louis XVIII dans Paris. Le panégyrique de Jeanne d'Arc fut prononcé à St-Pierre-en-Sentelée, par M. Nutein, chanoine. (477.)

9 *mai* 1814. — Ordonnance royale, par laquelle le roi Louis XVIII accorde à tous les Français qui donneraient des preuves d'amour et d'affection à leurs princes, la décoration du lis, que Monsieur, comte d'Artois, avait établie, à son entrée dans Paris, seulement en faveur de la garde nationale de la capitale.

Cette décoration consistait en une fleur de lis d'argent surmontée d'une couronne du même métal, et suspendue à un ruban blanc. (38.)

Peu de temps après la publication de cette ordonnance, l'on vit à Orléans beaucoup d'habitans en être décorés, soit dans l'état séculier, soit dans l'ordre ecclésiastique.

15 *mai* 1814. — Tous les membres des diverses administrations d'Orléans sont appelés chez le préfet du Loiret

Talleyrand, pour y prêter tous individuellement le nouveau serment ainsi conçu : « Je jure obéissance au Roi, « d'exécuter et faire exécuter les lois du royaume. » Le procès-verbal de ce serment était signé et paraphé par ceux qui venaient le prêter. (3.)

— Le brave général Chassereaux, maréchal-de-camp, commandant la subdivision militaire du Loiret, qui défendit avec tant de courage la ville d'Orléans avec la petite armée sortie de cette place pour marcher sur les Cosaques qui menaçaient d'y mettre le feu, reçoit l'ordre de faire une proclamation adressée aux troupes sous ses ordres, pour les disposer en faveur des Bourbons. (77.)

16 *mai* 1814. — Léopold Cunietti, qui était commandant de la place d'Orléans sous le général Chassereaux, lors de l'expédition des Cosaques sur cette ville, prête le serment de fidélité à Louis XVIII, qui le nomme commandant temporaire à Orléans, tout en lui conservant sa place de chef de bataillon, quoique la compagnie des Buttes ou de réserve, qu'il avait sous ses ordres, fût supprimée à cette époque. (76.)

20 *mai* 1814. — Ordonnance royale portant que le dimanche 22 de ce mois, il sera célébré par toute la France un service solennel pour le repos de l'âme de Louis XVI et de sa famille, avec injonction d'en faire dorénavant un semblable tous les ans, non à la présente époque, mais à celle du 21 janvier, date anniversaire de la mort de ce roi.

22 *mai* 1814. — Service solennel pour le repos de l'âme de Louis XVI et de sa famille, célébré avec pompe dans la cathédrale de Ste-Croix d'Orléans, conformément à l'ordonnance royale de Louis XVIII. Cette cérémonie funèbre fut remarquable par l'affluence des assistans et par la lecture du testament de cet infortuné prince, faite par l'abbé Corbin, curé et grand-pénitencier; l'évêque nommé Jacques Raillon y officia. (76-77.)

24 mai 1814.

*Proclamation du maire d'Orléans.*

« Orléanais,

« Vos vœux vont être comblés : sensible à l'empressement que vous avez témoigné, de posséder encore dans cette cité Son Altesse Royale le duc d'Angoulême, ce prince chéri cède à vos désirs, et daigne venir recevoir en personne l'hommage de votre amour et de votre fidélité.

« Un joug de fer a cessé de comprimer, dans le secret de nos cœurs, nos affections les plus tendres, nos respects profonds pour les pères de la patrie, pour cette famille sacrée qui a fait si long-temps le bonheur de la France. Libres maintenant, nous n'éprouverons de contrainte que dans l'insuffisance des signes et des expressions de notre allégresse ; car comment exprimer à la fois le sentiment du présent et notre confiance dans l'avenir, l'enthousiasme que nous inspire le retour si ardemment désiré de notre auguste monarque, le présence du grand prince qui va le représenter au milieu de nous, nos vœux ardens pour le bonheur de la fille angélique du meilleur, du plus malheureux des rois, bonheur mérité par tant d'infortunes, de vertus et de larmes ?

« Orléanais, gardons-nous de mesurer par respect les expressions étudiées de notre amour ; c'est ici la fête du cœur ; abandonnons-nous sans réserve à l'ivresse de la joie ; ce langage sera entendu par un Bourbon, et son âme tout entière partagera les transports dont il sera l'objet et le juste appréciateur. *Vive le Roi ! vive Monseigneur le duc d'Angoulême ! vivent les Bourbons !*

« Une lettre officielle annonce à M. le baron de Talleyrand, préfet du Loiret, que Son Altesse Royale vient coucher jeudi, 26 courant, à Orléans ; les façades de toutes les maisons de la ville seront illuminées.

« Fait en l'Hôtel-de-Ville, le 24 mai 1814.

« Crignon-Désormeaux, maire. »

26 *mai* 1814. — Pour la seconde fois, le duc d'Angoulême, neveu de Louis XVIII et fils de Monsieur, comte d'Artois, arrive à Orléans par la porte Bannier, se ren-

dant de Paris à Bordeaux et dans le midi de la France. Comme la première fois, ce prince fut reçu avec enthousiasme par les habitans; il coucha à l'hôtel de la préfecture, et repartit le lendemain de bonne heure.

— Dans la nuit du 26 au 27 mai, pendant le mouvement que la présence du duc d'Angoulême occasionnait dans la ville d'Orléans, où il était couché, un vol fut commis dans le cabinet particulier du secrétaire-général de la mairie, Petit-Sémonville, par un nommé Lagoquaux, qui plus tard fut condamné, par contumace, aux galères, par la cour d'assises d'Indre-et-Loire.

Le voleur pénétra par une croisée qui donne sur la cour sud de l'hôtel de la mairie, laquelle cour est isolée et ne sert que pour déposer le bois de chauffage et des objets peu importans.

Il fut enlevé de la caisse municipale environ 9,773 fr., non compris une somme assez forte qui appartenait au secrétaire-général.

L'extraction des sacs semblait avoir été faite par la grande porte au levant, la plus rapprochée de l'auberge de l'Epervier, au sud de l'hôtel de la mairie : ce qui confirme cette opinion, c'est qu'un sac de gros sous fut retrouvé dans le ruisseau qui passe sous cette porte, lequel ruisseau, ou rigole, sert à l'écoulement des eaux pluviales de cette cour non fréquentée. (4-76.)

*27 mai* 1814. — Un riche paroissien de l'église de St-Pierre-en-Sentelée, élève, à ses frais, dans la nef latérale, à gauche, un autel qui fut, par lui, dédié au Sacré-Cœur de Jésus, en mémoire de la prière et du vœu de Louis XVI pendant sa captivité au Temple, prison de Paris. (76)

*29 mai* 1814. — Mort de Joséphine de Beauharnais, première épouse de Napoléon, qui fut impératrice de France et reine d'Italie. Cette princesse, qui était née en d'Amérique, avait épousé en premières noces, dans son pays natal, un Beauharnais, descendant d'une famille orléanaise très-noble et très-distinguée de cette ville, qui habitait le château de Chaussy, près Saint-Laurent-des-

Orgerils, et un pied-à-terre dans la ville, rue des Trois-Maries, n° 11.

*7 juin* 1814. — M. Proust, avoué à Orléans, est le premier qui fit imprimer et distribuer *gratis* dans la ville des couplets sur la paix avec les souverains alliés par le retour de Louis XVIII en France; ces couplets, chantés par lui dans une réunion d'amis, avaient été trouvés bien faits, et l'impression demandée par les convives. (76-77.)

— Mort de Barbot, Orléanais très-instruit, l'un des fondateur de l'académie royale de cette ville. (76.)

10 *juin* 1814. — Séance royale dans laquelle Louis XVIII fait accepter la charte, ou nouvelle constitution, qu'il octroyait à ses peuples.

Cette charte, composée de soixante-seize articles, était divisée en huit chapitres, savoir:

I. *Du droit public des Français.*

Egalité devant la loi, charges également partagées, admission à tous les emplois, liberté individuelle, liberté des cultes, propriétés inviolables, recherches des opinions interdites, abolition de la conscription, etc., etc.

II. *Forme du gouvernement du roi.*

La personne du roi inviolable et sacrée, le roi le chef suprême de l'Etat, la puissance législative s'exerce collectivement par le roi, la chambre des pairs et la chambre des députés des départemens; le roi propose la loi; toute loi doit être discutée et votée librement par la majorité de chacune des deux chambres, etc., etc.

III. *De la chambre des pairs.*

La chambre des pairs est une portion essentielle de la puissance législative; la nomination des pairs appartient au roi, leur nombre est illimité; les pairs ont entrée dans la chambre à 25 ans et voix délibérative à 30 ans seulement; toutes les délibérations de la chambre des pairs sont secrètes; la chambre connaît des crimes de haute trahison, etc., etc.

IV. *De la chambre des députés des départemens.*

La chambre des députés sera composée de 430 membres élus par les colléges électoraux; les députés élus pour cinq ans, la chambre renouvelée chaque année par cinquième; aucun député ne peut être admis dans la chambre s'il n'est âgé de 40 ans, s'il ne paie une contribution directe de 1,000 fr; les électeurs qui concourent à la nomination des députés ne peuvent avoir droit de suffrage s'ils ne paient une contribution directe de 300 fr., et s'ils ont moins de 30 ans; le président des colléges électoraux et celui de la chambre des députés sont nommés par le roi; les séances sont publiques; aucun impôt ne peut être établi ni perçu s'il n'a été consenti par les deux chambres et sanctionné par le roi, etc., etc.

V. *Des ministres.*

Les ministres sont nommés par le roi, et peuvent être membres de l'une ou l'autre chambre; ils peuvent être accusés, seulement pour cause de trahison, par la chambre des députés, et jugés par celle des pairs, qui seule en a le droit, etc., etc.

VI. *De l'ordre judiciaire.*

Toute justice émane du roi; elle s'administre en son nom par des juges qu'il nomme et qu'il institue; les juges nommés par le roi sont inamovibles; les cours et tribunaux ordinaires actuellement existans sont maintenus; l'institution actuelle des juges de commerce est conservée; la justice de paix est également conservée non inamovible quoique nommée par le roi; nul ne pourra être distrait de ses juges naturels, les débats sont publics; l'institution des jurés conservée; la peine de confiscation des biens est abolie; le roi a le droit de faire grâce et celui de commuer les peines; le code civil et les lois existantes qui ne sont pas contraires à la présente charte sont conservés jusqu'à ce qu'il y soit dérogé, etc., etc.

VII. *Droits particuliers garantis par l'Etat.*

Les militaires en activité de service, les officiers et soldats en retraite, les veuves, les officiers et soldats pensionnés conserveront leurs grades, honneur et pension; la dette publique est garantie; la noblesse ancienne reprend ses titres, la nouvelle conserve les siens; le roi fait des nobles à volonté; la Légion-d'Honneur est maintenue, le roi en déterminera la décoration; le roi et ses successeurs jureront, dans la solennité de leur sacre, d'observer fidèlement la présente charte constitutionnelle, etc., etc.

VIII. *Articles transitoires.*

Les députés des départemens de France qui siégeaient au corps législatif lors du dernier ajournement, continueront de siéger à la chambre des députés jusqu'à remplacement; le premier renouvellement d'un cinquième de la chambre des députés aura lieu au plus tard en l'année 1816, suivant l'ordre établi entre les séries.

Nous ordonnons que la présente charte constitutionnelle, mise sous les yeux du sénat et du corps législatif, conformément à notre proclamation du 2 mai, sera envoyée incontinent à la chambre des pairs.

Donné à Paris le 10 juin 1814, l'an de grâce et de notre règne *le dix-neuvième.*

LOUIS.
*Le ministre secrétaire d'Etat,*
L'abbé DE MONTESQUIOU.
*Le chancelier de France,*
D'AMBRAY.

Après la lecture de la charte, tous les députés furent appelés individuellement pour prêter serment au roi et obéissance aux lois du royaume; la séance levée, le roi sortit de la salle des séances aux cris de *vive Louis XVIII! vivent les Bourbons!* (15-43-80.)

On fit la remarque que ce fut au bas de la charte, et pour la première fois, que le roi fixa son règne de la mort du dauphin, fils de Louis XVI, en comptant pour ledit règne tout le temps qu'il avait passé hors de France, et celui des divers gouvernemens qui avaient existé pendant son absence. (76-77-80.)

12 *juin* 1814. — Ordonnance royale publiée par toute la France, relative à l'organisation du gouvernement du royaume. (15-38-43.)

(Ramenés, après vingt-cinq ans, au gouvernement qui existait avant la révolution de 1789, beaucoup de nos compatriotes ont sans doute perdu de vue jusqu'à la dénomination d'une infinité d'institutions qui en faisaient partie; retracer, quoique d'une manière fort restreinte, celles que le Roi Louis XVIII a cru devoir recréer ou maintenir, c'est, nous osons le croire, nous rendre utile à nos concitoyens.

### Maison du roi.

La maison du roi se composait d'un grand-aumônier, un confesseur, quatre aumôniers, un chapelain, un grand-maître de la maison, quatre premiers gentilshommes de la chambre, quatre premiers valets de chambre, huit valets ordinaires de la chambre, quatre porte-manteaux, deux huissiers de cabinet, huit huissiers de la chambre, deux huissiers de l'anti-chambre, un grand-maître, deux maîtres, deux valets particuliers de la garde-robe, officiers particuliers de la garde-robe, six capitaines des gardes du Corps, un colonel des Cent-Suisses, huit écuyers, un commandant des écuries, un grand-maréchal-des-logis, un premier maître d'hôtel, un capitaine-colonel des gardes de la porte, un capitaine-lieutenant des gendarmes de la garde, un capitaine-lieutenant des chevau-légers, un colonel-général des Suisses, un grand-maître, deux maîtres, aides des cérémonies, deux introducteurs des ambassadeurs et princes étrangers, un secrétaire à la conduite des ambassadeurs, un roi d'armes de France, deux secrétaires de la chambre et du cabinet du roi, dix officiers, non compris les membres des administrations de la maison du roi, celle des maisons et bâtimens royaux et des menus plaisirs.

### Maison militaire du Roi.

Treize compagnies, à cent hommes chacune, indépendamment des gardes françaises et des gardes suisses, dont il y a plusieurs régimens de chaque.

### Maison de Monsieur, frère du roi.

La maison de Monsieur se composait d'un aumônier, un premier gentilhomme de la chambre, un gentilhomme d'honneur, deux capitaines des gardes du corps, un premier écuyer, un écuyer ordinaire, onze aides-de-camp, un chancelier garde des sceaux, deux secrétaires des commandemens, trois intendans des finances, un trésorier-général ; de plus, deux compagnies des gardes du corps, qui font également le service auprès de Monsieur, et de Madame d'Angoulême, et du duc de Berry.

### ORGANISATION DU GOUVERNEMENT.

#### *Ministres en 1814.*

Dambray, chancelier de France, garde des sceaux.
Le prince de Talleyrand, affaires étrangères.
L'abbé de Montesquiou, l'intérieur et les cultes.
Le baron Louis, les finances.
Le duc de Dalmatie (Soult), la guerre.
Dandré, la police.

Le conseil ne délibérait qu'en présence du roi et se formait des princes de la famille royale, du chancelier de France, des ministres secrétaires-d'Etat, des ministres d'Etat et des conseillers-d'Etat qu'il plaisait à Sa Majesté de faire appeler pour chaque séance.

#### *Conseil d'État.*

Le conseil d'Etat se composait des ministres secrétaires-d'Etat, de tous les conseillers d'Etat et maîtres des requêtes ordinaires ; le conseil d'Etat se divisait en plusieurs comités, savoir :

Le contentieux, la législation des finances, l'intérieur, le commerce et les manufactures.

#### *Conseil de la guerre.*

Ce conseil est présidé par le roi.

#### *Chambre des pairs.*

Les membres de la famille royale, les princes du sang, le chancelier de France et 150 membres nommés à vie composent la chambre des pairs.

#### *Chambre des députés.*

Les députés des départemens de la France, au nombre de 340 forment cette chambre, ils se renouvellent par cinquième; le premier renouvellement fixé en 1816.

### Cour de cassation.

Cette cour est seule pour tout le royaume; elle est divisée en trois sections et n'a point de vacances; elle connaît *par pouvoir* des affaires civiles et criminelles des cours royales.

### Cour des comptes.

La cour des comptes prend rang immédiatement après la cour de cassation et jouit des mêmes prérogatives; elle se divise en trois chambres; elle juge les comptes de recettes du trésor, des receveurs-généraux de départemens, etc., etc.

### Cours royales.

Ces cours, au nombre de vingt-sept pour le royaume, connaissent par appel des jugemens des tribunaux de première instance et de commerce.

La cour royale d'Orléans comprend dans ses attributions les départemens du Loiret, de Loir-et-Cher, d'Indre-et-Loire.

Le baron Petit-Lafosse, premier président.

### Tribunaux de première instance.

Il y a un tribunal pour chaque arrondissement communal.

Ronceray, président de celui d'Orléans.

### Tribunaux de commerce.

Les tribunaux de commerce ne connaissent que des affaires commerciales et prévues par le Code de commerce.

Lochon-Houdouart, président de ce tribunal à Orléans.

### Justice de paix.

Il y a un juge de paix par canton; l'assemblée du canton désigne des candidats en nombre double, parmi lesquels le roi choisit.

### Juges de paix de l'arrondissement d'Orléans.

Foucher jeune, Cholet, Gaudry, Coyau, Caillard.

## Préfecture.

La France est divisée en quatre-vingt-huit départemens; chaque département a un préfet qui connaît de toutes les affaires administratives; il y a un conseil de préfecture auprès de chaque préfet. Des sous-préfets sont établis dans chaque chef-lieu d'arrondissement communal.

Préfet du Loiret nommé par le roi, le baron Alexandre de Talleyrand.

Conseillers de préfecture nommés par le roi, Brillard, Savart, Rabelleau.

Sous-préfets du Loiret nommés par le roi : A Orléans, de Kermellec;

A Pithiviers, de la Taille d'Audeville ;

A Montargis, Mésange ;

A Gien, le baron de Waters.

## Gouvernement militaire.

La France compte vingt-deux divisions militaires ; chaque division se subdivise. Il y a un gouverneur par division et un commandant par subdivision. La première comprend les départemens de l'Aisne, Eure-et-Loire, Loiret, Oise, Seine, Seine-et-Marne, Seine-et-Oise.

Gouverneur nommé par le roi, le général en chef comte Maison, pair de France.

Commandant la subdivision du Loiret nommé par le roi, le maréchal-de-camp, baron Chassereaux.

ORGANISATION MILITAIRE PAR ORDONNANCE ROYALE.

## Colonels-généraux.

Monsieur, comte d'Artois, colonel-général de toutes les gardes nationales de France, colonel-général des Suisses.

Le duc d'Angoulême, amiral de France, colonel-général des cuirassiers et des dragons.

Le duc de Berry, colonel-général des chasseurs et des chevau-légers-lanciers.

Le duc d'Orléans, colonel-général des hussards.

Le prince de Condé, colonel-général de l'infanterie de ligne.

Le duc de Bourbon, colonel-général de l'infanterie légère.

MARÉCHAUX DE FRANCE CONFIRMÉS PAR LE ROI.
### Maréchaux.

Berthier, prince de Wagram, nommé par le roi, pair de France.

Moncey, duc de Conégliano, pair de France, ministre d'État.

Jourdan.

Masséna, duc de Rivoli.

Augereau, duc de Castiglione, pair de France.

Soult, duc de Dalmatie, ministre de la guerre.

Mortier, duc de Trévise, pair de France.

Ney, duc d'Elchingen, pair de France.

Davoust, duc d'Auerstad.

Victor, duc de Bellune.

Oudinot, duc de Reggio, pair de France, ministre d'État.

Marmont, duc de Raguse, pair de France.

Macdonald, duc de Tarente, pair de France.

Suchet, duc d'Albuféra, pair de France.

Gouvion-St-Cyr, pair de France.

Kellermann, duc de Valmy, pair de France.

Lefebvre, duc de Dantzick, pair de France.

Pérignon (comte), pair de France.

Serrurier (comte), pair de France.

### Lieutenans-généraux des armées du roi.

Les lieutenans-généraux ont été créés en 1633 par Louis XIII; ils remplacèrent les généraux de division sous l'empire.

### Maréchaux-de-camp.

Le grade de maréchal-de-camp représentait celui de général de brigade sous l'empire; cette institution est due à Henri IV; elle date de 1598.

ORGANISATION DE L'ARMÉE FRANÇAISE SUR LE PIED DE PAIX.
### Infanterie.

Il y a 90 régimens d'infanterie de ligne et 15 régimens.

d'infanterie légère. Chaque régiment est de trois bataillons, chaque bataillon a six compagnies, savoir: une de grenadiers, quatre de fusilliers et une de voltigeurs; la force d'un régiment est de 1,379 hommes, dont 67 officiers; ce qui fait un total de 144,795 hommes, dont 7,035 officiers.

### Cavalerie.

Il y a 56 régimens de cavalerie, 2 de carabiniers, 12 de cuirassiers, 15 de dragons, 6 de lanciers, 15 de chasseurs et 6 de hussards; chaque régiment est de quatre escadrons, sa force est de 642 hommes, dont 42 officiers, ce qui forme un total de 71,904 soldats, dont 4,704 officiers.

### Corps royal d'artillerie.

L'artillerie se compose d'un état-major général, 8 régimens d'artillerie à pied, 8 à cheval, un bataillon de pontonniers, douze compagnies d'ouvriers d'artillerie, quatre escadrons du train d'artillerie et des employés à la suite du corps.

La force de chaque régiment d'artillerie à pied est de 1,414, hommes y compris les officiers, celle des régimens de cavalerie est de 1,411 hommes, dont 31 officiers, ce qui fait un total de 11,312 artilleurs à pied, officiers compris, et de 11,288 artilleurs à cheval, dont 248 officiers, non compris l'état-major général, les ouvriers, les pontonniers, les soldats du train et les employés à la suite.

### Corps royal du génie.

Le corps royal du génie est composé d'un état-major, trois régimens de sapeurs et mineurs, une compagnie d'ouvriers, une du train du génie, une école d'élèves, trois écoles régimentaires et des gardes du génie; sa force totale est de 4,315 hommes :

### Corps royaux (vieille garde impériale).

L'infanterie de la vieille garde forme deux régimens de trois bataillons chacun, sous la dénomination suivante, savoir :

Premier régiment du corps royal des grenadiers de France;

Deuxième régiment du corps royal des chasseurs à pied de France.

Il doit être encore formé quatre régimens de la cavalerie de la vieille garde.

### Gendarmerie royale.

Le corps de la gendarmerie royale est divisé en huit inspections qui forment 24 légions et 95 compagnies.

La gendarmerie dans le département du Loiret, en 1814, était composée d'un capitaine, de quatre lieutenans, d'un quartier-maître et de 23 brigades ainsi divisées :

Duplessis, capitaine à Orléans.

### Lieutenans.

Ponsot, à Orléans; Ducret, à Pithiviers; Veron, à Gien; Imbert, à Montargis.

Lacaille, quartier-maître à Orléans.

### Résidence des brigades

Orléans, Beaugency, Neuville, Pithiviers, St-Péravy, Châteauneuf, La Ferté, Cercottes, Artenay, Vitry-aux-Loges, Cléry, Malesherbes, Bellegarde, Montargis, Courtenay, Châteaurenard, Fontenay, Gien, Sully, Ouzouer, Noyen, Lorris, Briare.

### Corps des vétérans.

Le corps des vétérans forme 100 compagnies, savoir : 10 de sous-officiers, 80 de fusilliers et 10 de canonniers.

### Amirauté.

Le corps des officiers de la marine est composé ainsi : 10 vice-amiraux, 20 contre-amiraux, 100 capitaines de vaisseau, dont 40 de première classe, 400 lieutenans et 500 enseignes.

Telle était à cette époque, 12 juin 1814, trente-sept jours après l'entrée de Louis XVIII à Paris, l'organisation du gouvernement de la France, l'organisation militaire et la force des armées de terre de toutes armes, ainsi que la marine, les vétérans et la gendarmerie royale (43.)

*22 juin* 1814. — Fête brillante célébrée à Orléans, à l'occasion de la paix avec les souverains étrangers qui étaient en France. Cette cérémonie fut accompagnée d'un *Te Deum* chanté en musique dans la cathédrale de Ste-Croix; les frais s'élevèrent à la somme de 1,322 fr. Nous n'avons pu trouver aux archives de la mairie, ni à la bibliothèque, le programme de cette fête. (4.)

*23 juin* 1814. — Formation à Orléans d'une cohorte urbaine à cheval, composée des jeunes gens les plus riches de la ville, tenus de s'habiller, s'équiper et se monter à leurs frais ; elle était commandée par d'anciens officiers de cavalerie, dont le chef était M. Lambert de Cambray, baron et ancien officier au régiment de Noailles-Dragons. (3-4.)

*Uniforme de la garde nationale à cheval.*

Habit pareil à celui de la garde nationale à pied, coupe pareille ; aux retroussis, fleurs de lis rouges, boutons à fleurs de lis.

Aiguillettes d'argent, contre-épaulette de même.
Pantalon bleu.
Bottes à la hussarde, éperons de fer attachés au talon.
Sabre demi-courbé du modèle de celui des gardes d'honneur.
Ceinturon à la hussarde, noir verni.
Dragonne en argent.
Gants de peau de daim ordinaire.
Chapeau à la Souwaroff, ganse en argent.
Plumet blanc de quinze pouces de hauteur.
Cocarde ronde de basin blanc.
Cravatte noire.

*Équipement.*

Selle française recouverte d'une schabraque bleue unie, passe-poil rouge, surfaix de cuir jaune à la hussarde.

— Projet d'élévation d'un monument à la mémoire du vertueux et infortuné Louis XVI, de sa famille et du duc d'Enghien, suivi de la proposition de l'érection d'une statue en l'honneur de Louis XVIII, proposée par un Orléanais. Ce projet fut annoncé dans le journal de Darnault et publié par prospectus.

24 *juin* 1814. — Des placards pour inviter les citoyens à faire des dons volontaires pour venir au secours du gouvernement du roi, sont affichés à Orléans.

24 juin 1814.

RELEVÉ GÉNÉRAL DES SOMMES VERSÉES CHEZ MM. LES NOTAIRES A ORLÉANS, A TITRE DE DONS VOLONTAIRES POUR VENIR AU SECOURS DU GOUVERNEMENT.

*Etude de M$^e$ Chartrain.*

| | | |
|---|---:|---:|
| M. Jacob, imprimeur de la préfecture, impression gratuite du premier placard.................. | 20 f. | 46 c. |
| M$^{me}$ Bailly de Montaran, d'Orléans, et M. de Gaudard d'Alaine, ancien officier au régiment d'Orléans............................... | 1,500 | » |
| M. Mestier, notaire à Orléans................ | 150 | » |
| M. Crignon de Montigny, rue du Colombier, à Orléans .................................. | 1,000 | » |
| M. le curé Corbin, pour des personnes qui veulent rester inconnues.................... | 505 | » |
| M$^{me}$ de Lafous-Dumont, rue de la Bretonnerie, n° 64....................................... | 1,000 | » |
| M$^{me}$ Tourtier, rue de la Bretonnerie, n° 67.... | 300 | » |
| M. Laurent-Guillaume Breton, marchand à Orléans..................................... | 100 | » |
| M$^{mes}$ Mauthaudoin, de Tristan et de Quinemont. | 505 | » |
| M. d'Autroche, d'Orléans.................... | 4,000 | » |
| M. Miron de Villeraut, propriétaire à Orléans... | 500 | » |
| M. le curé Corbin, pour plusieurs personnes qui n'ont point voulu être nommées.......... | 800 | » |
| M. Miron de l'Espinay, substitut du parquet à la cour royale ............................ | 500 | » |
| M$^{lle}$ Olimpe Lasneau, rue du Battoir-Vert, à Orléans..................................... | 200 | » |
| M. de Beauregard, substitut de M. le procureur du roi, à Orléans............................. | 200 | » |
| M. le curé Corbin, pour différentes personnes qui n'ont point voulu être connues......... | 287 | 50 |
| *A reporter*... | 11,567 | 96 |

| | | |
|---|---:|---:|
| *Report*... | 11,567 f. | 96 c. |
| MM. Charles et Jules Desfrancs, d'Orléans...... | 1,500 | » |
| M<sup>me</sup> Tassin de Montcourt, d'Orléans......... | 300 | » |
| MM. Baguenault frères et Delaage, négocians à Orléans............................... | 6,000 | » |
| M<sup>lle</sup> Hortense Demeux, d'Orléans............ | 1,000 | » |
| M. Pluman, chanoine à Orléans.............. | 25 | » |
| M<sup>me</sup> Deloynes de Gautray et ses quatre enfans, d'Orléans............................... | 600 | » |
| MM. Regnard frères, d'Orléans.............. | 600 | » |
| M. Boyé, entrepreneur à Orléans............ | 300 | » |
| M. le curé Corbin, pour diverses personnes qui n'ont point voulu être connues............ | 112 | 50 |
| M. Fougeron, chirurgien et pharmacien à Orléans................................... | 60 | » |
| M. Defarville, propriétaire à Orléans, en deux fois................................... | 1,200 | » |
| M. Rouzeau-Montault, imprimeur à Orléans.... | 300 | » |
| M. Alix, propriétaire, rue Bretonnerie, à Orléans. | 300 | » |
| M<sup>me</sup> Delaplesse, propriétaire à Orléans........ | 60 | » |
| M<sup>me</sup> Miron-Raguenet, propriétaire à Orléans... | 300 | » |
| M. Dufresné jeune, propriétaire à Orléans..... | 12 | » |
| M. le baron Raillon et le chapitre de l'église d'Orléans............................... | 1,260 | » |
| M. Bruère, notaire à Orléans................ | 250 | » |
| M. Petau-Lasneau, propriétaire à Orléans..... | 300 | » |
| M. Deloynes du Houlay, propriétaire à Orléans.. | 600 | » |
| M. Brillard, avocat à Orléans................ | 350 | » |
| M. de Sainte-Colombe, négociant à Orléans..... | 200 | » |
| M. Bruère aîné, ex-avoué à Orléans.......... | 200 | » |
| M. Alex. Jourdan, négociant à Orléans, rue Bannier, n° 87............................... | 100 | » |
| M. de Brunville, directeur des droits réunis..... | 500 | » |
| M. le baron de Talleyrand, préfet du département du Loiret................................ | 500 | » |

### Etude de M<sup>e</sup> Porcher.

| | | |
|---|---:|---:|
| M<sup>me</sup> veuve Pierre Deluchet, rue Bannier, n° 74. | 100 | » |
| M<sup>me</sup> veuve Delange et ses enfans, M<sup>lle</sup> Adélaïde Delange, M. François et M. Auguste Delange. | 2,000 | » |
| M. Edmond Delange, âgé de trois ans, fils de M. François Delange..................... | 20 | » |
| *A reporter*... | 30,617 | 46 |

| | | |
|---|---:|---|
| *Report*... | 30,617 f. | 46 c. |
| M. Adolphe Delange, âgé de cinq ans, fils de M. Auguste Delange.................. | 20 | » |
| M<sup>lle</sup> Victoire-Remi, femme de chambre de M<sup>me</sup> veuve Dalange................. | 5 | » |
| M. Henri-Justin Derochas, ancien garde du corps du roi Louis XVI, rue de Gourville........ | 300 | » |

*Etude de M<sup>e</sup> Cabart.*

| | | |
|---|---:|---|
| M<sup>lle</sup> Anne-Claire Michel, rentière, maison du Calvaire, à Orléans.................. | 55 | » |
| M. Charles Pottin, procureur au ci-devant Châtelet d'Orléans, rue du Poirier............. | 300 | » |
| M. Joseph Bernard, prêtre, demeurant à Orléans, maison de la Croix................... | 50 | » |
| M<sup>lle</sup> Marie-Thérèse-Augustine Tourtier de Villefavreux, demeurant rue de Gourville, à Orléans.............................. | 100 | » |
| M. Jean-Charles-Antoine Coquelle, chanoine honoraire, rue des Quatre-Degrés, à Orléans... | 100 | » |
| M. Antoine-Charles Tourtier de Villefavreux, propriétaire, rue de St-Euverte, à Orléans... | 150 | » |
| M. François-Claude Loyré, conseiller, rue Máchecloux, à Orléans................... | 500 | » |
| M<sup>lle</sup> Marie-Madeleine Tourtier d'Ouzouer, propriétaire, rue de Gourville, n° 10......... | 100 | » |
| M. Louis-Colas de Brouville, propriétaire, faubourg et porte Bannier................. | 400 | » |
| M. Michel-Colas de Brouville fils, propriétaire, faubourg et porte Bannier............... | 240 | » |
| M<sup>me</sup> Colas de Brouville, veuve de M. Jacques Tassin, propriétaire, demeurant faubourg et porte Bannier, à Orléans................ | 300 | » |
| M<sup>me</sup> Françoise-Henriette Colas de Malmusse, veuve de M. François-Luc-Pierre-Jacques de Mainville, propriétaire, rue Royale, n° 50, à Orléans.............................. | 300 | » |
| M<sup>me</sup> Marie-Victoire Colas de Brouville, supérieure de la maison de l'Hôpital d'Orléans, et M<sup>me</sup> Adélaïde Colas de Malmusse, veuve de M. Michel-Charles Meusnier, rue de Semoy, n° 7.................................. | 300 | » |
| *A reporter*... | 33,837 | 46 |

*Report*... 33,837 f. 46 c.

| | | |
|---|---:|---|
| M<sup>lle</sup> Suzanne Chevalier-Duchenay, propriétaire, cloître Sainte-Croix, à Orléans............ | 100 | » |
| M<sup>lle</sup> Marie-Madeleine Lefebvre, propriétaire, rue de la Levrette, à Orléans............... | 50 | » |
| M. Claude Bignon aîné, propriétaire, rue des Carmes, à Orléans.................... | 500 | » |
| MM. et M<sup>lles</sup> de Champvallins, frères et sœurs, propriétaires, place de l'Etape.......... | 1,000 | » |
| M<sup>me</sup> Dedelay Fénélon, douairière, rue du Bœuf-St-Paterne, à Orléans................. | 300 | » |
| M<sup>me</sup> Rousseau de Belle-Isle, veuve Dulac, propriétaire, rue Bannier, à Orléans.......... | 100 | » |
| M. Jean Ravot-Miron, négociant, cloître Saint-Pierre-le-Puellier................. | 2,000 | » |
| M. Prouvençal St-Hilaire, propriétaire, rue de Recouvrance, à Orléans............... | 1,000 | » |
| M<sup>me</sup> Dambrun de Domecy, propriétaire, place du Martroi, à Orléans................. | 500 | » |
| M. Roussel de Courcy, propriétaire à Orléans, rue Royale....................... | 3,000 | » |
| M. d'Hector de Rochefontaine, chanoine, rue Neuve, n° 17, à Orléans................ | 30 | » |
| M. de Champvallins, substitut du procureur du roi, rue des Basses-Goutières........... | 300 | » |
| M<sup>lles</sup> Jourdan, sœurs, propriétaires, cloître Sainte-Croix, à Orléans..................... | 400 | » |
| M<sup>me</sup> veuve Tassin de Villepion, propriétaire, rue de la Bretonnerie, à Orléans............ | 300 | » |
| M. Costé-Crignon, propriétaire à Orléans, rue des Petits-Souliers...................... | 500 | » |
| M. Alexandre-François Geffrier, négociant, rue d'Escures, n° 11, à Orléans.............. | 500 | » |
| M<sup>me</sup> Longuet, propriétaire à Orléans, rue de la Bretonnerie........................ | 100 | » |
| M<sup>me</sup> veuve Gasselin de Bompart, propriétaire, rue des Pastoureaux, à Orléans.......... | 100 | » |
| M. Hême-Lemoine-Montbrun, négociant, rue des Minimes, à Orléans................. | 1,000 | » |
| M. Louis-Colas de Brouville, propriétaire, faubourg et porte Bannier, à Orléans......... | 204 | 60 |

*A reporter*... 45,822 06

*Report*... 45,822 f. 06 c⋅⋅

| | | |
|---|---:|---|
| M<sup>me</sup> Dorsanne de Montlevic, la mère, propriétaire à Orléans.............................. | 140 | » |
| M. Wilhem Traber........................ | 12 | » |
| M<sup>mes</sup> Meunier et de Brouville, pour des personnes qui veulent rester inconnues........... | 53 | » |
| M. Torriot, dentiste....................... | 5 | 80 |
| M<sup>me</sup> veuve Argand, rue de l'Ecu-d'Or, n° 19... | 50 | » |
| M. Loiseau-Bigot, propriétaire, place du Martroi................................ | 40 | » |
| M. Desjardin, rue du Tabourg, n° 44......... | 25 | » |

### Etude de M<sup>e</sup> Porcher.

| | | |
|---|---:|---|
| M<sup>me</sup> veuve Laisné Sainte-Marie, rue Ste-Anne, n° 24.................................. | 236 | » |
| M. Malmusse de Noras, propriétaire, rue de la Bretonnerie............................ | 300 | » |
| M<sup>lle</sup> Marie-Jeanne Loiseau, femme de chambre de M<sup>me</sup> veuve Deluchet.................. | 5 | » |
| M<sup>me</sup> Deluchet, religieuse de la maison royale de St-Louis, à St-Cyr....................... | 100 | » |
| M. Deroisin, propriétaire à Orléans, rue Bannier. | 200 | » |
| M. de Milbert, propriétaire à Orléans, rue des Basses-Gouttières........................ | 200 | » |
| M<sup>me</sup> veuve de Saint-Mesmin, demeurant à Orléans, rue des Basses-Gouttières, n° 10...... | 100 | » |
| M. de Saint-Maurice...................... | 1,000 | » |
| M. Jallon, médecin à Orléans............... | 500 | » |
| M. Rabelleau............................ | 240 | » |

### Etude de M<sup>e</sup> Néron.

| | | |
|---|---:|---|
| M. Jean-Baptiste Dumoutier, prêtre à Orléans, place du Martroi........................ | 20 | » |
| M<sup>me</sup> veuve Néron, propriétaire, rue des Grands-Carmes, n° 19........................... | 120 | » |
| M. Nicolas Asselin, prêtre pensionné, à l'Hôpital................................... | 100 | » |
| M. le marquis de la Roussière, rue de la Bretonnerie, n° 31, à Orléans.................... | 1,200 | » |
| M. Noël de Buzonnières, propriétaire à Orléans, rue de la Cerche, n° 3..................... | 300 | » |

*A reporter*... 50,768 86

| | | |
|---|---:|:--|
| Report... | 50,768 f. | 86 c. |
| M. Néron, notaire à Orléans, rue des Grands-Carmes............................... | 180 | » |
| M. Sinson-Dauneux, prêtre, rue du Bourdon-Blanc, n° 42........................... | 400 | » |
| M. Destas, ancien chanoine de Saint-Aignan.... | 100 | » |

### Etude de M<sup>e</sup> Giret

| | | |
|---|---:|:--|
| M. Guillaume Vandebergue, propriétaire à Orléans, rue Royale...................... | 50 | » |
| M. Silvain-Louis Dinomé, ancien secrétaire général du département, rue des Chartiers, n° 8.. | 40 | » |
| M<sup>me</sup> veuve Sévestre, propriétaire à Orléans, rue des Carmes............................ | 40 | » |
| M. Réné-Claude-Maximilien Capitan père, propriétaire, rue d'Iliers................. | 500 | » |
| M. Lambron, pharmacien à Orléans, rue Bannier. | 10 | » |
| M. Ranque, médecin........................ | 400 | » |
| M. Hubert-Crignon, président du tribunal de commerce................................ | 300 | » |
| M. Bruzeau................................ | 120 | » |
| Huet-Perdoux............................. | 100 | » |

### Etude de M<sup>e</sup> Caillaux.

| | | |
|---|---:|:--|
| M. Etienne-Marcou Voisin, propriétaire, rue de la Bretonnerie, n° 9..................... | 50 | » |
| M. Firmin Champigny, prêtre, au château de la Source.................................. | 100 | » |
| M. Jacques-Aignan Hanapier-Glatigny, rue de Recouvrance, n° 10..................... | 100 | » |
| M<sup>me</sup> Françoise-Angélique Duchesnay, veuve de Charles-Jean-Pierre Boyetet de Visy, propriétaire, rue du Battoir-Vert, n° 8........... | 200 | » |
| M. Pothain, notaire royal à Orléans, rue de la Préfecture, n° 6........................ | 200 | » |
| M<sup>mes</sup> Delacroix sœurs et Rochoux, commerçans, rue Royale, n° 87...................... | 100 | » |
| M. Moreau, avocat à Orléans, rue de la Bretonnerie.................................. | 300 | » |
| M. Alexandre Geffrier, receveur des contributions, rue du Bourdon-Blanc.............. | 300 | » |
| A reporter... | 54,358 | 86 |

Report... 54,358 f. 86 c.

### Etude de M<sup>e</sup> Pelletier.

| | | |
|---|---:|---|
| M. Geffrier-Lenormand, propriétaire à Orléans, rue d'Escures............................. | 1,500 | » |
| M<sup>lle</sup> Marie-Thérèse Duverger, rentière, rue Coquille, n° 1, à Orléans................. | 25 | » |
| M<sup>lle</sup> Marie-Françoise Gaudet, cuisinière de M. Ratoré, marchand de papier, rue Royale....... | 50 | » |
| M. Isambert Saint-Aignan, d'Orléans......... | 200 | » |
| M. Lanoix, médecin à Orléans............... | 300 | » |
| M. de Guercheville, à Orléans.............. | 1,000 | » |

### Etude de M<sup>e</sup> Amy.

| | | |
|---|---:|---|
| M. Avignon, maire d'Ardon, canton de Laferté-St-Aubin.................................. | 25 | » |
| M. Fouré, médecin à Orléans............... | 400 | » |
| M. Paulmier, directeur des contributions à Orléans.................................... | 300 | » |
| M. Boucher-Mézière, propriétaire à Orléans.... | 240 | » |
| M. Marcueyz, négociant à Orléans........... | 200 | » |
| M. Savard, conseiller de préfecture.......... | 150 | » |

### Etude de M<sup>e</sup> Cabart.

| | | |
|---|---:|---|
| M<sup>me</sup> Adélaïde-Marie-d'Orléans, veuve de M. d'Autroche-Desmarais, rue des Carmelites, à Orléans.................................... | 320 | » |
| M<sup>me</sup> Leclerc de Lesseville, douairière, rue de la Levrette, n° 12, à Orléans.................. | 25 | » |
| M. Duclaud, rue du Tabourg, n° 44.......... | 12 | » |
| M. Jarron................................ | 100 | » |
| M. Basseville aîné, rue Bourgogne........... | 100 | » |
| M. Beck, tailleur......................... | 20 | » |
| M. Fouquet.............................. | 58 | » |
| M<sup>lle</sup> Bonne Gillain, maîtresse de pension, rue du Marché-aux-Balais......................... | 25 | » |
| M. Creté, maître d'écriture, rue Neuve, n° 27.. | 25 | » |
| M. Blandin, chanoine honoraire.............. | 100 | » |
| M. Noë, prêtre........................... | 20 | » |
| M<sup>lle</sup> Legrand............................. | 20 | » |
| M. Augustin Miron........................ | 200 | » |
| M<sup>me</sup> veuve Boyetet-Domainville.............. | 200 | » |

A reporter... 59,973 86

|  |  |  |
|---|---:|---|
| Report... | 59,973 f. | 86 c. |
| M<sup>lle</sup> Miron-Levassor.................... | 100 | » |
| Les membres de l'académie ............... | 400 | » |
| MM. Rousseau, Jouvellier et Noury, négocians, rue des Carmes....................... | 1,200 | » |
| M. Lasneau, propriétaire, rue de la Bretonnerie. | 240 | » |
| M. Roger, entrepreneur particulier des tabacs, à Orléans........................... | 30 | » |

*Soumissions à recouvrer.*

|  |  |  |
|---|---:|---|
| MM. Vignat frères, d'Orléans............... | 1,000 | » |
| M. Gaultier-Savard, de Beaugency........... | 1,000 | » |
| M. Lefort-Chevalier, de Gien............... | 3,000 | » |
| M<sup>me</sup> Vandebergue-Letrône............... | 300 | » |
| M. Capitan fils d'Orléans................... | 500 | » |
| M. Caternaut de Castelnaut................ | 100 | » |
| M. Doyen, receveur général................ | 700 | » |
| M. Louis Périnet, portier du pont d'Orléans, ancien militaire au régiment royal-marine, a offert de faire remise de sa pension viagère de 66 fr., réduite au tiers, inscrite au vol. 7, n° 13,469, avec les arrérages qui lui sont dus par le gouvernement. |  |  |
| Une personne qui désire rester inconnue, en commémoration de la reprise de la fête de St-Louis....................... | 104 | » |
| Total.......... | 68,647 f. | 86 c. |

*4 juillet* 1814. — Bénédiction des étendards de la brillante cohorte urbaine à cheval qui venait de se former à Orléans; la cérémonie fut faite dans la cathédrale de Ste-Croix, et la remise dans l'hôtel de la mairie, où des discours remarquables furent prononcés par le préfet du Loiret, Alexandre de Talleyrand, le maire Crignon-Désormeaux et le baron Lambert de Cambray, chef de la cohorte.

*7 juillet* 1814. — Aignan, de Beaugency, est reçu membre de l'académie française, en remplacement de Bernardin de St-Pierre. (76.)

*9 juillet* 1814. — M. Laisné de Villevêque, membre du conseil général du département du Loiret et chef de la manufacture de coton de St-Euverte à Orléans, fait imprimer, chez Guyot aîné, rue des Trois-Maries, et distribuer GRATIS par toute la ville, la copie de deux lettres de lui, adressées à M. le rédacteur de la *Gazette de France* à Paris, pour démentir le contenu d'une lettre écrite à M. F. Chéron, de Paris, datée d'Orléans, le 26 juin dernier, insérée dans sa feuille du 7 de ce mois, et relative à une pétition adressée en avril 1794 à la Convention nationale, pour lui demander l'élargissement de Madame royale, fille de Louis XVI, alors détenue au Temple, pétition dont on attribuait la demande et la rédaction à Mersan, procureur syndic de la commune d'Orléans, et que M. Laisné de Villevêque prétendait avoir lui-même conçue et rédigée étant à la maison de campagne de son beau-père, M. Miron, laquelle pétition fut signée de lui et de l'abbé Casabonne, son ami, qui se chargea de l'envoyer à la Convention.

Voir pour cette affaire page 354 de notre deuxième volume de la 2$^e$ partie.

19 *juillet* 1814. — Louis XVIII change les insignes de la Légion-d'Honneur; il ordonna d'ôter l'effigie de Napoléon, pour y placer celle de Henri IV, et de faire disparaître, du côté opposé, l'aigle, pour y mettre trois fleurs de lis, le tout en conservant le ruban rouge moiré. (43.)

19 *juillet* 1814. — Le sieur Colas de Brouville, Orléanais, fait imprimer chez Huet-Perdoux, rue Royale, et distribuer gratis dans la ville, un petit ouvrage de sa composition, intitulé: *Mes réflexions sur la liberté de la presse*, écrit approuvé par les uns et très-critiqué par les autres. (77.)

28 *juillet* 1814. — Le duc d'Orléans, aujourd'hui roi de France, arrive de Palerme à Paris et reçoit de Louis XVIII, son cousin, la croix de St-Louis et le titre de colonel-général des hussards de France, grade qui lui avait été destiné par l'ordonnance royale sur le gouvernement militaire du royaume, en date du 12 juin dernier.

1$^{er}$ *août* 1814. — Inauguration, dans la salle de la mairie, du buste en marbre de S. M. Louis XVIII, de grandeur naturelle, fait par le statuaire Bossio; ce chef-d'œuvre avait coûté la somme de 2,000 fr.

12 *août* 1814. — Arrivée à Orléans de Marie-Thérèse-Charlotte de France, Madame, duchesse d'Angoulême, fille de Louis XVI, née à Versailles le 19 décembre 1778, alors âgée de 36 ans environ.

Cette princesse fit son entrée par le faubourg Bourgogne et fut conduite par les remparts extérieurs jusqu'à la porte St-Vincent : à cet endroit, sa voiture fut dételée et traînée à bras par les sapeurs-pompiers de la ville, qui s'y attelèrent sous le commandement de leurs chefs; ils firent rouler le char jusqu'à l'hôtel de la préfecture, où la princesse coucha, après avoir parcouru le Mail, la rue Bannier, la place du Martroi, la rue d'Escures, la place de l'Étape, les cloîtres Ste-Croix, ouest et sud, puis la rue Pothier.

Cette entrée fut brillante et pompeuse; les rues et places que le cortége suivit furent tendues de même qu'il se pratique à Orléans à la Fête-Dieu; il y eut même un sieur D***, rue Bannier, qui fit mettre des tapisseries sur le pavé, devant sa maison, fit placer des cordes qui traversaient la rue dans sa largeur, pour y suspendre des couronnes de verdure, des guirlandes, des devises et qui poussa même l'enthousiasme jusqu'à répandre des fleurs devant la chaise de poste de la duchesse d'Angoulême.

La princesse dîna à la préfecture, où elle avait été reçue très-magnifiquement par le préfet de Talleyrand, par les autorités civiles et militaires, par un cercle de dames et un grand nombre d'habitans.

Le soir, S. A. R. se rendit à le mairie où un concert, un bal et soupé avaient été préparés par les soins du maire; parmi les morceaux de musique qui furent exécutés au concert par les amateurs et les artistes de la ville, sous la direction de M. Lottin, professeur, on remarqua une ouverture de la composition de ce dernier et une cantate sur l'air de : *Vive Henri IV*, dont les vers faits par M. d'Autroche, poète orléanais, finissant par le refrain de *vive d'Angoulême*, lequel était répété en chœur et grande symphonie par tous les assistans. Le bal commença par un quadrille exécuté en présence de la princesse, qui était placée sur un trône orné de drapeaux et de devises.

La duchesse d'Angoulême, fatiguée du voyage, se retira du bal après la première contre-danse et n'assista pas au banquet, ce qui la priva du plaisir d'entendre chanter des couplets en son honneur, réciter des vers à sa louange, et surtout recevoir les toasts nombreux portés en son nom.

C'est ce jour que se passa le fait suivant :

M. Petit-Lafosse, premier président de la cour royale d'Orléans, et madame Petit-Lafosse se présentent à l'hôtel de la préfecture pour assister à cette fête (à laquelle, à la vérité, ils n'avaient pas été invités, la princesse ayant fait rayer leurs noms sur la liste qu'on lui avait soumise.) A peine sont-ils entrés dans l'antichambre, qu'ils sont insultés d'une manière brutale par le sieur \*\*\*, émigré rentré, qui se permit d'apostropher ce haut magistrat sur ses opinions politiques, sans que le préfet, dans la maison et en présence duquel cette scène avait lieu, ait osé prendre sa défense. Il fut obligé de se retirer, laissant le provocateur malhonnête se pavaner d'avoir fait quitter la place à un napoléoniste qui, selon lui, n'était pas fait pour se trouver avec des gens pensant bien. (7-77.)

13 *août* 1814. — Départ de la duchesse d'Angoulême d'Orléans. La princesse, levée à sept heures du matin, se rendit à la cathédrale pour y entendre la messe, qui fut dite par le curé Corbin, grand-pénitencier, assisté de tout le clergé, moins l'évêque nommé M. Raillon. S. A. R. sortit de la ville par la porte Bannier pour se rendre à Paris, après avoir suivi le cloître nord de Ste-Croix, la rue de l'Évêché, la place de l'Étape, la rue d'Escures, le Martroi et la rue Bannier, dans laquelle elle fut saluée par toutes les cloches de l'église de St-Paterne, dont le curé, M. Blandin, l'attendait sur le perron extérieur du temple où il avait rangé tout son clergé avec la croix et les cierges allumés : la princesse répondit à son attention par un salut gracieux et un signe de croix.

Madame, duchesse d'Angoulême, franchit le seuil de la porte Bannier vers six heures, emportant avec elle les bénédictions des Orléanais, auxquels elle témoigna toute sa gratitude par des signes de tête affectueux. (77.)

La garde urbaine à pied, dont une partie avait fait le service près la duchesse tout le temps de son séjour à Orléans, s'arrêta à l'entrée du faubourg Bannier, se mit en ligne et présenta les armes, le tambour battant au champ; la garde à cheval, qui avait également fait le piquet au palais de la préfecture, suivit la voiture qui prit le galop des chevaux de poste, montés par les postillons en uniforme, ornés de rubans blancs et ne quitta S. A. R. qu'à la limite du département.

Cette réception coûta à la caisse municipale la somme de 17,187 fr. et beaucoup de travail, surtout à la préfecture, où, pour loger commodément la princesse et sa suite, quoique peu nombreuse, les personnages de la maison refluèrent dans les autres cénacles, ce qui fit que les titres et papiers, rangés dans plusieurs appartemens du premier, furent jetés pêle-mêle dans un petit entre-sol élevé de dix ou douze marches du grand escalier où nous les avons vus dans une extrême confusion. (3-4-77.)

EXTRAIT DE LA GAZETTE DE FRANCE.

*A M. le Rédacteur.*

Orléans, 13 août 1844.

« Monsieur,

« Je crois vous faire plaisir en vous transmettant quelques détails sur notre belle journée d'hier, qui laissera à jamais à notre ville de chers et glorieux souvenirs. Nous attendions vers quatre heures S. A. R. Madame, duchesse d'Angoulême, qui avait couché à Sens, et qui voulait bien nous donner quelques momens avant de retourner à Paris. Le temps était superbe; une foule immense attendait la princesse à l'une des portes du nord, où sa voiture fut aussitôt dételée et traînée par le corps des pompiers, qui avaient réclamé cet honneur. Madame, arrivée à la préfecture, reçut d'abord l'hommage des jeunes demoiselles, qui semblaient former la garde d'honneur la plus brillante et la plus aimable d'une souveraine adorée; les députations des corps se succédèrent ensuite. Madame répondit à la cour royale avec cet accent qui part du cœur, et dont l'impression ne peut être rendue, parce qu'elle tient au charme même de la situation : « Je n'oublierai jamais ce que les habitans d'Orléans ont fait pour moi; je me suis détournée de ma route exprès pour venir passer quelques momens avec eux. »

« Je passe, Monsieur, les illuminations, le feu d'artifice et ces sortes de descriptions qui pourraient ressembler à tout, pour arriver à des particularités que vous ne trouverez peut-être pas indignes de l'attention de vos lecteurs. Après quelques momens d'un repos bien nécessaire, Madame sortit de la préfecture, où elle avait dîné, pour jouir du spectacle des fêtes. Tout était ravissement et bonheur autour d'elle; elle en partageait avec délice les émotions. Sa vue s'arrêtait avec obligeance sur tous les transparens, où chacun s'était efforcé d'exprimer son hommage. Deux, surtout, fixèrent ses regards, parce qu'ils offraient une révélation enfermée jusqu'alors dans le secret de son âme. L'un portait ces paroles : « ......Oui, « mon oncle, c'est celle dont ils ont fait périr le père, la « mère et la tante, qui, à genoux, vous demande et leur « grâce et la paix (*). » L'autre était conçu en ces termes : « Il est plus d'une voix qui, du haut du ciel, me crie qu'il « (le Roi) est tout pour moi, qu'il me tiendra lieu de tout « ce que j'ai perdu, et que je ne dois jamais l'abandonner; « aussi, j'y serai fidèle, et la mort seule m'en séparera (**). » Madame s'écria à l'instant : « C'est sûrement la demeure de « M. Hardouineau; il n'y a que lui qui ait pu ici conserver « ces souvenirs. » Elle ne se trompait pas : c'était ce Français, courageux et fidèle compagnon de toutes les adversités de son maître et de sa noble famille, qui offrait cet hommage si pur et si délicat à celle qui ne pouvait être dignement louée que par l'expression de ses propres sentimens. En entrant à la mairie, Madame le remercia avec

---

(*) Ce passage est tiré d'une lettre de MADAME au ROI, lorsqu'à sa sortie du Temple elle entrait en Allemagne pour se rendre à Vienne. Elle est dès premiers jours de janvier 1796, et la première qu'elle écrivit *furtivement* et *pendant la nuit* au chef de sa famille.

(**) Extrait d'une lettre de MADAME à la reine de Prusse.

cette effusion de sentiment qui n'appartient qu'à un cœur vivement et profondément pénétré.

« Je craindrais d'affaiblir mes propres sentimens, si j'entreprenais de faire valoir tout ce qu'il y a d'admirable dans ce peu de paroles que vous venez de lire, et cette douceur inaltérable d'une âme élevée et sensible, et en même temps une certaine fermeté de caractère si étonnante dans une jeune princesse de dix-sept ans, qui se relève plus forte et plus généreuse du malheur même qui devait ou l'abattre ou l'aigrir. Il y a des êtres privilégiés dont les déterminations sont l'ouvrage d'une puissance surnaturelle.

« Il me reste, Monsieur, peu de choses à vous dire sur cette journée de bonheur qui n'est plus qu'un songe pour nous. Les plaisirs du concert, et du bal qui s'était ouvert en présence de Madame, se sont prolongés bien avant dans la nuit. S. A. R. s'était retirée avant dix heures du soir. Ce matin, elle nous a quittés à six heures. La foule qui l'attendait était aussi nombreuse que la veille à son arrivée. Des larmes d'admiration et de regrets ont accompagné nos adieux. Elle est partie comblée de bénédictions. Aujourd'hui, nos murs sont couverts des témoignages de satisfaction qu'elle a chargé M. le préfet de nous transmettre. Rien n'a manqué à l'éclat et aux plaisirs d'une fête qui a consacré pour toujours le souvenir d'une généreuse fidélité et d'une illustre et touchante reconnaissance.

« J'ai l'honneur d'être, etc.

« *Un de vos abonnés.* »

Le même jour, il fut distribué gratuitement, à Orléans, les deux pièces suivantes présentées manuscrites à S. A. R. qui avait bien voulu en permettre l'impression.

### STANCES A MADAME ROYALE.

D'une tige sacrée, auguste rejeton,
De Louis, d'Antoinette et la fille et l'image,
Un époux de ton sang ajoute à notre hommage;
Thérèse méritait d'être deux fois Bourbon.

Le ciel en te sauvant sur les bords de l'abîme,
Pour prix de ta candeur lui réservait un jour
Ces tributs si touchans de respect et d'amour
Au malheureux Louis enlevés par le crime.

Si nos lois permettaient le sceptre à la beauté,
Ta naissance et nos vœux t'assuraient la couronne;
Mais d'un père adoré, vertueuse Antigone,
Ton front du diadême eût paru moins flatté.

Tandis que le pouvoir d'un prince ami des mœurs
Nous fera respecter la justice et les temples,
Tes célestes vertus et tes pieux exemples
Finiront son ouvrage et gagneront les cœurs.

Oh! combien de Vichy la nymphe salutaire,
A dû te prodiguer ses soins religieux,
Heureuse d'affermir une santé si chère
Dans l'aimable pays berceau de tes aïeux!

Du Loiret aujourd'hui, la Naïade enchantée,
Le dispute à Vichy, du moins par son amour,
Et de te voir captive autrefois tourmentée (*),
Te voudrait maintenant captiver plus d'un jour.

(Par M. L. DUPARC, inspecteur de l'Académie d'Orléans).

HOMMAGE DES ORLÉANAIS, A SON ALTESSE ROYALE MADAME LA DUCHESSE D'ANGOULÊME.

AIR : *Charmante Gabrielle.*

Ah! c'est vraiment ta fête,
Orléans, en ce jour,
Jouis de ta conquête,
Tu la dois à l'amour.
L'objet de ta tendresse
Et de tes vœux,
Ta royale princesse
S'offre à tes yeux.

(*) On sait que dans le temps où MADAME ROYALE était retenue au Temple, sa liberté fut réclamée par la ville d'Orléans.

Trop long-temps immolée
A des dieux infernaux,
La France désolée
A gémi de ses maux.
A ceux qu'un ciel sévère
   Lui fit souffrir,
S'unit d'un temps prospère
   Le souvenir.

Des Bourbons le génie
Avec eux s'exila,
Dans leur triste patrie
Le bonheur s'éclipsa.
Périsse la mémoire
   De nos exploits!
Il n'est pour nous de gloire
   Qu'avec nos rois.

L'Europe aime et révère
Le sang du grand HENRI.
Sous un joug tutélaire
Tout peuple est notre ami.
De THÉRÈSE la grâce
   Et la bonté,
Font chérir de sa race
   La majesté.

En ces temps où la France
N'écoutait que son cœur,
Le jour de sa naissance
Fut un jour de bonheur.
Le ciel nous rend l'aurore
   D'un jour si beau ;
Les Français sont encore
   A son berceau!

(Par M. MARION, doyen d'âge de l'ordre des avocats à la cour royale d'Orléans, honoré par S. M. Louis XVIII, de la décoration du lis).

Parmi les transparens qui ornaient les maisons de plusieurs habitans, on avait remarqué celui d'un nommé Pomageau, pâtissier-traiteur de son état, rue Bannier, n° 52; lequel avait placé, sur le devant de sa boutique, un transparent rond en forme de galette ou de pain béni, de deux pieds de diamètre, portant les lignes suivantes :

VIVE LA FAMILLE DES BOURBONS,

MORT A CELLE DES NAPOLÉONS ;

AU SERVICE DES PREMIERS,

MES PATÉS, MES BRIOCHES ;

POUR SERVIR AUX DERNIERS,

ET MON FOUR, ET MES BROCHES.

VIVE LE ROI !!!!!.....

16 *août* 1814. — Lettre écrite par M. le préfet du Loiret à M. Lottin, directeur du concert donné à Madame, et compositeur de l'ouverture à grand orchestre qui y avait été exécutée.

« A M. Lottin, maître de musique à Orléans.

« Son Altesse Royale *Madame*, duchesse d'Angoulême, ayant bien voulu vous accorder la décoration du lis et la permission de la porter, je m'empresse de vous en donner avis.

« A Orléans, le 16 août 1814.

« *Le préfet du département du Loiret,*
« Baron de TALLEYRAND. (Autographe.) »

— Arrêté du préfet du Loiret, relatif à l'exercice d'écarisseur ou écorcheur d'Orléans, lequel porte, par un de ses articles principaux, qu'ils seront obligés de conduire les animaux morts, pour en ôter la peau, à l'entrée de la forêt d'Orléans, sur le bord de la chaussée de St-Lyé, et d'enfouir les corps à quatre pieds de profondeur en terre. Avant cet arrêté, l'écarissage se faisait au bord de l'eau, près la porte Bourgogne, ce qui infectait tous le quartier est de la ville. (3.)

23 *août* 1814. — Ordonnance royale qui autorise l'emprunt fait par les administrateurs ou membres de la commission administrative de l'Hôpital-Général, de l'Hôtel-Dieu et de la maison de la Croix, d'Orléans, composée de MM. Crignon-Désormeaux, maire et président; Lochon-Houdouard, Dufaur de Pibrac, Rabelleau, Costé-Crignon et Demadières père, lequel emprunt se montait à la somme de 180,000 fr. nécessaires pour les besoins de ces trois maisons. (4.)

2 *septembre* 1814. — Mort de Pierre Ronceray, président du tribunal de première instance d'Orléans, homme très-estimable et fort instruit. (76.)

14 *septembre* 1814. — Publication à Orléans d'une épitre en vers français, intitulée *Epître à Jacques Delille, sur l'Esprit des conquêtes et sur le Retour des princes de la maison de Bourbon*, par L. Duparc (aveugle), inspecteur de l'académie d'Orléans, chez Huet-Perdoux, rue Royale. (7.)

22 *septembre* 1814. — Le duc d'Orléans (Louis-Philippe) arrive à Paris, de retour de son voyage chez son beau-père, le roi de Sicile, pays où il était allé chercher son épouse, ses enfans et sa sœur: ce prince alla de suite habiter le Palais-Royal. (43.)

30 *septembre* 1814. — Ordonnance royale relative à l'exercice de la profession de boulanger à Orléans, et à la garantie en grains que chacun d'eux était forcé de déposer dans les greniers de la ville, pour sûreté de l'observance de ladite ordonnance, et pour une partie des subsistances des habitans.

*Désignation de la garantie.*

Boulangers de 1ʳᵉ classe, chaque, 4,000 kilogrammes.
—     de 2ᵉ     —     3,000    —
—     de 3ᵉ     —     2,000    —

*Pour l'approvisionnement.*

Boulangers de 1ʳᵉ classe, chaque, 4,000 kilogrammes.
—     de 2ᵉ     —     3,000    —
—     de 2ᵉ     —     2,000    —   (4.)

*Septembre* 1814. — Le chemin de roulage qui existe présentement à l'extérieur des murs de la ville d'Orléans, depuis le jardin des Plantes jusqu'à la porte du quai du Roi, est, après plusieurs années de travail par les ouvriers de la charité, livré au public, et des poteaux placés au commencement de chacune de ses divisions sont élevés pour indiquer les divers noms qui leur avaient été donnés.

Ce chemin de roulage, ou boulevard extérieur, fut ainsi divisé :

1°, De la porte Barentin à la porte Madeleine, boulevard des Princes ;

2°, De la porte Madeleine à la porte St-Jean, boulevard du duc de Berry ;

3°, De la porte St-Jean à la porte Bannier, boulevard du duc d'Angoulême ;

4°, De la porte Bannier à la porte St-Vincent, boulevard de Monsieur ;

5°, De la porte St-Vincent à la porte Bourgogne, boulevard de Madame ;

6°, De la porte Bourgogne à la porte du Quai-du-Roi, boulevard du Roi. (4.)

6 *octobre* 1814. — Louis XVIII, par une ordonnance royale, autorise l'institution à Orléans, de la maison dite de la Providence : cet établissement, dont M. d'Autroche de Sailly, ou de la Porte, riche propriétaire de la province, fut le fondateur était destiné à recevoir les jeunes filles pauvres, pour leur apprendre gratuitement des métiers qui pussent les mettre dans le cas de se suffire à elles-mêmes à l'époque de leur sortie.

Cette maison fut provisoirement ouverte rue du Pot-de-Fer, paroisse de St-Paterne.

1er *novembre* 1814. — Mort de Tassin de la Renardière, âgé de 85 ans, homme savant d'Orléans.

18 *novembre* 1814. — Promulgation de la loi concernant le rétablissement des dimanches et fêtes en France.

Les fêtes religieuses, conservées au nombre de quatre, savoir : Noël, l'Ascension, l'Assomption, la Toussaint.

Ordre d'observer les dimanches, et défense des jeux, danses, marchés, ouverture des boutiques, ventes, travaux, etc., etc., etc., pendant l'office divin, sous peine de police. (4.)

19 *novembre* 1814. — Mort de M$^{me}$ d'Embrun, née Curault, Orléanaise.

— Barbot fils, Orléanais, fait paraître un ouvrage ayant pour titre : *Constitution du temps, garantie des mœurs nationales*, chez Huet-Perdoux, imprimeur d'Orléans.

20 *novembre* 1814. — Fouqueau de Pussy, poète orléanais, fait paraître l'ode en vers français qu'il avait composée pour le duc d'Angoulême, et qu'il avait présentée lui-même au prince, lors de son passage, pour la seconde fois, à Orléans, le 22 mai dernier, imprimée chez Huet-Perdoux, rue Royale.

31 *décembre* 1814. — Mort de Jean-Marc Meunier, homme de lettres, natif d'Orléans.

## 1815.

1er *janvier* 1815. — Les bases de la répartition des contributions de 1815 sont les mêmes que celles de l'année précédente.

Le contingent du département du Loiret à la contribu-

| | |
|---|---|
| tion foncière de 1815 est porté à | 2,330,000 fr. |
| Son contingent à la contribution personnelle, somptuaire et mobilière de la même année est de | 373,100 |
| Pour réparation et entretien des routes de seconde classe, y joignant les frais de perception | 84,000 |
| Pour l'entretien et la réparation des routes départementales | 54,000 |
| Pour la dépense du dépôt de mendicité, y joignant les remises des percepteurs | 27,000 |
| Total | 2,868,100 fr. |

Non compris les centimes additionnels. (3.)

2 *janvier* 1815. — Rétablissement de l'école gratuite de dessin et d'architecture à Orléans, dont le professeur en chef fut M. Pagot fils, architecte.

Cette école fut placée dans les bâtimens de la bibliothèque publique de la ville.

9 *janvier* 1815. — Le roi Louis XVIII, sur la présentation du ministre de la police de France, Decazes, et celle du préfet du Loiret, de Talleyrand, nomme les quatre commissaires de la police à Orléans. Furent nommés :

MM. Legros, commissaire et chef du bureau central de la police d'Orléans; Deloynes, commissaire en chef; Hersant-Desmarres, Cadot-Grammont. (3-4.)

27 *janvier* 1815. — Arrêté du maire d'Orléans, relatif aux fripiers, revendeurs, ferrailleurs, etc., etc., auxquels il est défendu de rien acheter aux enfans, serviteurs et servantes, et ordonné d'être pourvus d'un livret coté et paraphé par le commissaire du quartier, à l'effet d'inscrire, jour par jour, la vente et le détail des objets vendus ou achetés par eux. (4.)

— Publication faite à Orléans, d'une ordonnance royale relative à l'épizootie, qui sévissait contre les animaux et principalement contre les bestiaux. Cette ordonnance, qui fut affichée à Orléans, nécessita des mesures de police très-rigoureuses. (3.)

*28 janvier* 1815. — Mouvement de la population dans la commune pendant l'année 1814.

Naissances....... 1,482 } Perte.... 2,721
Décès............ 4,203 }

Cette perte effrayante vient des malheureux militaires, qui mouraient par centaines dans les hôpitaux établis à St-Charles, dans l'église des Capucins et dans la raffinerie des Augustins.

— Nomination de quatre officiers de louveterie pour le département du Loiret, par le préfet de Talleyrand, lesquels furent MM. Crignon-Désormeaux, fils aîné du maire d'Orléans; Bioche, à St-Lyé; de Courcy, à Orléans; et de Ligneris, à Orléans.

*État des loups tués dans la commune d'Orléans, et montant des sommes payées à titre de prime par le gouvernement en* 1814.

Une louve pleine..................... 15 fr.
Cinq louves non pleines, à 15 fr. chaque. 75
Quinze loups, à 12 fr. chaque......... 180
Un louveteau......................... 3

273 fr.

*31 janvier* 1815. — Arrêté du maire d'Orléans, relatif au réglement à observer pour le magasin de garantie, et nomination d'un gardien établi place du Vieux-Marché, ou Marché-aux-Veaux, dans le local de l'ancienne caserne de gendarmerie, qui était, plus anciennement encore, l'Aumône de St-Paul. (4-21.)

La dépense de cet établissement fut fixée à la somme de 1,500 fr., ainsi répartie :

Appointemens du gardien............ 800 fr.
Entretien des bâtimens.............. 400
Frais de bureau..................... 300

1,500 fr.

*6 février* 1815. — Arrêté du maire d'Orléans, qui défend de se promener et courir les rues de la ville avec des brandons allumés.

Brandon, flambeau de paille, corde goudronnée ou

tison, très-ancien usage dans la chrétienté. Le dimanche des Brandons est le premier dimanche de carême, auquel les jeunes paysans faisaient autrefois, sur le soir, des processions et autres cérémonies avec des flambeaux de paille allumés, pour chasser le mauvais air de leurs vignes et de leurs terres. (70.)

*18 février* 1815. — Formation de la société paternelle des *chevaliers de St-Louis* en France, et nomination des *chevaliers* correspondans dans les divers départemens. *Avis de M. Léon-Armand de Sailly, chevalier pour le département du Loiret.* « La société paternelle de MM. les *chevaliers de St-Louis* a nommé M. le marquis de Sailly, *chevalier de St-Louis*, son *chevalier* correspondant pour le département du Loiret; M. de Sailly s'empresse d'avoir l'honneur d'en faire part à MM. les *chevaliers de St-Louis* du département, ainsi qu'aux veuves, aux enfans et petits-enfans des *chevaliers de St-Louis*, les priant de lui faire parvenir leurs affaires pour l'association, et leurs différentes réclamations, qu'il se fera un plaisir et un devoir de faire appuyer auprès du comité de la société des *chevaliers de St-Louis*.

« Léon-Armand de Sailly, *chevalier de St-Louis.* »

— Le corps municipal d'Orléans, d'après l'avis du maire, fonde un salut dans l'église de St-Aignan, pour l'anniversaire de l'heureuse délivrance de la ville, qui avait été menacée d'être prise et brûlée par les Cosaques russes, les 17 et 18 février dernier. Cette fondation fut arrêtée moyennant la somme de 150 fr. par an. (4.)

*26 février* 1815. — Napoléon quitte l'île d'Elbe pour revenir en France. (43-82.)

*27 février* 1815. — Le duc et la duchesse d'Angoulême arrivent à Orléans à sept heures du soir, par la porte Bannier, et sont reçus dans cette ville avec un grand enthousiasme. Le maire et le préfet déploient, dans cette circonstance, un zèle extraordinaire et font des préparatifs immenses; l'un et l'autre, quelques jours avant, avaient fait des proclamations pour annoncer l'arrivée de LL. AA. RR., afin de disposer l'esprit des Orléanais, et pris les précautions les plus minutieuses pour que rien ne fût oublié pour fêter dignement le duc et la duchesse. Ci-après copie authentique d'un arrêté du préfet, relatif à cette arrivée.

Le préfet du département du Loiret,

Voulant régler l'ordre qui sera observé au palais de la préfecture pendant le séjour de LL. AA. RR. Monseigneur le duc et Madame la duchesse d'Angoulême ;

Arrête :

Art. 1$^{er}$. Le lundi, 27 février, il ne sera plus permis d'entrer au palais sans billet.

Les autorités constituées qui doivent venir par députation ou en corps, pour la réception de LL. AA. RR., représenteront leurs lettres d'invitation à la porte d'entrée.

Les personnes invitées pour être présentes à l'arrivée de LL. AA. RR., auront une carte jaune, timbrée *Préfecture*, carte d'entrée pour la réception de LL. AA. RR., et portant leurs noms.

Les personnes invitées pour la soirée auront une carte bleue, timbrée *Préfecture* : carte d'entrée pour la soirée, et portant leurs noms ;

Les gens de service auront des cartes blanches, timbrées : service de la préfecture.

Art. 2. Les personnes arrivant à pied devront représenter leurs cartes au portier, celles qui arriveront en voitures les représenteront à l'huissier de service à l'entrée du perron.

Art. 3. Aucune voiture, excepté celles de LL. AA. RR., de leur suite et du préfet, ne pourra stationner dans l'intérieur des cours.

A cet effet, les voitures vides qui voudront attendre, suivront, en sortant du palais de la préfecture, la rue de Bourgogne à gauche, prendront les rues du Battoir-Vert, de Sémoi, des Gobelets, et se rangeront sur une seule file, en gardant la droite de ces rues, de manière que la tête de la file se trouvera à l'entrée de la rue des Gobelets, dans la rue de Bourgogne, près le palais de la préfecture.

Tout cocher contrevenant à cet ordre, ou qui rompra la file, sera puni suivant les lois de police.

Art. 4. — Les personnes qui seront admises tant dans l'intérieur des salons d'attente que dans les salons de présentation, sont invitées à se conformer à l'ordre qui leur sera indiqué.

Art. 5. Deux commissaires de police veilleront au maintien de l'ordre autour du palais; ils se conformeront aux ordres qui leur seront transmis par M. Boulland, secrétaire intime de M. le préfet.

Art. 6. M. le lieutenant-général comte Pajol, commandant la subdivision du Loiret, sera invité à donner les ordres nécessaires pour que, dès le matin, les portes extérieures du palais et des rues environnantes soient occupées par des troupes de gendarmerie et de ligne, en nombre suffisant pour assurer le maintien de l'ordre.

Art. 7. A midi, les portes de l'intérieur du palais seront occupées par une garde d'honneur, composée des gardes nationales urbaines, à pied et à cheval, et de la garnison.

L'officier qui aura le commandement supérieur de la garde d'honneur réunie, est invité à se concerter avec M. Boulland, qui lui fera connaître l'intérieur du palais, pour l'établissement des factionnaires.

Art. 8. Le maire de la ville d'Orléans prescrira toutes les mesures qu'il croira nécessaires pour assurer le maintien du bon ordre dans la ville et les faubourgs.

Art. 9. S'il s'élevait quelques difficultés sur l'exécution du présent arrêté, on en préviendra de suite M. Boulland, secrétaire intime du préfet, qui les lèvera ou prendra mes ordres, ou ceux des grands officiers de la maison de LL. AA. RR.

Fait à la préfecture du Loiret, Orléans, le 23 février 1815.

*Le préfet du département du Loiret,*
Baron DE TALLEYRAND.

NOTA. Les corps constitués et les personnes invitées pour se trouver à la réception de LL. AA. RR., sont prévenus de se rendre au palais de la préfecture avant trois heures. (3-7.)

28 *février* 1815. — Pendant les fêtes brillantes qui se faisaient à Orléans, en l'honneur du duc et de la duchesse d'Angoulême, et au milieu de la plus profonde sécurité dans le royaume, Napoléon et sa petite flotille, après deux

jours de navigation depuis son départ de l'île d'Elbe, arrive sur les côtes de Noli à sept heures du matin, et à midi se trouve en face d'Antibes, où il se disposa sur-le-champ pour faire son débarquement le lendemain, 1<sup>er</sup> mars. (43.)

— LL. AA. RR. le duc et la duchesse d'Angoulême quittent la ville d'Orléans à neuf heures du matin, se rendant dans le midi de la France : comme à leur arrivée, ils furent salués des *vivat* et des acclamations d'une grande partie des Orléanais ; leur voiture, allant au pas, sortit de la préfecture, suivit la rue Pothier, les cloîtres sud et ouest de Ste-Croix, la place de l'Etape, la rue d'Escures, le Martroi, la rue Royale, le quai de Recouvrance ou de Cypierre, remonta le chemin des Princes, à gauche, ensuite la route de Tours, après avoir, par des signes de tête gracieux, remercié les Orléanais de leur attachement et de leur enthousiasme pour leurs personnes. (3.)

1<sup>er</sup> *mars* 1815. — Napoléon entre dans le golfe de Don Juan le 1<sup>er</sup> mars, à trois heures après midi, et débarque à Cannes, petite ville du département du Var, vers cinq heures du soir. En mettant le pied sur le sol français, il prend la cocarde tricolore, la fait arborer à sa troupe, déploie un drapeau aux couleurs nationales et fait répandre une proclamation adressée au peuple, qu'il avait fait imprimer à l'île d'Elbe. (43.)

— La nouvelle du débarquement de Napoléon en France se répandit dans tout le royaume avec une rapidité incroyable ; il semblait qu'un tremblement de terre avait, par une secousse, annoncé cet événement à tous les Français.

Le roi Louis XVIII, et son gouvernement, prirent les mesures les plus promptes pour arrêter le torrent qui se précipitait sur eux ; M. le comte d'Artois fut envoyé avec le duc d'Orléans et plusieurs généraux à Lyon, pour défendre cette ville ; la duchesse d'Angoulême et le duc son époux, qui venaient de quitter la ville d'Orléans, où ils avaient été si bien fêtés, furent séparés l'un de l'autre ; le prince fut envoyé à Grenoble, la princesse à Bordeaux, pour conserver cette ville.

Des maréchaux et des généraux furent envoyés précipitamment dans les principales villes du royaume; le maréchal Gouvion-St-Cyr et le général Dupont arrivent à Orléans pour garder cette place et disposer la garnison à faire son devoir envers le roi. (43.)

6 *mars* 1815. — Ordonnance du roi, datée du château des Tuileries, relative aux mesures de sûreté générale contre Napoléon.

— Le Conseil municipal d'Orléans, nomme MM. Crignon-Désormeaux, maire, de Billy, de Sailly, Dufaur de Pibrac et Laisné de Villevêque, conseillers, députés pour porter aux pieds du roi Louis XVIII, le serment de fidélité et de dévouement à sa personnee sacrée. (4.)

8 *mars* 1815. — Le préfet du Loiret fait imprimer en placards, lire, publier et afficher dans toutes les communes du département, l'ordonnance du roi Louis XVIII, contre Napoléon. Cette pièce était ainsi conçue :

*Ordonnance du roi contenant des mesures de sûreté générale.*

Le préfet du département du Loiret,
Vu l'ordonnance du roi, dont la teneur suit :
LOUIS, par la grâce de Dieu, roi de France et de Navarre, à tous ceux qui ces présentes verront, salut.
L'art. 12 de la charte constitutionnelle nous charge spécialement de faire les réglemens et ordonnances nécessaires pour la sûreté de l'État; elle serait essentiellement compromise si nous ne prenions pas des mesures promptes pour réprimer l'entreprise qui vient d'être formée sur un des points de notre royaume, et arrêter l'effet

des complots et attentats tendant à exciter la guerre civile et détruire le gouvernement.

A ces causes, et sur le rapport qui nous a été fait par notre amé et féal chevalier, chancelier de France, le sieur Dambray, commandeur de nos ordres, sur l'avis de notre conseil, nous avons ordonné et ordonnons, déclaré et déclarons ce qui suit :

Art. 1$^{er}$. — Napoléon Bonaparte est déclaré traître et rebelle pour s'être introduit à main armée dans le département du Var : il est enjoint à tous les gouverneurs, commandans de la force armée, garde nationale, autorités civiles et même aux simples citoyens, de lui courir sus, l'arrêter et de le traduire incontinent devant un conseil de guerre qui, après avoir reconnu l'identité, provoquera contre lui l'application des peines prononcées par la loi.

Art. 2. Seront punis des mêmes peines et comme coupables des mêmes crimes, les militaires et les employés de tout grade qui auraient accompagné ou suivi ledit Bonaparte dans son invasion sur le territoire français, à moins que dans le délai de huit jours, à compter de la publication de la présente ordonnance, ils ne viennent faire leur soumission entre les mains de nos gouverneurs, commandans de divisions militaires, généraux ou administrations civiles.

Art. 3. Seront pareillement poursuivis et punis comme fauteurs, et complices de rébellion et d'attentats tendant à changer la forme du gouvernement et provoquer la guerre civile, tous administrateurs, civils et militaires, chefs et employés dans lesdites administrations, payeurs et receveurs de deniers publics, même les simples citoyens qui prêteraient directement ou indirectement aide et assistance à Bonaparte.

Art. 4. Seront punis des mêmes peines, conformément à l'article 102 du Code pénal, ceux qui, par des discours tenus dans les lieux de réunions publiques, par des placards affichés ou par des écrits imprimés, auraient pris part ou engagé les citoyens à prendre part à la révolte ou à s'abstenir de la repousser.

Art. 5. Notre chancelier, nos ministres secrétaires-d'état

et notre directeur-général de la police, chacun en ce qui le concerne, sont chargés de l'exécution de la présente ordonnance, qui sera insérée au Bulletin des lois, adressée à tous les gouverneurs des divisions militaires, généraux, commandans, préfets, sous-préfets et maires de notre royaume, avec ordre de la faire imprimer et afficher, tant à Paris qu'ailleurs et partout où besoin sera.

Donné au château des Tuileries, le 6 mars 1815, et de notre règne le vingtième.

LOUIS.

*Le chancelier de France,*

DAMBRAY.

Considérant qu'il importe de donner à cette ordonnance la plus grande publicité,

Arrête que l'ordonnance du roi, littéralement copiée ci-dessus, sera imprimée en placards, lue, publiée et affichée dans toutes les communes du département.

Orléans, le 8 mars 1815.

*Le préfet du département du Loiret,*

Baron DE TALLEYRAND.

Cette ordonnance, lue aux prônes de toutes les églises d'Orléans, répandue avec une grande profusion, affichée et placardée presqu'à tous les coins des rues de la ville, fit très-peu de sensation parmi les Orléanais. La plus grande preuve que nous puissions donner de cette indifférence des habitans de cette ville, pour les intérêts de Louis XVIII, c'est que le même jour, plusieurs négocians d'Orléans ayant reçu, par le courrier des exemplaires imprimés de la proclamation que Napoléon avait faite au peuple français en mettant le pied sur le sol de la patrie, cette pièce fut lue publiquement à la Bourse (par M. *** négociant d'Orléans, qui était monté sur une chaise au milieu de l'assemblée) et autres lieux de réunion, puis répandue comme un éclair par toute la ville, malgré les démarches de la police, les menaces du préfet et du maire pour en arrêter la circulation; un exemplaire tombé entre nos mains et qui se trouve parmi nos papiers est ainsi conçu :

*Napoléon au peuple français.*

Français,

La défection du duc de Castiglione (Augereau), livra Lyon sans défense à nos ennemis; l'armée dont je lui avais confié le commandement, était, par le nombre de ses bataillons, le bravoure et le patriotisme des troupes qui la composaient, à même de battre le corps d'armée autrichien qui lui était opposé et d'arriver sur les derrières du flanc gauche de l'armée ennemie qui menaçait Paris.

Les victoires de Champaubert, de Montmirail, de Château-Thierry, de Vauchamp, de Mormans, de Montereau, de Craône, de Reims, d'Arcis-sur-Aube et de St-Dizier, l'insurrection des braves paysans de la Lorraine, de la Champagne, de l'Alsace, de la Franche-Comté, et de la Bourgogne et la position que j'avais prise sur les derrières de l'armée ennemie, en la séparant de ses magasins, de ses parcs de réserve, de ses convois et de tous ses équipages, l'avaient placé dans une situation désespérée; les Français ne furent jamais sur le point d'être plus puissans, l'élite de l'armée ennemie était perdue sans ressource; elle eût trouvé son tombeau dans ces vastes contrées qu'elle avait si impitoyablement saccagées, lorsque la trahison du duc de Raguse (Marmont), livra la capitale. La conduite inattendue de ces deux généraux, qui trahirent à la fois leur patrie, leur prince et leur bienfaiteur, changea le destin de la guerre ; la situation désastreuse de l'ennemi était telle, qu'à la fin de l'affaire qui eut lieu devant Paris, il était sans munitions par la séparation de ses parcs de réserve.

Dans ces nouvelles et grandes circonstances, mon cœur fut déchiré, mais mon âme resta inébranlable ; je ne ne consultai que l'intérêt de la patrie, je m'exilai sur un rocher au milieu des mers. Ma vie vous était et devait encore vous être utile ; je ne permis pas que le grand nombre de citoyens qui voulaient m'accompagner partageassent mon sort ; je crus leur présence utile à la France et je n'emmenai avec moi qu'une poignée de braves nécessaires à ma garde.

J'ai été élevé au trône par votre choix ; tout ce qui a été fait sans vous est illégitime. Depuis vingt-cinq ans la France a de nouveaux intérêts, de nouvelles institutions, une nouvelle gloire, qui ne peuvent être garantis que par un gouvernement national et par une dynastie née dans ces nouvelles circonstances. Un prince qui régnerait sur vous, qui serait assis sur mon trône par la force des mêmes armées qui ont ravagé notre territoire, chercherait en vain à s'étayer des principes du droit féodal ; il ne pourrait assurer l'honneur et les droits que d'un petit nombre d'individus ennemis du peuple qui, depuis vingt-cinq ans, les a condamnés dans toutes nos assemblées nationales ; votre tranquillité intérieure et votre considération extérieure seraient perdues à jamais.

Français, dans mon exil, j'ai entendu vos plaintes et vos vœux, vous réclamez ce gouvernement de votre choix qui seul est légitime ; vous accusiez mon long sommeil, vous me reprochiez de sacrifier à mon repos les grands intérêts de la patrie.

J'ai traversé les mers, au milieu des périls de toute espèce ; j'arrive parmi vous reprendre mes droits qui sont les vôtres ; tout ce que des individus ont fait, écrit ou dit depuis la prise de Paris, je l'ignorerai toujours, cela n'influera en rien sur le souvenir que je conserve des services importans qu'ils ont rendus; car il est des événemens d'une telle nature, qu'ils sont au-dessus de l'organisation humaine.

Français, il n'est aucune nation, quelque petite qu'elle soit, qui n'ait eu le droit et ne se soit soustraite au déshonneur d'obéir à un prince imposé par un ennemi momentanément victorieux. Lorsque Charles VII rentra à Paris et renversa le trône éphémère de l'anglais Henri V, il reconnut tenir son droit de la vaillance de ses braves et non d'un prince régent d'Angleterre.

C'est aussi à vous seuls et aux braves de l'armée que je fais et ferai toujours gloire de tout devoir.

NAPOLÉON.

Une proclamation fut aussi adressée à l'armée et lui rappelait tous ses triomphes et sa gloire; elle se termine ainsi :

« Honneur à ces braves soldats, la gloire de la patrie et haine éternelle aux Français criminels, dans quelque rang que la fortune les ait fait naître, qui combattirent vingt-cinq ans avec l'étranger pour déchirer le sein de la patrie! »

Cette dernière proclamation, connue par les soldats qui formaient la garnison d'Orléans, monta tellement leur imagination, que les chefs prévirent une mutinerie de leur part. (77.)

10 mars 1815. — Le maréchal Gouvion-St-Cyr et le général Dupont qui avaient été envoyés à Orléans, passant sur le Mail d'Orléans, la revue de toutes les troupes de la garnison de cette ville les excitent à servir le roi et à marcher contre Napoléon; un régiment de cuirassiers et plusieurs compagnies d'infanterie s'étant mis en révolte contre cette proposition contraire à leurs sentimens, huèrent, menacèrent et poursuivirent même les deux officiers-généraux qui se sauvèrent heureusement en se jetant avec précipitation dans un petit batelet qui les fit descendre la rivière et qui les débarqua à St-Pryvé.

Les soldats, furieux et très-animés, se portent en foule à la porte St-Jean, y brisent, à coups de sabre et de crosses de fusil, la barrière en bois qui avait été fermée et prennent à droite pour gagner la route de Paris et aller rejoindre Napoléon. (76-77.)

11 *mars* 1815. — Bouquets de violettes portés par les partisans de Napoléon à Orléans, en signe de réjouissance et de ralliement pour l'arrivée de leur idole auquel on avait donné le surnom de *Père la Violette*. (76-77.)

13 *mars* 1815. — Distribution faite à Orléans, d'après l'ordre du préfet, d'un imprimé ayant pour titre : *Des Armes et du Courage*.

« La fortune a couronné les premières tentatives de l'ennemi public; il marche et des perfides se joignent à ses drapeaux sacriléges; ses complices osent élever la voix jusque dans nos murs et se repaissent en imagination du spectacle de nos désastres. Mais croient-ils que notre courage soit éteint? que cent mille hommes de la capitale, que cinq cent mille hommes de nos provinces ont oublié l'honneur et le devoir, qu'ils soient disposés à trembler ?

» Avons-nous tremblé quand soixante mille Prussiens inondaient les plaines de la Champagne? Avons-nous tremblé quand Condé, Valenciennes, Landrecies, le Quesnoy étaient entre les mains de l'ennemi, que leurs coureurs s'avançaient presque aux portes de la capitale? Avons-nous tremblé quand l'Angleterre versa cinquante mille soldats à Flessingue?

« Que fit alors notre belliqueuse patrie? elle se leva tout entière, des commissaires se répandirent sur tous les points de la France, et, en quelques jours, cinq cent mille hommes furent sous les armes.

« Imitons ces exemples; que partout le cri de la guerre retentisse; qu'à la voix des envoyés du monarque chéri, la terre enfante des hommes.

« Qu'ils sortent tout armés du sein des villes et des campagnes.

« Jamais plus belle cause ne mérita d'enflammer notre ardeur; car il s'agit de conserver notre roi, nos lois, notre liberté, notre fortune, notre vie; il s'agit d'épargner les flots de sang que notre tyran, dans la fureur qui le consume, s'apprête à faire couler.

« En quelques jours, cent mille hommes peuvent être sous les murs de Paris, et se porter en avant pour exterminer le Robespierre nouveau et les sacriléges avanturiers qui partagent sa révolte.

« La populeuse Normandie, l'Orléanais, la Champagne et la Bourgogne, qui ont tant de désastres à venger, nous enverront leurs belliqueux enfans.

« Combien de villes animées d'un véritable esprit patriotique sont à dix, à vingt, à trente lieues de nous et peuvent en deux jours venir avec nous partager la gloire de sauver la patrie et de venger le genre humain!

« Ne nous abusons point sur les dangers de la patrie.

« Nous avons affaire à un ennemi actif, entreprenant, aussi habile artisan de fraudes et de mensonges qu'audacieux dans ses résolutions.

« Ce n'est pas le moment de nous assoupir dans une mortelle et stupide quiétude, de perdre un temps précieux dans de froides et lentes combinaisons, de mesures tardives et impuissantes.

« Il faut dans les grands périls des remèdes proportionnés aux dangers.

« Hommes contre hommes, baïonnettes contre baïonnettes, voilà ce qui doit sauver la patrie.

« Tout est prêt pour un mouvement spontané, national, universel.

« Toutes nos volontés, tous nos sentimens, tout ce que nous avons de courage, d'indignation, d'énergie est réuni vers le même but, tout près d'éclater, semblable à ces matières inflammables qui n'attendent qu'une étincelle pour détonner.

« Imprimons la terreur aux méchans; que la loi saisisse et frappe les traîtres qui ont appelé sur leur patrie le fléau de la guerre civile.

« Ils sont parmi nous, au milieu de nous, ils conspirent presque sous nos yeux, et nous souffririons plus long-temps leurs coupables attentats! et les ministres de la justice ne s'armeraient pas de leur glaive pour les punir!

« Lorsque Catilina s'arma contre sa patrie, lorsque les brigands de Rome se précipitèrent dans son camp, lorsque ses légions menaçaient les murs du Capitole, Rome ne trembla pas. Ses magistrats parlèrent, ses soldats agirent, et par l'énergie de son caractère, et la promptitude de ses mesures, un seul homme sauva la patrie.

« Nous sauverons la nôtre aussi, nous n'attendrons pas que la tyrannie vienne insulter nos murailles, nous outrager jusque dans la capitale. Il la brûlerait, il la couvrirait de cendres, de ruines et de cadavres; il savourerait à longs traits l'atroce plaisir de la vengeance : marchons donc, marchons de tous les points de la France, que devant lui, et arrière, sur ses côtés, partout, il trouve des ennemis.

« Marseille, Lyon, Toulouse sont derrière lui.

« Cent mille hommes peuvent sortir de ces grandes cités, cent autre mille de la capitale et de nos provinces du centre; et la tête de l'impie, pressée de tous côtés, tombera; et la terre respirera, l'Europe et l'humanité seront vengées.

« L'Europe et l'humanité ! oui, c'est leur cause que nous sommes appelés à défendre. Le tyran les menace comme nous. Le sort des peuples tombera-t-il de nouveau entre ses mains? une nouvelle confédération sera-t-elle obligée de se précipiter sur nos contrées pour y poursuivre, y traquer, y percer l'Attila dont l'existence agite, désole depuis quinze ans le monde entier ?

« Et de quel espoir se flattent les insensés qui, dans l'excès de leur fanatisme révolutionnaire, ont passé dans le camp du tyran! Quand la fortune seconderait ses armes, quand il parviendrait à s'élever au trône sur des monceaux d'ossemens humains, croit-on que l'Europe restât tranquille spectatrice de son triomphe! qu'elle n'armât pas toutes ses légions, ne rassemblât pas tout ce qu'elle a de bras pour exterminer l'ennemi commun !

« Non, jamais Buonaparte ne régnera sur les Français. Mais s'il était possible que le courroux du ciel les frappât encore de ce fléau, les foudres du nord, du midi, de l'orient, du couchant se rassembleraient pour le frapper, et frapper avec lui la ligue parricide qui se serait associée à son crime.

« Mais ne perdons plus de temps et que nos résolutions se forment, tonnent et éclatent comme la foudre elle-même.

« SALGUES. »

*Déclaration des puissances contre Napoléon.*

Les puissances qui ont signé le traité de Paris, réunies en congrès à Vienne, informées de l'évasion de Napoléon Bonaparte et de son entrée à main armée en France, doivent à leur propre dignité et à l'intérêt social une déclararation solennelle des sentimens que cet événement leur a fait éprouver. En rompant ainsi la convention qui l'avait établi à l'île d'Elbe, Bonaparte détruit le seul titre légal auquel son *existence* se trouvait attachée; en reparaissant en France avec des projets de trouble et de bouleversement, il s'est privé lui-même de la protection des lois, et a manifesté, à la face de l'univers, qu'il ne saurait y avoir *ni paix, ni trêve avec lui.*

« Les puissances déclarent, en conséquence, que Bonaparte *s'est placé hors des relations civiles et sociales*, et que comme ennemi et perturbateur du repos du monde, il s'est livré à la *vindicte publique;* elles déclarent en même temps que, fermement résolues de maintenir intact le traité de Paris du 30 mai 1814 et les dispositions sanctionnées par ce traité, et celles qu'elles ont arrêtées et qu'elles arrêteront encore pour le compléter et le consolider; elles emploieront *tous leurs moyens*, et réuniront *tous leurs efforts* pour que la paix générale, objet des vœux de l'Europe, ce vœu constant de leurs travaux, ne soit pas troublée de nouveau, et pour la garantir de tout attentat qui menacerait de replonger les peuples dans les désordres et les malheurs des révolutions; et quoique intimement persuadés que la France entière se ralliant autour de son souverain légitime, fera incessamment rentrer dans le néant cette dernière tentative d'un délire criminel et impuissant, tous les souverains de l'Europe, animés des mêmes sentimens et guidés par les mêmes principes, déclarent que si, contre tout calcul, il pouvait résulter de cet événement un danger réel quelconque, ils seraient prêts à donner au roi de France et à la nation française, *ou à tout autre gouvernement attaqué*, dès que la demande en serait formée, les secours nécessaires pour rétablir la tranquillité publique, et à faire cause commune contre tous ceux qui entreprendraient de la compromettre. »

Cette déclaration, rendue publique, était signée par les plénipotentiaires des puissances, et ce nouveau pacte s'est depuis appelé *Sainte Alliance*.

18 *mars* 1815. — Représentation extraordinaire au théâtre d'Orléans donnée en réjouissance du retour de Napoléon en France; les comédiens jouèrent *Brutus* et un vaudeville de circonstance fait par M. \*\*\*; des cris de vive Napoléon se firent entendre à plusieurs reprises; la soirée se termina par la *Marseillaise* entonnée par M. Petit-Lafosse, premier président de la Cour impériale, lequel étant debout dans une loge, donna le signal de l'enthousiasme poussé jusqu'au délire des spectateurs qui sortirent de la salle en répétant sur la place de l'Étape et dans les rues voisines, le refrain de cet hymne. (76-77.)

19 *mars* 1815. — Louis XVIII quitte Paris pour se rendre à Gand, dans la nuit du 19 au 20, emportant avec lui la couronne de France et les bijoux les plus précieux de la royauté. Il était suivi d'une partie des gardes du corps, presque débandés, de quelques troupes suisses de la garde royale, et de plusieurs serviteurs fidèles. (43.)

20 *mars* 1815. — L'empereur Napoléon entre dans Paris à huit heures trois quarts du soir, jour anniversaire de la naissance de son fils, le roi de Rome, suivi de plus de 40,000 hommes de troupes de ligne de toutes armes, qui s'étaient successivement rangés sous ses drapeaux aux trois couleurs : à peine arrivé dans la cour des Tuileries, on se précipita sur lui, mille bras l'enlevèrent et l'emportèrent en triomphe dans le palais rempli de personnes ivres de joie et d'enthousiasme de le revoir. (15-82-76.)

21 *mars* 1815. — L'empereur, dès le lendemain de son arrivée à Paris, réorganise et reconstitue le gouvernement et change les préfets et les maires des départemens.

23 *mars* 1815. — Napoléon sachant que la duchesse d'Orléans, mère du duc Louis Philippe, aujourd'hui roi, et la duchesse de Bourbon, sa tante, étaient dans la dé-

tresse, et n'avaient pas suivi la cour, fait donner à la première 300,000 fr., et à la seconde 150,000 fr. pour leurs plus pressans besoins. (7-43.)

*24 mars* 1815.—M. le préfet du Loiret, de Talleyrand, quitte Orléans et se retire dans les environs de la ville, au château de M.** son ami, après avoir nommé son délégué, M. le conseiller de préfecture Brillard.

25 mars 1815.

*Lettre de M. Brillard au maire d'Orléans Crignon-Désormeaux.*

« Monsieur le Baron,

« MM. Primorin et de Pann, commissaires de police de cette ville, viennent de me remettre l'état des dépenses faites par la police d'après les ordres de M. le baron de Talleyrand, depuis le 14 du courant jusqu'au 20 inclusivement.

« Il résulte de cet état que trois hommes ont été employés à la surveillance particulière à raison de 2 fr. chacun par jour, ce qui fait un total de 42 fr.

« Je vous invite, en conséquence, Monsieur, à faire acquitter cette dépense sur les fonds qui y sont affectés.

« Recevez, etc.

« BRILLARD, conseiller de préfecture délégué. »

25 *mars* 1815. — Le drapeau blanc qui flottait sur le portail de l'hôtel de la mairie d'Orléans est ôté; nous n'avons pu savoir de quel ordre et par qui. (77.)

— L'empereur nomme préfet du département du Loiret, en remplacement du baron Alexandre de Talleyrand, M. Leroy, avocat. Cet administrateur arrive de suite à Orléans, et entre incontinent en fonctions. Les conseillers de préfecture, Rabelleau, Brillard et Savart restèrent en place. (3-77.)

28 *mars* 1815. — Décret impérial qui rappelle à l'armée les conscrits de la classe de 1815, promulgué à Orléans par le nouveau préfet, le chevalier Leroy.

A l'occasion de ce rappel, il parut à Orléans les couplets suivans attribués à M. **. (7.)

## LE BONHEUR DU JOUR.

Air : *de Cadet Roussel.*

Français, que vous êtes heureux,
Bonaparte comble vos vœux ;
Les festins, les chants et la danse
Célèbrent son retour en France.
    Ah! le bon temps,
Durera-t-il encor long-temps ?

Avant lui nous étions en paix,
Tous les militaires baillaient ;
Mais aujourd'hui quel grand tapage,
Ils vont avoir mort et carnage.
    Ah! le bon temps, etc.

Tous nos enfans, dans nos maisons,
Etaient pour nous autant d'espions ;
Ils vont partir pour les frontières,
Nos filles seront vivandières.
    Ah! le bon temps, etc.

Remarquez les jeunes époux,
Ils sont inconstans et jaloux ;
Que pour la guerre on les engage,
Voilà la paix dans le ménage.
    Ah! le bon temps, etc.

Les revenus du bon papa
Serviront à payer tout çà ;
On prendra jusqu'à la ferraille,
Qui pourra servir de mitraille.
    Ah! le bon temps, etc.

Poussez, les vignes et les champs ;
Labourer c'est perdre du temps ;
Dans l'état de simple nature,
Les terres seront sans culture.
    Ah! le bon temps, etc.

Bientôt, pour comble de bonheur,
Nous allons avoir la terreur;
Depuis Arras jusqu'à Marseille,
Le jacobin dresse l'oreille.
Ah! le bon temps, etc.

30 mars 1815.

*Adresse du corps municipal d'Orléans à l'empereur Napoléon, pour le féliciter sur son retour en France.*

« Sire,

« Le poids de l'Europe entière, aidée dans ses efforts contre notre patrie par la trahison de quelques enfans perfides, a pu comprimer momentanément la force de votre bras; il a pu se reposer un instant pour ménager à la France épuisée par ses triomphes le temps de reprendre toute son énergie; mais l'Europe coalisée n'a pu espérer que vous laisseriez dans l'asservissement une nation fière et belliqueuse qui vous avait confié la gloire de ses destinées, sans l'aider à reprendre ses droits et son indépendance.

« Vous avez paru, Sire, et la France reconstituée au premier rang des nations, n'envie pas d'autre gloire; comme V. M., elle renonce à s'immiscer dans les affaires des étrangers, et s'écrie avec vous : « Malheur à qui voudra se mêler des nôtres ! »

« Tel est notre vœu, Sire; il aurait déjà retenti aux pieds du trône depuis plusieurs jours, si des essais de réaction aussi difficiles à pénétrer qu'à déjouer n'eussent coupé nos communications avec la capitale; rendus à nous-mêmes, nous nous empressons de déposer aux pieds de V. M. l'expression du dévouement, de l'admiration et de l'éternelle reconnaissance dont votre bonne ville d'Orléans a l'honneur de vous offrir l'hommage par l'organe des magistrats que vous lui avez donnés.

« Nous sommes, Sire, etc., etc. »

Les membres convoqués pour signer cette adresse ne vinrent point à la séance; un seul, M. ***, se présenta, et pour ne pas faire un procès-verbal de carence, il décida avec M. le maire d'envoyer l'adresse au nom du conseil municipal, comme s'il eût été assemblé, signée du président et de son secrétaire.

16 *avril* 1815. — Arrivée à Orléans d'un commissaire ordonnateur en chef des guerres, envoyé par Napoléon. Cet officier établit ses bureaux rue Bannier, et s'occupa sur-le-champ d'organiser les troupes, les conscrits, les volontaires enthousiastes qui arrivaient en foule dans cette ville, pour les faire rejoindre en toute hâte les armées de Napoléon. (76.)

17 *avril* 1815. — Petite émeute occasionnée par une partie des soldats en garnison dans la ville, lesquels parcouraient les rues en criant : *Vive Napoléon! à bas les Bourbons!* On les voyait arracher et jeter dans la fange des ruisseaux leur cocarde blanche et leur lis, en chantant une chanson guerrière sur l'air de *Vive Henri IV*, dont le refrain répété en chœur par plus douze à quinze cents hommes était ainsi conçu :

« Pauvre Royaliste, te voilà donc fou...,
« De ta cocarde j'en fais un torche-c... »

Le soir, ils se réunirent à plusieurs ouvriers d'Orléans, et se portèrent dans le local des deux chambres de lecture, celle du Martroi et celle de la rue Bannier, où après avoir brisé quelques meubles et cassé quelques vitres ils se retirèrent dans leurs quartiers. (76-77.)

18 *avril* 1815. — Séance extraordinaire du Conseil municipal pour prêter le serment ainsi conçu :

« *Je jure obéissance aux constitutions de l'empire et fidélité à l'empereur.* »

Ce serment fut prêté par MM. Crignon-Désormeaux, maire; Colas de La Noue et Dufaur de Pibrac, adjoints; Moreau; Benoist-Merat, Lecauchoix père, Marcille-Pelletier, Rehm, Hubert-Crignon, Lebrun, Brossard de Nogent et Ligneau-Grandcour, conseillers.

Étaient absens, quoique convoqués à domicile :

MM. de Sailly, Baguenault-Viéville, Raguenet-St-Albin, Laisné de Villévêque, Rabelleau, Colas-Desfrancs, Augustin Miron, Miron de La Mothe, Colas de Brouville, Crignon-d'Ouzouer, Fougeron jeune, Johanet, Geffrier-Lenormant, Hême-Lemoine, Crespin de Billy, Daudier, Porcher, Lambert de Cambray, Cahouet de Marolles, de Vélard, Gauthier, conseillers; et M. Bigot de Morogues, adjoint. (4.)

18 *avril* 1815. — Plusieurs bataillons, armés, équipés et habillés avec une promptitude extraordinaire, et presque par enchantement, comme si la terre les eût produits sur-le-champ, sortent d'Orléans, à la vue des habitans étonnés, pour se rendre auprès de Napoléon. Ces corps, formés de soldats isolés, de réquisitionnaires, de volontaires, sortirent de la ville par la porte Bannier, portant à leur tête de petits bustes en plâtre de l'empereur au bout de drapeaux tricolores, et en chantant des chansons et des hymnes en l'honneur du héros. (4-77.)

19 *avril* 1815. — Commencement des troubles de la Vendée, provoqués par d'anciens chefs de Chouans, que les royalistes avaient fait passer dans ce pays.

Cette insurrection contraria beaucoup Napoléon dans ses plans; il fallut, pour la combattre, affaiblir de vingt mille hommes l'armée de Flandre, ce qui la réduisit à cent vingt mille. Ce fut un événement bien funeste pour lui, et qui diminua les chances du succès; mais la guerre de la Vendée pouvait s'étendre, il fallait l'étouffer à sa naissance.

Cette levée de boucliers fut excitée par l'hymne qui suit. (43.)

### LA VENDÉENNE.

En vain de son souffle de mort,
L'anarchie embrâse le monde;
Sur nous en vain la foudre gronde,
Un bras fidèle est toujours fort;
Comme autrefois, magnanime Vendée,
Devant tes coups le méchant pâlira.
Pour soutenir ta renommée,
    Nous serons là.

Nos pères sont morts aux combats
Pour briser d'indignes entraves;
Nous sommes les enfans des braves,
Pour les venger armons nos bras.

Un roi malheureux nous appelle,
Marchons, Dieu nous protégera ;
S'il faut mourir pour sa querelle,
Nous serons-là.

Nos cadets, pleins d'un noble orgueil,
Au tombeau s'il nous faut descendre,
Suivent pour venger notre cendre
Ou partager notre cercueil.
Nobles enfans d'une terre chérie,
Songez à nous dans les jours de combats ;
Pour notre roi, pour la patrie,
Nous serons là.

Jeunes filles, séchez vos pleurs,
Consolez-vous, nos tendres mères,
Vos amis, vos époux, vos frères,
Près de vous reviendront vainqueurs ;
Des valeureux fils du Bocage
La victoire suivra les pas.
Nous reviendrons après l'orage,
Ne pleurez pas.

20 *avril* 1815. — Arrêté du maire, relatif à la fourniture de pain et au nombre de fournées que devaient faire journellement les boulangers de la ville, ainsi fixées, savoir :

Boulangers de 1<sup>re</sup> classe, 3 fournées de 30 pains de 8 liv.
   *Id.*    de 2<sup>e</sup> classe, 2   *id.*    *id.*    *id.*
   *Id.*    de 3<sup>e</sup> classe, 1   *id.*    *id.*    *id.*

Le tout sous peine de citation à la police municipale pour les délinquans. (4.).

22 *avril* 1815. — Promulgation d'un acte additionnel portant convocation, pour le 1<sup>er</sup> juin prochain, des électeurs de tous les colléges de France, en assemblée de champ mai, représentée par une députation centrale de chacun d'eux. Ce décret impérial fut affiché et placardé à Orléans. (43.)

30 *avril* 1815. — Promulgation faite à Orléans d'un décret impérial donné au palais des Tuileries, lequel était ainsi conçu :

« NAPOLÉON, par la grâce de Dieu et les constitutions de l'empire, empereur des Français,

« En convoquant les électeurs des colléges en assemblée de champ de mai, nous comptions constituer chaque assemblée des départemens en bureau séparé, composer ensuite une commission commune à toutes, et dans l'espace de quelques mois, arriver au grand but de nos pensées.

« Nous croyions alors en avoir le temps et le loisir, puisque notre intention étant de maintenir la paix avec nos voisins, nous étions résigné à souscrire tous les sacrifices qui déjà avaient pesé sur la France.

« La guerre civile du midi à peine terminée, nous acquîmes la certitude des dispositions hostiles des puissances étrangères, et dès lors il fallut prévoir la guerre et s'y préparer.

« Dans ces nouvelles occurrences, nous n'avions que l'alternative de prolonger la dictature dont nous nous trouvions investi par les circonstances et par la confiance du peuple, ou d'abréger les formes que nous nous étions proposé de suivre pour la rédaction de l'acte constitutionnel. L'intérêt de la France nous a prescrit d'adopter ce second parti. Nous avons présenté à l'acceptation du peuple un acte qui à la fois garantit ses libertés et ses droits, et met la monarchie à l'abri de tous les dangers de subversion. Cet acte détermine le mode de la formalité de la loi, et dès lors constitue en lui-même le principe de toute amélioration qui serait conforme au vœu de la nation, interdisant cependant toutes discussions sur certain nombre de points fondamentaux déterminés, qui sont invariables et fixes.

« Nous aurions aussi voulu attendre l'acceptation du peuple avant d'ordonner la réunion des colléges, et de faire procéder à la nomination des députés, mais également maîtrisés par les circonstances, le plus haut intérêt de l'État nous fait la loi de nous environner le plus promptement possible des corps nationaux.

« A ces causes, nous avons décrété et décrétons ce qui suit :

« Art. 1$^{er}$. Quatre jours après la publication du présent décret, au chef-lieu du département, les électeurs des colléges de département et d'arrondissement se réuniront en assemblée électorale au chef-lieu de chaque département et de chaque arrondissement.

« Le préfet, pour le département, les sous-préfets, pour les arrondissemens, indiqueront le jour précis, l'heure et le lieu de l'assemblée par des circulaires et par une proclamation qui sera répandue avec la plus grande célérité dans tous les cantons et communes.

« Art. 2. On procédera ensuite aux élections des députés à la chambre des représentans, conformément à l'acte envoyé pour être présenté à l'acceptation du peuple, et inséré au *Bulletin des lois*, n° 19, le 22 avril, présent mois.

« Art. 3. Pour cette année, à l'ouverture de l'assemblée, le plus ancien d'âge présidera, le plus jeune fera les fonctions de secrétaire, les trois plus âgés après le président seront scrutateurs : les choix se feront à la majorité absolue.

« Art. 4. Les préfets des villes, chefs-lieux d'arrondissemens communaux, convoqueront, à la réception du présent, la chambre de commerce et les chambres consultatives, pour faire former les listes des candidats sur lesquelles les représentans de l'industrie commerciale et manufacturière doivent être élus par les colléges électoraux appelés à les nommer, conformément à l'acte joint à celui énoncé en l'art. 2 ci-dessus.

« Art. 5. Les députés nommés par les assemblées électorales se rendront à Paris pour assister à l'assemblée du Champ-de-Mai, et pouvoir composer la chambre des représentans, que nous nous proposons de convoquer après la proclamation de l'acte constitutionnel.

« Art. 6. Nos ministres sont chargés de l'exécution du présent décret.

« NAPOLÉON.

« Par l'Empereur :
« *Le ministre, secrétaire d'État,*
« Le duc de Bassano (Maret);
« Pour copie conforme :
« Le chevalier Leroy, préfet du département du Loiret. » (3-4.)

*4 mai 1815.* — Les citoyens des cinq départemens de la Bretagne, dévoués à la cause nationale et à l'empereur, s'étant fédérés sous le titre de *Fédération bretonne*, dans l'espoir de trouver des imitateurs, font répandre en France un imprimé renfermant les articles réglementaires de leur pacte fédératif.

Cette brochure, adressée de Nantes et de Rennes à plusieurs négocians d'Orléans, contenait des discours véhémens et brûlans de patriotisme; elle était signée par plusieurs milliers de jeunes gens des villes de la Bretagne et des écoles de droit et de chirurgie de ces départemens.

Cette pièce, insérée au *Moniteur* du 30 avril 1815, n'eut pas le temps d'avoir le résultat qu'attendaient ses propagateurs, surtout à Orléans, où l'on ne fit que chanter les couplets qui suivent, et qui terminaient cette importante brochure.

### HYMNE PATRIOTIQUE.

AIR : *La Victoire en chantant.*

A travers ses États, sur l'aile de la gloire,
  S'est avancé NAPOLÉON.
Ses fidèles guerriers, comme aux jours de victoire,
  Ont rempli les airs de son nom.
  A leurs cris, par des cris de joie,
  Ont répondu les opprimés.
  Furieux de perdre leur proie,
  Les étrangers se sont armés.

  CHOEUR GÉNÉRAL.

Unissons-nous pour la défense
 De la patrie et de l'honneur,
Opposons la force à l'offense,  } *bis.*
Un noble calme à la fureur.

De l'un et l'autre pôle, on s'assemble, on conspire
  Contre la sainte liberté.
Nous répondrons un jour, et d'elle, et de l'Empire,
  A l'intègre postérité.
  Exaltons notre fier courage
  Au premier signal des combats.
  Que l'aggresseur, ivre de rage,
  Expire...... ou ne combatte pas.
  Unissons-nous, etc.

De deux grandes cités assurons l'harmonie.
　　　　Soyons unis, nous serons forts.
De son ambition que l'Europe punie
　　　　Voie échouer les vains efforts.
　　　　Un peuple libre est invincible :
　　　　Tous les citoyens sont guerriers.
　　　　Rien ne leur paraît impossible
　　　　Lorsqu'on menace leurs foyers.
　　　　Unissons-nous, etc.

Que l'aspect imprévu de nos bandes guerrières
　　　　Calme le monde conjuré ;
Cessant de menacer nos puissantes barrières,
　　　　Qu'il s'éloigne du sol sacré.
　　　　Et nous, triomphans et tranquilles,
　　　　Loin de vouloir l'inquiéter,
　　　　Nous regagnerons les asiles
　　　　Que lui seul nous force à quitter.
　　　　Unissons-nous, etc.

Qu'un pacte solennel fédère les Bretagnes
　　　　Contre l'esclavage étranger.
Que leurs enfans unis protègent les campagnes
　　　　Qu'on méditait de ravager.
　　　　Et que leur élan magnanime
　　　　Mette un frein à l'ambition
　　　　Des rois que la vengeance anime,
　　　　Ou qu'a proscrits la trahison !
　　　　Unissons-nous, etc.

Reçois-en le serment, ô soleil qui m'éclaire !
　　　　Je descendrai libre au cercueil,
Heureux d'y précéder le héros tutélaire,
　　　　Du peuple l'amour et l'orgueil !
　　　　Vaincre ou mourir pour la patrie
　　　　Est le vœu de tout bon Français.
　　　　Vengeons notre gloire flétrie,
　　　　Et marchons conquérir la paix.
　　　　Unissons-nous pour la défense
　　　　De la patrie et de l'honneur.
　　　　Opposons la force à l'offense,　 ⎱ *bis.*
　　　　Un noble calme à la fureur.　　 ⎰

4 mai 1815.

*Adresse du corps municipal d'Orléans à l'Empereur.*

« Sire,

« La gloire et la prospérité de la France ont été, pendant quatorze ans, le double but où tendaient exclusivement les hautes conceptions de V. M.; des revers ont éclipsé l'une pour un moment, et nous laissaient encore réduits à des vœux impuissans pour l'autre, si votre heureux retour sur cette terre illustrée par vos exploits ne nous eût rendu toutes nos espérances. Elles se réaliseront, Sire; nous en retrouvons la garantie dans l'acte additionnel aux constitutions de l'empire.

« Il était réservé au héros du xix<sup>e</sup> siècle de proposer lui-même des bornes à mettre à son pouvoir, de se placer, de son propre mouvement, dans la nécessité de concentrer ses hautes conceptions et toute l'activité de son génie sur le bonheur et l'indépendance politique de notre patrie, et de laisser au progrès des lumières à poser seul les bases de la liberté des nations et de leur affranchissement.

« Grâces immortelles vous soient rendues, Sire; daignez en accueillir l'hommage, ainsi que les sermens de fidélité et de soumission que le conseil municipal, le maire et les adjoints de votre bonne ville d'Orléans, en leur nom et au nom de leurs concitoyens, ont l'honneur de déposer aux pieds de Votre Majesté impériale.

« Nous sommes, Sire, etc., etc. »

*6 mai* 1815. — Arrêté du préfet du Loiret, le chevalier Leroy, relatif à la police des étrangers dans la ville d'Orléans. Un des articles de cet arrêté portait que les portes de la place seraient fermées à la retraite battue, sans qu'après il fût permis d'entrer dans la ville, ni d'en sortir. (3.)

6 mai 1815.

*Lettre de M. Leroy, préfet du Loiret, à M. Crignon-Désormeaux, maire de la ville d'Orléans.*

« Monsieur le Baron,

« J'ai l'honneur de vous prier de vouloir bien vous concerter avec M. le commandant de la garde nationale de cette ville, pour que lundi prochain, 8 du courant, jour de l'anniversaire de la délivrance d'Orléans, un détachement de cette garde, de la force que vous jugerez convenable, soit rendu à huit heures et demie précises, dans la cour de la préfecture, pour accompagner les autorités pendant tout le temps de la cérémonie.

« Agréez, Monsieur le baron, l'assurance de ma haute considération.

« *Le chevalier préfet du Loiret*, LEROY. »

8 *mai* 1815. — Fête de la ville, ou de la Pucelle, comme à l'ordinaire, mais encore sans le petit puceau, représentant de Jeanne d'Arc; remarquable seulement par la présence du nouveau préfet, le chevalier Leroy. Le panégyrique de Jeanne d'Arc fut prononcé par M. Desnoues, vicaire de St-Paul.

*Liste des personnes invitées au banquet qui eut lieu à l'occasion de cette fête.*

MM.

Petit-Lafosse, premier président.
Sezeur, procureur-général.
Baschet-Compain, vice-président du tribunal de première instance, *refusé*.
Moutié, procureur impérial, *refusé*.
Hubert-Crignon, président du tribunal de commerce.
Leroy, préfet.
Couvray, secrétaire intime de M. le préfet.
Le général Barbanègre, maréchal-de-camp, *absent*.
Teste, lieutenant-général, chez M. de St-Hilaire, *absent*.
Penne, maréchal de camp, rue du Cheval-Rouge, *absent*.
Schinner, maréchal de camp, place du Martroi.
Cunietti, commandant de la place.
Poupardin, commandant de la garde urbaine.
De Kermelec, sous-préfet.
Bugeaud, commandant du 14ᵉ de ligne.
Le commandant du 18ᵉ de ligne, *absent*.
Marchand, commissaire des guerres.
Le sous-inspecteur aux revues, *refusé*.
Brillard, conseiller de préfecture.
Raillon, évêque.

Mérault, vicaire-général, *refusé*.
Desnoues, prédicateur de la Pucelle, *refusé*.
Le comte de Sussy.
Le secrétaire de M. le comte de Sussy.
Ponsot, commandant de la gendarmerie.
Doyen, receveur-général.
Bouhebent, payeur-général.
Paulmier, directeur des contributions directes.
De Brunville, directeur des contributions indirectes.
Davesiès de Pontès, directeur des domaines.
Lecauchoix, conservateur des forêts.
Baillet, ingénieur en chef, *refusé*.
De Champeaux, recteur.
Polonceau, proviseur.
Souque.
L'abbé Coquelle, *refusé*.
Maulevrier.
Demadières père, administrateur des hospices.
Gérard-Desbordellières.
Gruget.
Rehm,
Fougeron jeune,
Moreau, avocat,       } Membres du conseil municipal.
Ligneau-Grandcour,
Gaulthier,
Crignon-Désormeaux, maire.
Dufaur de Pibrac,
Colas de Lanoue,      } Adjoints.
De Morogues, *absent*,
Petit-Sémonville, secrétaire.
Perrin.
Gaudry, juge de paix.
L'aide-de-camp du général Teste, *absent*.
L'aide-de-camp du général Penne, chez M. Pompon, *absent*.
Bernard, chef d'état-major, chez M. Bignon-Dumuis.
Le colonel du 61$^e$ de ligne, à l'hôtel de France, *absent*.
Varin, colonel, à l'hôtel de France.
Mesange, sous-préfet de Montargis.

De Waters, sous-préfet de Gien.
De Lataille d'Audeville, sous-préfet de Pithiviers.
Olivier-Maisonneuve, secrétaire-général de la préfecture.
Porcher-Desmuis,
Larousse,
Roulley,
Bobé. } officiers de la garde urbaine.

*13 mai* 1815. — Séance extraordinaire du conseil municipal. M. le comte de Sussy, commissaire extraordinaire de Sa Majesté l'Empereur, dans la première division militaire, se présente et annonce que, pour remplacer les membres du conseil qui n'ont pas prêté le serment à la séance du 18 avril dernier, il nomme MM. Esnouf, président à la cour impériale; Latour, médecin; Doyen, receveur-général; Hautefeuille, conseiller à la cour impériale; Huet de Froberville, propriétaire; Chartrain père, ancien notaire; Lambron, chirurgien en chef de l'hôpital général; Pitou, directeur des contributions indirectes; Ranque, médecin; l'abbé Pataud, auteur de l'Histoire d'Orléans; Poupardin, propriétaire; Pillon, pharmacien; Barré, professeur de physique au lycée; Fromental, chef de division à la préfecture; Boyer, entrepreneur de bâtiments; Moreau, maître de la poste aux chevaux; Mareau jeune, négociant; Bimbenet, avoué au tribunal de première instance; Gaudry, juge de paix, et Gauthier, négociant.

Les membres ci-dessus, successivement appelés, se sont approchés du bureau et ont prêté individuellement le serment ainsi conçu :

« Je jure obéissance aux constitutions de l'Empire, et « fidélité à l'Empereur. »

Le procès-verbal est signé de tous les membres. (241.)

*15 mai* 1815. — Décret impérial qui divise la France en vingt-cinq arrondissemens de théâtre, chaque arrondissement comprenant plusieurs départemens, et chacun de ces arrondissemens privilégiés était formé de trois sortes de troupes, savoir : troupes sédentaires, comédiens d'arrondissement, comédiens ambulans.

L'arrondissement d'Orléans comprend les départemens du Loiret, de Loir-et-Cher, et d'Indre-et Loire.

*17 mai 1815.* — Déjeûné politique donné à Orléans, chez M. le comte de \*\*\*. Dans cette réunion, composée de francs et dévoués royalistes, il fut porté des toasts à la famille des Bourbons, à leur retour en France, le tout entrecoupé de cris de *vive le Roi!* Le repas finit par des couplets et des chansons parmi lesquels on remarqua ceux qui suivent, et qui nous ont été donnés par un des imprudens convives.

### BANQUET CHEZ M. \*\*\*.

AIR : *Aussitôt que la lumière.*

Aussitôt que la lumière
Darde ses rayons sur moi,
Je commence ma carrière
Par crier vive le roi!
Et le cœur et la mémoire,
Remplis de Sa Majesté,
Ou je me bats pour sa gloire,
Ou je bois à sa santé.

Français, que ce lieu rassemble,
De Louis les vrais appuis,
Jurez tous, jurez ensemble,
De ne vivre que pour lui;
Et pour l'honneur de la France,
Versez avec loyauté
Votre sang pour sa défense,
Votre vin à sa santé.

(Par M. \*\*\*, l'un des convives).

AIR : *du Curé de Pomponne.*

Hé! mais dis-nous, Napoléon,
Ous-qu'est ta Marie-Louise?
Tu sais ben, tu n'diras pas qu'non,
Q'tu nous l'avais promise;
Mais je n'la voyons pas,
Nicolas,
Sais-tu qu'çà nous défrise.

Tu nous avais promis à tous
Une paix éternelle,
Et v'là pourtant qu'on parl' partout
D'une guerre univarselle;

Ah! mais çà n'prendra pas,
Nicolas,
Mets çà dans ta carvelle.

Tu nous avais ben assuré
Que par le cher beau-père,
Sous main tu serais appuyé,
Mais c'est une autre affaire;
C'est pour te mettre à bas,
Nicolas,
Qu'il s'avance au contraire.

Murat, à c'que tu nous disais,
De son armée entière,
Devait soutenir tes projets
Et sur mer et sur terre;
Mais ne v'là-t-il pas,
Nicolas,
Que c'est tout le contraire.

Tu disais j'veux maintenant, Français,
Vous gouverner en père;
Mais v'là qu'tu nous flanque des décrets
Tout comme à l'ordinaire.
Fais-en tant qu'tu voudras,
Nicolas,
Çà f'ra mieux notre affaire.

Tu nous faisais sonner ben haut
Ta douceur, ta clémence,
Mais v'là qu't'envoie à l'échafaud
Tout c'qu'gnia de milleur en France.
Oh! ce que t'oublieras,
Nicolas,
Çà n'sera pas la vengeance.

Tu nous disais, dorénavant,
Qu'on pourrait tout écrire;
Mais on ne peut pas tant seulement
Rien penser ni rien dire.
Tu ne nous donnes pas,
Nicolas,
La liberté pour rire.

C'n'était que des poissons d'avril.
Que tes belles paroles ;
Va, t'es un farceu qu'ia ben le fil ,
Pour débiter des colles.
On n'te surpass'ra pas,
Nicolas,
Pour dir' des gaudriolles.

Stapendant venir de si loin
Pour mentir de la sorte,
Que n'restais-tu dans ton petit coin
Avecque ta cohorte.
Retournes-t'en là-bas,
Nicolas,
Que le diable t'emporte.

Par M. \*\*\*.

*25 mai* 1815. — Départ d'Orléans de plusieurs centaines de soldats désignés sous le nom de Gaulois. C'étaient des hommes de toutes les tailles, de tous les âges, de toutes les professions, levés dans le département, moitié par force ou bonne volonté, lesquels étaient vêtus d'une blouse à manches, de toile bleue, avec col et poignets rouges, serrée sur le corps avec une large ceinture aux trois couleurs et une large boucle de cuivre, ayant un pantalon de toile bleue, fort large, guêtres blanches et gros souliers, portant un sac de toile grise, non avec des bretelles sur le dos, mais pendu en banderole sur le côté gauche. Ces soldats avaient sur la tête un shako orné d'une cocarde tricolore, avec plumet rouge ; ils étaient armés d'un sabre court, et d'une grande pique dont le fer était pointu et très-meurtrier.

Ce corps, formé à la hâte, fut d'une faible utilité ; une partie fut dirigée sur Paris, et le reste sur Lyon.

1$^{er}$ *juin* 1815. — L'empereur préside l'assemblée du Champ-de-Mai. Cette solennité imposante et majestueuse eut lieu dans la vaste enceinte du Champ-de-Mars, en présence de tout Paris et des membres de la députation centrale des colléges électoraux de la France, au nombre de cinq cents, parmi lesquels se trouvait celle du département du Loiret, présidée par M. Lecoulteux-Dumolay, de Meung. (4.)

*4 juin* 1815. — La députation centrale du collége électoral du département du Loiret, au nombre de neuf membres, est admise à une audience particulière de l'empereur, et son président présente à Napoléon une adresse ainsi conçue :

*Adresse du collége électoral du département du Loiret, présentée le 4 juin à l'empereur, par M. Lecoulteux, président de la députation.*

« Sire,

« Le peuple français avait voulu mettre un terme à l'anarchie qui le dévorait depuis longues années ; il vous avait confié le soin de ses destinées.

« En se donnant un chef de son choix, le peuple n'avait fait qu'un usage légitime de son droit de souveraineté.

« Déjà ce choix avait été consacré par le temps ; l'assentiment des princes de l'Europe entière et du chef visible de l'Eglise lui aurait, s'il eût été nécessaire, imprimé le sceau de l'irrévocabilité.

« Cependant, Sire, un orage politique, sans exemple dans les fastes du monde, a privé momentanément le vaisseau de l'Etat de son pilote, et l'a placé sous la main d'une famille usée, qui depuis long-temps a déserté le sol de la France.

« Cet orage aurait-il pu anéantir le contrat auguste qui liait le prince aux sujets, et ceux-ci à leur prince ? Non, sans doute, un droit acquis et réciproque ne saurait être détruit par un fait qui n'a été que le résultat d'une force brutale et étrangère.

« Aussi, les acclamations qui ont accompagné les pas de Votre Majesté sur tous les points qu'elle a parcourus depuis son débarquement, attestent assez authentiquement que le vœu général de la nation, en 1815, est ce qu'il était en 1805.

« Cependant, Sire, l'Europe continue et fortifie sa coalition contre les Français ; elle arme tous ses sujets ; elle menace nos frontières au mépris des lois sacrées de l'humanité ; elle repousse les communications franches et désintéressées de Votre Majesté ; elle fait plus, elle fomente dans nos foyers le feu des discordes civiles.

« Eh bien! Sire, armons-nous, rendons encore une fois impuissans les efforts des ennemis du dehors et de l'intérieur, et prouvons à l'Europe que le peuple français est toujours digne de la liberté; que le courage de nos braves armées n'a rien perdu de son antique énergie, et qu'il égale l'amour que vos fidèles sujets portent à la patrie et à la personne sacrée de Votre Majesté.

« Daignez, Sire, accueillir avec bonté les vœux des membres des colléges électoraux du département du Loiret. »

*5 juin* 1815. — Le général Granjean, en retaite à Orléans, ayant été nommé, par l'empereur, maire de cette même ville, en remplacement de M. Désormeaux, destitué, est, ce jour, installé sans grande cérémonie par M. Leroy, préfet du Loiret. (4.)

La première action de ce nouveau fonctionnaire fut de faire mettre sur la porte d'entrée de la mairie un grand drapeau tricolore, et de descendre du grenier, pour les replacer dans la salle dite des *Abeilles*, le portrait en pied et le buste en marbre de Napoléon, que son prédécesseur avait fait ôter. (76-77.)

A cette époque, les cocardes blanches, les lis et les rubans blancs disparurent entièrement à Orléans; les couleurs rouges, bleues et blanches étaient les seules à l'ordre du jour, et il eût été même dangereux de paraître en public avec celles proscrites alors. (77.)

*Décret impérial.*

NAPOLÉON, Empereur des Français, etc.

Sur la proposition de notre ministre de l'intérieur, nous avons nommé et nommons le sieur Granjean (Balthazard), maréchal de camp en retraite, commandant de la Légion-d'Honneur, aux fonctions de maire de notre bonne ville d'Orléans, arrondissement d'Orléans, département du Loiret.

Notre ministre de l'intérieur est chargé de l'exécution du présent décret.

Napoléon.
*L'Adjoint de la mairie,*
Colas de La Noue. (4.)

5 *juin* 1815. — Le chevalier Leroy, préfet du Loiret, fait afficher dans la ville le tableau indicatif des jours où les conscrits des divers cantons qui sont en retard, devront se présenter devant le conseil d'examen, à l'hôtel de la préfecture, à Orléans, à neuf heures précises du matin.

7 *juin* 1815. — L'empereur fait l'ouverture des chambres et y reçoit le serment individuel de tous les membres, au nombre de 472, sous la présidence de Lanjuinais. Ce serment était ainsi conçu : *Je jure obéissance aux constitutions de l'empire et fidélité à l'empereur des Français.* (43.)

12 *juin* 1815. — Napoléon part de Paris pour se mettre à la tête de ses armées, et commencer la campagne dite de 1815. (43-82.)

18 *juin* 1815. — Funeste bataille de Waterloo, petit village à six lieues de Bruxelles. (43-82.)

21 *juin* 1815. — La nouvelle des désastres de la bataille de Waterlo étant connue d'une manière positive et officielle à Orléans, l'on vit se réveiller dans cette ville les haines contre Napoléon et ses partisans.

22 *juin* 1815. — Napoléon, rendu au palais de l'Elysée, abdique en faveur de son fils, le roi de Rome, sous le titre de Napoléon II, en invitant les chambres à organiser sans délai la régence par une loi, et tous les Français à rester unis pour le salut public et pour rester nation indépendante. (15-43-77-82.)

Ce règne, qui ne fut que de trois mois et quelques jours, est connu dans l'histoire sous la dénomination des *Cent jours*. (43-77.)

22 *juin* 1815. — Nomination d'une commission du gouvernement, ou gouvernement provisoire, par les représentans de la nation, ainsi que de plusieurs commissaires chargés par intérim des divers porte-feuilles, en attendant les événemens qui se préparaient en France.

23 *juin* 1815. — Carnot, commissaire chargé par intérim du porte-feuille de l'intérieur, écrit une circulaire

aux préfets pour leur annoncer la funeste bataille de Waterloo, l'abdication de l'empereur et l'avènement de Napoléon II, et pour les engager à répondre à la confiance du gouvernement par une énergie égale à la gravité des circonstances et à l'intérêt de la cause nationale, qui doit triompher de tous les obstacles.

Cette circulaire, la copie de la déclaration de Napoléon au peuple français, une proclamation, et un arrêté du préfet, le chevalier Leroy, furent imprimés sur un seul placard affiché et publié à Orléans.

23 *juin* 1815. — Pièces officielles publiées, affichées et placardées dans les rues et places d'Orléans, par ordre du préfet du Loiret Leroy. Ces pièces, au nombre de quatre, qui sont dans nos mains, portent textuellement ce qui suit :

## N° I$^{er}$.

*Déclaration de Napoléon au peuple français.*

« Français,

« En commençant la guerre pour soutenir l'indépendance nationale, je comptais sur la réunion de tous les efforts, de toutes les volontés et le concours de toutes les autorités nationales ; j'étais fondé à en espérer le succès, et j'avais bravé toutes les déclarations des puissances contre moi.

« Les circonstances paraissent changées : je m'offre en sacrifice à la haine des ennemis de la France; puissent-ils être sincères dans leurs déclarations, et n'en avoir jamais voulu qu'à ma personne! Ma vie politique est terminée, et je proclame mon fils, sous le titre de Napoléon II, empereur des Français.

« Les ministres actuels formeront provisoirement le conseil de gouvernement ; l'intérêt que je porte à mon fils m'engage à inviter les chambres à organiser, sans délai, la régence par une loi.

« Unissez-vous tous pour le salut public et pour rester une nation indépendante.

« Au palais de l'Elysée, le 22 juin 1815.

« NAPOLÉON.

« Par autorisation du prince, archichancelier de l'empire,

« Comte Boulay. »

N° II.

*Ministère de l'intérieur. — A MM. les Préfets.*

« Paris, le 23 juin 1815.

« Monsieur le Préfet,

« Le sort des combats vient de tromper nos espérances ; mais une victoire que l'ennemi a dû payer par des flots de sang ne peut le flatter de triompher de notre indépendance, ni abattre le courage des soldats français. Les traîtres qui, profitant de la mêlée et de la nuit, ont porté le désordre dans leurs rangs, poursuivent trop facilement leur funeste dessein de dissoudre nos phalanges, et les corps de l'armée, et les bataillons d'élite des gardes nationales.

« Il faut, partout, à-la-fois, arrêter ce désordre, effet des machinations de l'étranger et non de sa victoire. Cet objet est le premier et le plus important entre ceux qui, dès l'arrivée de l'empereur, après son abdication et l'avènement de Napoléon II, ont fixé l'attention de la représentation nationale ; c'est aussi le premier soin de la commission du gouvernement : que ce soit le vôtre, Monsieur le Préfet ; répondez à la confiance dont vous êtes investi par une énergie égale à la gravité des circonstances et à l'intérêt de la cause nationale, qui doit triompher de tous les obstacles.

« Quelques lâches soldats, ceux-là sans doute qui ont abandonné ou entraîné les braves mutilés qui ne quittaient pas le champ de bataille, ont fui bien au loin dans les campagnes ; ils vendent leurs armes, leurs habits, leurs chevaux ; ils cherchent à cacher leur honte ; ils espèrent échapper au châtiment en se faisant précéder par de fausses terreurs.

« Recherchez, Monsieur le Préfet, atteignez promptement ces indignes fuyards, que les représentans de la nation viennent de déclarer infâmes et de livrer à la rigueur des lois; à quelque corps, à quelque bataillon qu'ils appartiennent, il n'y a pour eux de pardon à espérer que sous leurs aigles et leurs drapeaux; la nation doit cette justice à ses fidèles défenseurs; elle la leur rendra, et vous devez la poursuivre par tous les moyens en votre pouvoir; la gendarmerie va partout y être employée avec la plus grande activité; faites proclamer les lois contre les déserteurs, les embaucheurs, fauteurs et complices; faites agir simultanément toutes les autorités qui vous sont subordonnées; avertissez les familles, rendez-moi compte exactement de ce que vous aurez fait, pour que je puisse disposer ou solliciter les moyens de donner toute force à la loi, car le salut de la France est dans l'ordre le plus sévère, comme celui de l'armée dans le maintien de la plus stricte discipline, et tenez pour certain que le gouvernement veut ainsi prouver son existence et justifier la confiance dont la représentation nationale l'a investi.

« *Le commissaire chargé par intérim du portefeuille de l'intérieur,*
« C.-M. CARNOT. »

## N° III.

« Le Chevalier Préfet du département du Loiret,

« Considérant qu'il doit être donné la plus prompte publicité aux grands événemens qui viennent de se passer, ainsi qu'aux mesures ordonnées par le gouvernement contre les militaires et gardes nationaux déserteurs ou retardataires qui ne s'empresseraient pas de rejoindre leurs drapeaux, qu'il est urgent, d'un autre côté, d'assurer la tranquillité publique contre les efforts de la malveillance,

« Arrête :

« Art. 1$^{er}$. La déclaration et la circulaire ci-dessus seront publiées et affichées aussitôt leur réception, ainsi que la proclamation ci-après, dans toutes les communes de ce département.

« Art. 2. Dans les principales villes, et partout où besoin en sera reconnu, la garde sera montée par la garde nationale, organisée en vertu du décret du 10 avril dernier. A cet effet, il est donné, par le comité d'organisation du département, toute confirmation de droit aux travaux des comités d'arrondissement.

« Art. 3. Il sera fait, par la garde nationale et la gendarmerie, et de concert avec la troupe de ligne, partout où M. le général commandant le département aura donné des ordres à cet égard, des patrouilles qui auront la consigne formelle de dissiper dans les lieux publics tous les groupes et rassemblemens stationnaires ou ambulans.

« Art. 4. Toute réunion connue sous le nom de chambre ou toute autre dénomination, où l'on manifestera des sentimens contraires au gouvernement et à la tranquillité publique, sera à l'instant fermée, et leurs chefs, directeurs ou administrateurs, seront traduits devant les tribunaux, conformément à l'art. 292 du code pénal, le tout à la diligence de MM. les maires, et à la charge par eux de nous en rendre compte de suite par l'intermédiaire de MM. les sous-préfets.

« Art. 5. L'exécution de toutes les mesures prescrites par S. Exc. M. le ministre de l'intérieur, et celle du présent arrêté sont confiées au zèle et à la fidélité des sous-préfets, des maires et de la gendarmerie.

« Orléans, le 25 juin 1815.

« *Le Chevalier Préfet du Loiret,*

« Leroy. »

N° IV.

*Proclamation.*

« Habitans du Loiret,

« Une victoire décisive, qu'une inexplicable fatalité semble avoir arrachée de nos mains, suivie de l'abdication de l'empereur Napoléon en faveur de son auguste fils, place la patrie dans une situation qui dévoue à son salut tous les cœurs français. La représentation nationale médite en ce moment les mesures qui doivent assurer l'indépendance de la France, son honneur, ses droits et le constant objet de ses vœux : la paix ! Attendez avec confiance le résultat de ces grandes méditations, mais attendez-les aussi dans le calme qui servira si bien leur succès, et d'abord vos intérêts les plus chers, la sûreté de vos familles et de vos propriétés. Tous les ordres sont donnés par M. le maréchal-de-camp commandant ce département, toutes les mesures sont prises par moi pour que les personnes soient partout respectées, pour que les agitateurs seuls, quels qu'ils soient, sentent le poids de l'autorité; les militaires et les gardes nationales, unis de sentimens, le seront encore d'efforts pour le maintien de l'ordre; les propriétaires, les ministres d'un culte essentiellement ami de la concorde, les honnêtes gens de toutes les classes seront les auxiliaires de la force et de l'autorité par leur conduite et leur langage. Habitans du Loiret, je me félicite de me trouver au milieu de vous dans ces grandes circonstances; croyez-moi tout à votre tranquillité, à votre civique direction; vous me verrez toujours, et inébranlablement sur la ligne du magistrat amant de sa patrie.

« *Le Chevalier Préfet du département du Loiret,*
« LEROY. » (3-4.)

2 *juillet* 1815. — L'évêque d'Orléans, M. Jacques Raillon, quitte l'évêché et la ville pour se retirer dans son pays. Ce savant et vertueux prélat, laissa vacant le siége, qui fut administré par les sept vicaires-généraux qui suivent:

MM. Mérault, vicaire-général offic.; Demadières, Métivier, Barbazan, Fauvel, Jourdan, et Gallois à la résidence de Blois. (76-77.)

5 *juillet* 1815. — Signature de la capitulation du gouvernement provisoire de France avec les puissances alliées, dont les plénipotentiaires s'étaient rendus à Paris, pendant que Louis XVIII et les troupes étrangères s'approchaient de la capitale de France. (15-82.)

Par un des articles de cette capitulation, il était dit que le troupes alliées occuperaient toute la partie de la France jusqu'à la rive droite de la Loire, et que les armées françaises passeraient sur la rive gauche de ce fleuve, que le maréchal Davoust serait chargé d'effectuer cette évacuation, dont les plus fortes colonnes furent, ainsi que la garde impériale, dirigées sur Orléans. (43.)

— C'est à cette époque que l'on connut à Orléans la

fameuse chanson populaire adressée aux souverains étrangers, et dont le refrain était: *Rendez-nous notre* PAIRE *de Gand! rendez-nous notre père!*

8 *juillet* 1815. — Louis XVIII rentre pour la seconde fois dans Paris, après une absence de trois mois et vingt jours : il était accompagné d'Alexandre I<sup>er</sup>, empereur de Russie; de François II, beau-père de Napoléon, empereur d'Autriche; de Frédéric-Guillaume III, roi de Prusse; des généraux Wellington, Blücher et Bulow etc., etc., ainsi que de 300,000 soldats étrangers de plusieurs nations. (43.)

— Louis XVIII, par une ordonnance royale, la première connue à sa seconde rentrée, enjoint à tous les préfets des départemens, nommés par Napoléon, désigné sous le nom de *Buonaparte l'Usurpateur*, ainsi qu'aux maires, aux adjoints et conseillers municipaux des communes du royaume, qu'ils aient à quitter sur-le-champ leur place : il enjoint à ceux qui les occupaient avant son départ de les reprendre de suite, ce qui eut lieu quelques jours après dans le département du Loiret. Dans le même mois, les membres de la cour royale, tous les juges reprennent leurs fonctions comme avant l'arrivée de Napoléon en France. (3-76.)

— Passage par Orléans des premières colonnes de l'armée française, qui, d'après les conventions arrêtées entre le gouvernement provisoire et les puissances alliées, le 5 juillet, devaient se retirer sur la rive gauche de la Loire. On vit, avec un sentiment pénible, ces légions, jadis maîtresses d'une partie de l'Europe, forcées, par amour pour la patrie, d'obtempérer aux décisions des étrangers qu'elles avaient si souvent et si long-temps vaincus; la garde impériale, qui en faisait partie, était encore admirable, malgré ses fatigues et ses malheurs; la population presqu'entière de la ville, et même des environs, s'était portée à la rencontre de ces braves, et, sans s'occuper sous quel maître, ni sous quels étendards ces valeureux soldats avaient marché, les Orléanais les reçurent comme des frères; la foule qui se pressait sur leur passage fut surtout vivement émue à la vue de ces drapeaux tricolores en lambeaux et teints du sang des braves qui les entouraient. (76.)

— Un imprimeur de la ville, M. Jacob père, reçoit l'injonction de faire transporter, dans les vingt-quatre heures, sur la rive gauche de la Loire, une partie de son matériel ainsi que le personnel nécessaire pour le mettre en œuvre ; la réquisition était signée du général Guilleminot, chef d'état-major. Cette imprimerie quitta la ville sous l'escorte de deux gendarmes et fut installée dans le château de la Source.

*9 juillet* 1815. — Le chevalier Leroy, préfet du Loiret, nommé par Napoléon lors de sa rentrée en France, excellent administrateur, quitte ses fonctions et l'hôtel de la préfecture ; il est de suite remplacé par M. Alexandre de Talleyrand, préfet avant lui.

M. Leroy passa sur la rive gauche de la Loire, avec l'armée Française, et fut logé à St-Mesmin, dans la maison de campagne de M. Benoist-Merat, d'où il correspondait avec ses amis d'Orléans, par le moyen d'un marinier, nommé Jacques Dardonville, bon nageur, qui traversait la rivière à La Chapelle, puis après entrait dans la ville, déguisé en paysan, portant une hotte remplie de légumes et sa correspondance dans ses souliers faits à double-semelle. (3.)

— Le maire des Cent-Jours, le général Granjean, quitte sa place à Orléans, et est sur-le-champ remplacé par M. Crignon-Désormeaux, maire au moment de la rentrée de Napoléon en France.

Le maire Granjean n'a pas voulu signer les arrêtés qu'il avait pris pendant son exercice. (4.)

L'exercice de ce maire des Cent-Jours n'est point consigné dans les volumes des délibérations municipales.

*11 juillet* 1815. — Nouvelle nomination du conseil de la préfecture du Loiret, qui fut ainsi composé, savoir :

MM. Rabelleau, conservé, et qui devint le doyen des conseillers ;

Delahaye, ex-député du Loiret, en remplacement de M. Brillard, avocat ;

Colas de La Noue père, en remplacement de M. Savart ;
Et M. Olivier Maison-Neuve, secrétaire.

— Arrivée à Orléans du maréchal Davoust, duc d'Auerstadt, chargé du commandement des troupes françaises formant l'armée dite de la Loire ; ce maréchal, à peine arrivé dans la ville, passe le fleuve en emportant avec lui toutes les caisses publiques et les magasins, fait commencer une forte tête de pont à la grille du Portereau, fait préparer des fougasses ou mines, sous les deux premières arches du pont au sud, fait élever des palissades avec embrasures dans la demi-lune, près la rue Dauphine, et y place six canons de huit en batteries ; il ordonna aussi d'enlever le pavé du pont dans la longueur de plusieurs toises, en avant de ses fortifications, puis fit braquer des pièces d'artillerie qui enfilaient les rues de la Poterne, de la Porte-du-Soleil, du Châtelet, de Ste-Catherine, du Puits-St-Christophe, du Cours-aux-Anes, de l'Ecu-d'Or et de Notre-Dame-de-Recouvrance ; il fit aussi réunir tous les bateaux, chargés ou vides, qui se trouvaient sur la Loire, depuis le château de l'Ile jusqu'au pont, côté sud d'Orléans ; après toutes ces précautions et ces moyens de défense ordonnés, le maréchal alla fixer son quartier-général dans le château de la Source du Loiret, où il plaça les bureaux de l'état-major de l'armée française. (4-76-77.)

— Nouvelle formation des adjoints au maire d'Orléans, qui furent :

MM. Dufaur de Pybrac père, devenu le doyen, ayant été conservé ;

Bigot de Morogues, conservé ;

Noury, en remplacement de M. Colas de La Noue, passé au conseil de préfecture. (3.)

— Les troupes françaises qui étaient logées par six, huit et plus, chez les habitans d'Orléans, après deux jours de repos dans cette ville, traversent le fleuve pour prendre leurs cantonnemens sur la partie gauche de la Loire, ce qui leur fit donner la dénomination d'armée de la Loire. (77.)

— Le préfet du Loiret, M. Alexandre de Talleyrand, envoie sur la rive gauche de la Loire M. Rabelleau, le doyen, des conseillers de préfecture, pour correspondre avec lui et lui faire passer les ordres qu'il recevrait pour l'armée française et cette partie de la France.

Cet envoyé fit placer ses bureaux dans la maison de M. de La Noue, raffineur, rue St-Marceau, où il fixa momentanément son domicile.

— Le maire d'Orléans, M. Crignon-Désormeaux, met en réquisition deux cents voitures pour porter des vivres sur la rive gauche de la Loire, et y former des magasins de munitions de bouche pour la portion de l'armée française qui était cantonnée dans cette partie du département du Loiret, au nombre de 30 à 35,000 hommes environ. (4.)

— Le maire, M. Crignon-Désormeaux, voyant qu'il n'y avait plus de soldats français dans Orléans, ni sur la rive droite de la Loire, ni dans les environs de cette ville, fait monter au grenier le tableau en pied, ainsi que le buste en marbre de Napoléon, et enlever le drapeau tricolore du portail extérieur de l'hôtel de la mairie pour le remplacer par un drapeau blanc; depuis deux jours, le préfet Talleyrand avait fait ôter celui qui était à la porte de la préfecture, et ne le remplaça qu'à cette date, qui fut celle où il mit à son chapeau la cocarde blanche, ainsi que le maire et les royalistes les plus dévoués, dont quelques-uns furent alors injuriés et poursuivis par la populace d'Orléans. (76-77.)

11 juillet 1815.

PROCLAMATION.

*Le maire d'Orléans à ses concitoyens.*

Habitans d'Orléans,

Le fléau de la France avait osé reparaître, le ciel a confondu sa criminelle entreprise; loin de nous il est allé traîner les restes d'une vie lâche, honteuse et souillée de forfaits; avec lui le monstre hideux de la terreur et de l'anarchie a disparu, et ses vils sectateurs sont pour jamais voués au mépris le plus honteux.

Louis-le-Désiré nous est rendu; son entrée dans la capitale a été celle de l'ami de son peuple, de l'ange de la paix, d'un monarque vertueux, objet de nos regrets et de nos vœux.

Ce roi, véritablement chéri par ceux qui ont encore une patrie, par ceux qui n'ont pas vendu leur conscience au brigandage, à l'immoralité et au désordre, reparaît parmi nous comme un ange tutélaire, l'olivier à la main et le pardon dans le cœur.

Oublions le passé, réjouissons-nous du présent, et mettons notre confiance pour l'avenir dans la divine Providence qui, en veillant sur notre monarque chéri et en nous le rendant, nous donne une nouvelle preuve de son éclatante protection.

Appelé par les ordres du souverain à reprendre les rênes de l'administration municipale et paternelle que j'avais été obligé de quitter par violence, mon premier devoir, celui le plus cher à mon cœur, en vous annonçant un événement si heureux pour toute la France et pour les bons Orléanais, toujours fidèles à leur légitime souverain, est de vous avertir qu'il nous est enfin permis de témoigner notre joie par des signes éclatans et non équivoques : livrons-nous sans réserve aux sentimens qui nous animent, qu'une gaîté vive et décente accompagne nos réunions, et que le père, entouré de ses enfans, fasse retentir les airs de ce cri si cher aux bons Français : *Vive le Roi!*

Il y aura feu de joie, illumination générale, distribution de pain aux pauvres et fête champêtre sur le Grand-Mail.

12 *juillet* 1815. — Une forte colonne de troupes prussiennes pénètre dans le département du Loiret, avec ordre de pousser jusqu'à Orléans pour l'occuper; les habitans, prévenus de l'arrivée de ces étrangers, cachent, comme lors de la présence des Cosaques, en 1814, les objets les plus précieux de leur fortune, et les plus irrésolus se sauvent sur la rive gauche de la Loire ; mais cependant en moins grande quantité que la première fois, espérant que les soldats alliés seraient moins pillards que les sauvages du nord de la Russie. (4-76-77.)

— Nomination d'un commissaire spécial chargé de pourvoir à la subsistance des troupes étrangères.

*Lettre adressée à M. Persin, contrôleur de l'octroi d'Orléans.*

Monsieur,

Je vous invite à venir ce soir dans mon cabinet, à la préfecture, à six heures précises, pour objet de service public très-pressant.

J'ai l'honneur de vous saluer,

Pour le préfet du Loiret,
*Le conseiller de préfecture délégué,*

BRILLARD.

*Extrait du registre des arrêtés du préfet du département du Loiret, du 13 juillet 1815.*

Le préfet du Loiret,

Considérant la nécessité pressante de pourvoir à la subsistance des troupes alliées qui vont occuper la ville et les environs d'Orléans,

Arrête que M. le maire d'Orléans demeure chargé de pourvoir à la subsistance de ces troupes par tous les moyens que l'urgence de la position peut exiger, et qu'en conséquence il est autorisé à mettre en réquisition, dans la commune d'Orléans et dans les communes environnantes, tout ce qui sera nécessaire, notamment les foins, pailles, sainfoins, trèfles, luzernes et avoines; tous ces objets seront livrés aux magasins militaires d'Orléans, par les soins et sous la surveillance de M. Persin, commissaire nommé par l'arrêté du préfet en date d'hier.

Pour le préfet du département du Loiret,
*Le conseiller de préfecture chargé de l'intérim,*

BRILLARD.

*Sauf-conduit. — Mairie d'Orléans.*

MM. les commandans des troupes alliées sont invités à

laisser passer M. Persin, délégué *ad hoc*, à l'effet de faire des réquisitions de fourrages pour le besoin de la troupe.

A la mairie d'Orléans, le 12 juillet 1815.

*Le baron Maire d'Orléans*,
Crignon-Désormeaux (*).

12 juillet 1815.

ANNALES MILITAIRES.

*Prospectus.*

*C'est à Napoléon que nous faisons la guerre et non pas aux Français :* voilà ce que les princes coalisés ont dit à l'Europe. Napoléon a abdiqué ; sa vie politique est finie, et les coalisés sont en France, à la tête d'armées nombreuses. Ils ne voulaient pas, disaient-ils, *se mêler de notre régime intérieur ;* ils ne voulaient que l'éloignement de l'armée à une distance convenue, pendant qu'on s'occuperait de *régler les conditions de la paix !* L'armée a voulu

---

(*) En vertu des pouvoirs qui lui avaient été délégués par M. le préfet du département du Loiret, M. Persin partit sur-le-champ pour se rendre successivement dans les communes de Chevilly, Trinay, Ruan, Lion-en-Beauce, etc., etc., afin de remplir l'honorable et périlleuse mission qui lui était confiée.

Une grande partie de ces communes était parcourue par des détachemens de Cosaques, et les cultivateurs se trouvaient dans le plus grand découragement. M. Persin fit comprendre à tous les maires les dangers qu'ils auraient à courir, ainsi que les habitans de leurs communes, si la ville d'Orléans n'était pas promptement et convenablement approvisionnée dans cette circonstance, afin de pourvoir aux besoins d'une partie de l'armée prussienne qui arrivait dans ses murs.

MM. les maires se rendirent aux pressantes sollicitations du commissaire qui leur était envoyé par M. le préfet, et, dès le 15 juillet, les approvisionnemens arrivèrent à Orléans.

En traversant la Beauce, M. Persin fut arrêté par des Cosaques qui voulurent le faire prisonnier, le prenant pour un officier de l'armée française, parce qu'il était alors revêtu de son uniforme de garde urbain. Après lui avoir posé leurs lances sur la poitrine, ils le sommèrent de se rendre, et voulurent s'emparer de sa voiture et de son cheval : il fit bonne contenance, ne se laissa pas intimider, et, leur montrant les papiers dont il était porteur, lesquels, pour la plupart, portaient l'empreinte des cachets de la préfecture du Loiret et de la mairie d'Orléans, il parvint à s'échapper de leurs mains et à continuer de remplir sa mission.

Il fut assez heureux, dans cette circonstance, pour contribuer à éviter à la ville d'Orléans de très-grands malheurs.

sauver Paris des horreurs d'un siége; elle s'est retirée au-delà de la Loire, et son espérance est déçue. Paris éprouve tous les malheurs dont on avait cru le préserver par cette fatale retraite; ses ponts sont détruits, ses citoyens pillés ou massacrés, ses édifices publics dévastés : toute la population tend aujourd'hui des bras supplians vers cette armée que naguère elle semblait craindre comme sa seule ennemie.

Foi des rois, les peuples vont enfin te connaître! Ces peuples, mieux éclairés par l'invasion des barbares que par les leçons de la sagesse, vont apprendre ce que vaut la conscience des princes, et la raison publique va se mûrir d'un siècle.

On assure que deux des puissances coalisées se sont prononcées contre les horreurs que nous dénonçons à nos concitoyens. Si cela est vrai, elles sauront elles-mêmes en faire justice, et une paix honorable peut encore venir consoler le monde.

Si, au contraire, tous nos ennemis sont d'accord, qu'attendons-nous pour prononcer nous-mêmes l'arrêt inévitable de leur proscription? Ces hommes que nous avons battus au milieu de toute leur puissance, ne sont-ils pas perdus si nous sommes unis? Croient-ils traverser la France chargés de nos dépouilles, et ne rencontrer qu'une population inepte et imbécile? Non, ils sont entourés de nos forteresses, de nos fleuves et de quatre millions d'hommes libres. Qu'il n'y ait plus en France que des Français et des *étrangers*, et la France sortira glorieuse de la crise que les passions ont amenée.

Jamais nous n'avons eu plus besoin de sagesse et d'union; jamais nous n'avons eu plus besoin de connaître les faits qui se passent, les mesures à prendre, et les fautes à éviter. Ce n'est pas des journalistes de Paris que nous devons attendre la vérité. C'est du milieu de l'armée que nous espérons la faire parvenir à tous les Français. Notre recueil ne sera pas un ouvrage de parti : nous ne sommes que Français; l'amour de la liberté est le seul point où toutes les combinaisons politiques puissent honorablement se rallier.

Les *Annales militaires* paraîtront, autant qu'il sera possible, trois fois par semaine, à partir du 15 juillet présent mois. Nous y rapporterons tous les événemens remarquables; nous signalerons toutes les entreprises que les ennemis du nom français dirigeront soit contre l'ordre en général, soit contre la bonne discipline qui anime et continuera d'animer l'armée. MM. les chefs de corps sont instamment priés de nous faire parvenir tous les faits militaires qui honorent le courage des Français; et cette partie de notre travail adoucira pour nous le reste de la tâche que nous entreprenons. Notre devise est *Patrie, Honneur et Concorde.* Sous cette bannière nous espérons rallier tout ce qui est Français. Nous appelons à nous toutes les lumières et tous les renseignemens dont peuvent disposer ceux qui voudront concourir au succès de notre entreprise civique.

On souscrit chez tous les libraires et les directeurs de la poste aux lettres de France, qui s'adresseront au grand quartier-général de l'armée.

Le prix de l'abonnement (franc de port) est de 6 francs par mois.

RIGOMER-BAZIN.

Cette pièce, dénoncée au procureur du roi M. Moutié, fournit aux réactionnaires de cette triste époque l'occasion de déployer un zèle d'autant plus ardent qu'ils avaient davantage à se faire pardonner ou à obtenir; les passions s'animèrent à ce point que, malgré l'intervention de personnages haut placés, *malgré les ordres formels de Louis XVIII lui-même,* un procès criminel s'entama: M. Huet-Perdoux, imprimeur, fut emprisonné, puis traduit devant la cour d'assises du Loiret, sous la prévention de complicité avec M. Rigomer-Bazin, auteur de l'imprimé.

Leur cause, défendue avec un remarquable talent par Me Hennequin, et par Me Légier, avocat du barreau d'Orléans, qui commençait alors une carrière qu'il a suivie avec tant d'éclat (*), ainsi que par M. Bazin lui-même, qui

---

(*) Quelques mois plus tard, et pour une affaire importante, M. Hennequin, sollicité de venir plaider à Orléans, refusa son ministère en disant aux solliciteurs : « Messieurs, il était inutile de venir dans la capitale chercher un défenseur; vous avez dans votre ville, en la personne de M. Légier, un des meilleurs avocats de France. »

fit preuve, en cette occasion, de beaucoup d'éloquence et d'énergie se termina par un verdict d'acquittement.

Nous ne savons quel fut le sort de M. Bazin après son acquittement.

Quant à M. Huet-Perdoux, l'heureuse issue de ce procès avait soulevé contre lui une telle animosité de la part des puissans du jour, il se trouva en butte à tant de tracasseries irritantes, qu'il résolut de s'expatrier pendant un certain temps, afin de laisser à la fièvre morale qui affectait tant d'esprits, le loisir de se calmer.

En compagnie d'un Portugais établi à Orléans, M. Pereira, qui était son ami, et qui plusieurs fois déjà avait tenté avec succès la chance des spéculations commerciales au-delà des mers, il partit pour le Brésil avec une quantité assez considérable de marchandises.

Bientôt ses affaires prospérèrent, sa pacotille s'était avantageusement placée, son caractère franc et loyal l'avait fait bien accueillir dans le pays; il venait d'être placé à la tête de l'imprimerie du gouvernement à Rio-Janeiro, et il touchait au moment du repos quand une maladie subite l'enleva, jeune encore, à sa nombreuse famille

12 *juillet* 1815. — Le maréchal Davoust, commandant les troupes françaises sur la gauche de la Loire, par un ordre du jour, ordonne l'interruption de toute espèce de communications avec la rive droite du fleuve, et donne la consigne de faire feu sur toutes les personnes, militaires ou habitans, qui voudraient forcer le passage, principalement par le pont d'Orléans; cet ordre inattendu fit que les citoyens domiciliés au sud de la ville, qui, pour affaires, se trouvaient au nord, et par la même cause, ceux du nord qui se trouvaient au sud, furent forcés de rester en place et de se loger à l'auberge ou chez des amis.

Cet ordre avait été nécessité par l'arrivée des Prussiens, qui n'étaient plus qu'à une journée de marche de la place d'Orléans. (77.)

13 *juillet* 1815. — M. le chevalier de Morogues, adjoint au maire, et M. Jules Desfrancs, se dévouent pour le salut d'Orléans, en se rendant à Rebrechien, près du général

prussien, afin de s'entendre avec lui pour que l'entrée de ses troupes dans la ville se fît sans coup férir.

— A deux heures après midi, le général prussien, de Borcke, entre dans la ville d'Orléans par la porte Bourgogne, à la tête de 7,500 hommes d'infanterie et 800 cavaliers, formant l'avant-garde d'un corps de 24,000 hommes d'infanterie et 5,900 chevaux, destinés à occuper le département du Loiret.

Le général prussien, à cheval, fit son entrée dans la ville placé entre MM. le vicomte de Morogues et Jules Desfrancs, suivi du maire et d'une partie de la garde urbaine, qui étaient allés au-devant des troupes étrangères pour éviter que ces soldats n'entrassent dans Orléans comme dans une place conquise.

Ces soldats furent logés par douzaines dans chaque maison, dont ils vexèrent les habitans en exigeant *tout de suite, tout de suite* ce qu'ils demandaient avec menaces.

Le jour même de leur arrivée, ils établirent une batterie de quatre canons de six, mêche allumée, dans la rue Royale, à la hauteur du Marché-aux-Veaux, destinée à battre le pont et les fortifications des Français de l'autre rive ; ils barricadèrent l'entrée du pont, au nord, de voitures renversées l'une sur l'autre, s'emparèrent de la garde des postes, placèrent des bivouacs nombreux sur le Martroi, sur la place de l'Etape, dans le Marché-aux-Veaux, dans les cloîtres Ste-Croix, St-Aignan, le grand Cimetière, et firent circuler de fortes patrouilles par toute la ville. (76-77.)

14 *juillet* 1815. — Le chirurgien-major de l'armée prussienne s'empare des bâtimens de l'Hôtel-Dieu d'Orléans, fait porter les malades de la ville dans les salles basses et sombres, au sud, du côté des tours de la cathédrale, et place les siens dans les dortoirs du premier, qui ouvrent sur la rue de l'Evêché et sur la cour de cet hospice.

La pharmacie de la maison est envahie par lui, ses jeunes élèves et ses domestiques ; les sœurs de l'hôpital ne quittèrent pas leur domicile et vécurent d'un bon accord et paisiblement avec ces nouveaux venus. (7-77.)

*16 juillet* 1815. — Ordre du Prussien qui commandait la place d'Orléans, qui oblige les habitans à fournir eux-mêmes, à chacun des soldats de sa nation, et par jour, une livre de viande avec légumes, deux livres de pain, un verre d'eau-de-vie, beurre ou fromage pour déjeuner, le soir un ragoût avec pommes de terre et une bouteille de vin.

Pour les chevaux, un quart de boisseau d'avoine et six livres de foin par jour et par chaque bête.

Indépendamment des vivres ci-dessus, le général de Borcke exigea que la ville payât, à chaque soldat, 1 f. 90 c. par jour, 20 fr. à chaque officier, et 50 fr. à chaque membre de l'état-major. Quant à lui, aux intendans, commissaires des guerres, etc., etc., ils ne s'oublièrent pas, comme on le verra ci-après. (3-4.)

— Désarmement des habitans d'Orléans, par ordre du général prussien; les citoyens furent obligés d'obéir aux volontés impératives de cet étranger, et de porter eux-mêmes leurs armes de toutes espèces à la mairie, où un sieur Deloynes, surnommé le Boiteux, garde-magasin des poudres et salpêtres, agent principal des étrangers, délivrait des récépissés signés de lui, qui ne furent bons à rien. (4.)

*17 juillet* 1815. — La conduite vexatoire des Prussiens envers les habitans d'Orléans de toutes les opinions, les vols qu'ils commettaient hardiment et impunément à la table même et en présence des personnes qui les avaient désirés, déterminèrent le préfet à engager, par la circulaire qui suit, tous ses administrés à prendre patience.

*Le préfet du Loiret aux habitans du département.*

Habitans du Loiret,

Les malheurs qui pèsent sur vous seront de courte durée; mais en ce moment, s'ils sont affreux, n'en accusez que la promptitude avec laquelle ils sont arrivés; votre département, traversé par de nombreuses armées françaises, était épuisé, les armées alliées sont arrivées avant qu'on ait pu organiser des magasins, des désordres inévitables s'en sont suivis; ils vont cesser : une commission, nommée par moi, s'occupe de pourvoir aux subsistances des armées. Que la paix, l'*amitié*, l'union, règnent entre les étrangers et vous, comme ils sont établis entre votre roi et leurs souverains. Si les princes alliés désirent la tranquillité, le roi la commande; il verra dans cette obéissance un moyen d'alléger plus promptement vos maux, et de parvenir à réparer vos désastres.

Orléans, le 17 juillet 1815.
Le préfet du département du Loiret,<br>
Baron de TALLEYRAND.

18 *juillet* 1815. — Le prince Guillaume de Prusse passe par Orléans; il est visité par les autorités civiles, qui reçurent de lui un accueil gracieux. (4-76.)

18 juillet 1815.

*Changemens survenus dans la magistrature d'Orléans pendant les Cent-Jours.*

Le prince archi-chancelier de l'empire, transmit, le 25 mars 1815, à MM. les premiers présidens et procureurs-généraux, une circulaire qui renfermait les dispositions suivantes, relativement aux nominations faites par le roi dans l'ordre judiciaire:

« Aucun individu nommé par le chef du dernier gouvernement ne pourra continuer ses fonctions qu'au moyen d'une nouvelle nomination de l'empereur. Vous observerez que le décret du 13 mars, qui rappelle les magistrats déplacés par l'effet de mesures arbitraires, ne disait point que leurs successeurs reprendront leurs fonctions s'ils en avaient: le décider ainsi serait donner à ce décret une extension qu'on ne peut se permettre. Il faut donc que les individus dont il s'agit, dans quelque catégorie qu'ils se trouvent, obtiennent de l'empereur une nouvelle nomination s'ils en sont jugés dignes.

« Vous veillerez, en conséquence, à ce que l'exercice de tous cesse le plus tôt possible, et vous me rendrez compte de vos diligences à cet effet.

« Enfin, vous m'adresserez, sur chacun des mêmes individus, des notes sommairement énonciatives de *la famille à laquelle ils appartiennent, de leur profession avant* que d'être mis en place, de leurs moralité et capacité, et de leur conduite politique, surtout dans ces derniers temps. »

Par une lettre en date du 31 mars, M. Petit-Lafosse, alors premier président, donna connaissance de cette circulaire aux magistrats qu'elle concernait, et les prévint qu'ils devaient immédiatement cesser leurs fonctions.

Furent atteints par cette mesure :

A la cour royale : MM. Boscheron-Desportes, président de chambre ; Colas de La Noue et de Champvallins, conseillers ; Perrot et Boyard, conseillers-auditeurs ; Gilbert-Boucher, substitut du procureur-général.

Au tribunal de première instance : MM. Miron de l'Espinay, président ; Ephrem de La Taille, substitut.

Par décret impérial du 4 mai, MM. Colas de La Noue, de Champvallins, Perrot, Miron de l'Espinay et Ephrem de La Taille, furent renommés aux fonctions qu'ils exerçaient, et, à l'exception de M. Perrot, aucun d'eux ne se présenta pour se faire installer et prêter serment, malgré l'avis qui leur en fut officiellement donné par lettres.

Le 22 juin, M. le baron Sezeur, procureur-général, leur fit faire, par exploit de Bourbon, huissier, une sommation dans le même but.

Voici la copie d'une de ces sommations :

« Le 22 juin 1815, moi, Jean-Baptiste-Joseph Bourbon, huissier-audiencier à la cour impériale d'Orléans, y reçu, demeurant à Orléans, rue Pomme-de-Pin, n° 35, patenté, pour 1815, le 1er mars, n° 168, soussigné, à la réquisition de M. le procureur-général en la cour impériale d'Orléans, conformément aux instructions et ordres de S. A. S. Monseigneur le prince archi-chancelier de l'empire, chargé du portefeuille du ministère de la justice, me suis transporté rue des Basses-Gouttières, n° 10, en la demeure de M. Dugaigneau de Champvallins fils, nommé conseiller en la cour impériale d'Orléans, par décret impérial du 4 mai dernier, où étant, parlant à la demoiselle Sophie, l'une de ses domestiques, j'ai invité, et au besoin interpellé mondit sieur de Champvallins de me déclarer, d'une manière formelle et positive, s'il entend ou non se présenter devant la cour pour se faire recevoir dans les fonctions à lui conférées par le décret susdaté, et prêter serment préalable à leur exercice. Je lui ai notifié que, faute par lui de déférer à la présente interpellation, sa nomination sera considérée comme non-avenue, conformément à la loi du 19 vendémiaire an x, et qu'il sera pourvu à son remplacement ; à laquelle interpellation il m'a été fait réponse, par ladite fille Sophie, qu'elle ne pouvait rien répondre, et m'a promis de remettre la présente copie à M. de Champvallins, qu'elle m'a déclaré être dans ses biens, en Sologne.

« Ce fait, j'ai, à mondit sieur Dugaigneau de Champvallins, parlant comme dessus, laissé la présente copie. Le coût est d'un franc trente-cinq centimes.

« BOURBON. »

Cette sommation ne fit pas changer de résolution les magistrats qu'elle concernait ; ils ne reprirent leurs fonctions qu'au retour du roi ; il faut en excepter cependant MM. Gilbert-Boucher et Boyard, qui, dans les Cent-Jours, acceptèrent des places dans d'autres ressorts.

Outre les magistrats atteints par les mesures susrelatées, plusieurs autres refusèrent de prêter le serment prescrit par le décret impérial du 8 avril ; ils furent réputés démissionnaires.

A la cour royale : MM. le baron Arthuis de Charnisay, président de chambre ; Couët de Montarand, Loyré, de Laplace de Montevray, conseillers.

Au tribunal de première instance : MM. Colas de Brouville, Darotte, juges ; Moutié, procureur du roi, de Beauregard, substitut du procureur du roi.

Le parquet de ce tribunal se trouva ainsi totalement abandonné ; mais M. de Beauregard, d'accord avec M. le procureur-général, consentit de continuer le service, ce qu'il fit, en effet, jusqu'au 22 juin, jour auquel il lui fut fait, par exploit de Bourbon, huissier, sommation de prêter serment ou de cesser l'exercice de ses fonctions ; c'est ce dernier parti qu'il prit jusqu'au retour du roi, époque à laquelle il reprit sa place dans le parquet du tribunal.

Un seul conseiller fut nommé à la cour pendant les Cent-Jours, en remplacement de M. de Laplace, réputé démissionnaire.

Le procureur impérial qui remplaça M. Moutié fut M. Lessat.

Depuis le 18 juillet 1815, MM. Loyré, de Laplace, Colas de La Noue et de Champvallins, en exécution des ordonnances du roi des 7 et 12 juillet 1815, dont communication officielle leur fut donnée par M. le procureur-général, ont déclaré au greffe de la cour qu'ils reprenaient leurs fonctions à compter de ce jour. MM. Colas de Brouville, Darotte, Moutié, de Beauregard et Ephrem de La Taille reprirent aussi les leurs près le tribunal de première instance d'Orléans.

*19 juillet* 1815. — La commission nommée par M. le préfet, pour s'occuper des moyens de pourvoir aux subsistances du troisième corps d'armée prussienne, arrête de faire un emprunt de 300,000 fr. présumé suffisant pour former des magasins, faire des marchés avec les habitans et assurer pour quinze à vingt jours les besoins de ces étrangers.

Cette délibération était ainsi conçue :

Les soussignés, convoqués par M. le maire d'Orléans, à la réquisition de M. le préfet et du comité de surveillance du département, pour satisfaire, autant que possible, aux ordres et réquisitions notifiés par les chefs des troupes alliées, *avec menaces, en cas de refus, d'exécution militaire*, délibérant sur les moyens de pouvoir aux circonstances et de fournir aux besoins qu'elles font naître pour la subsistance des troupes alliées, en attendant que le gouvernement ait, dans sa sagesse, déterminé un mode uniforme et régulier pour toute la France,

Ont arrêté ce qui suit :

Il est, par le présent, fourni un cautionnement jusqu'à la concurrence de 300,000 fr., pour le compte du département du Loiret, et sous l'obligation solidaire des soussignés, pour être employé au paiement des achats et fournitures qui seront jugés nécessaires par une commission composée de MM. Baguenault-Viéville, Crignon-d'Ouzouer, Geffrier-Lenormand, de Laplace de Montevray, Hême-Lemoyne, de Morogues et M. le maire, lesquels ouvriront les crédits convenables sur les personnes qui voudront prêter les fonds avec soumission d'intérêts, lesquels commissaires se concerteront avec le comité des subsistances du département, autorisés à en fixer l'emploi au fur et à mesure des besoins.

Si le paiement ou remboursement n'est pas assuré par le gouvernement, il sera effectué par voie de contribution sur tout le département ou la ville, d'après toutes autorisations qui seront requises à cet effet, et qui paraissent garanties par le travail que prépare le gouvernement, et en cas où, contre toute vraisemblance, le remboursement ne s'en ferait pas par l'un ou l'autre moyen, les soussignés s'engagent solidairement à y pourvoir dans la juste proportion de leurs facultés au jugement arbitral d'une commission qui, en cas de besoin, sera nommée par les soussignés, sans néanmoins que cela puisse préjudicier à la solidarité envers les prêteurs.

Fait et arrêté le 19 juillet 1815.

*Signé:* Aignan, d'Autroche, Bigot de Morogues, Boucher de Mézières, Boucher de Molandon, Baguenault de Viéville, Brossard-Nogent, Bignon fils aîné, de Brouville fils, Boulard-Caillau, Benoist des Hauts-Champs, Berranger, Bouhebent, Blanchard aîné, Crignon-Guinebault, Crignon-Désormeaux, Crespin de Billy, Colas-Desfrancs jeune, Colas de La Noue, Colas de Brouville, Couet (J.-J.), Corbin, curé de Ste-Croix; Crignon de Montigny, Cahouet de Marolles, Castelnaud de Casternaud, Cabart, juge; Cabart, notaire; Darotte fils, Dufaur de Pibrac, de Laplace de Montevray, Deboislandry (J.-H.), Doyen, Delaage-Demeux (H.-S.), Demadières père, Desfrancs, Dumuys-Ravot, Fougeron jeune, Fourré, docteur-médecin; de Farville, Ferron-Diot, Geffrier (F.-Alex.), Grenouillet-Pilté, Gay (P.-H.), Gasselin de Bompart aîné, Hême-Lemoine-Montbrun, Hubert-Pelletier, Huet de Froberville, Hureau-Bachevilliers, Isambert de St-Aignan, Johanet-Culambourg, Johanet, avocat; Lecauchois, Légier, Ligneau-Grandcour, Laisné de Villevêque, Lesourd-Luizi, Leroy-Boulard père, de Lange (Auguste), Louvel (J.-F.), Lochon-Dequoy, Lorion-Pavis, Michel de Grilleau, Marcille-Pelletier, Moutié, Miron de Lamothe, Maurice (de Saint-), Miron de l'Espinay, Mérault, vicaire-général; Mouton, Michel aîné, Mallet de Chilly, Noury, Pilté-Grenet, Porcher, notaire; Papin, Payen, docteur-médecin; Petau-Grandcour, Petit-Billard, Patas de Mesliers, Pompon, avocat; Pompon, négociant; Pellieux, de Rocheplatte, Robillard-Daguet, Rouzeau-Montault, Robert de Massy, Ravot-Miron, Tassin-Baguenault, Tassin de Gourville, de Velard, Vignat aîné.

20 *juillet* 1815. — M. Pawlowski, commissaire du troisième corps prussien à Orléans, requiert la somme de 600,000 fr. à titre de contribution militaire. M. le préfet du Loiret ayant refusé d'obtempérer à cette demande, est enlevé de son hôtel par ordre de ce commissaire.

M. le baron de Morogues était présent à cet enlèvement, fait sous les yeux d'un chef militaire qui, l'épée nue à la main, pressait brusquement le départ; il dit au préfet: *Mon ami, je veux suivre votre sort*, et il s'avança pour monter dans sa voiture.

Le commandant prussien repoussa M. de Morogues et donna l'ordre au postillon de partir sur-le-champ. (3-4-77.)

20 *juillet* 1815. — Séance du vendredi, présens: MM. Brillard et Rabelleau.

Le vendredi, 20 juillet 1815, dix heures du soir, les soussignés, individuellement convoqués à l'hôtel de la préfecture, se sont aussitôt rendus dans le cabinet de M. le préfet, où ils ont trouvé M. le baron de Talleyrand, accompagné de M. Bouland, son secrétaire particulier, et assis à un bureau un officier supérieur prussien, qui s'est dit M. Pawlowski, intendant-général du troisième corps d'armée, près de lui un autre officier prussien, tous deux armés; une sentinelle avait été placée à la porte de l'antichambre et une garde de plusieurs hommes à celle extérieure de la rue.

Les soussignés ont alors été instruits que M. le baron de Talleyrand, sur son refus de déférer à la réquisition de 600,000 fr., à lui faite sur le département du Loiret, avait été constitué prisonnier. Des chevaux de poste ont été demandés pour le transférer à une destination non déclarée.

Alors M. le préfet s'est approché de son bureau et y a écrit quelques lignes qu'il a remises à son secrétaire particulier : aussitôt l'officier prussien s'est élancé sur ce dernier, *l'a saisi à la gorge et lui a arraché le papier qu'il tenait à la main.*

M. de Talleyrand s'est plaint avec dignité de cette violence, et, au surplus, a demandé la lecture de son écrit, qu'il a dit contenir une proclamation aux habitans d'Orléans pour les inviter à la tranquillité, à quoi l'intendant-général a répondu qu'il était inutile, et que *la tranquillité était à la pointe des baïonnettes.*

S'adressant ensuite à MM. les conseillers de préfecture, il a demandé le plus ancien en réception, et l'a interpellé de se charger du portefeuille : M. Brillard, que regardait cette interpellation, a répondu qu'il ne le pouvait sans délégation. — *Oui ou non*, a réparti M. l'intendant-général, ou partir avec M. le baron ; sur quoi M. Brillard s'est réduit à demander le temps pour en délibérer, et s'est retiré sans opposition.

MM. Savard et Rabelleau, aussi conseillers de préfecture, l'ont suivi.

Les chevaux étant arrivés, M. de Talleyrand, escorté de l'officier prussien, est monté dans sa voiture en présence des autres personnes et de M. le baron de Morogues, qui voulait le suivre ; un seul domestique accordé à M. de Talleyrand est monté sur le siége de sa voiture, qui a aussi été entourée par un détachement de cavalerie, l'ordre donné au postillon a été : *Route de Paris, vite!*

Pénétrés du plus vif sentiment d'attachement pour le premier magistrat qui emporte l'admiration et les regrets de tous ses administrés, disposés à imiter son profond dévouement pour l'exécution des ordres du roi, les soussignés se réunissent en ce moment pour constater les faits ci-dessus d'une manière exacte et authentique, et terminent le rapport en déposant au pied du trône l'hommage de leur amour et de leur fidélité pour la personne sacrée du roi et tous les princes du sang.

Fait en l'hôtel de la préfecture, le 21 juillet 1815, et

ont, toutes les personnes qui ont concouru à ce procès-verbal, signé au registre sur leur expresse réquisition.

DUGAIGNAULT, membre du conseil général; de KERMELEC, sous-préfet de l'arrondissement d'Orléans; baron de MOROGUES, membre du conseil d'arrondissement; RABELLEAU, BRILLARD, conseillers; BOULAND, secrétaire particulier; le chevalier Olivier de MAISON-NEUVE, secrétaire-général. (3.)

— Séance extraordinaire tenue à l'Hôtel-de-Ville d'Orléans, sur la réquision du commissaire prussien résidant à Orléans.

*Procès-verbal de cette séance.*

Aujourd'hui, 20 juillet 1815, onze heures du soir, M. le maire, sur la réquisition de M. Pawlowski, ayant réuni les membres du conseil et plusieurs notables de la ville, dans les personnes de MM. Johanet, de Grilleau, Corbin, Pilté-Grenet, Darote, Noury, Fougeron le jeune, Geffrier-Lenormand, Marcille-Pelletier, Miron (Augustin), Mérault, d'Autroche de la Porte, Mareau l'aîné, de Laplace de Montevray, Baguenault de Viéville, de Billy, Hême-Lemoine, Porcher, Moutié, Legrand de Boislandry, Colas Desfrancs, Tassin-Baguenault, Brossard-Nogent, Doyen, Ligneau-Grandcour, Laisné de Villevêque, Desfrancs, de Rocheplatte, de Veslard, Crignon-d'Auzouer, Germon-Miron, Colas de Brouville, de Mézières, Crignon-Guinebaud, Crignon-Désormeaux, de Morogues, Colas de La Noue, Dufaur de Pibrac, Colas Desfrancs jeune, Johanet-Culambourg, Demadières et Miron-Lamothe.

Cette réunion formée, M. le maire a annoncé l'arrivée de M. le commissaire-intendant de l'armée prussienne à l'heure de minuit.

A minuit, M. Pawlowski s'est présenté, et ayant pris la parole, il a dit en substance :

Que depuis quelques jours le département du Loiret était frappé d'une réquisition de 500,000 fr. en argent, et de beaucoup d'objets en nature, que cette réquisition ayant été présentée à M. le baron de Talleyrand, préfet, il s'était rendu à Paris, d'où il était revenu ce matin, disant que le comité des ministres des puissances alliées n'admettait pas de réquisitions particulières; mais que les ordres de S. A. le maréchal prince Blücher, généralissime des armées prussiennes, étant absolus, il avait déclaré à M. le baron de Talleyrand qu'il fallait acquitter la réquisition, et que, sur son refus, il avait été constitué prisonnier et était en route pour une forteresse de la Prusse ; qu'il avait appelé MM. les conseillers de préfecture en sa présence, et leur avait dit qu'il requerrait que, de suite, la ville avançât, pour le département, sur la rive droite de la Loire, la somme de 500,000 fr. en argent, et 100,000 fr. pour tenir lieu de la réquisition en nature, qui ne serait plus exigée. Il a terminé en disant qu'il fallait payer les 600,000 fr. *de suite*, que telle était la volonté et les ordres de S. A. le prince Blücher, qu'il le fallait, et que rien n'en serait diminué, parce que c'était pour le département, et que la ville pouvait bien faire cette avance, pour éviter l'exécution militaire sur le département et sur la ville.

M. le maire et quelques membres de l'assemblée, bien instruits de l'enlèvement de M. le baron de Talleyrand, préfet, pénétrés de l'occupation militaire de la ville et du département sur la rive droite, et des moyens de contrainte qui pouvaient soutenir et effectuer la réquisition, ont adressé à M. Pawlowski toutes les observations et remontrances qui pouvaient venir à la décharge du département et de la ville, occupés par des troupes alliées et amies, qui avaient été reçues avec tous les égards et tous les procédés qui étaient dus à leur auguste souverain. Il lui a été observé que les ressources du département et de la ville ne permettaient un paiement si considérable et si prompt, surtout dans ces circonstances où les subsistances étaient un objet de fortes dépenses, pour lesquelles il fallait recourir à des crédits.

Après avoir entendu ces observations, M. Pawlowski a répondu que les ordres du prince étaient absolus, qu'il fallait 600,000 fr. d'ici à onze heures, et il a terminé en disant: Il le faut; M. le baron de Talleyrand est en chemin, je dois m'adresser à vous et prendre les moyens d'exécution militaire; il a cité plusieurs exemples de villes et départemens taxés ; il a fini par consentir à recevoir des traites payables de suite pour 300,000 fr. écus ou argenterie ; à onze heures, il a repoussé toutes les observations et supplications, *a tiré sa montre et l'a consultée plusieurs fois pour indiquer les minutes accordées pour se décider* (*).

L'assemblée, pénétrée de l'obligation absolue, indispensable de céder à la force et aux moyens déjà exercés sur M. le préfet, et à tous ceux annoncés, considérant que la conservation de la ville et du département était une loi absolue, a adopté de se soumettre, et d'avancer la somme de 600,000 fr., dont 200,000 payables à onze heures et 400,000 en traites sur Paris, à quinze jours de vue, dont le remboursement serait assuré par l'assemblée aux tireurs, pour la répartition en être faite ensuite de la manière la plus convenable.

M. Pawlowski, ayant adopté ce mode de paiemens, et restant dans l'assemblée pour faire réellement effectuer la réquisition, il a été de suite adressé des invitations pour réunir 200,000 fr. écus ou argenterie, et confectionner quatre traites de chacune 100,000 fr. sous les signatures de MM. Doyen, Crignon-d'Auzouer, Tassin-Baguenault et compagnie, à Paris, valeur en réquisitions de guerre, lesquelles ont été exigées par M. Pawlowski, lui être remises à l'instant, ce qui a été fait, et a déclaré qu'à onze heures il prendrait les 200,000 fr. en numéraire ou ar-

---

(*) A peine cette sommation insolente fut-elle prononcée, que M. le baron de Morogues, l'un des membres, se leva vivement et dit avec un accent très-animé : « Comment, Messieurs, serions-nous assez faibles « pour craindre un chef étranger et pour lui obéir ! » Puis, se tournant du côté du général : « Si vous faites la moindre démarche pour exécuter « votre menace, l'armée française qui est sur la rive gauche de la Loire, « et qui n'attend qu'un signe de nous, viendra vous chasser d'Orléans ! »

A ces mots, le chef étranger saisit son épée en jurant et se précipita sur M. le baron de Morogues, qui, debout, immobile et la tête haute, dit en souriant de pitié : « Le brave soldat ! qui, la main armée, veut assas- « siner un citoyen sans défense ! »

Tous les membres se levèrent pour défendre leur collègue, qui ne quitta la séance qu'après avoir vu que ses observations étaient inutiles, et le général prussien, furieux, resta étonné cependant du courage et du dévouement de M. le baron de Morogues. (*Voir, à la fin du volume, la Notice sur M. de Morogues.*)

genterie ; il avait été proposé des gages en marchandises, mais il s'est refusé à ce mode, déclarant qu'il lui fallait aux mains les 600,000 fr.; il a exigé que les traites fussent portées à l'acceptation, et sur-le-champ, par trois membres de l'assemblée, *qui seraient accompagnés par un de ses officiers, aux frais de la ville* (\*).

L'assemblée a nommé pour commissaires MM. Tassin-Baguenault, Pilté-Grénet et Doyen.

Fait et rédigé quadruple audit hôtel, les jour, mois et an susdits. (Ecriture de M. Johanet, avocat.)
CRIGNON-DÉSORMEAUX et PAWLOWSKI.

21 juillet 1815.

*Circulaire imprimée portée à domicile.*

« Monsieur,

« D'après les ordres impératifs de l'intendant-général de l'armée prussienne, et la douleur que nous ressentons d'avoir vu emmener, hier soir, M. le baron de Talleyrand en otage, cinquante notables de cette ville se sont assemblés cette nuit, et ont souscrit l'engagement de faire une somme de *six cent mille francs*, pour le paiement desquels il n'a été donné que jusqu'à ce matin neuf heures, faute de quoi l'exécution militaire aura lieu dans la ville ; en conséquence, vous êtes averti d'apporter aujourd'hui, *avant huit heures du matin*, la somme de..... (montant de la

---

(\*) *Orléans le 21 juillet 1815.*   *Bon pour* 100,000 *fr.*

A quinze jours de vue, veuillez payer, par cette seule de change, la somme de *cent mille francs*, à l'ordre de l'intendant-général de toutes les armées prussiennes, chevalier de plusieurs ordres, conseiller d'état, M. Ribbentrop, valeur en acquittement de contributions de guerre levées à Orléans, rive droite de la Loire, sur le département du Loiret.

A Messieurs    *Signé :* TASSIN-BAGUENAULT, CRIGNON-
Baguenault et compagnie,   D'AUZOUER, CRIGNON-DÉSORMEAUX,
banquiers à Paris.    C.-F. DOYEN, V.-V. GRENET et PILTÉ,
      BAGUENAULT frères, d'Orléans.

Visé pour valoir timbre, à Orléans, le 21 juillet 1815, pour supplément d'effet excédant vingt mille francs, de la somme de quatre-vingt mille francs. Reçu 44 fr.

LAGORSSES.

taxe ), à la mairie, où nous serons assemblés: à défaut, vous courez risque d'être traité militairement.

« Nous vous saluons,

« Crignon-Désormeaux, maire. (4.)

AVIS AFFICHÉ PAR TOUTES LES RUES ET PLACES DE LA VILLE.

*Mairie d'Orléans. — Avis aux Orléanais.*

Le maire d'Orléans engage tous ses concitoyens à apporter de suite à l'hôtel de la mairie *tout l'argent et argenterie qu'ils peuvent avoir en leur possession*, cette mesure étant indispensable pour payer une somme de 600,000 fr. qui doit être remise, avant neuf heures du matin, à M. l'intendant-général du troisième corps de l'armée prussienne, d'après les ordres de S. A. le prince *Blücher*; autrement la ville devra craindre une exécution militaire. Les sommes qu'on apportera ne sont qu'un prêt, la répartition devant en être faite d'ici à quelques jours, suivant la justice.

En l'hôtel de la mairie, ce 21 juillet 1815, à cinq heures du matin.

Le baron Crignon-Désormeaux, maire.

— Procès-verbal de la séance extraordinaire du conseil municipal de la ville d'Orléans, relative aux moyens à prendre pour assurer le cautionnement des signataires de la taxe de guerre.

Aujourd'hui, 21 juillet 1815, six heures du soir, les membres du conseil municipal de la ville d'Orléans se sont réunis extraordinairement à l'hôtel de la mairie, lieu ordinaire de leurs séances, sur la convocation de M. le baron maire d'Orléans.

M. le maire a ouvert la séance, à laquelle étaient présens MM. de Billy, Laisné de Villevêque, Baguenault de Viéville, Porcher, Hême-Lemoine, Marcille-Pelletier, de Cambray, Colas de Brouville, Colas Desfrancs, Barbot, Ligneau-Grandcour, Rehm, de Marolles, Crignon-d'Auzouer, Johanet, Geffrier-Lenormand, Lecauchoix, Fougeron le jeune et Moreau, membres du conseil; Colas de Lanoue, Dufaur de Pibrac, adjoints à la mairie, et plusieurs notables de la ville.

M. le maire rend compte au conseil des événemens de la veille et de la nuit, et fait donner lecture du procès-verbal qui en a été dressé, et, sur-le-champ, il propose au conseil de prendre des mesures pour assurer aux signataires des traites faites sur des banquiers de Paris pour l'acquit des 400,000 fr. faisant partie de l'impôt extraordinaire de guerre, frappé sur la ville au nom du prince-maréchal Blucher, par l'intendant-général du 3$^e$ corps d'armée prussienne, le commissaire-ordonnateur Powlowski, toute la garantie qui doit leur être donnée.

Le conseil, après avoir entendu plusieurs de ses membres, et la matière mûrement délibérée et étant suffisamment éclaircie,

Délibère que, par le présent, le conseil donne aux signataires des traites toutes les garanties de droit et de fait qu'il est nécessaire pour leur sûreté, déclarant que cette dette est celle de toute la ville, et les garantissant de tout événement et poursuites, de quelque nature qu'elles soient, qui pourraient avoir trait à leur signature et être occasionnées à cause d'elle, et arrête, en outre, que pour effectuer la rentrée des fonds, afin d'acquitter à leurs échéances lesdites traites, M. le préfet sera prié de faire dresser un rôle exécutoire sur tous les propriétaires de la rive droite de la Loire, pour imposer la somme de 600,000 fr. qui a été demandée à cette partie du département par l'ordre de M. le prince-maréchal Blücher, et ce dans une juste proportion.

Mais, néanmoins, le conseil, considérant que ce mode de recouvrement doit nécessairement entraîner avec lui des longueurs qui ne peuvent pas permettre d'espérer que la rentrée de cette imposition puisse s'effectuer avant l'époque de l'échéance de ces traites, dont le paiement ne peut, sous aucun prétexte, être retardé, et qui doit être garanti aux signataires de ces traites,

Arrête qu'il sera fait, provisoirement, sur les habitans de la ville, au moyen d'un rôle, en raison des facultés de chacun, le recouvrement de la somme de 600,000 fr. imposée à la partie du département à droite de la Loire, et ce seulement provisoirement et à titre de prêt, pour pouvoir remplir les engagemens contractés, sauf ensuite régularisation lors de la formation des rôles à dresser suivant le contingent qui sera assigné à la ville par la répartition, pour la partie du département qui doit supporter la taxe.

Le conseil, pour la formation de ce rôle provisoire, nomme une commission présidée par M. le maire et composée de MM. Crignon-d'Auzouer, Baguenault-Viéville, Geffrier-Lenormand, Colas de Brouville, Hême-Lemoine, Fougeron jeune, Porcher, Johanet, membres du conseil, et y adjoint M. Cailleau, notaire, dont les connaissances locales ont paru utiles au conseil.

Cette commission s'occupera sur-le-champ de la formation du rôle demandé ; elle se réunira à l'hôtel de la mairie et se tiendra en permanence jusqu'à ce que son travail soit terminé ; le recouvrement en sera confié au receveur de la caisse municipale, qui, sur les ordres de la commission, fera passer les fonds aux banquiers accepteurs des traites.

Fait, etc., etc. (4.)

### 21 juillet 1815.

*Extrait des procès-verbaux du conseil municipal de la ville d'Orléans; nomination de députés au roi de France.*

Sur la demande de plusieurs membres, M. le maire propose au conseil de nommer une députation qui aille à Paris porter au pied du trône l'expression des sentimens de respect, de dévouement et d'inviolable attachement de la ville d'Orléans pour la personne sacrée et chérie de Sa Majesté, et en même temps chercher les moyens de parvenir auprès des princes des puissances alliées, pour leur exposer la situation fâcheuse de la ville et solliciter de leur magnanimité un adoucissement dans sa position, et surtout faire réduire la taxe extraordinaire de guerre de 600,000 fr., qui vient d'être imposée à la partie du département qui est située sur la rive droite de la Loire, en leur exposant combien déjà ce département a souffert par le passage de l'armée française.

Cette députation, nommée par le conseil, est composée de MM. Dufaur de Pibrac, adjoint; Lecauchoix, Johanet, membres du conseil ; Bigot de La Touane, Couët de Montarand, Geffrier de Neuvy et Delahaye, notables habitans de la ville.

Le conseil donne à cette députation tous les pouvoirs dont elle peut avoir besoin pour rédiger et présenter des adresses soit à Sa Majesté le roi de France, soit à Leurs Majestés les princes des puissances alliées, et l'engage à traiter, non-seulement les intérêts de la ville, mais encore ceux de l'arrondissement d'Orléans et de la partie du département occupée par les troupes alliées.

Signé au registre : Crignon-Désormeaux, maire, président du conseil, etc. (4.)

Ces députés étaient porteurs des deux pièces suivantes :

A Sa Majesté le roi de Prusse,

Les notables habitans de la ville d'Orléans et du département du Loiret, soussignés.

Sire,

L'accueil plein de bonté de S. A. R. le prince Guillaume, qui vient de nous honorer de sa présence (le 18 présent mois), nous autorise à implorer les sentimens magnanimes de Votre Majesté en faveur de la ville d'Orléans et du département.

Les officiers municipaux et la garde nationale de cette ville se sont portés au-devant des troupes de Votre Majesté et les ont reçues comme les alliés de notre roi et les libérateurs de la France.

Ces braves militaires ont été traités avec la plus franche cordialité par les Orléanais, qui se sont empressés de pourvoir à tous leurs besoins, et, par un juste retour, les généraux et officiers de votre victorieuse armée nous ont traités comme amis.

Dans cette position, nous étions disposés à tous les sacrifices que la reconnaissance commande en faveur des généreux alliés du roi notre maître; mais nous étions loin de nous attendre au désarmement de notre garde nationale et à des contributions militaires qui surpassent tous nos moyens et qui ont été exigées avec une extrême rigueur par M. Pawlowski, le commissaire des guerres, intendant du 3ᵉ corps de l'armée de Votre Majesté.

Notre ville, déjà surchargée par les subsistances à fournir aux corps prussiens cantonnés dans l'arrondissement d'Orléans, a encore été forcée de payer à M. Pawlowski, dans un délai de quelques heures, sous peine d'exécution militaire, à titre d'avance pour la partie du département du Loiret occupée par les troupes prussiennes, une contribution de.................................. 600,000 fr.

L'intendant a de plus exigé, pour frais d'administration, 2 p. o/o de cette taxe, montant à.................................. 12,000

M. l'intendant vient encore d'exiger aujourd'hui une somme de 40,000 fr. pour tenir lieu d'une réquisition de 100 chevaux, ci.................................. 40,000

Enfin, M. l'intendant a tiré des caisses publiques une somme de 37,345 fr., ci....... 37,345

Total.......... 689,345 fr.

Cette dernière somme de 37,345 fr. était destinée au paiement des fournisseurs de l'armée prussienne, en exécution des marchés faits par nos administrateurs, ce qui réduit nos malheureux concitoyens au désespoir par l'impossibilité où ils se trouvent de subvenir à des charges aussi accablantes.

Dans l'état de détresse où les malheurs de la France nous ont réduits, nous n'avons pu payer que 200,000 fr. comptant sur la contribution de 600,000 fr., le reste a été payé en lettres de change à quinze jours, dont les fonds ne sont pas encore faits ; nous remplirons cet engagement avec une peine extrême.

Nous supplions Votre Majesté, 1° d'ordonner la réintégration dans nos caisses publiques de la somme de 37,349 fr. destinée à pourvoir aux subsistances de votre armée ;

2° De nous accorder une réduction sur la somme de 400,000 francs restant à payer de la contribution de 600,000 fr. ;

3° D'exempter pour l'avenir notre ville et son arrondissement de toutes contributions militaires ;

4° De faire rendre à nos concitoyens les armes qu'ils se sont empressés de déposer d'après l'ordre de M. le commandant prussien, et dont ils ne feront jamais d'autre usage que de concourir, avec les troupes de Votre Majesté, au maintien de la sûreté publique contre les agitateurs, ennemis du roi notre maître et de ses augustes alliés.

Nous sommes, avec le plus profond respect,
Sire, etc., etc. (4.)

22 *juillet* 1815. — La ville d'Orléans adresse à M. l'intendant-général de l'armée prussienne les observations suivantes sur le service des vivres qu'elle fournit, et réclame auprès de lui la décharge de ce qui reste à acquitter de la contribution en argent dont a été frappée la partie du département du Loiret, sur la rive droite de la Loire.

Les vivres de toute espèce et les fourrages ont été fournis par tous les habitans, dans les premiers momens parce que rien n'étant annoncé, aucun préparatif n'était fait. Il est vrai aussi que l'on ne pouvait rien préparer, parce que les administrateurs de Buonaparte s'en allant avec l'armée, en emportant tous les magasins et toutes les caisses publiques, le préfet et les maires du roi arrivant avec l'armée prussienne, n'avaient aucun secours, ne trouvaient aucun fonds, et avaient même bien de la peine à trouver des vivres dans la partie du département que l'armée avait dégarnie, et dont elle avait même emmené grand nombre de chevaux et voitures.

Mais au bout de quelques jours tout fut arrangé à force de soins, à l'aide de marchés avec des fournisseurs, envers lesquels la ville a souscrit des obligations très-considérables, et qui font une grosse charge pour tous les habitans.

On se flatte qu'aucune plainte n'est élevée par l'armée prussienne pour les vivres, ni pour les fourrages, ni pour les logemens.

Mais on doit dire que les campagnes qui produisent les vivres ayant été fort inquiétées et dégarnies par l'armée française qui a passé tout entière dans le département du Loiret pour se rendre sur la gauche de la Loire, il faut beaucoup d'ordre et d'économie pour ménager les vivres et fourrages, et assurer leur service exact. Ce service manquerait si toutes les ressources n'étaient pas bien conservées, et on s'y voit exposé.

Le nombre des troupes alliées est immense sur la rive droite de la Loire qui est du département du Loiret; leur marche n'est jamais annoncée et leur circulation n'est jamais connue. Les marches et mouvemens occasionnent souvent la prise par les uns de ce qui était destiné aux autres. Tous les frais sont perdus et les services compromis.

La ville d'Orléans sollicite de la justice de M. l'intendant-général, un ordre de service qu'elle puisse satisfaire, et elle le prie de considérer que cet ordre est d'autant plus nécessaire pour cette ville, qu'elle est obligée de fournir presque tous les cantonnemens de campagne.

Les frais de cette ville sont immenses; elle ne sait comment y suffire. Le département n'avait aucun fonds au retour des agens du roi, et aujourd'hui les contributions annuelles ne lui rentrent pas, tous les fonds publics lui manquent, et il est partagé par la Loire.

Cependant M. Pawlowsky, commissaire du 3$^e$ corps, a frappé au nom de S. A. le prince Blücher, une contribution en argent de six cent mille francs sur la partie occupée du département, et ne pouvant l'obtenir du préfet, il en a exigé l'avance de la Ville, pour éviter l'exécution militaire.

Pour prouver sa bonne volonté, la Ville s'est épuisée; elle a fourni le 21 juillet deux cent mille francs en numéraire et argenterie, et quatre traites de chacune cent mille francs, payables dans Paris, à quinze jours de vue, ce qui la chargerait bien au-delà de ses moyens et l'exposerait à perdre tout crédit en manquant à ses engagemens, si la justice de sa Majesté le roi de Prusse et de ses généraux et intendans ne l'en déchargeait.

La ville d'Orléans implore cette justice; elle espère être déchargée de toute obligation, après avoir acquitté, le 21 juillet, deux cent mille francs en argent et argenterie.

Elle espère qu'une requisition de 2 p. $^o/_o$, pour frais de transport de cette somme, et qu'une autre de cent chevaux ou quarante mille francs ne sera ni frappée, ni exigée.

Cette ville, qui a si bien reçu les troupes des souverains alliés de son Roi, qui n'a vu en elles que des libérateurs et des amis, sera sans doute traitée avec la bonté qui caractérise sa Majesté le roi de Prusse; elle s'épuise pour satisfaire aux besoins réels, dans un temps ou Buonaparte, qui lui portait la haine la plus prononcée, l'a surchargée tant qu'il a pu; où le passage de son armée entière lui a enlevé bien des ressources, où le commerce est entièrement anéanti et n'y ramène point de numéraire. Sa situation est d'autant plus critique, que le pays vignoble qui l'entoure de tous côtés n'a point récolté de vin en 1814, n'en récoltera pas en 1815, les vignes étant gelées, et qu'il faut qu'elle fournisse les vivres et les fourrages que ce malheureux pays ne peut donner.

En quittant la rive droite de la Loire le 12 juillet, l'armée française avait totalement vidé les caisses publiques et les magasins de vivres et fourrages; il ne restait ni blés, ni farines, ni avoines, ni fourrages; neuf cents francs seulement étaient dans la caisse publique.

L'armée prusienne suivait l'arrière-garde française, et rien ne pouvant être préparé pour la recevoir, elle dut vivre de ce qu'elle trouvait.

Elle voulait tout avoir avant de parler, les habitans des campagnes ne sentirent que leurs coups, n'entendirent point leur langage; il y eut beaucoup de pillages sur des villages et plusieurs châteaux.

L'effroi fut à peu près général; il y eut beaucoup de pertes et bien des ressources particulières se perdant, les ressources générales devinrent très-difficiles.

Le préfet du Loiret et tous les maires revinrent à leurs fonctions sans rien trouver, le maire d'Orléans et un conseiller de préfecture ne purent reprendre leurs fonctions que le 11 juillet 10 heures du soir.

L'entrée des prussiens eut lieu à Orléans le 13, deux heures après-midi. Il en fut à la ville comme dans les campagnes, les habitans fournissaient tout, mais les traitemens et l'effroi furent les mêmes: à peine les habitans pouvaient-ils, en s'épuisant, satisfaire l'exigence de leurs hôtes.

On fit les plus grands efforts pour former des magasins de vivres et fourrages, riz, vins, etc., et le 21 juillet les distributions de pain, viande, vin et riz commencèrent; on avait déjà pourvu aux fourrages, mais livrés à la mercie des demandeurs, on a souvent fourni des fourrages bien au-delà des besoins: une fois, par exemple, 3,600 mesures d'avoine au lieu de 600; il est vrai que l'on offrit d'en revendre de suite une forte partie, mais il fallait racheter sa chose.

Les caisses publiques étant vides, il fallut des ressources extraordinaires en tout pays. Les campagnes faisaient des réquisitions sur les lieux, mais la ville d'Orléans fut obligée, pour avoir et faire arriver chez elle, de faire des marchés en payant les fournitures, et elle fit le 18 juillet un emprunt de 300,000 fr., présumés suffire aux subsistances de 15 à 20 jours.

Mais le département est inondé de troupes prussiennes qui arrivent et circulent perpétuellement sans aucun avis donné au Préfet et au Maire; en sorte que les plus grandes précautions se trouvent toujours insuffisantes. La Ville est obligée de fournir à tous les cantonnemens de la campagne où les habitans ont été dépourvus de toutes leurs ressources. Il a fallu que cette ville d'Orléans fournit à Toury, à 10 lieues d'elle et hors de son département. Un magasin très-bien fait à Pithiviers, par le département, a été pris par un corps inattendu qui en a chassé les agens.

Les partages et divisions des corps d'armées présentent à chaque instant des difficultés insurmontables; les chefs militaires et les agens d'administration n'instruisant jamais et demandant toujours.

La partie orientale du département, composée des arrondissemens de Montargis et Gien est occupée par près de cent mille Autrichiens et Bavarois. Elle est tellement épuisée, qu'à Gien il ne reste plus que le seigle, coupé il y a huit jours, pour nourrir les hommes et les chevaux; le sous-préfet a quitté une administration impossible.

Outre les charges individuelles des officiers et soldats, que l'on ne peut réduire aux rations des magasins, quoique ces rations soient doubles, comme vivres de campagne, outre le fonds de 300,000 francs emprunté le 18 juillet,

M. Pawlowsky, commissaire du 3ᵉ corps, a requis 600,000 f. écus du département, pour ce qui est sur la rive droite de la Loire, et sur le refus de M. de Talleyrand, préfet, il l'a fait prisonnier et l'a envoyé à            , et de suite il a assemblé la Ville pour lui intimer l'ordre, sous peine d'exécution militaire, d'avancer cette somme dans la nuit du 20 au 21 juillet. 200,000 fr. lui ont été comptés le 21 à onze heures, et 400,000 lui ont été fournis en traites sur banquiers de Paris, payables à 15 jours de vue. On est à les faire accepter sous la garde d'un officier prussien.

Le 21 juillet, à deux heures, M. Pawlowsky a vidé la caisse des impositions du département, et le maire d'Orléans y ayant puisé 14,000 fr., la veille, pour lui en payer 2,000, il en a exigé la remise, parce que, a-t-il dit, les impositions sont au souverain ; votre souverain est le roi de Prusse, demain peut-être ce sera le roi de France, mais il faut tout au souverain sous lequel vous êtes.

La caisse du receveur de l'arrondissement de Montargis était sous le scellé, mais elle a été vidée par l'ordre du chef qui s'y trouve.

On lève les contributions par réquisitions d'argent dans toutes les autres parties.

Toutes les productions du département sont en vin, et il n'y en a pas eu en 1814, peu en 1813, et la gelée a détruit tout espoir pour 1815 ; en blé qui s'est vendu à vil prix, un tiers au-dessous du cours ordinaire, environ 7 fr. le quintal ; et en bois qui ne se vendent pas. Le commerce est mort, toutes les ressources sont usées. La rive gauche occupée par les Français est devenue étrangère à tous les propriétaires qui habitent sur la rive droite occupée par les immenses armées alliées.

Il est impossible que la ville d'Orléans et tout ce qui est du département, sur la rive droite de la Loire, subviennent aux demandes des armées et de leurs agens. Tout ce qui existe réellement va être totalement épuisé. La crainte a dispersé un grand nombre d'habitans des campagnes; les réquisitions de voitures emploient tous les chevaux; à peine pourra-t-on récolter et serrer les blés et avoines; aucun fermier ne pourra payer son propriétaire;

tous les grains qui lui restaient ayant été enlevés et devant fournir sa récolte aussitôt qu'elle sera faite.

Toutes les contributions ordinaires étant enlevées aussitôt que recouvrées, l'administration du département reste sans aucune ressource.

La ville d'Orléans n'en a plus et son crédit n'ayant plus de base, va cesser. Elle craint de ne pouvoir remplir dans 15 jours les traites de 400,000 fr. fournies à M. Pawlowsky, pour éviter l'exécution militaire; elle ne sait comment remplir les 300,000 fr. empruntés le 18 juillet, pour les subsistances de trois semaines. Les armées s'accroissent tous les jours, les besoins s'augmentent de la manière la plus effrayante. Aucune précaution ne peut être prise, parce que les généraux et les chefs qui ne donnent ni avis ni communication, exigent toujours impérativement, et que ce que l'on croit fait pour suffire à un service est aussitôt enlevé pour un autre.

Il est donc indispensable que le Roi fasse administrer, établisse les intelligences nécessaires avec les généraux et agens des armées alliées; sans cela les administrations locales, réduites à l'impossible et au désespoir, seront forcées de se retirer.

Ces malheureuses administrations ont fait tous leurs efforts pour obtenir des chefs des armées alliées une confiance que leur zèle, leur fidélité et leur dévoûment au Roi devaient leur mériter; mais tous ces efforts sont inutiles. On a non-seulement désarmé la garde nationale et la garde urbaine, mais on a enlevé toutes leurs armes, tous leurs équipemens militaires, toutes les armes de chasse. On a aussi le 21 juillet, enlevé tout le dépôt militaire qui était à la Préfecture, en habits, draps en pièces, armes, chaussures, bottes, etc., pour une valeur assez considérable. On exige la remise de toutes selles, brides, housses et autres objets qui peuvent servir à l'équipement militaire des chevaux, et on va faire des visites domiciliaires pour assurer et effectuer le plus complet dénuement.

La ville d'Orléans peut-elle implorer la bonté, la générosité de Sa Majesté le roi de Prusse pour obtenir la remise ou dispense du paiement des 400,000 fr. de traites fournis à M. Pawlowsky, à l'ordre de M. l'intendant-général de l'armée? Peut-elle espérer de la régularité dans la marche des troupes et dans leurs moyens de subsistances?

Sans doute les immenses dépenses de la ville d'Orléans seront couvertes en impôts ou charges générales; mais le service est aussi pressant qu'impossible, et elle peut courir les plus grands, les plus imminens dangers. Elle a tout à redouter en même temps de l'attitude hostile de l'armée de la rive gauche : des batteries formidables sont braquées à 200 toises, son pont est miné dans plusieurs arches et pilles, et les mesures prises pour le faire sauter d'une minute à l'autre en opéreraient la ruine entière et celle d'une partie de la ville. Les ponts de Beaugency et de Blois, ceux du Loiret, à Saint-Mesmin et Olivet sont dans le même état. Toutes communications peuvent donc d'un instant à l'autre lui être coupées avec toute la France située au-delà de la Loire. Ce malheur ne serait pas pour elle seule, il serait aussi pour Paris et toute la France.

Cette Ville attend de la justice et de la bonté du roi, les secours que sa sagesse et celle de ses ministres leur suggérera; mais elle croit pouvoir se permettre d'assurer que sans un secours actuel d'un million, son existence et celle du département est essentiellement et éminemment compromise et menacée.

Dans ce moment de crise et de danger, la ville, privée de son préfet, envoie une députation qui a l'honneur d'exposer sa situation aux ministres de Sa Majesté. Elle y joint copie de l'acte de M. Pawlowsky et du procès-verbal de la séance de la nuit du 20 au 21 juillet.

*22 juillet* 1815. — La commission qui avait été nommée pour aviser aux moyens de réaliser la contribution militaire imposée à la ville, et faire la répartition entre les habitans les plus riches, fait porter à domicile l'imprimé ci-après, désignant la cote-part de chacun d'eux.

Copie de celui qui nous a été adressé :

Orléans, le 22 juillet 1815.

Monsieur,

Vous savez que nous venons d'être frappés d'une contribution militaire de 600,000 fr., dont nous n'avons pu payer que 200,000 fr., et, pour acquitter les 400,000 fr. restant, qui doivent être réalisés dans les dix jours, nous n'avons d'autres ressources que de vous appeler à concourir à cette charge pour une somme de *cinq cents francs*, que nous vous requérons de verser entre les mains du caissier de la mairie dans le délai de cinq jours, soit en quittances du versement du 21 courant, soit en argent ou argenterie, soit enfin en papier courant sur Paris, à défaut de quoi nous sommes obligés de vous rappeler, comme en notre précédente du 21, que nous serions inévitablement atteints par une exécution militaire ; nous avons l'honneur de vous prier d'observer que cette taxe n'est que provisoire, et qu'elle sera définitivement réduite dans une proportion générale, lorsque nous connaîtrons le résultat du travail de répartition que fait dans ce moment la commission de notre département, pour la portion située sur la droite de la Loire, et après cette répartition on pourra remettre à chacun ce qu'il aura payé au-delà de sa contribution définitive.

En la salle de la commission de répartition.

Le président de la commission, maire d'Orléans,
Le baron Crignon-Désormeaux.

A M. Lottin, professeur de musique, rue Bannier, n° 41.
(4-77.)

— Une partie de la caserne des Jacobins, sur l'Etape, est disposée en hôpital militaire, pour y placer les soldats prussiens attaqués de la gale, en les séparant de leurs autres malades ; il y en fut placé un assez grand nombre.
(4-77.)

23 *juillet* 1815. — Arrêté du préfet du Loiret, relatif à la contribution militaire et forcée, imposée par le chef des troupes prussiennes sur les habitans de ce département, lequel est ainsi conçu :

Le secrétaire-général de la préfecture du département du Loiret, faisant provisoirement les fonctions de préfet,

Vu la lettre du maire de la ville d'Orléans, en date du 21 de ce mois, et les pièces y annexées, concernant la réquisition de 600,000 fr. frappée sur la partie du département située sur la rive droite de la Loire, exigée à titre d'avance de la ville d'Orléans ;

Considérant qu'une somme de 200,000 fr. seulement a pu être être payée comptant, tant en numéraire qu'en vaisselle plate, et que pour les 400,000 fr. restant il a été délivré des lettres de change payables à Paris à quinze jours de vue, et garanties par les signatures de MM. Doyen, Crignon-d'Auzouer, Tassin-Baguenault, Pilté, Crignon-Désormeaux et Baguenault de Viéville;

Considérant qu'il est instant d'assurer un fonds suffisant pour mettre en état de payer ladite somme de 400,000 fr.;

Considérant que le généreux dévouement des membres du conseil municipal et des notables de la ville d'Orléans, a évité au département les maux incalculables d'une exécution militaire; Arrête ce qui suit:

Art. 1$^{er}$. La contribution de guerre de 600,000 fr. exigée à titre d'avance de la ville d'Orléans, est déclarée une charge de tous les habitans du département du Loiret, pour être répartie de la manière dont il sera ordonné par la suite.

Art. 2. Cependant, comme il est instant de se procurer promptement les fonds nécessaires pour acquitter les 400,000 fr. restant à payer, et que la répartition à faire sur le département, ou même sur l'arrondissement d'Orléans, entraînerait des délais incompatibles avec l'urgence du terme de paiement qui a été fixé, la mesure arrêtée dans la délibération du conseil municipal de la ville d'Orléans, du 21 de ce mois, est approuvée; en conséquence, la commission nommée par ladite délibération s'occupera sans délai de la répartition provisoire de ladite somme sur les habitans de la ville, en raison des facultés de chacun.

Art. 3. Les états de répartition qui auront été arrêtés par cette commission nous seront successivement transmis par le maire, pour être par nous rendus exécutoires.

Art. 4. Les sommes payées par les personnes taxées, ne seront réputées qu'une avance faite par elles, et elles seront remboursées avec les fonds à provenir de la répartition ordonnée dans l'arrondissement d'Orléans par notre arrêté de ce jour.

Fait à Orléans, les jour, mois et an que dessus.

OLIVIER DE MAISONNEUVE.

— Une brigade de cavalerie prussienne enlève d'Orléans et conduit à Paris, en ôtage pour sûreté du paiement des 600,000 fr. imposés à la ville, trois des généreux citoyens qui avaient souscrit les billets à ordre, MM. Pilté-Grenet, Doyen et Tassin-Baguenault.

Arrivés dans la capitale, ils furent conduits au général Blücher, qui les reçut dans sa chambre à coucher, accroupi sur un tapis étendu sur le parquet, fumant sa pipe et à moitié ivre.

Après bien des instances, ils obtinrent la diminution de 150,000 fr. sur la contribution de guerre, à la condition, imposée par ce chef prussien, qu'il serait *fait un petit cadeau de 40,000 fr. à son secrétaire particulier.*

Ils se présentèrent aussi chez le conseiller d'État intendant-général des armées prussiennes, Ribbentrop, possesseur des billets à ordre souscrits par eux, lui assurèrent le paiement de ces traites, en le priant d'ordonner à M. l'intendant du département du Loiret d'abandonner toute mesure rigoureuse, et de lui défendre de faire aucune réquisition, ce qu'il promit de faire et ce qu'il exécuta (*).

(77.)

25 juillet 1815.

*Lettre écrite à MM. les députés de la ville d'Orléans à Paris.*

Messieurs,

Conformément aux arrangemens que je viens de prendre avec vous au sujet du paiement de 400,000 fr. imposés à la ville d'Orléans comme contribution extraordinaire de guerre, j'ai fait part à M. l'intendant du département du Loiret du paiement de cette somme, et je l'ai fortement engagé à abandonner sur-le-champ, si fait n'a déjà été, toute mesure rigoureuse qu'il aurait cru devoir adopter pour assurer l'exécution de ses premières dispositions.

Je l'ai en même temps prévenu que, sans mon ordre exprès, aucune réquisition, de quelle nature qu'elle soit, ne pourrait être faite, et que le département ne serait

(*) Il fut payé à M. Tassin-Baguenault, pour son voyage et celui de ses collègues, la somme de 1,762 fr. 6 c.

taxé qu'à pourvoir à la subsistance journalière des troupes.

Recevez, Messieurs, l'assurance de ma très-parfaite considération,

*Le conseiller d'Etat, intendant-général des armées prussiennes,*

Ribbentrop.

*27 juillet* 1815. — Les officiers français en cantonnement sur la rive gauche de la Loire dans le département du Loiret, font passer à Orléans un parlementaire avec un sauf-conduit, pour demander aux autorités de cette ville trente sacs de farine pour leur nourriture particulière, en alléguant l'impossibilité de s'en procurer dans leurs cantonnemens à prix d'argent. (4-77.)

*28 juillet* 1815. — Départ d'Orléans de l'intendant militaire prussien qui avait rançonné la ville.

*1$^{er}$ août* 1815. — Publication faite à Orléans d'une ordonnance du roi Louis XVIII, portant que les promotions militaires qui ont été faites par un gouvernement illégal, depuis le 20 mars 1815, sont déclarées nulles de plein droit, et que ceux qui étaient en activité, n'importe dans quels grades, lors de son départ, et qui ont été destitués, reprennent le service comme avant, à dater de ce jour. (43.)

*1$^{er}$ août* 1815. — Le maréchal Davoust, commandant en chef les armées sur la rive droite de la Loire, par un ordre du jour daté du château de la Source, où il avait établi son quartier-général, fait publier une proclamation qui se terminait ainsi : « C'est à vous, soldats, à
« compléter cette soumission par votre obéissance : arbo-
« rez la cocarde et le drapeau blancs. Je vous demande,
« je le sais, un grand sacrifice; l'intérêt de notre patrie
« le commande; le soldat sert toujours son pays quel que
« soit le gouvernement qu'on ait.

« L'armée ne peut être délibérante; l'ordre du chef
« s'exécutera sans troubles, l'armée se résignera toujours. »

Nous croyons devoir offrir ici une notice sur les évènemens qui ont précédé cette proclamation; elle est due aux souvenirs d'une personne que les circonstances avaient appelée au quartier-général de l'armée de la Loire.

« L'armée de la Loire, formée des débris de l'armée de Napoléon vaincue à Waterloo, se composait de 50,000 hommes d'infanterie, de 10,000 hommes de cavalerie et d'un fort parc d'artillerie : conformément à la convention militaire signée à Paris, le 3 juillet 1814, par le maréchal Davoust, cette armée s'était ralliée sur la rive gauche de la Loire, entre Gien et Tours. Le château de la Source, propriété de M. le baron de Morogues, était devenu l'habitation du maréchal Davoust et son quartier-général. Les ponts d'Orléans et d'Olivet avaient été contreminés ; le bourg d'Olivet, centre des opérations militaires, offrait alors l'aspect le plus animé : toutes les maisons sises sur les bords du Loiret étaient occupées par des généraux ou des officiers d'administration ; une inscription à la craie indiquait sur la porte de chacune d'elles le logement des divers chefs de service. Une de ces inscriptions tracée sur la porte d'un moulin voisin de la Source annonçait que cette modeste demeure était devenue pour le moment l'habitation d'un lieutenant-général.

« Le maréchal Davoust réunissait tous les jours à sa table un grand nombre d'officiers supérieurs : ces dernières illustrations de l'empire descendaient ensuite en causant sous les magnifiques ombrages des jardins de la Source : les préoccupations du présent, les incertitudes de l'avenir, des retours sur leur gloire passée étaient l'objet de leurs conversations. Des résolutions énergiques surgissaient parfois de ces entretiens intimes ; mais l'idée d'une guerre faite au pays par le pays venait bientôt tempérer ces élans d'un courage malheureux qui aurait tout osé s'il ne se fût agi que de lui. Ce fut dans ces circonstances qu'arriva au quartier-général une prétendue lettre de Louis XVIII adressée à l'armée, et dans laquelle des garanties étaient offertes à quiconque voudrait se soumettre. Le maréchal, confiant dans cette lettre, qui fut, dit-on, reconnue plus tard pour avoir été rédigée par le duc d'Otrante et signée par un habile faussaire, convoqua sur-le-champ près de lui tous les officiers placés sous son commandement.

« Le maréchal venait souvent s'asseoir sur la terrasse du

château d'où la vue embrasse le val si pittoresque compris entre le Loiret et la Loire. C'était sur le perron qui conduit des appartemens à cette terrasse qu'il donnait habituellement ses audiences. Ce fut là, qu'entouré de plus de 150 officiers supérieurs de toutes armes, il lut la lettre de Louis XVIII, sans qu'un mot ou un murmure vînt l'interrompre; mais ce silence était celui d'une incrédulité respectueuse qui n'osait se manifester devant le chef de l'armée. Le maréchal avait à peine achevé cette lecture, que, remontant dans ses souvenirs jusqu'à la mémorable époque de 89, il rappela d'une voix ferme tous les titres de l'armée à la reconnaissance du pays. « Si la France déchirée à l'intérieur par l'anarchie et menacée au dehors par les nations coalisées était enfin parvenue à se donner des institutions, c'était grâce à l'armée qui, victorieuse à la frontière, l'avait couverte de sa gloire. Infatigable dans le combat, grande dans la victoire, généreuse après la conquête, l'armée pouvait se glorifier encore de n'être jamais descendue dans l'arène de nos dissensions politiques. Sous la Constituante, sous la République, sous l'Empire l'armée obéissant au pouvoir qu'avait proclamé la France, avait toujours compris que sa tâche n'était point d'imposer tel ou tel gouvernement au pays, mais de faire respecter au dehors ce gouvernement, quel qu'il fût. Quand Napoléon, par une seconde abdication, avait lui-même ruiné totalement sa puissance, dans quel intérêt l'armée soutiendrait-elle désormais une lutte qui devait faire peser sur la France tous les malheurs d'une guerre civile? L'armée si grande, si généreuse, sacrifierait-elle l'avenir de la patrie à ses ressentimens personnels, à son dévoûment à un chef qui, après une bataille perdue, s'était réfugié ailleurs que dans les rangs de ses soldats. L'armée si dévouée qu'elle dût être à Napoléon, devait l'être encore davantage à la France. » Dans cette pensée et tout en mesurant l'étendue du sacrifice, le maréchal proposa de répondre aux ouvertures faites par Louis XVIII. Un projet de lettre d'adhésion aux propositions du pouvoir royal fut ensuite l'objet d'une discussion assez vive, et lorsque la rédaction en fut arrêtée, les signatures se firent encore attendre.

« Malgré la répugnance de beaucoup de généraux, cette

lettre fut unanimement signée, tous les officiers de l'armée s'étant solennellement juré de prendre une détermination commune. Un général de division, à peine âgé de 30 ans, et qu'on nous a dit être le général Excelmans, fut un de ceux qui s'opposa le plus vivement à cette soumission. Ce général, que cherchait à déterminer le général Vendamme, lui dit hautement qu'il ne signerait pas parce qu'il connaissait assez le parti royaliste pour être sûr que ce parti n'attendait pour se venger que l'instant où l'armée aurait mis bas les armes, et qu'on saurait couvrir l'odieux de cette vengeance en en confiant le soin aux puissances étrangères. Dans cette altercation Vendamme laissa échapper ces paroles : « Signez, signez, général, Henri IV, qui n'était pas plus chrétien que vous et moi, a bien entendu la messe. » Vendamme ainsi que tous les autres, cédait, comme on le voit, à la force des circonstances.

« Le général Guillemineau, chef d'état-major, à qui on reprochait entr'autres choses d'avoir cantonné 10,000 hommes de cavalerie dans le vignoble d'Olivet, était accusé par plusieurs généraux d'avoir négocié sa réconciliation avec les Bourbons. Que cela fût ou non, il n'assista pas au conseil de guerre, et le lendemain de ce conseil il y eut sur le perron même du château, une altercation très-vive entre lui et le maréchal. Dans cette entrevue, le maréchal s'étant laissé aller à quelques paroles blessantes, le général Guillemineau s'avança vers le prince en mettant la main sur la garde de son épée et en proférant ces paroles : « Prince, nous sommes à deux doigts du jeu ! » Heureusement plusieurs généraux intervinrent à temps pour mettre fin à ce débat.

« Quelques personnes mal informées ont prétendu que le maréchal Davoust lui-même avait transigé avec le pouvoir royal, avant la réception de la lettre attribuée à Louis XVIII : le fait suivant, dont nous garantissons l'exactitude, nous semble devoir détruire une telle assertion. Le maréchal, privé depuis plusieurs semaines des nouvelles de sa famille, ayant fait remettre à M. de Talleyrand, préfet royaliste, une lettre ouverte en le priant de la faire tenir à madame la princesse d'Eckmulh, M. de Talleyrand répondit durement au messager du prince : « Reprenez votre lettre, et dites au maréchal que ce n'est point à moi à me mêler de ses affaires. » Réponse que nous eussions laissée dans l'oubli si son inconvenance ne servait à prouver que le maréchal Davoust ne s'était ménagé aucune intelligence avec le gouvernement des Bourbons. Lorsque le prince d'Eckmulh se détermina à arborer le drapeau blanc, il venait de parcourir toute la ligne de troupes qui s'étendait d'Orléans à Tours; les liens de la discipline commençaient à se relâcher, et à la faveur de ces insubordinations, de graves dilapidations étaient commises; le commandement allait devenir impossible. Le maréchal sentant combien il importait de conserver à la France l'armée et son riche matériel, transigea, non dans son intérêt privé, mais dans celui du pays. »

2 *août* 1815. — A une heure du matin un mouvement extraordinaire eut lieu à Orléans parmi les troupes prussiennes; leurs clairons sauvages sonnèrent l'alarme par toute la ville; les soldats, encore endormis et à moitié vêtus, se précipitaient des maisons où ils logeaient dans les rues et les places, craignant de n'être pas assez tôt réunis; les canons furent chargés, des pelotons nombreux furent distribués sur le Martroi, le Marché-aux-Veaux, sur l'Etape, les cloîtres Ste-Croix et St-Aignan, rue Ste-Catherine, rue de Recouvrance, sur les remparts, les mails, et à toutes les portes de ville; enfin, il y eut une alerte générale, une grande confusion, et tout cela pour un faux bruit qui annonçait que les Français de la rive gauche de la Loire se disposaient à passer le fleuve et à tomber sur l'armée prussienne.

Cette alarme fut si chaude, que, malgré la preuve que le motif qui y avait donné lieu était faux, et l'attitude des Français dans leurs cantonnemens, où ils dormaient paisiblement, les Prussiens restèrent toute la journée sous les armes, et les chefs les firent camper dans le manége de l'ancien Grand-Cimetière et les places publiques, plutôt que de les faire loger, comme par le passé, chez les habitans; cet ordre donna lieu à l'avis ci-après que le maire Crignon-Désormeaux fit imprimer et publier par toute la ville (voir la date du 4 août.) (4-77.)

*3 août* 1815.—Les officiers prussiens en garnison à Orléans, célèbrent l'anniversaire de la naissance de Frédéric-Guillaume III, leur roi, né le 3 août 1770. Cette fête eut lieu à l'hôtel de la Boule-d'Or, rue des Minimes, ils étaient vingt-six à table, et dépensèrent, pour leur déjeuner, la somme de 536, fr. 80 c. qu'ils refnsèrent de payer au sieur Martin, chef de cette maison; il vint la réclamer au corps municipal, qui la paya sur-le-champ pour nos alliés qui avaient bu à la santé de leur roi Guillaume. M. le maire obligea les musiciens de la ville à jouer à cette fête. (4-76-77.)

*4 août* 1815. — Avis du maire d'Orléans, relatif à la nourriture des troupes prussiennes, que le général de Borcke avait fait camper dans les rues et places, ne voulant plus qu'elles logeassent chez les habitans depuis la terreur panique qu'elles avaient eue il y avait deux jours.

Orléanais,

MM. les chefs du 4e corps de l'armée prussienne en station à Orléans, et campés dans la cour du manége, au Grand-Cimetière, sur le Martroi, etc., etc., ayant jugé à propos, pour le bien du service et sa régularité, de camper leurs soldats, ce qui évite à l'habitant l'embarras de les loger et coucher, il a ordonné qu'à compter de demain samedi 5 août, chaque habitant qui recevra aujourd'hui l'ordre de porter tous les jours aux bivouacs les portions nécessaires à six soldats, sera tenu de le faire exactement aux heures indiquées ci-dessous, savoir :

*Portion pour six soldats.*

Le matin à six heures et demie, deux livres de pain pour chaque soldat, en tout douze livres pour la journée; du fromage ou du beurre et une bouteille d'eau-de-vie pour six. A onze heures et demie du matin, la soupe et le bouillon provenant de six livres de viande cuite, qui seront abondamment garnis de pois, haricots, choux, carottes, navets et pommes de terre; trois bouteilles de vin.

A six heures et demie du soir, la soupe ou bouillon provenant de six livres de viande cuite, garnie comme le matin, de légumes de toutes espèces; trois bouteilles de vin. Chaque habitant qui ne sera pas en état de faire ces fournitures à ses frais, comme par le passé, pourra prendre le pain à la manutention des vivres, au Calvaire, où la distribution s'en fera tous les jours de quatre à six heures du soir à dater de ce jour ; la viande chez M. Chambon, boucher, au Grand-Marché, où la distribution aura lieu à la même heure, à dater de ce jour ; le vin et l'eau-de-vie chez l'étapier, place de l'Etape, où la distribution aura lieu à la même heure, à dater de ce jour ; le beurre et le fromage continueront d'être fournis par l'habitant, ainsi que les légumes verts et tout ce qui est nécessaire à l'assaisonnement.

Le maire d'Orléans croit devoir prévenir les habitans, que le service doit se faire avec la plus grande exactitude, aux heures indiquées, pour prévenir toutes plaintes.

MM. les officiers prussiens sont porteurs de bons du double de chaque billet, portant le nom de l'habitant obligé de fournir, et le moindre retard lui attirerait les plus grands désagrémens.

Chaque habitant sera tenu de donner son récépissé à chaque fournisseur, ou étapier, de ce qu'il aura reçu ; à cet effet il le tiendra écrit d'avance.

Orléans, le 4 août 1815.

Le baron CRIGNON-DÉSORMEAUX.

D'après cet ordre, les Orléanais étaient obligés d'aller eux-mêmes chercher les vivres, de les porter trois fois par jour aux bivouacs et d'attendre que ces messieurs eussent vidé leurs plats pour les remporter.

5 *août* 1815. — Le préfet du Loiret exerce, pour la première fois, ses fonctions de directeur de la police dans son département, par un arrêté ainsi conçu :

Arrêté du conseiller d'Etat honoraire, préfet du département du Loiret, relatif à la haute police dont il est chargé dans son département, par lequel il ordonne à toutes les personnes qui se trouvent dans la partie du département située sur la rive droite de la Loire, et qui n'y sont venues que depuis le 1$^{er}$ mars dernier, de quitter le département dans les trois jours de l'affiche du présent arrêté ; à tous ceux qui sont d'un département voisin, et qui ont des permis, de venir les renouveler tous les huit jours; aux logeurs, aubergistes, taverniers et maîtres d'hôtels, de venir sur-le-champ faire la déclaration des personnes qu'ils logent, à la police, dont le bureau est établi dans le cabinet particulier du préfet, sis à l'hôtel de la préfecture, et enfin, les commissaires de police sont autorisés à faire des descentes de jour et de nuit chez tous les habitans sans distinction.

Les maires et les chefs de la gendarmerie sont responsables de l'exécution du présent, publié, imprimé et affiché dans tout le département.

DE TALLEYRAND, préfet du Loiret. (3.)

*9 août 1815.* — Passage du duc d'Angoulême par Orléans. Extrait du journal périodique de Darnault-Maurant, imprimeur de cette ville.

« Sur les six heures du soir, le bruit se répand tout-à-coup dans la ville que Monseigneur le duc d'Angoulême arrive *incognito*; aussitôt le baron de Talleyrand, préfet, s'élance dans sa calèche et vole au-devant du prince. Digne interprète des sentimens de ses concitoyens, M. le maire, Crignon-Désormeaux, l'attend au-delà du pont : l'effet de l'éclair est moins prompt..... En un instant, les rues, les places sont remplies d'une affluence à laquelle elles suffisent à peine; sans convocation, sans certitude, les membres des diverses autorités accourent de toutes parts; la garde urbaine, *toute privée qu'elle est de ses armes qui lui ont été enlevées par les alliées*, se presse et se précipite...... La voiture du prince est aperçue... Soudain, mille et mille acclamations portent au ciel le cri de *vive le Roi!* les noms chéris d'Angoulême, des Bourbons, le nom céleste de Madame, se répètent avec transport; le prince, qui avait daigné quitter sa voiture pour monter dans la calèche de M. le préfet, traversa Orléans au pas, et témoigna sa profonde sensibilité des caractères touchans de cette réception improvisée; à chaque pas, la foule, toujours croissante, redouble l'enthousiasme universel; on voit avec attendrissement, à côté du prince, le magistrat chéri dont le roi vient d'honorer le noble courage en l'appelant au conseil d'Etat, et qui, depuis peu de jours rendu à l'amour de ses administrés, a été accueilli à son retour avec l'abandon de la plus vive et tendre reconnaissance ; cependant, déjà S. A. R. est parvenue à la porte Bannier : là, après avoir de nouveau prodigué aux fidèles Orléanais les témoignages de sa bonté, elle remonte dans sa voiture et se dispose à continuer sa route ; mais alors en vain la garde à cheval *et la cavalerie de la garnison prussienne*, accourues au grand galop pour rendre leurs hommages au prince, semblent fermer l'approche de sa voiture ; les magistrats, les citoyens se font passage à travers les chevaux, s'attachent à la portière et ne peuvent s'en séparer ; c'est au milieu de ces gages spontanés d'amour et de joie que le prince a pu enfin reprendre sa route, laissant cette ville, si récemment affligée, dans l'ivresse du bonheur.

« Lorsqu'il n'a plus été possible de suivre le prince, la garde urbaine, précédée de sa musique et suivie d'un concours immense, s'est rendue à la préfecture, en a inondé les appartemens et les cours, y a formé des danses, et ne s'est enfin retirée qu'après avoir recueilli de nouveau, de la bouche de M. le préfet, tout ce que le prince l'avait chargé de redire en son nom aux bons Orléanais ; les flots du peuple, en se dissipant, faisaient encore retentir l'air des cris de *vive le Roi!* et la journée, commencée sous un ciel orageux et chargé de pluie, a fini par la plus sereine et la plus riante des soirées. » (7.)

9 *août* 1815. — Le général baron de Steinaecker, officier prussien qui avait commandé la place d'Orléans, quitte cette ville.

Le corps municipal lui fit le don d'une épée d'honneur, qui fut remplacée (à la demande de cet étranger) par un rouleau de vingt-cinq napoléons en or et un petit cadeau de 124 francs. (4.)

— Le général anglais Huptom, trésorier de la division prussienne qui avait occupé Orléans, quitte cette ville avec tous ses équipages et son train de prince, pour suivre la colonne à laquelle il était attaché.

Ce général avait, pendant son séjour à Orléans, affiché un luxe extraordinaire, soit par son costume riche et brillant, ses équipages, sa garde ou escorte particulière, et le grand nombre de ses domestiques supérieurement chamarrés ; il était amateur de musique et jouait même assez bien du violon ; il eut la fantaisie de travailler encore cet instrument et prit, par ostentation, pour professeur M. Lottin, Orléanais ; ce général prenait deux leçons par jour, et laissait sur la cheminée de l'artiste, à chacune d'elles, une pièce de vingt francs en or, monnaie d'Italie, ce qui dura pendant environ quinze jours. Son instrument, sa musique étaient portés par des valets en livrée, galonnés de la tête aux pieds, et son escorte, composée de cinquante soldats et un officier, lesquels se rangeaient en haie sous les croisées du professeur, dont la demeure dans la rue Bannier, l'une des plus grandes de la ville, facilitait au milord fastueux le plaisir de satisfaire sa vanité. (77-76.)

10 *août* 1815. — Départ des troupes prussiennes qui occupaient Orléans depuis vingt-sept jours et douze heures ; elles prirent la route de Blois.

Cette division dont le départ s'effectua lentement fit sa halte à la Madeleine. Deux vedettes furent laissées par elle à l'entrée du pont, près la rue Royale : nous pensons que c'était un piége tendu au peuple d'Orléans, pour avoir le droit de revenir sur la ville si ces soldats eussent été insultés.

A l'appui de notre opinion nous donnons le récit de ce qui s'est passé en partie sous nos yeux.

Dans la soirée du 10 août les Prussiens détachèrent sur Orléans quelques hommes de cavalerie de l'un de leurs corps de troupes placées aux environs de cette ville ; ce détachement, après avoir posé deux vedettes à l'entrée du pont se retira de suite.

Complétement isolés, abandonnés à eux-mêmes, ces deux étrangers furent bientôt exposés aux insultes de la multitude justement irritée par le souvenir si récent des mauvais traitemens que la ville d'Orléans avait supportés.

En manifestant hautement l'intention de jeter les deux Prussiens dans la Loire, le peuple secondait peut-être, mais involontairement, le vœu secret de ceux qui avaient pu consentir à isoler et à compromettre, d'une manière aussi évidente, deux de leurs soldats ; leur perte fournis-

Imp. d'Aubert & Cie.

CRIGNON DE MONTIGNY.

sait un ample prétexte à la vengeance; il est difficile, au surplus, d'expliquer d'une manière satisfaisante l'abandon de deux vedettes placées à plus d'une lieue de distance du corps auquel elles appartenaient.

Des rassemblemens nombreux étaient groupés autour des deux Prussiens; les cris de mort devenaient plus fréquens, lorsqu'un faible détachement de six à sept gardes nationaux à cheval, réunis en toute hâte et spontanément, commandé par M. Crignon de Montigny, après avoir traversé la rue Royale, parvint à prendre position sur la demi-lune du pont.

MM. Edouard Demeux, Stanislas Demeux, de Rocheplatte, Désormeaux-Vandebergue, Boulard-Deslandes, Charles Savart formaient ce détachement, que M. Ancest, alors officier du 6e régiment de lanciers, avait déjà rejoint volontairement, et auquel se réunirent quatre à cinq gendarmes dont on regrette de ne pas pouvoir citer les noms.

M. Crignon de Montigny, après s'être ouvert un passage jusqu'aux vedettes prussiennes, réussit à les dégager de la foule qui les menaçait. Ce premier succès obtenu, il parvint ensuite à faire évacuer la demi-lune, autant par ses exhortations qu'à l'aide du peu de force dont il pouvait disposer.

C'est dans ce moment que M. de Rocheplatte, après avoir posé deux gendarmes près des deux étrangers, se dévoue en partant au grand galop, accompagné de M. Désormeaux-Wandebergue, pour se rendre à la Madeleine avertir les officiers qui commandaient la troupe stationnée à cet endroit, du danger de leurs vedettes.

Après avoir parcouru le trajet, non sans péril, plusieurs coups de pistolets ayant été tirés sur eux, ils arrivèrent, parlèrent aux chefs du motif de leur course; mais les réponses évasives et le refus de venir dégager leurs soldats prouva à ces messieurs que c'était un coup monté avec intention; ils revinrent donc à la ville rejoindre leurs camarades et partager avec eux les dangers de la soirée.

Toutefois, les rassemblemens, quoique refoulés, ne perdaient rien de leur profondeur et paraissaient déterminés à ne pas abandonner la place.

Un grand mouvement, provoqué par celui de la population, s'opérait déjà de l'autre côté de la Loire parmi celles de nos troupes qui occupaient la rive gauche; il était donc important de les prévenir de la *fausse retraite* des troupes prussiennes, de leur proximité, et de prémunir nos soldats contre le piége dans lequel, s'il existait, eux et la ville d'Orléans pouvaient tomber.

C'est ce que comprit M. Crignon de Montigny, qui, sans perdre un seul instant, après avoir placé son détachement de manière à contenir la foule, s'exposant à recevoir le feu des vedettes prussiennes comme celui de nos troupes, traversa le pont au galop pour atteindre la barrière de séparation qui y était établie: là s'étant fait reconnaître, il rendit compte en peu de mots à l'officier qui commandait de tout ce qui se passait sur la rive droite; ce devoir une fois accompli, il revint rejoindre le détachement qu'il commandait, après avoir reçu de l'officier et des soldats français placés à la barrière l'accueil et les remercîmens dus à son zèle.

A la suite de nouvelles et pressantes exhortations, M. Crignon de Montigny parvint enfin à opérer la retraite des rassemblemens, retraite à laquelle contribua sans doute l'inaction des troupes de la rive gauche, prévenues heureusement à temps.

Ainsi se termina un mouvement populaire qui, sans le généreux dévouement de quelques-uns de nos concitoyens et l'active intelligence de leur chef, devait avoir de funestes conséquences, et cependant pas un seul coup de sabre ne fut donné, pas un seul citoyen n'éprouva un acte de violence.

Quant aux Prussiens, ennuyés probablement de voir que leurs vedettes pouvaient désormais rester à leur place en toute sécurité, ils se déterminèrent enfin à les relever, après avoir rapproché leurs troupes de la ville jusqu'à l'arrivée des Bavarois, qui ne se firent pas attendre.

La présence des Prussiens à Orléans facilita à plusieurs mauvais sujets les moyens de satisfaire leurs vengeances particulières, en désignant les maisons des citoyens qui n'étaient pas leurs amis, pour y envoyer loger les soldats les plus brutaux, lesquels vexèrent, pillèrent et frappèrent même des habitans paisibles qui leur avaient été désignés comme napoléonistes.

Honte et mépris à ces misérables, que nous nous abstenons de nommer! Puiss' notre silence prouver l'impartialité avec laquelle nous écrivons ces Recherches !

10 *août* 1815. — Distribution faite aux pauvres d'Orléans de dix-huit cent vingt pains de quatre livres très-rassis, qui restaient au magasin des vivres du Calvaire, et que les Prussiens n'avaient pu consommer ni emporter avec eux.

Chacun de ces soldats étrangers recevait par jour un pain blanc de deux livres; les soldats français, sur la rive gauche de la Loire, avaient pour ration de deux jours un pain de munition pesant trois livres. (77.)

*Relevé des dépenses faites par les troupes prussiennes pendant leur séjour à Orléans, soit pour la solde des officiers et soldats, soit pour leur nourriture, habillement, équipement, etc., etc., soit enfin pour traites, argent comptant et contributions de guerre.*

## Chapitre I$^{er}$.

*Pour la table des officiers de l'état-major.*

| | | |
|---|---:|---:|
| Mémoires des cafetiers, pour liqueurs et café, fr. | 2,218 | 95 |
| Id. des aubergistes, pour nourriture..... | 5,369 | » |
| Id. des traiteurs........................ | 10,892 | 10 |
| Pour vins fournis par MM. Ligneau et Gauthier.. | 1,882 | 15 |
| Officiers d'état-major, fr...... | 20,362 | 20 |

Cette dépense de 20,362 fr. 20 cent. a été faite d'après un arrangement arrêté entre M. le maire d'Orléans et l'intendant-général des troupes prussiennes, et ainsi fixé :

Pour le général. { Café le matin, fr... 8 ; Six déjeuners à 5 fr. 30 ; Douze dîners à 8 fr. 96 } par jour. 134 fr.

Pour deux généraux qui viendront tous les huit jours qu'on peut calculer à 16 fr. par jour, ci, pour les deux.  32

Pour l'intendant-général et ses domestiques, par jour...  100

Commandant de place. { Café le matin, fr... 6 ; Quatre déjeun. à 4 fr. 16 ; Six dîners à 6 fr... 36 } par jour. 58

*A reporter*........ 324

| | |
|---|---:|
| *Report*........ | 324 fr. |
| Un colonel, même table...................... | 58 |
| Cinq commandans divers, à 48 fr. par jour........ | 240 |
| Un commandant d'artillerie..................... | 48 |
| Douze capitaines, à 36 fr. chaque............... | 432 |
| Un commissaire des guerres, par jour............ | 60 |
| Trois adjoints du commissaire, à 18 fr. chaque..... | 54 |
| Vingt-six lieutenans, à 18 fr. chaque............. | 468 |
| Cinq adjudans sous-officiers, à 8 fr. chaque....... | 40 |
| Total par jour........... | 1,724 fr. |

### MÉMOIRE PARTICULIER.

| | |
|---|---:|
| Premier mémoire de Brunet, traiteur, pour le dîner donné à l'hôtel de la Mairie, le 15 juillet, à M. le général Borelle et à son état-major, fr...................... | 547 70 |
| Second mémoire de Brunet, traiteur, pour le dîner donné par le général Thielman, chez M. Gauthier, où il était logé le 17 juillet, fr................ | 621 40 |
| Troisième mémoire de Brunet, traiteur, pour les dîners et autres repas servis à M. le général Borelle et à son état-major, chez M. Gauthier, fr............ | 923 » |
| Quatrième mémoire de Brunet, traiteur, pour même cause et pour l'intendant, logé à l'Évêché, du 22 juillet au 28, jour de son départ, fr............ | 1,120 » |
| Premier mémoire du sieur Gautray, aubergiste, pour la nourriture de l'officier et des militaires qui ont été de garde à l'hôtel de la Mairie, fr............ | 594 20 |
| Second mémoire du sieur Gautray, pour mêmes causes. | 494 » |
| Premier mémoire de madame Dupuy, limonadière, pour diverses fournitures aux officiers de l'armée prussienne, fr................................ | 59 55 |
| Second mémoire de madame Dupuy, pour même cause, fr................................... | 161 20 |
| Mémoire du sieur Chevalier, limonadier, pour même cause, fr................................... | 113 20 |
| Mémoire de M. Ligneau-Grandcour, fournitures de diverses espèces de vin bu dans les différens repas pris par les officiers de l'armée prussienne, fr.... | 282 50 |
| Mémoire de M. Gauthier, pour même cause, fr.... | 1,211 » |
| Mémoire de M. Sautelet, brasseur, pour bière bue par les officiers prussiens, fr.................. | 274 » |
| Payé à des employés extraordinaires, pour le logement des troupes alliées, fr.................... | 174 » |
| A-compte payé au sieur Wolf Halphen, interprète, fr. | 60 » |
| Total......... | 6,635 75 |

## Chapitre II.

*Solde des troupes.*

| | |
|---|---:|
| Douze officiers d'état-major à 50 fr. par jour, pour 27 jours, fr............................ | 16,200 » |
| Cent officiers divers à 20 fr. par jour, pour 27 jours, fr................................ | 54,000 » |
| Sept mille cinq cents hommes d'infanterie à 1 f. 90 c. chaque par jour, pour 27 jours, fr........ | 384,750 » |
| Huit cents hommes de cavalerie à 1 fr. 90 cent. chaque par jour, pour 27 jours, fr........... | 41,040 » |
| Total.......... | 495,990 (*) |

## Chapitre III.

*Fournitures par réquisitions.*

| | | |
|---:|---|---:|
| 1207 | veltes d'eau-de-vie.................. | 11,270 » |
| 520 | mètres de draps de diverses couleurs...... | 5,818 50 |
| 100 | paires de semelles.................... | 260 » |
| 28 | tombereaux de charbon de terre......... | 1,141 90 |
| 1191 | fers à cheval....................... | 799 10 |
| 25032 | clous à fers....................... | 8,010 24 |
| 5000 | livres de sel........................ | 994 » |
| 22 | sacs de sel......................... | 44 » |
| 3529 | kilos de tabac fournis par la régie........ | 18,184 80 |
| 11750 | kilos de riz........................ | 5,879 » |
| | Riz en sacs........................ | 123 » |
| | Légumes divers..................... | 695 40 |
| | Savon noir......................... | 13 70 |
| | Imprimés et fournitures de bureau....... | 282 » |
| | Un timbre sec pour l'état-major......... | 30 » |
| | Pour les galeux à l'hôpital des Jacobins.... | 52 60 |
| | Blanchissage de linge au général........ | 77 54 |
| | Nourriture pour le poste du Gr.-Cimetière. | 144 05 |
| | Vingt-cinq livres de pointes............ | 41 50 |
| | Pour chandelles..................... | 100 » |
| | A reporter....... | 53,961 33 |

(*) Le commissaire qui venait tous les jours prendre avec ses commis la paie des troupes, mettait chaque fois 200 fr. dans ses poches, disant à M. Crignon de Bellevue, receveur municipal, *que c'était pour la peine qu'il se donnait à venir prendre* LE *argent.*

|  |  |  |
|---|---:|---:|
| *Report*......... | 53,961 | 33 |
| Loyer de remise................... | 120 | » |
| Travaux à la tête du pont............. | 2,678 | 68 |
| Voitures et chevaux requis............ | 500 | » |
| Pour un cheval tué par mauvais traitemens. | 300 | » |
| Fournitures de médicamens........... | 700 | » |
| Artistes vétérinaires................. | 380 | » |
| Capval, pharmacien................. | 73 | » |
| Moreau, maître de la poste aux chevaux.. | 254 | 53 |
| Léon, pour l'éclairage des écuries........ | 156 | 86 |
| Potier, entrepreneur, pour réparation..... | 842 | 43 |
| Gelin-Lavigne, pour éclairage le jour de la fête du roi de Prusse................ | 138 | » |
| Triau-Morin, loyer de meubles......... | 590 | » |
| Mouton, coutelier, trois bandages........ | 36 | » |
| Liebon, pour tonneaux et baquets....... | 47 | » |
| Pécantin, pour fusils volés chez lui....... | 396 | » |
| 200 sacs d'orge..................... | 225 | » |
| TOTAL des fournitures par réquisitions, fr..... | 61,398 | 43 |

## CHAPITRE IV.

### *Dépenses particulières.*

|  |  |  |
|---|---:|---:|
| Voyage de M. Petit-Sémonville à Étampes......... | 88 | » |
| Id. de MM. Tassin, Baguenault et autres députés à Paris............................ | 1,762 | 06 |
| Présent de l'épée d'honneur au général. 600 ⎫ Petit cadeau au même............. 124 ⎬... | 724 | » |
| Persin, frais de tournées................... | 10 | » |
| Wolf-Halphen, interprète, pour solde........... | 232 | » |
| TOTAL des dépenses particulières........ | 2,816 | 06 |

## CHAPITRE V.

### *Traites par ordonnances.*

|  |  |  |  |
|---|---:|---:|---:|
| 21 juillet 1$^{re}$ ordonnance, fr..... | 200,000 | ⎫ |  |
| 24 *id.* 2$^e$ *id.* fr..... | 40,000 | ⎪ |  |
| 25 *id.* 3$^e$ *id.* fr..... | 12,000 | ⎬ 458,000 | » |
| Traite sur M. Baguenault, de Paris. | 106,000 | ⎪ |  |
| Traite sur M. Périgaux, de Paris.. | 100,000 | ⎭ |  |
| Pour différence du prix de l'argent............ | | 280 | 94 |
| Bruère-Courtin, pour négociations............. | | 40 | 80 |
| Traites par ordonnances........ | | 458,321 | 74 |

## Chapitre VI.

*Bordereau des fonds en traites, espèces, et en pièces d'argenterie remis par la ville d'Orléans à M. Pawlowsky.*

### EN TRAITES :

| | |
|---|---:|
| Quatre traites de 100,000 fr. chacune, payables à Paris, à 15 jours de vue, et souscrites par MM. Doyen, Crignon-d'Auzouer, Tassin-Baguenault, Pilté-Grenet et Crignon-Désormeaux.. | 400,000 » |

### EN ESPÈCES :

| | |
|---|---:|
| Un tonneau contenant 40 sacs, formant ensemble. | 40,000 » |
| Un tonneau contenant 50 sacs, formant ensemble. | 50,000 » |
| Un tonneau contenant 50 sacs, formant ensemble. | 50,000 » |
| Un tonneau contenant, savoir : | |
| En argent blanc, 35 sacs, faisant.. 49,501 50 | |
| En or, un sac, faisant............ 7,200 » | 56,701 50 |

### EN PIÈCES D'ARGENTERIE :

| | |
|---|---:|
| Un tonneau contenant 64 marcs 6 onces, à 52 fr. le marc............................... | 3,346 24 |
| Taxe.......... | 600,047 74 |

## Chapitre VII.

*Sommes exigées par l'intendant militaire, en sus de la taxe de guerre.*

| | |
|---|---:|
| 1° 2 pour cent de ladite somme, pour frais d'administration............................ | 12,000 » |
| 2° Somme qu'il a retirée du receveur-général du Loiret, sur sa simple quittance, quoique cette somme fût destinée à payer les approvisionnemens de l'armée prussienne................... | 22,510 52 |
| 3° Somme qu'il a tirée de la caisse municipale... | 14,838 62 |
| 4° La somme représentant une réquisition de cent chevaux dont il a fixé lui-même, et de son autorité, le prix à 400 fr. chaque.............. | 40,000 » |
| Pour les cinq futailles contenant l'argent et l'argenterie, à 5 fr. pièce........................ | 25 » |
| Pour l'encaissement *et mise du cachet prussien sur les tonneaux*............................. | 36 » |
| Sommes en sus de la taxe........ | 89,410 14 |

RELEVÉ GÉNÉRAL.

| | | | |
|---|---|---|---:|
| 1ᵉʳ Chapitre.. | { | Pour table des offic. de l'état-maj. | 20,362 20 |
| | { | Mémoire particulier pour repas. | 6,635 75 |
| 2ᵉ | — | Solde des troupes............ | 495,990 » |
| 3ᵉ | — | Fournitures par réquisitions.... | 61,398 43 |
| 4ᵉ | — | Dépenses particulières........ | 2,816 06 |
| 6ᵉ | — | Traites par ordonnances....... | 458,321 74 |
| 6ᵉ | — | Taxe de guerre.............. | 600,047 74 |
| 7ᵉ | — | En sus de la taxe de guerre.... | 89,410 14 |
| | | Total général......... | 1,734,982 06 |

12 août 1815.

*Lettre du maire au général prussien.*

Monsieur le général,

J'ai reçu la lettre que vous m'avez fait l'honneur de m'écrire ce jour. Le rapport fait à Paris demande une explication que je vais avoir l'honneur de vous donner.

Les troupes prussiennes stationnées à Orléans, que vous commandez si honorablement, et dont nous respectons et estimons MM. les chefs, se sont peut-être livrées à quelques désordres, mais c'est individuel de la part du soldat, et non pas en masse; votre arrivée dans nos murs a été celle d'amis et d'alliés. J'ai eu l'honneur d'aller au-devant de vous, et vous m'avez accueilli avec bonté; les portes de la ville vous ont été ouvertes, non-seulement sans résistance, mais avec cordialité.

Les logemens qui n'étaient pas préparés, puisque la veille nous ne savions pas recevoir un corps de sept mille hommes, ont été faits avec précipitation. Les magasins n'étant point fournis, l'habitant a été obligé de nourrir. Le côté gauche de la Loire étant occupé par l'armée de Davoust, n'a pu contribuer au logement; il s'en est suivi une surcharge: un seul habitant logeait neuf soldats et les nourrissait. Le citoyen ne sachant ce qu'il avait à donner et le soldat ce qu'il pouvait exiger, il s'en est suivi quelques demandes outrées, des plaintes, et le malheureux a donné même son nécessaire, souvent la différence des langues en a été la cause. Mais il n'y a eu aucune exaction: les maisons ont été respectées, les propriétés et le mobilier de même, et je n'ai eu aucune plainte à ce sujet, et s'il s'est trouvé des maisons désertes, c'est par la mauvaise volonté de l'habitant, et il n'est point à ma connaissance qu'il y en ait eu une livrée à vos soldats, ni dévastée par eux. Je me plais à démentir ce fait.

Depuis que le service est organisé, que les magasins sont approvisionnés, que de nouveaux logemens communs avec les faubourgs ont été faits, avec justice et discernement, aucun habitant n'ayant plus la charge de la nourriture, ne peut ni ne doit se plaindre. J'ai accueilli toutes les représentations qui m'ont été faites, et MM. vos officiers m'ont aidé à connaître l'exacte vérité et à rendre justice, notamment M. le baron Steinaecker, commandant de la place, dont le zèle pour le bien du service et la tranquillité a été au-dessus de tout éloge ; les rapports que j'ai eu l'honneur d'avoir avec lui m'ayant permis d'apprécier ses talens civils et militaires.

Je rends avec plaisir hommage à la vérité en certifiant que MM. les officiers ont maintenu l'ordre, qu'ils ont bien voulu écouter avec bonté nos représentations, et que je leur ai de grandes obligations. Commandés par un digne et respectables chef, ils ont tâché d'adoucir nos malheurs, et ont suivi en cela vos intentions; je vous prie même d'accueillir avec bonté les sentimens de reconnaissance et de gratitude pour lesquels tous les habitans d'Orléans m'ont chargé d'être leur organe auprès de vous.

Je ne dois cependant pas vous cacher, Monsieur le général, que plusieurs communes des environs d'Orléans ont éprouvé de grandes pertes, de grands malheurs, peut-être même quelques vexations ; mais n'étant pas sous mon administration, je ne puis vous donner aucun détail ni certitude, c'est auprès de M. le sous-préfet que vous connaîtrez l'exacte vérité.

Devant vous dire toute la vérité, je ne vous cacherai pas que la ville d'Orléans semble avoir droit de se plaindre de M. le commissaire des guerres, intendant-général, Pawlowski. La rigidité, la dureté, les menaces violentes qu'il a employées dans les réquisitions exorbitantes qu'il a faites, sans vouloir exhiber aucun ordre, avait réduit mes concitoyens au désespoir. Les bons habitans d'Orléans, fidèles à leur roi, amis de ses alliés, ont passé de bien douloureux momens pendant quatre jours, et leur soumission, leur empressement à faire ce que leur demandait M. l'intendant ne les a point mis à l'abri des menaces les plus violentes et les plus terribles, comme incendie qui ne devait pas s'éteindre de long-temps, etc., etc.

Quant à moi, traité avec mépris, sans respect pour mes fonctions, j'ai dévoré tous ces chagrins dans l'amertume de mon âme, parce que mon repos, ma tranquillité et ma vie appartenaient à mes concitoyens, et qu'aucun sacrifice ne m'a coûté pour écarter l'orage dont on nous menaçait.

La présence d'un prince qui est digne du respect, de la vénération et de l'amour de ses sujets, et a versé le baume de consolation sur nos malheurs; vous daignez aussi y prendre part, c'est le seul moyen de nous les faire tous oublier, et il ne nous reste que le souvenir bien agréable de vos bontés, et l'espoir de pouvoir en tout temps vous témoigner les sentimens de haute considération avec lesquels j'ai l'honneur d'être, etc.

*12 août* 1815. — Arrivée à Orléans d'une division de troupes bavaroises forte de 4,000 hommes.

Ces soldats, en partie logés chez les habitans et en partie bivouaqués dans les places de la ville, occupèrent les mêmes postes que les Prussiens, et se comportèrent avec la brutalité et l'exigence de leurs prédécesseurs.

La première action de ces nouveaux venus fut de frapper la ville d'Orléans d'une fourniture de drap, toile, bottes, souliers, etc., etc., que l'on peut évaluer à 460,000 fr., comme on le verra ci-après; fourniture qui, heureusement, n'eut pas lieu, par la fermeté de M. de Kermelec, sous-préfet. (Voir page 352.)

**16 août 1815.**

*Publication d'une ordonnance royale portant la levée d'une somme de* 100,000,000 *de francs comme réquisition de guerre.*

LOUIS, par la grâce de Dieu, roi de France et de Navarre, à tous ceux qui les présentes verront, salut.

L'attentat commis sur la France a forcé les puissances étrangères à y faire entrer leurs armées pour atteindre l'ennemi de leur sûreté; elles occupent notre territoire; ces maux auraient été prévus si notre voix eût été mieux écoutée; mais loin de notre cœur toute récrimination! les souffrances de nos peuples ne nous permettent de songer *qu'à les adoucir*, en attendant le moment, peu éloigné, qui doit y mettre un terme. Les circonstances sont telles que nous n'avons pas le choix des moyens; nous avons dû nous arrêter à celui qui nous a présenté le moins d'inconvéniens, et le plus prompt.

A ces causes, nous avons ordonné et ordonnons ce qui suit :

Art. 1er. Il sera levé extraordinairement, et versé au trésor royal, comme réquisition de guerre, une somme de 100,000,000 de francs sur les départemens, et dans les proportions déterminées par l'état de répartition.

Art. 2. Il sera ajouté, en outre, au contingent de chaque département un fonds de non-valeur de 10 centimes par franc, au moyen duquel la totalité de ce contingent devra rentrer au trésor.

Articles 3, 4, 5, 6, 7, 8, 9, 10 et 11, relatifs au mode de recouvrement.

Art. 12. Les sommes devront être payées du 15 septembre au 15 novembre prochain.

Art. 13. Le recouvrement sera poursuivi par voie de *contrainte et de garnisaire*.

Donné au château des Tuileries le 16e jour du mois d'août, l'an de grâce 1815, et de notre règne le 21e.

Louis.

Par le roi :

*Le ministre et secrétaire d'Etat des finances,*
Le baron Louis.

D'après l'état de répartition de la présente contribution extraordinaire, le département du Loiret fut taxé à la somme de 1,800,000 fr., non compris les 10 centimes en sus par franc, qui se sont élevés à 180,000 fr. ce qui fit un total de 1,980,000 fr. (3-4.)

22 *août* 1815. — Convocation du collège électoral du département du Loiret, sous la présidence de M. le vi-

comte de Châteaubriand, à l'effet de nommer les députés à la nouvelle chambre convoquée par le roi Louis XVIII.

Furent nommés,

Pour Orléans : le baron de Talleyrand, préfet; Crignon-d'Auzouer.

Pour Gien : M. Henri de Longuève, ancien législateur.
Pour Montargis : M. de Baert.
Pour Pithiviers : M. de Villevêque.

Cette députation fit partie de la chambre connue sous le nom de chambre de 1815. (4-77.)

*Discours prononcé par Son Excellence Monseigneur le vicomte de Châteaubriand, pair de France, ministre d'État, ambassadeur de S. M. T. C. près la cour de Suède, président du collége électoral du département du Loiret, à l'ouverture de la séance du 22 août 1815.*

« Messieurs,

Lorsque Louis XVI, de sainte et douloureuse mémoire, convoqua les états-généraux, il voulut remédier à un mal que la France regardait alors comme insupportable, mais qui nous paraît bien léger, aujourd'hui que l'expérience nous a rendus meilleurs juges de l'adversité. Comme il arrive presque toujours aux médecins peu habiles, d'une blessure facile à guérir nous fîmes une plaie incurable. L'assemblée constituante eut des intentions sages, mais le siècle l'entraîna. Avec moins de talent et plus d'audace, l'assemblée législative attaqua la monarchie, que la convention renversa. Les deux conseils se détruisirent par leurs propres factions. Sous le tyran le peuple se tut, et ne retrouva la voix que sous le roi légitime. Au retour de Buonaparte la Convention sembla sortir avec lui du tombeau : les deux fantômes viennent de rentrer ensemble dans l'abîme, laissant en témoignage de leur apparition. des calamités sans nombre et six cent mille étrangers sur le sol de la France.

Si l'on ne considérait, Messieurs, que les résultats de ces assemblées, on pourrait se sentir découragé : mais nos fautes doivent nous servir de leçons. Le moment est venu d'employer à l'affermissement de la monarchie, cette même force populaire qui a servi à l'ébranler. Jamais les députés de la nation n'ont été rassemblés dans des circonstances plus graves : le roi a voulu les avertir lui-même de l'importance des fonctions qu'ils auront à remplir, en rapprochant le peuple du trône, en confiant quelques colléges électoraux au noble patronage des princes de son sang.

Mais, il ne faut pas vous le dissimuler, Messieurs, tout dépend des choix que la France va faire. De même que nous pouvons trouver dans la nouvelle Chambre des Députés le salut final, nous y pouvons rencontrer le naufrage. L'Europe nous attend à cette dernière expérience : elle est venue, pour ainsi dire, se placer au milieu de nous afin d'assister à des résolutions qui décideront de son repos autant que du nôtre. Le peuple français va voir des rois à la tribune de ses conseils : après avoir jugé les princes de la terre, il sera jugé par eux à son tour. Il s'agit de savoir si nous serons déclarés incapables de nous fixer à ces institutions que nous avons cherchées à travers tant d'orages, si nos succès seront regardés comme un jeu de la fortune, nos calamités comme un châtiment mérité, ou si, nous renfermant dans une liberté sage, nous conserverons l'éclat de notre gloire et la dignité de nos malheurs.

Que faut-il faire, Messieurs, pour arriver à ce dernier but ? Une chose facile ; choisir les bons, écarter les méchans, cesser de croire que l'esprit, le talent, l'énergie sont le partage exclusif de quiconque a manqué à ses devoirs, et qu'il n'y a d'habile que le pervers. Que la France appelle à son secours les gens de bien, et la France sera sauvée. L'Europe ne se sentira complétement rassurée que quand elle entendra nos orateurs, trop long-temps égarés par des doctrines funestes, professer ces principes de justice et de religion, fondement de toute société : nous ne reprendrons notre poids dans la balance politique qu'en reprenant notre rang dans l'ordre moral.

Permettez, Messieurs, que je vous parle avec la franchise du pays où je suis né : ce n'est plus le moment de garder des ménagemens qui pourraient devenir funestes. Sans doute il faut éteindre les divisions, cicatriser les blessures, jeter sur les fautes de nos frères le voile de la charité chrétienne, nous interdire tout reproche, toute récrimination, toute vengeance, et, à l'exemple de notre roi, pardonner le mal qu'on nous a fait. Mais il y a loin, Messieurs, de cette indulgence nécessaire, à cette impartialité criminelle qui, obligée de faire un choix, le laisserait tomber également sur le bon ou sur le mauvais citoyen, ne mettrait aucune différence entre les principes et les opinions, les actions et les paroles. Si, en dernier résultat, il était égal d'avoir commis ou de n'avoir pas commis de crime, d'avoir gardé ou d'avoir violé son serment; si, lorsque l'orage est passé, on traite de la même sorte et celui qui a produit cet orage et celui qui l'a conjuré; si l'un et l'autre jouissent du même degré de confiance, de la même part de dignités et d'honneurs, l'honnête homme, Messieurs, ne serait-il pas trop découragé? Ne rendons pas le devoir si difficile. Voulons-nous réparer les désastres de la patrie? ne laissons plus dire à ceux qui profitaient de nos revers, que la vertu est un *métier de dupe* : expression dérisoire qui échappe quelquefois à la lassitude du malheur, comme à l'insolence de la prospérité. Enrichissons-la, cette vertu, de notre estime et de nos faveurs; elle nous rendra nos dons avec usure.

Laisser à l'écart les artisans de nos troubles, c'est justice. La justice n'est point une réaction, l'oubli n'est point une vengeance. Il ne faut pas qu'un homme se croie puni, parce qu'il n'est pas récompensé du mal qu'il a fait. Ceux qui ont amené dans vos murs ces étrangers que le bras de vos aïeux arrêta jadis à vos portes, mériteraient-ils d'obtenir vos suffrages? Toutefois, si de tels hommes se fussent rencontrés parmi vous, vous auriez pu les voir se présenter, et même avec un front serein ; car dans ce siècle le vice a sa candeur comme la vertu, et la corruption sa naïveté comme l'innocence.

Mais, grâce à l'excellent esprit de ce département, vous ne serez point, Messieurs, réduits à faire ces distinctions pénibles : on ne compte ici que des sujets dévoués à leur roi. Déjà vos collègues d'arrondissemens présentent à votre élection des candidats aussi distingués par leurs talens que par leur conduite courageuse et leur noble caractère. Heureux embarras des richesses, qui ne vous laissera que le regret de ne pouvoir tout nommer et tout choisir! La fidélité au trône de saint Louis est chez les Orléanais une vertu héréditaire : ils conservèrent leurs remparts pour Charles-le-Victorieux, comme ils ont gardé leurs cœurs pour Louis-le-Désiré. Qui ne sait, Messieurs, que votre ville, pendant nos tempêtes, fut le refuge de tous les Français persécutés? Le prêtre fugitif y trouva un autel, le serviteur du roi un asile, pour y prier leur Dieu, pour y pleurer leur maître? N'est-ce pas vous encore qui les premiers demandâtes la liberté de l'illustre orpheline, aujourd'hui l'orgueil et la gloire de la France?

Pour moi, Messieurs, je regarderai comme un des plus beaux jours de ma vie celui où j'ai été appelé à présider votre collége électoral. Le roi, qui tient compte à ses fidèles sujets même de leur zèle, a trop payé par cet honneur, mes faibles services. J'ai du moins quelque titre à votre bienveillance; car j'ose croire qu'il n'y a point d'homme qui entre mieux que moi dans vos sentimens, qui apprécie davantage votre loyauté. Comme vous, je donnerais mille fois ma vie pour le meilleur des princes; et mon cœur a toujours battu, mes yeux se sont toujours remplis de larmes au cri d'amour et de salut, au cri Français de VIVE LE ROI!

23 *août* 1815. — Par ordre du préfet du Loiret, chef de la haute police dans ce département, les feuilles de papier timbré servant aux journaux du département du Loiret, devront, à dater de ce jour, être revêtues de la signature du sieur Lagorse, receveur de l'enregistrement des actes judiciaires à Orléans, rue Maret.

25 août 1815.

FÊTE DE SAINT-LOUIS, CÉLÉBRÉE AVEC POMPE A ORLÉANS, PAR LES CORPS CONSTITUÉS, LES EMPLOYÉS DU GOUVERNEMENT ET LES HABITANS, SUIVANT LE PROGRAMME ET LA CIRCULAIRE DATÉS DU 12 PRÉSENT MOIS.

*Arrêté.*

Le préfet du Loiret arrête :

Art. 1$^{er}$. MM. les sous-préfets et MM. les maires et adjoints du département du Loiret se rendront le jour de la fête Saint-Louis, 25 août, à l'office divin qui sera célébré, et au *Te Deum* qui sera chanté dans toutes les paroisses du département.

Art. 2. Les sous-préfets et les maires se concerteront avec MM. le curés pour donner à cette cérémonie religieuse toute la solennité dont elle est susceptible.

Fait à Orléans, les jour, mois et an que dessus.

*Le conseiller d'Etat honoraire,*

Baron de TALLEYRAND.

*Le conseiller d'Etat honoraire, préfet du Loiret, à ses administrés.*

Habitans du Loiret,

Qu'au jour de la fête de notre roi, de ce père de tous les Français, toutes les familles se réunissent, que tous les âges viennent déposer aux pieds des autels leurs prières, leurs vœux et l'expression de leur reconnaissance pour le bienfaiteur de son royaume.

Le roi, malheureux de vos souffrances, ne veut pas que le jour de sa fête vous rappelle les privations que les circonstances vous ont imposées; l'allégresse de vos enfans, la vôtre à tous, l'expression de votre joie, de votre confiance en lui, sont les témoignages d'affection dont son cœur est le plus touché; il ne veut vous occasionner aucune dépense; vous aimer, vous chérir, être vénéré comme un père, tel est son désir, tels sont ses souhaits, et je ne doute pas que, persuadés de votre bonheur, vous ne vous empressiez à répondre à l'appel religieux qui vous sera fait.

Orléans, le 12 août 1815.

*Le conseiller d'Etat,*

Baron de TALLEYRAND.

**27 août 1815.**

**DESTITUTION DE M. DE KERMELEC, SOUS-PRÉFET A ORLÉANS.**

*Précis des faits qui ont donné lieu à cette destitution.*

Les Prussiens, après avoir forcé le préfet du Loiret,

M. de Talleyrand, de quitter Orléans, s'étaient fait payer par la ville 600,000 fr.

Les Bavarois ne tardèrent pas à remplacer les Prussiens, l'exemple que ceux-ci avaient donné était bon à suivre : aussi, à peine arrivés, les Bavarois frappèrent à leur tour la ville d'Orléans d'une fourniture en drap, toile, souliers, objets d'équipement, etc., etc., que l'on peut évaluer au moins à 460,000 fr. (Voir l'état ci-après.)

Ces ordres, émanés de M. l'ordonnateur en chef de l'armée bavaroise, furent adressés, dès le 11 août, à M. de Kermelec.

La situation de M. de Kermelec était des plus embarrassantes : M. le baron de Talleyrand venait de nouveau de quitter Orléans ; les chefs de l'armée bavaroise ne l'ignoraient pas, car M. de Kermelec s'était autorisé des instructions qu'il disait avoir reçues pour refuser ces énormes réquisitions. Le général de division Preyseing, après l'avoir fait sommer le 22 août, par le major Léoprochteing, en ces termes : « Je vous déclare que si demain matin à
« onze heures et demie, vous ne fournissez pas l'état que
« nous vous avons demandé, je mets chez vous l'exécution
« militaire la plus rigoureuse ; je connais mes devoirs,
« j'ai reçu des ordres et j'ai l'intention de les exécuter
« strictement. »

Le 24 il lui écrivait : « Les ordres que vous pouvez
« avoir reçu doivent cesser d'autant plus que *le préfet a*
« *déclaré lui-même que ses fonctions cessaient et qu'il a*
« *quitté Orléans.* » C'est, ajoute le comte de Preyseing, une raison de plus pour que je ne tienne qu'*à votre seule personne.*

Avant de partir, M. de Talleyrand avait pris un arrêté d'après lequel il avait *déclaré que toute autorité royale était suspendue dans le département du Loiret.* A l'abri de cet arrêté, M. de Kermelec pouvait se tenir tranquille et déposer ses fonctions. Cependant il crut, non sans raison, que la ville d'Orléans deviendrait la proie des Bavarois, qui, ne trouvant plus d'obstacles, l'accableraient de réquisitions de tous les genres ; il demeura donc à son poste, malgré les ordres formels du préfet, et en fit connaître les motifs au ministre ; il fit plus, il expédia un courrier extraordinaire au prince de Wrede, commandant en chef de l'armée bavaroise, et lui exposa vivement les malheurs dont les habitans d'Orléans étaient menacés, et les actes de désespoir auxquels ils pourraient se porter.

Le 27 août, le ministre de l'intérieur lui répondit : « J'approuve la conduite que vous avez tenue dans cette « circonstance, elle *est conforme aux instructions* que « j'avais transmises à M. le préfet, et dont il vous *aura* « *sans doute donné connaissance.* »

Quoi qu'il en soit, dès le 26 août une garnison militaire de six hommes commandés par un sous-officier, s'était emparée du domicile de M. de Kermelec. « Je vous pré- « viens, lui écrivait, le 26, le commandant, baron Leo- « prechteing, que j'ai donné des ordres pour que six « hommes et un caporal soient placés chez vous *à titre* « *d'exécution militaire;* vous aurez à payer à chaque mili- « taire, indépendamment de la nourriture, cinq francs « par tête; si demain vous n'avez pas rempli les intentions « de S. E., l'exécution sera *doublée*, et augmentera ainsi « chaque jour. »

Le même jour, 26 au soir, nouvelle lettre du même, pour qu'un bon souper fût donné aux militaires et pour qu'on leur payât la contribution imposée; « Demain, ré- pête-t-il, cette exécution *sera doublée.* » Mais, malgré les vexations de tous genres dont il était personnellement l'objet, M. de Kermelec pensa que ce qu'il y avait de mieux à faire dans cette difficile situation, était de gagner du temps; le ministre approuva sa persévérance, et le 29 il lui écrivit : « Vous pouvez même faire valoir auprès d'eux « de légères concessions; si vous gagnez du temps vous « aurez pris le meilleur parti et atteint le but; vous devez « compter sur les efforts du gouvernement du roi pour « faire alléger vos maux autant que possible; je ne puis, « au reste, que donner des éloges à la conduite que vous « avez tenue dans cette circonstance. »

Le 25 août, jour de la fête du roi, pour faire voir à l'armée bavaroise que toute autorité du roi n'avait pas cessé dans le département, M. de Kermelec s'était présenté en costume de sous-préfet à l'église de Ste-Croix.

Mais de Paris, où il s'était retiré, M. de Talleyrand lança

contre M. de Kermelec un arrêté de destitution sous la date du 27 août. « Considérant, porte cet arrêté, que M. le
« sous-préfet d'Orléans a continué ses fonctions, *notam-*
« *ment à la cérémonie du* 25, *et a compromis l'autorité du*
« *roi* devant les troupes étrangères, par une lettre que,
« *depuis la suspension de toute autorité royale dans ce dé-*
« *partement,* il a écrite comme sous-préfet à S. A. le prince
« de Wrede. »

M. de Kermelec fut destitué le 27 par M. de Talleyrand, et le 31 du même mois le ministre de l'intérieur lui écrivait : « Votre conduite sage et ferme mérite mes élo-
« ges, et je vous engage à y persister, vous mériterez ainsi
« la bienveillance du roi et la reconnaissance des habitans
« de votre arrondissement. »

Cependant, pressé également par le gouvernement, le prince de Wrede donna des ordres de retirer les réquisitions dont la ville d'Orléans avait été illégalement frappée par des troupes qui se disaient les alliées du roi de France.

M. de Kermelec, qui avait forcément abandonné son domicile, était logé chez M. Capitan, qui lui avait généreusement donné l'hospitalité ; c'est chez ce dernier qu'un commissaire des guerres bavarois vint lui annoncer les ordres du prince de Wrede, qui annulaient la réquisition demandée, et lui demanda la pièce qui contenait le montant des réquisitions; mais M. de Kermelec crut devoir la lui refuser, comme pièce appartenant à l'administration.

Après le départ des troupes bavaroises d'Orléans, le sieur Gautré, aubergiste, réclama à M. de Kermelec, le montant de la dépense faite chez lui par les soldats étrangers.

Ce dernier lui écrivit la lettre suivante :

*A M. Gautré, tenant l'hôtel de l'Epervier, à Orléans.*

« En conséquence de votre lettre du 3 de ce mois, je
« viens d'écrire à M. le maire d'Orléans en lui rappelant
« que la dépense dont vous réclamez le paiement a été

« faite au compte de la ville et le prie de vous en faire
« rembourser.

« J'ai l'honneur de vous saluer,
« De Kermelec. »

« Savenay, ce 9 octobre 1816. »

*Lettre de M. le maire d'Orléans à MM. les membres de la commission de liquidation.*

« J'ai l'honneur de vous transmettre le mémoire de M. Gautré, aubergiste à Orléans, montant à 163 fr. 4 c., pour nourriture de soldats bavarois placés chez M. le sous-préfet à titre d'exécution militaire, pour refus d'optempérer à une réquisition en nature frappée sur la ville d'Orléans par les chefs de ladite armée, et évaluée de 3 à 400,000 fr.

« J'ai l'honneur d'être, etc., etc.

*Copie de la réquisition d'habillement, équipement, etc., etc., faite par les chefs de l'armée bavaroise, et refusée par M. de Kermelec.*

5520 paires de souliers.
1450 paires de bottes ordinaires.
  20 paires de bottes pour les dragons.
3860 paires de semelles complètes.
 700 aunes de Berlin, de drap bleu-ciel.
1200 aunes de Berlin, de drap bleu ordinaire.
 960 aunes de Berlin, de drap gris.
 100 aunes de Berlin, de drap noir.
  50 aunes de Berlin, de drap vert.
  50 aunes de Berlin, de drap rouge.
  30 aunes de Berlin, de drap blanc.
6200 aunes de toile grise.
15100 paires de fers pour les chevaux.
120800 paires de clous pour les fers des chevaux.
 900 paires de pantalons avec du cuir, pour la cavalerie.
 100 peaux de cuir noir brillant.
  30 livres de peaux de veaux.
   8 bois de selles.
 120 étrilles.
 120 brosses à chevaux.
 120 peignes à chevaux.

120 couvertures pour chevaux.
300 aunes de sangles pour surfaix.
60 livres de graisse pour le cuir.

*Le commissaire du corps d'armée bavaroise,*
Baron de REISTRES.

Orléans, le 11 août 1815.

*1er septembre 1815.* — M. le préfet du Loiret annonce, par une circulaire adressée à ses administrés, son retour à Orléans et le résultat de son voyage à Paris, pour réclamer contre de nouvelles charges qu'on voulait leur imposer; cette circulaire, affichée et publiée dans tout le département, portait ce qui suit:

*Le conseiller d'Etat, préfet du Loiret, à ses administrés.*

Habitans du Loiret,

Les événemens m'ont forcé une seconde fois à m'éloigner de vous; mon premier soin a été de me rendre auprès du roi, de peindre aux ministres vos peines, vos malheurs et les nouvelles charges qu'on voulait vous imposer; un arrangement a été signé : la nourriture seule des troupes restera charge départementale; tout autre réquisition est nulle, et ne peut avoir de suite.

Mais, pour assurer cet heureux résultat, il faut que j'aie encore recours à votre patriotisme; il faut que, par votre zèle et votre empressement à vous acquitter de vos impôts, vous donniez à votre roi les moyens de remplir les engagemens qu'il a pris pour alléger vos maux : vous fournir une occasion de prouver votre attachement au roi, c'est, j'en suis certain, vous faire en quelque sorte plaisir; aucun sacrifice pour ce but ne vous coûtera, et c'est dans cette conviction que j'ai cru devoir vous donner cet avis, persuadé que vous répondrez à cet appel de votre magistrat et à la confiance qu'a le roi dans votre dévouement.

MM. les sous-préfets, les maires, les directeurs et chefs d'administrations, les receveurs généraux et particuliers, les payeurs, et généralement tous les agens de l'administration, doivent reprendre de suite toutes leurs fonctions, comme par le passé, et ne recevoir de direction que de l'administration française.

Le conseiller d'Etat, préfet du Loiret,<br>Baron de TALLEYRAND. (3.)

Depuis huit jours les chefs des troupes bavaroises avaient suspendu tous les fonctionnaires publics, et ils administraient le département au nom du roi de Bavière.

9 *septembre* 1815. — M. le comte de Tristan est nommé sous-préfet d'Orléans, en remplacement de Kermelec, passé à la sous-préfecture de Savenay.

A cette époque, M. de Tristan, membre de plusieurs sociétés savantes, avait déjà publié les ouvrages ci-après :

1802. Mémoire sur les sources du Loiret.
1804. Mémoire sur les bulbes.
1808. Notice sur un crustacé renfermé dans quelques schistes.
1809. Mémoire sur quelques insectes crustacés trouvés sur les côtes du Poitou.
1810. Mémoire sur le genre Pinus de Linnée ; Mémoire sur le Pinguicula Lusitanica ; Mémoire sur la situation botanique de l'Orléanais et sur les caractères de la Flore orléanaise ; Note sur la géologie du Gatinais ; Mémoire sur les aigrettes des fleurs composées et sur les caractères du genre Zinnia.
1811. Mémoire sur les affinités du genre réséda : ce mémoire a été cité plusieurs fois par le célèbre botaniste anglais R. Brown, qui a donné le nom de Tristania à un genre d'arbre de la Nouvelle-Hollande ; Note sur une maladie du pin maritime ; Mémoire sur les anomalies que présentent certains lichens ; Note sur une monstruosité du saule Marsaule.
1812. Observation sur la foliation des pins, et sur l'uredo qui attaque les pins maritimes.
1813. Mémoire sur les développemens des bourgeons ; Mémoire sur les organes caulinaires des asperges.

— M. de Coucy, de Paris, secrétaire particulier de l'ex-roi de Naples (Murat, beau-frère de Napoléon, qui venait d'être fusillé), passe par Orléans et descend à l'hôtel de la Boule-d'Or, rue des Minimes; mais à peine est-il sorti de la voiture, qu'il est placé entre les mains de la police secrète de la ville; des espions sont mis à ses trousses. Ce jeune homme, amateur de musique et de pyrotechnie, passait son temps à jouer du violon et à faire des fusées volantes et des pétards; ce qui intrigua tellement les surveillans de ses actions, qu'un d'eux eut l'imprudence de se faire découvrir maladroitement, en l'approchant de si près, que ce jeune homme était, en notre présence, sur le point de lui passer son épée au travers du corps, si nous ne nous fussions pas mis entre eux deux. (77.)

9 septembre 1815.

*Arrêté du préfet, relatif à la subsistance des troupes alliées encore dans la partie nord-est du département.*

Le préfet du Loiret, conseiller, etc.,

Considérant que la nécessité de pourvoir à la subsistance des troupes alliées, encore cantonnées dans le département du Loiret, est une charge pour tout le département,

Arrête qu'il sera de suite mis en recouvrement, à titre de réquisition, 60 centimes par franc, additionnels au rôle des contributions personnelle et mobilière, de celle des portes et fenêtres, et celle des patentes de l'année 1815, et que le tout soit acquitté dans trente-cinq jours au plus tard, et par quart.

Baron de Talleyrand, préfet.

10 *septembre* 1815. — Etablissement d'une mission à Orléans: distribution d'un recueil de Cantiques spirituels et d'une notice sur la Congrégation établie dans cette ville pendant la durée de ladite mission, imprimée chez Rouzeau-Montaut, imprimeur du roi, de l'évêché et de la mairie, rue royale, n° 78.

Ce fut pour la première fois que M. Rouzeau-Montaut prit le titre d'imprimeur du Roi.

Il y eut à cette époque à Orléans un pharmacien qui fit

peindre ce titre en lettres d'or sur son enseigne; il fit placer, au-dessus de cette enseigne, deux tableaux qui représentaient des lis dans des pots de faïence; on y voyait des anges avec ceintures blanches, qui, en voltigeant, répandaient de l'eau pour les arroser. (7-76.)

10 *septembre* 1815. — Ordonnance royale qui désigne la gendarmerie du Loiret pour faire partie de la première inspection de la deuxième légion, second escadron, divisée en quatre brigades, Orléans, Montagis, Pithiviers et Gien. (4.)

13 *septembre* 1815. — Les trois frères Carron, dont l'un avait été le secrétaire du sieur Bonnemain, trésorier de l'ex-garde impériale, sont arrêtés à Orléans, comme ils descendaient de voiture aux Trois-Maures, hôtel situé sur le Martroi; ces trois proscrits furent reconduits de suite à Paris, d'où ils arrivaient, par ordre de la police générale; le plus jeune de ces frères avait environ quatorze ans. (4.)

20 *septembre* 1815. — M. le préfet du Loiret, par une circulaire imprimée et affichée, remercie les électeurs d'Orléans de l'avoir nommé à la chambre des députés, leur fait part de son absence, et les prévient qu'il a choisi le doyen des conseillers de préfecture, M. Rabelleau, pour le remplacer pendant tout le temps de son séjour à Paris.

26 septembre 1815.

*Copie d'une affiche incendiaire trouvée collée sur les murs de la ville d'Orléans.*

« Vive à jamais l'empereur des Français! la famille
« royale est indigne de vivre! soyons donc le soutien du
» fier Napoléon! »

« Eglise, Louis XVIII à pendre, la graisse des Bourbons
« pour éclairer le retour de Napoléon. »

Pour copie conforme: trouvée ce jour, 26 septembre, affichée sur les murs d'une rue de la ville.

CRIGNON-DÉSORMEAUX, maire.

1$^{er}$ *octobre* 1815. — La ville d'Orléans, ainsi que la commune, sont divisées en trois parties de perception des contributions, savoir :

1$^{re}$ *Division.*

M. Geffrier-Desiles, percepteur.

L'arrondissement de la première division comprend la partie nord-est de la ville, limitée par le Martroi, les rues Bannier, Barillerie, de l'Aiguillerie, Porte-Dunoise, Pomme-de-Pin, l'Ormerie, St-Sauveur, St-Liphard, Villeneuve, Bourgogne, les remparts St-Euverte et le mail, plus le faubourg St-Marceau.

2$^e$ *Division.*

M. Victor Geffrier, percepteur.

La seconde division comprend la partie nord-ouest de la ville, limitée par la rue Bannier jusqu'au Martroi, les rues Barillerie, de l'Aiguillerie, Faverie, du Tabourg, le Petit-Marché, la rue des Carmes, la rue Porte-St-Jean jusqu'à la porte, et le rempart jusqu'à la porte Bannier, plus les faubourgs Bannier, St-Jean, St-Laurent, Madeleine, Bourgogne et St-Vincent.

3$^e$ *Division.*

M. Dubergier, percepteur.

La troisième division comprend la partie méridionale, limitée par la porte Bourgogne, les rues Bourgogne, Villeneuve, St-Liphard, St-Sauveur, Ormerie, Pomme-de-Pin, Porte-Dunoise, les rues Faverie, du Tabourg, le Petit-Marché, les rues des Carmes, de la Porte-St-Jean jusqu'à cette porte, et le rempart jusqu'à la grille St-Laurent, tous les quais jusqu'à la filature de coton, plus le faubourg St-Marc. (3.)

20 *octobre* 1815. — Il est affiché, dans la commune d'Orléans, un imprimé ainsi conçu :

*Marie d'Orléans. — Avis.*

Le baron, maire d'Orléans, vu l'arrêté de M. le préfet de ce département, en date du 5 mars dernier, et en conformité de ses lettres des 18 et 22 de ce mois, donne avis à ses concitoyens, qu'à partir du jour du départ des troupes bavaroises stationnées en cette ville, le service de la place sera fait concurremment entre les citoyens et les militaires; qu'à défaut, par les premiers, de faire leur service ou de se faire valablement représenter, les délinquans seront punis, conformément à l'arrêté susdit et à la loi, savoir: de 2 fr., valeur de deux journées de travail, la première fois; plus des arrêts pour désobéissance, en cas de récidive; ce qui ne les dispenserait, dans aucun cas, d'être commandés de nouveau sans intervalle.

Fait en l'hôtel de la mairie, le 20 octobre 1815.

CRIGNON-DÉSORMEAUX, maire.

*22 octobre* 1815. — Départ des troupes bavaroises d'Orléans, après une résidence de deux mois et dix jours.

*Relevé des dépenses faites par les troupes bavaroises pendant leur séjour à Orléans.*

| | | |
|---|---|---|
| 5915 fers à cheval à 60 cent. le fer............ | 3,549 | » |
| 31512 clous pesant 372 liv. 1/2 à 65 fr. le cent. | 242 | 12 |
| 400 clous de sellier.......................... | 2 | » |
| 100 clous à emballer......................... | 1 | » |
| 2 barres de fer pesant 160 k$^{os}$, à 64 fr. les 100 kilos................................ | 102 | 40 |
| 165 livres de crin à 1 fr. 50 cent........... | 247 | 50 |
| 3172 livres de cuirs divers................... | 6,070 | 45 |
| 300 paires de semelles...................... | 780 | » |
| 32 mètres de grosse toile................... | 50 | » |
| 2065 morceaux de terre de pipe.............. | 37 | 40 |
| 106 livres de cire à giberne................ | 331 | 67 |
| 5 tombereaux de charbon de terre....... | 202 | 50 |
| 48 livres de ficelle......................... | 77 | » |
| 240 boucles de fer........................... | 10 | » |
| 916 veltes 1/2 d'eau-de-vie................. | 8,857 | 08 |
| 2605 kilos de tabac fourni par la régie...... | 13,460 | » |
| Draps divers pour l'habillement............... | 1,753 | 30 |
| Impressions et fournitures de bureau.......... | 734 | 70 |
| Cuillers, fourchettes, chandeliers, etc., etc..... | 132 | 20 |
| Ustensiles d'écurie, éponges, peignes, etc..... | 758 | 60 |
| Timbre gravé pour l'état-major............... | 65 | » |
| Peinture pour l'artillerie.................... | 710 | » |
| Repassage des tranchets et couteaux.......... | 6 | » |
| *A reporter*........ | 38,179 | 92 |

|  |  |  |
|---|---:|---:|
| *Report*........ | 38,179 | 92 |
| Savon et graisse........................... | 164 | 80 |
| Bougies................................... | 82 | 50 |
| Huile d'olive............................. | 150 | » |
| Couvertures de laine....................... | 4,514 | » |
| Toile de façon............................ | 1,447 | 20 |
| Planches pour baraques.................... | 4,525 | 09 |
| Vins ordinaires, justifié par vingt mémoires.... | 26,871 | 20 |
| Dépenses diverses chez les traiteurs, aubergistes, cafetiers, par mémoires justificatifs.......... | 12,825 | 96 |
| Journées de cordonniers, pour bottes et souliers. | 6,850 | 45 |
| Journées de cordonniers chez les maîtres....... | 531 | 50 |
| Journées de cordonniers et fournitures de cuirs... | 1,403 | 70 |
| Journées de selliers....................... | 531 | » |
| Fournitures diverses faites par les selliers de la ville. | 1,500 | » |
| Fournitures diverses faites par les cordonniers de la ville................................. | 2,009 | » |
| Fournitures diverses faites par les charrons de la ville................................. | 1,507 | » |
| Larousse, luthier pour raccommodage d'instrumens | 78 | 75 |
| Pécantin, pour réparations d'armes........... | 1,100 | 70 |
| Merceries diverses......................... | 195 | » |
| Médicamens chez les pharmaciens............. | 300 | » |
| Mathieu, pour toile à paillasses et oreillers...... | 1,447 | 40 |
| Artistes vétérinaires....................... | 400 | » |
| Voitures et conducteurs requis de force........ | 351 | » |
| TOTAL des fournitures.......... | 106,966 | 17 |

*Relevé des dépenses faites par les troupes étrangères pendant leur présence à Orléans.*

|  |  |  |
|---|---:|---:|
| Armée prussienne.................. | 1,734,982 | 06 |
| Armée bavaroise.................. | 106,966 | 17 |
| TOTAL.......... | 1,841,948 | 23 |

Un million huit cent quarante et un mille neuf cent quarante-huit francs vingt-trois centimes, non compris le foin, la paille, le son et l'avoine, dont nous n'avons trouvé que les fournitures sans en connaître le prix.

Ajoutez à toutes ces dépenses celles qui furent faites par les habitans qui, pendant plusieurs jours, ont nourri à leurs frais ces étrangers, lesquels ont, pour prix de tous ces sacrifices, insulté, frappé et volé les habitans du département, sans distinction de ceux qui les maudissaient d'avec ceux qui les avaient demandés. Parmi ces derniers, on cite M. le comte de ***, qui avait invité plusieurs chefs prussiens à un grand dîner donné à sa campagne, située sur les bords de la Loire, près Orléans, en réjouissance de l'entrée des alliés en France et de leur présence à Orléans.

Placé entre deux de ces messieurs, il fit les honneurs avec une affabilité et une grâce remarquables. Pendant le repas un grand nombre de toasts furent portés aux souverains alliés, au roi de France, etc., etc.

Au moment du dessert, alors que la gaîté la plus bruyante animait les convives, l'officier placé à la droite de M. le comte de *** demanda l'heure qu'il était. Ce dernier tire avec empressement sa montre et la présente au demandeur, lequel, saisissant ce bijou par la chaîne en or, garnie de breloques du même métal, se mit à la tourner et retourner avec satisfaction, en disant dans son mauvais langage : *O ! ô ! il est pien cholie la betite horloge, che feux l'emborter dans le bays à moi bour le soufenir te fous, oui, oui, le soufenir de fous*, et en même temps il met la montre dans son gousset.

L'officier de gauche ayant vu l'escamotage de son camarade, et l'exemple étant bon à suivre, il met la main sur la tabatière en or que M. le comte avait, par ostentation, laissée sur la table dès le commencement du repas, et prenant une prise de tabac en examinant l'objet avec convoitise, il dit textuellement : « *Le betit covre il est pien peau, et moi aussi che feux afoir guelgue chose à fous bour tonner à matame, à Perlin,* » et en prenant affectueusement la main du possesseur, il ajouta : « *C'est la folonté à fous, c'est bour matame, à Perlin ; elle sera peaucoup condende,* » et au même instant le petit coffre passa dans la poche de l'honnête étranger.

Le repas fini, les convives se levèrent tumultueusement en fredonnant des airs allemands pour passer au jardin, prendre le café et la liqueur, à la santé de M. le comte de ***, qui, étourdi de ce qui venait de lui arriver, n'osa pas ouvrir la bouche pour réclamer ses bijoux, et eut même la bonhommie de rire de l'aventure qui venait d'arriver au salon.

Le soir, ses domestiques lui rapportèrent que les valets de MM. les alliés avaient aussi escamoté de leur côté, et que plusieurs couverts en argent qui avaient servi ne se retrouvaient plus.

C'est à cette époque que l'on chanta à Orléans, comme par toute la France, une chanson populaire dont voici le premier couplet :

>         Bon voyage,
>         Nos chers amis,
> Il en est temps, pliez, pliez bagage,
>         Bon voyage,
>         Nos chers amis,
>   Allez vous-en, vous nous l'avez promis.
> Pour nous punir d'avoir su nous défendre,
> Vous avez pris si bien tous nos bijoux,
> Que maintenant il ne vous reste à prendre
> Que les chemins qui conduisent chez vous.
>         Bon voyage, etc.

23 *octobre* 1815. — Commencement des travaux pour le rétablissement du pont d'Orléans, dans les piles et les voûtes duquel on avait fait, au sud, des fougasses pour le faire sauter ; les réparations mirent à découvert les voûtes creuses et en forme de caves, dont la construction avait été ordonnée, en 1755, par l'ingénieur en chef Hupeau, afin d'alléger la maçonnerie qui s'était affaissée.

Descendu avec peine dans ces voûtes, pour en examiner l'intérieur, nous les avons trouvées aussi belles, aussi fraîches que si elles venaient d'être terminées ; le carrelis, fait de grandes dalles de pierre dure, forment au centre une rigole pour l'écoulement des eaux pluviales qui pourraient y pénétrer par le haut, ou pour celles du fleuve lors des grandes crues.

A la même époque, le pavage du pont fut rétabli, les palissades, les madriers et les sacs à terre qui avaient servi à la construction d'une tête de pont du côté du Portereau, sont enlevés et la circulation est rétablie sur les deux rives ; ce qui fit dire aux Orléanais qui se rendaient sur la gauche du fleuve : Allons en France, voir nos compatriotes !

car tout le temps que leur ville fut occupée par les Prussiens et les Bavarrois, ils se considéraient comme en pays étranger. (76-77.)

1er *novembre* 1815. — Ordonnance royale portant la réorganisation de toutes les gardes nationales de France.

Formation de la garde nationale d'Orléans, d'après un scrutin épuratoire et les renseignemens les plus minutieux sur les opinions individuelles de chacun des chefs ci-après :

Le duc de Civrac, maréchal de camp, inspecteur des gardes nationales du département du Loiret.

*Etat-Major.*

M. de Bizemont (Adrien), chef de légion; Deloynes de Milbert, de Billy, chefs de bataillon; Boulet, Raimbault-Desroches, aides-majors; Auvray-Fedou, N. Fedou aîné, adjudans-majors; Jourdan (Alexandre), quartier-maître; Ruzé-Daguet, porte-drapeau; Hersant-Grelet, Champion-Marteau, adjudants-sous-officiers; Coignet-Rondonneau, chef de musique; Payen, Lhuillier-Bidault, chirurgiens.

INFANTERIE. — 1er BATAILLON.

*Grenadiers.*

Olivier de Maisonneuve, capitaine; Albin Crignon, lieutenant; Papin-Mouton, 1er sous-lieutenant; Prévost-Geffrier, 2e sous-lieutenant; Hubert-Pelletier, sergent-major; Hême-Viennery, fourrier.

*Chasseurs.* — 1re *compagnie.*

N. Duhoulay-Desfrancs, capitaine; Desfrancs aîné, lieutenant; Lochon-Grivot, 1er sous-lieutenant; Tassin de Beaumont, 2e sous-lieutenant; Boisdron-Pichon, sergent-major; Bachou-Blenet, fourrier.

*Chasseurs.* — 2e *compagnie.*

Sainte-Marie aîné, capitaine; Malmusse-Noras, lieutenant; Jourdan-Argant, 1er sous-lieutenant; Baguenault (Charles), 2e sous-lieutenant; Simon Daviot, sergent-major; Lorion-Pavis, fourrier.

*Chasseurs.* — 3e *compagnie.*

Porcher-Chrétien, capitaine; Mouton-Papin, lieutenant;

Demadières-Séguy, 1$^{er}$ sous-lieutenant; Germon-Miron, 2$^e$ sous-lieutenant; Francheterre, sergent-major; Lasneau de Latingy, fourrier.

### 2$^e$ BATAILLON.

#### Grenadiers.

Noury, capitaine; Damon (Auguste), lieutenant; Vignat-Laborde, 1$^{er}$ sous-lieutenant; Deloynes de Gautray, 2$^e$ sous-lieutenant; Lelioux, sergent-major; Bardon (Prosper), fourrier.

#### Chasseurs. — 1$^{re}$ compagnie.

De Gargilesse, capitaine; N. Deloynes de Gautray, lieutenant; Lorrin, 1$^{er}$ sous-lieutenant; Geffrier-Hubert, 2$^e$ sous-lieutenant; Besnard, notaire, sergent-major; Pellerin, fourrier.

#### Chasseurs. — 2$^e$ compagnie.

Michel-Morand, capitaine; de Mauléon, lieutenant; Pryvé-Gable, 1$^{er}$ sous-lieutenant; Grenouillet-Pilté, 2$^e$ sous-lieutenant; Dubreuil-Gallard, sergent-major; Deloynes, fourrier.

#### Chasseurs. — 3$^e$ compagnie.

Hême-Lemoine, capitaine; Maingre de Noras, lieutenant; Boulland fils, 1$^{er}$ sous-lieutenant; Dequoy-Gaulier, 2$^e$ sous-lieutenant; Breton-Delanoc, sergent-major; Porcher (Nicolas), fourrier.

#### Canonniers-Pompiers.

Pilté-Grenet, capitaine; Darnault-Maurant, lieutenant; Delpech, 1$^{er}$ sous-lieutenant; Grison, 2$^e$ sous-lieutenant; Goisbault, sergent-major; Henry, fourrier.

### CAVALERIE.

De Cambray, chef d'escadron, commandant; N. Edouard de Guéret, aide-major; Boulard-Deslandes, adjudant-sous-officiers; Louet-Mainville, porte-étendard.

#### 1$^{re}$ compagnie.

Désormeaux-Crignon, capitaine; de Brouville fils, 1$^{er}$ lieutenant; Lhuillier de Touchaillou, 2$^e$ lieutenant;

Mignon-Mainville, Tassin de Charsonville, maréchaux-des-logis.

### 2ᵉ compagnie.

De Hallot, capitaine; Crignon de Montigny, lieutenant; de Lockard, sous-lieutenant; Baguenault de Viéville père, sous-lieutenant; Geffrier de Pully, Sanscot, maréchaux-des-logis.

A l'occasion de la nouvelle formation de cette garde nationale, il fut composé, et chanté par les auteurs, les deux chansons ci-après:

A LA GARDE NATIONALE D'ORLÉANS LORS DE SA FORMATION.

AIR : Brûlant d'amour et partant pour la guerre.

Orléanais, Garde Nationale,
D'un bon accord formons nos bataillons;
Modelons-nous sur notre capitale
Pour soutenir le trône et les Bourbons.

  Louis et la Patrie!
  Que ce cri nous rallie;
Armons nos bras pour maintenir la paix,
C'est le devoir de tous les bons Français.

Soyons remplis d'une juste allégresse,
Prêtons serment, engageons notre foi,
Et jurons tous de surveiller sans cesse
Les noirs projets des ennemis du Roi.

  Louis, etc.

Ah! s'il en est que ce serment afflige,
Que pour jamais ils évitent nos rangs;
L'honneur le veut et le devoir exige
Que nous ayons les mêmes sentiments.

  Louis, etc.

Le garde faible, et non point infidèle,
Peut se ranger sous nos brillants drapeaux;
Nous ne donnons le nom de vrai rebelle
Qu'à l'ennemi de notre doux repos.

  Louis, etc.

HUMANITÉ ! reviens dans notre asile,
Assez long-temps tu l'avais déserté :
Fais que la France aujourd'hui plus tranquille
Jouisse en paix de sa félicité !
  Louis, etc.

SOLDATS Français, vous êtes tous nos frères,
Soyez d'accord, avec nous réunis,
De nos BOURBONS soyons amis sincères,
Nous braverons toujours nos ennemis.
  Louis, etc.

Vous cavaliers de notre noble Garde,
Vous grenadiers, canonniers et chasseurs,
En reprenant notre antique cocarde,
Que ce refrain parte de tous les cœurs.
  Louis et la Patrie !
  Que ce cri nous rallie, etc.

(Par un chasseur de la garde Nationale de la 1<sup>re</sup> compagnie du 2<sup>e</sup> bataillon, sieur ROBINEAU, perruquier).

## CHANSON DES CANONNIERS-GARDES NATIONAUX.

### AIR nouveau.

FRANÇAIS, plus de cris de guerre,
La fatale ambition,
Assez long-temps sur la terre,
Patapan, rapatapon,
A fait ronfler le canon.
Pensons à chanter et boire,
Et pour une vaine gloire,
Ne tirons pas les canons ;
  Que les *bons*
  Des bouchons,
Soient notre seul bruit de guerre,
Et vidons les flacons,
A la santé des BOURBONS.

ENTRE nous plus de vengeance,
Et si quelques factions
Viennent encor troubler la France,
Patapan, rapatapons,
Faisons ronfler les canons.
Mais, si dans ces jours prospères,
Tous les Français sont des frères,
Ne tirons pas les canons ;
  Que les *bons* etc.

Si quelque ennemi perfide
Du Roi que nous chérissons,
L'attaque sous notre égide,
Patapan, rapatapons,
Faisons ronfler les canons.
Mais, si dans la France entière,
L'on bénit un si bon père;
Ne tirons pas les canons.
     Que les *bons* etc.

Si, jalouse de la France,
Jamais quelque Nation,
Veut lui ravir sa puissance,
Patapan, rapatapon,
Faisons ronfler le canon.
Mais, si la fureur guerrière
Respecte notre bannière,
Ne tirons pas les canons.
     Que les *bons*
     Des bouchons,
Soient notre seul bruit de guerre,
     Et vidons les flacons,
     A la santé des BOURBONS.

(Chanté dans plusieurs réunions par le sieur GARNIER, perruquier).

*4 novembre* 1815. — Le roi Louis XVIII, par lettres patentes, rétablit les anciennes armes de la ville d'Orléans, tout en conservant cependant quelques signes de celles données par Napoléon.

A trois cœurs de lis d'argent, au chef cousu d'azur chargé de trois fleurs de lis d'or ou de France; ayant pour support une Jeanne-d'Arc armée à dextre, et l'Abondance à senestre; elles étaient crénelées et surmontées de drapeaux au milieu desquels se trouvait une épée antique soutenant sur sa pointe un casque. (4.)

15 *novembre* 1815. — Son excellence le comte Viennot de Vaublanc, ministre de l'intérieur, par son arrêté de ce jour, a décerné des médailles d'encouragement à MM. Lanoix père, médecin à Orléans, Isabeau, chirurgien à Gien, et Pellieux, médecin à Beaugency, pour leur zèle à propager la vaccine dans le département du Loiret. (76-77.)

— Epoque des épurations les plus rigoureuses pour cause d'opinion, faites dans les bureaux des diverses administrations d'Orléans.

15 novembre 1815.

SIGNES PROSCRITS.

*Extrait du registre des arrêtés du conseiller d'Etat, préfet du département du Loiret.*

Le conseiller d'Etat, préfet du Loiret,
Vu sa lettre du 15 juin 1814, ordonnant la destruction des drapeaux portant les emblèmes de la révolution et notamment ceux du dernier gouvernement;
Considérant que dans la plupart des communes ces divers objets ont été conservés, et que c'est à cet oubli du devoir imposé aux maires que l'on doit attribuer la promptitude avec laquelle on a arboré les signes de la rébellion, lors de l'invasion de l'usurpateur;
Arrête :
Art. 1er. Tous les drapeaux et emblêmes de la révolution, notamment ceux relatifs au dernier gouvernement existant dans les diverses communes du département, seront, à la diligence des maires et adjoints, sous leur responsabilité personnelle et celle des membres des conseils municipaux, remis au sous-préfet de chaque arrondissement avant le 10 décembre au plus tard.
Seront également remis dans le même délai au sous-préfet de chaque arrondissement, tous les timbres humi-

des ou secs employés dans chaque commune, sous les divers gouvernemens révolutionnaires, et notamment sous le dernier.

Art. 2. L'allégation de la non-existence des objets désignés en l'article ci-dessus ne sera admise qu'autant qu'elle sera appuyée d'une déclaration arrêtée en conseil municipal, signée par tous les membres qui en font actuellement partie et par le maire et les adjoints.

Les conseils municipaux pourront être réunis par le maire pour délibérer à cet égard sans autre autorisation.

Art. 3. Les maires qui ne feront point, avant le 10 décembre prochain, la remise des signes dont il s'agit, et les maires et adjoints et les membres des conseils municipaux qui auront fait une fausse déclaration, pourront être poursuivis comme coupables des délits contre la sûreté de l'Etat et contre l'autorité royale, spécifiés par la loi du 9 novembre.

Art. 4. Les sous-préfets donneront aux maires un reçu des objets qui leur auront été remis; ils enverront les objets avec l'état qu'ils en auront dressé, au préfet, le 15 décembre au plus tard.

Tous les signes dont il s'agit seront détruits.

Art. 5. Les sous-préfets enverront des commissaires spéciaux chez les maires en retard de remettre les objets spécifiés en l'article ci-dessus, ou de fournir la déclaration prescrite par l'art. 2.

Ces commissaires seront aux frais des maires, conformément à notre arrêté du 24 août 1814.

Art. 6. Les sous-préfets et les maires sont chargés, sous leur responsabilité personnelle, de faire disparaître tous les signes et emblêmes ostensibles rappelant les divers gouvernemens de la révolution : dans le cas où l'enlèvement prescrit ci-dessus exigerait des travaux extraordinaires, les maires en feront leur rapport aux sous-préfets, qui nous en réfèreront, s'il y a lieu.

Pour l'absence de M. le conseiller d'Etat, préfet du Loiret :

*Le conseiller de préfecture, délégué,*

RABELLEAU.

23 *novembre* 1815. — Le roi, par une ordonnance, crée des compagnies départementales; elles se distinguent en cinq classes : pour le régime intérieur, elles sont soumises à l'autorité immédiate de MM. les préfets; ces magistrats exercent sur les officiers, sous-officiers et soldats la même autorité et les mêmes droits que MM. les colonels, sans qu'ils puissent néanmoins porter aucune marque distinctive de ce grade.

La compagnie du département, qui remplace celle qui avait existé sous la dénomination de compagnie de réserve, est forte de 60 hommes, officiers compris, appartient à la 4$^e$ classe, et est casernée à la maison dite des Buttes, près l'Hôpital-Général. (3.)

24 *novembre* 1815. — M. de Cazes, ministre de la police générale de France, prévient les autorités d'Orléans qu'elles aient à arrêter le nommé Constant Desjardins, dit la Rosière, artiste musicien, comme suspect dans ses propos et ses opinions contraires à l'autorité du roi; ce chanteur proscrit est arrêté par les espions d'Orléans, comme il dînait à l'hôtel du Lion-d'Argent. (4-77.)

25 *novembre* 1815. — Le vicomte Puyraveau, ex-lieutenant de la police de Marseille, étant proscrit, est signalé à la police d'Orléans, pour être arrêté à son passage dans cette ville, et envoyé de suite à Paris sous bonne et sûre garde, ce qui eut lieu deux jours après, sans qu'il soit descendu de voiture pour dîner à Orléans, tant la police d'alors était rigoureusement exercée. (4-77.)

27 *novembre* 1815. — Par ordre du maire, la girouette aux trois couleurs qui avait été mise sur la pointe du clocher de la cathédrale d'Orléans, à la place du bonnet rouge qu'on y avait posé en 1792, est descendue et remplacée par une grande croix dorée, comme avant la révolution. Dans ce travail, l'architecte fit tendre une corde de l'extrémité du clocher à la tour nord de l'édifice, pour consolider autant que possible les charpentes supérieures, dont les oscillations, par les grands vents, rendaient l'échaffaudage périlleux. La girouette de la tour de ville, qui était tricolore, fut peinte en blanc.

16 *décembre* 1815. — Proclamation du maire d'Orléans, publiée aux prônes dans les églises, placardée et affichée par toutes les rues et places, pour engager les habitans à venir déposer à la mairie les signes, gravures, cachets, bustes, portraits, etc., etc., qui auraient quelques rapports à Napoléon, à sa famille et à son gouvernement.

MAIRIE D'ORLÉANS. — SIGNES PROSCRITS.

Le Maire d'Orléans,

Vu l'arrêté de M. le conseiller d'Etat, préfet de ce département, en date du 15 novembre dernier, concernant les signes et emblèmes de la révolution, et notamment ceux du dernier gouvernement ;

Vu également sa lettre du 12 de ce mois, par laquelle, il lui fait part de quelques observations de Son Excellence le ministre de la police générale (de Cazes), relatives au même objet ;

Considérant que la conservation de ces signes et emblêmes, ainsi que des portraits et bustes de l'usurpateur, qui peuvent encore exister dans les édifices ou établissemens publics, quoique dérobés à tous les regards, n'en est pas moins un scandale qui peut entretenir les espérances criminelles des ennemis du gouvernement, servir de prétexte aux machinations perfides des malveillans, et d'aliment à l'esprit de parti ;

Considérant, enfin, que les mêmes raisons peuvent exister pour les bustes, portraits ou gravures qui sont entre les mains des particuliers ;

Arrête :

Art. 1$^{er}$. Tous les chefs d'administrations, d'établissemens ou édifices publics, sont invités à déposer au secrétariat de la mairie, avant le 25 de ce mois, tous les portraits, bustes et autres signes qui ont rapport au gouvernement de l'usurpateur Bonaparte, et qui seraient restés entre leurs mains.

Art. 2. Il est enjoint à tous les marchands de gravures ou estampes, à tous les plâtriers ou modeleurs, de déposer au même bureau tous les portraits, gravures, bustes qu'ils peuvent avoir, ainsi que les planches, moules ou modèles servant à la fabrication desdits objets.

Art. 3. Il est également enjoint à tous imprimeurs, libraires et fabricans ou marchands de dominoterie, de déposer les armoieries polytypées, vignettes, planches, poinçons, ayant les attributs de la révolution ou du dernier gouvernement, ainsi que les matrices des portraits, écussons de Bonaparte et de sa famille.

Art. 4. Même injonction est faite aux marchands de tableaux, cocardes, boutons, etc., etc.

Art. 5. Tous les libraires, imprimeurs et marchands de livres seront tenus, aussitôt après la publication du présent, de faire cartonner dans tous les exemplaires qui leur sont restés du Catéchisme à l'usage des églises de France, le chapitre consacré aux devoirs et à l'attachement alors ordonnés envers Napoléon.

Messieurs les maîtres de pensions et chefs d'institutions sont invités, sous leur responsabilité personnelle, à en faire de même sur tous ceux qu'ils ont entre les mains, ou qui sont dans celles de leurs élèves.

Art. 6. Tous ceux qui, à l'époque ci-dessus (25 courant) n'auraient pas remis les objets détaillés aux articles précédens, et ne se seraient pas conformés à l'article 5, seront surveillés par la police d'une manière toute particulière.

Art. 7. Par les mêmes motifs que ceux exposés ci-dessus, le maire d'Orléans, connaissant le bon esprit qui anime les habitans de cette ville, et les sentimens d'attachement et de dévouement à leur roi légitime, dont ils ont constamment donné des preuves, les invite à répondre aux vues du gouvernement en remettant eux-mêmes, au susdit dépôt, tous les signes et objets qu'ils peuvent avoir conservés, qui retracent le souvenir des maux que nous avons soufferts, et que notre bon roi, dans sa sollicitude paternelle, prend tous les moyens de nous faire oublier.

Art. 8. Il croit devoir prévenir ses administrés que, s'il s'en trouvait parmi eux qui fussent assez opposés à leurs intérêts pour conserver à dessein, et avec des intentions perfides, les objets ci-dessus, et dont il pourrait avoir connaissance, soit par les visites qu'il pourra faire faire, ou par toute autre voie, il ne balancera pas, dans ce cas, à leur parler le langage de l'autorité et à prendre contre eux telles mesures que de droit.

Le baron CRIGNON-DÉSORMEAUX, maire.

17 *décembre* 1815. — Le matin un imprimé séditieux, écrit par un napoléoniste, est trouvé affiché dans plusieurs rues d'Orléans, et même sur la porte de l'hôtel de la mairie ; ce placard, dont on ne put découvrir l'auteur, malgré les recherches de la police, portait mot à mot ce qui suit :

*Article supplémentaire à la proclamation du maire.*

« Le maire, Crignon-Désormeaux, ex-baron de l'empire, n'a pas cru devoir mettre au rang des signes proscrits les pièces de monnaie d'or et d'argent, quoiqu'elles soient les plus recherchées, les plus cachées et celles qui présentent, d'une manière plus frappante, les traits de l'usurpateur Bonaparte, attendu qu'il sait pertinemment, qu'après l'occupation de la ville par les chers alliés, le pillage fait par ces étrangers, la contribution de guerre de 600,000 fr. donnée à leur chef, l'impôt forcé de 1,980,000 f. le paiement des contributions ordinaires de 2,868,176 fr., les centimes additionnels, de plus ceux levés par le préfet de Talleyrand, etc., etc., il y a peu de ces signes séditieux entre les mains de ses administrés ; d'ailleurs, que le gouvernement peut, d'un seul coup, c'est-à-dire par le moyen d'une ordonnance assaisonnée de petites menaces de saisie, de garnisaires ou d'exécution militaire, enlever, à son bon plaisir, le peu de ces signes argentins et proscrits qui reste encore en petit nombre dans les poches des Orléanais, ses chers, ses fidèles sujets quand bien même. » (76.)

20 *décembre* 1815. — Ordonnance royale relative à la formation des cours prévôtales dans le royaume, destinées à juger sans appel tous les délits politiques : les condamnations étaient exécutées dans les vingt-quatre heures du prononcé (4.)

*Composition de la cour prévôtale à Orléans.*

Président : M. Miron de l'Espinay, rue Royale, n° 89.
Grand prévôt : M. le baron d'Oberlin de Mittersback, colonel, rue des Carmélites, n° 6.
Juges : MM. Baschet-Compain, rue des Carmes, n° 60; Fougeron jeune, rue des Grands Ciseaux, n° 14; Cabart père, rue d'Escures, n° 5.
Assesseur : M. Darotte fils, rue Bannier, n° 58.
Procureur du roi : M. Moutier, rue de Semoy, n° 1.
Greffier : M. Ragu, rue de l'Ormerie, n° 19. (77.)

22 *décembre* 1815. — Le ministre de la police générale de France, de Cazes, écrit aux autorités d'Orléans de prendre les plus grandes précautions pour arrêter le directeur-général des postes pendant les Cent-Jours, Lavalette, qui venait d'être condamné à mort par la cour prévôtale de Paris, et qui était parvenu à s'échapper par le dévouement héroïque de sa femme.

27 décembre 1815.

*Conseil municipal d'Orléans.*

Le baron maire d'Orléans désirant consigner sur les registres de la mairie les lettres-patentes de confirmation de sa noblesse, et de son titre de baron obtenu de Sa Majesté, pour ses bons et loyaux services dans sa qualité de maire, les a remises pour qu'elles y soient transcrites en entier, afin d'en perpétuer le souvenir.

Fait en l'hôtel de la mairie, le 27 décembre 1815.

CRIGNON-DÉSORMEAUX.

*Lettres-Patentes.*

Louis, par la grâce de Dieu, roi de France et de Navarre, à tous présens et à venir, salut.

Sur la demande qui nous a été présentée par notre amé le sieur Antoine-Édouard Crignon-Désormeaux, né à Orléans, département du Loiret, le vingt-six octobre mil sept cent cinquante-six, maire de la ville d'Orléans, officier de la Légion-d'Honneur, revêtu du titre de baron, par lettres-patentes à lui accordées le neuf septembre mil huit cent dix, voulant lui donner un témoignage de notre bienveillance et récompenser ses bons et loyaux services, nous lui avons, par notre ordonnance du vingt-deux novembre mil huit cent quinze, accordé l'hérédité de son titre de baron, sur quoi ledit Crignon-Désormeaux s'est pourvu par-devant notre garde des sceaux ministre secrétaire-d'état au département de la justice, à l'effet d'obtenir nos lettres-patentes nécessaires pour jouir des effets de notre grâce, et sur la présentation à nous faite par notre garde des sceaux, des conclusions de notre commissaire, faisant près de la commission du sceau fonction du ministère public, et de l'avis de notre dite commission;

A ces causes, nous avons de notre grâce spéciale, pleine, puissance et autorité royale, rendu et par ces présentes signées de notre main royale, rendons héréditaire dans la famille dudit sieur Antoine-Édouard Crignon-Désormeaux, à ses enfans et descendans mâles et à naître en légitime mariage et par ordre de progéniture, de prendre et signer ledit titre de baron en tous actes et en tous lieux, tant en jugement que dehors; voulons qu'ils jouissent des rangs et honneurs attachés à ce titre de baron, et qu'ils soient inscrits comme tels au registre de la commission du sceau.

Voulons aussi qu'ils puissent porter les armoiries et timbres tels qu'ils sont figurés et coloriés aux présentes et qui sont *d'azur à la fasce palée d'or, et de queues de huit pièces accompagnées en chef d'une étoile d'argent et en pointe, d'une ancre du même, l'écu timbré d'une couronne de baron.*

Mandons à nos amés et féaux conseillers en notre cour royale d'Orléans, dans l'arrondissement de laquelle ledit Crignon-Désormeaux est domicilié, de publier et enregistrer les présentes après avoir reçu de l'impétrant le serment de fidélité à notre personne et obéissance aux lois du royaume, lequel serment sera consigné à la suite de l'enregistrement des lettres-patentes et d'en envoyer copie à notre commission du sceau, car tel est notre bon plaisir et vouloir. Afin que ce soit chose ferme et stable à toujours, notre garde des sceaux y a fait apposer, par nos ordres notre grand sceau, en présence de notre commission du sceau.

Donné à Paris, le 23e jour de décembre de l'an de grâce 1815, et de notre règne le 21e.

LOUIS.

Par le roi :
*Le garde des sceaux*,
BARBÉ-MARBOIS.

Au dos est écrit :
Enregistré à la commission du sceau, R. T., f° 42.
*Le maître des requêtes secrétaire-général du ministre de la justice et du sceau*,
GUIZOT.

Certifié conforme à l'original, par nous baron, maire de la ville d'Orléans, les jour, mois et an que dessus,
CRIGNON-DÉSORMEAUX, maire.
( Volume des arrêtés du maire, f° 19. )

26 *décembre* 1815. — Jugement du tribunal de police correctionnelle d'Orléans, qui condamne à deux ans de prison le sieur Windolf, ingénieur dans le cadastre, et la veuve Riez, rentière : le premier, pour avoir conservé dans son armoire, et avec mauvaises intentions, sa cocarde tricolore et les aigles brodées aux basques de son habit d'uniforme ; la seconde, pour avoir donné à lire à son lavandier une chanson faite en l'honneur de Napoléon et de son fils.

Ces malheureux condamnés furent conduits de l'ancien hôtel de ville, rue Ste-Catherine, où siégeait ce tribunal, jusqu'à la prison des Ursulines, au milieu de deux rangs de forcenés qui semblaient s'être réunis avec intention, et qui ne cessèrent, pendant tout le trajet, de les accabler de vociférations et des cris : A la guillotine ! à la guillotine les bonapartistes ! le tout entremêlé de ceux de *vive le Roi ! vivent les Bourbons !* (76-77.)

26 *décembre* 1815. — Par ordre du maire, et conformément à son arrêté du 16 présent mois, relatif à la remise des signes proscrits, les sieurs Deloynes, Hersant-Desmares et Cadot-Grammont, commissaires de police, vont faire des

descentes chez les libraires, marchands d'estampes et de tableaux, modeleurs, plâtriers, sculpteurs, bouquinistes et autres, pour s'assurer si les bustes, les portraits, les chiffres ou devises de Napoléon et de sa famille, les armes, les attributs ou emblêmes du gouvernement déchu avaient été remis exactement au secrétariat de la mairie, avec l'autorisation ; si cette remise n'avait pas été scrupuleusement faite, de les enlever, briser, déchirer, arracher partout où ils pourraient les saisir. (4-76-77.)

27 *décembre* 1815. — Les bâtimens de la maison de St-Charles, au Portereau, après avoir été couvent de filles, prison, hôpital militaire, sont enfin convertis en caserne d'infanterie, pour y recevoir une portion de la garnison de la ville d'Orléans (*). (4-77.)

28 décembre 1815.

*Signes proscrits de l'ancien gouvernement déposés au secrétariat de la mairie d'Orléans.*

Du 18 décembre, M. Rouzeau-Montault, imprimeur, rue Royale, a déposé deux écussons aux armes de l'em-

(*) Cette maison, à l'époque où elle était hôpital militaire (1814), fut témoin du dévoûment héroïque de MM. Crignon-Désormaux, maire, Costé-Crignon, Lochon-Houdouard, Dufaur de Pibrac, Rabelleau, et Demadières père, administrateurs des hospices ( de MM. les médecins et des dames charitables nommés dans notre citation du 30 avril 1814, page 200 ), ainsi que des sœurs de la Sagesse, qui, à la demande des administrateurs des hospices, vinrent soigner les malades et les blessés, précisément aux dépôts où la contagion était plus dangereuse, c'est-à-dire, à St-Charles, aux Capucins, à St-Marceau ; trois ou quatre d'entre elles moururent en peu de temps victimes de leur charité ; plusieurs prêtres perdirent aussi la vie ou contractèrent de graves maladies en administrant les malades.
Ce fut dans ce moment calamiteux que M. Costé-Crignon ne pouvant avec ses collègues ordinaires, suffire à des soins si multipliés, alla trouver deux de ses amis, MM. Vandebergues de Villiers et Daudier, et leur demanda de venir aider à surveiller les hospices nouvellement formés où tout était à créer et où mouraient chaque jour tant de malheureux. Il était sûr que les chances de péril à courir seraient un motif de plus pour accepter la proposition qu'il faisait ; il ne s'était pas trompé, et ces deux messieurs, sans être administrateurs nommés, déployèrent un zèle au-dessus de tous les éloges, en suivant l'exemple qui leur était donné par leur ami M. Costé-Crignon, qui depuis longues années rendait gratuitement de nombreux services aux pauvres, dans cette place qu'il garda jusqu'en 1830.

pire, une aigle éployée, polytypés, et un paquet d'épreuves de différentes armoiries et signes proscrits.

M. Bouyonnet, libraire et relieur, un fer à dorer portant l'empreinte d'une aigle.

MM. les membres de la chambre de commerce, un buste en plâtre de Bonaparte.

M. le bibliothécaire de la ville, un buste de Bonaparte en plâtre bronzé.

M. le professeur de l'école de dessin de la ville, deux bustes en plâtre de Bonaparte.

Du 19 décembre, M. Moreau, maître de la poste aux chevaux, huit plaques de postillon et soixante-douze boutons à l'empreinte de l'aigle.

M. Darnault-Maurant, imprimeur, deux écussons aux armes de l'empire, polytypés.

Le sieur Pierre Rouilly, montreur d'optiques, quatre estampes collées représentant Bonaparte.

Du 20 décembre, M. Ladainte, greffier de la police, trois cachets, deux à la figure de la Liberté et un à l'aigle.

Du 22 décembre, M. le maire, un tableau du portrait en pied de Bonaparte, *par Gérard;* un buste en marbre de Bonaparte, un autre, également en marbre, de Marie-Louise; un autre en plâtre, grandeur naturelle, de Bonaparte, et sept gravures, une grande représentant Bonaparte dans les jardins de la Malmaison, une autre grande représentant Marie-Louise, la troisième représentant le couronnement de Napoléon, la quatrième Bonaparte à la bataille de Marengo, la cinquième le portrait de Bonaparte en buste, la sixième Joséphine, la septième et dernière Bonaparte général, et enfin vingt-deux cachets où timbres secs, tant à la République qu'à l'aigle.

M. le maire personnellement, un buste en plâtre de Bonaparte, un autre, également en plâtre, de Marie-Louise; deux estampes, l'une représentant le couronnement de Bonaparte, et l'autre Bonaparte à la bataille de Marengo.

Tous ces objets furent envoyés à la préfecture le 22 décembre 1815.

Du 26 décembre, M. le directeur du spectacle, une aigle dorée.

M. Lebrun, architecte, deux bustes en plâtre de Bonaparte.

M. Morigny, notaire, deux écussons et deux cachets aux armes de l'empire.

Du 27 décembre, M. Dufour, horloger, rue de l'Ormerie, n° 4, trois petites aigles dorées. (4.)

## 1816.

1<sup>er</sup> *janvier* 1816. — Les bases de la répartition des contributions de 1816 sont les mêmes que celles de l'année précédente, au total de 2,868,176 fr., non compris les centimes additionnels qui ont eu quelques variations. (3-4.)

— Le corps municipal d'Orléans met les boues de la ville en entreprise pour douze années, et en fait l'adjudication à un sieur Lécuyer, moyennant la somme de 1,310 fr. de fermage par année. Cette mesure fit supprimer les âniers, qui, depuis un temps immémorial, parcouraient les rues de la ville avec des ânes porteurs de deux grands paniers ronds, ou avec une voiture attelée par un de ces animaux. (4-77.)

8 *janvier* 1816. — Arrêté du préfet du Loiret, relatif aux incendies fréquens qui avaient lieu dans les communes rurales de son département. Ce crime se répandit dans plusieurs parties de la France, sans qu'on ait su le véritable motif des incendiaires, qui ne commettaient aucun vol dans ces occasions. (3.)

10 janvier 1816.

*Relevé du mouvement de la population d'Orléans pendant les douze années comprises dans ce volume.*

| ANNÉES. | NAISSANCES. | DÉCÈS. | Perte par an. | Gain par an. | MARIAGES. |
|---|---|---|---|---|---|
| 1804 | 1411 | 1859 | 448 | » | 268 |
| 1805 | 1422 | 1708 | 286 | » | 308 |
| 1806 | 1422 | 1803 | 381 | » | 245 |
| 1807 | 1387 | 1670 | 283 | » | 291 |
| 1808 | 1285 | 1693 | 408 | » | 268 |
| 1809 | 1361 | 1320 | » | 41 | 327 |
| 1810 | 1408 | 1571 | 163 | » | 360 |
| 1811 | 1563 | 1457 | » | 106 | 274 |
| 1812 | 1398 | 1620 | 222 | » | 297 |
| 1813 | 1346 | 1646 | 300 | » | 477 |
| 1814 | 1482 | 4203 | 2721 | » | 236 |
| 1815 | 1492 | 1439 | » | 53 | 369 |
| 12 années. | 16977 | 21989 | 5212 | 200 | 3720 |
| Gain à déduire. . . . . . . . | | | 200 | | |
| Perte. . . . . . . | | | 5012 | | |

13 *janvier* 1816. — Le duc d'Angoulême, revenant de calmer le midi de la France, passe par Orléans pour se rendre à Paris : il y est reçu avec beaucoup d'empressement. Il repartit le lendemain à huit heures du matin, escorté, de l'hôtel de la préfecture, où il avait couché, à la porte Bannier, par une partie des troupes, de la garde nationale et des habitans.

Après ce départ, un repas offert par le maire rassembla à l'improviste MM. les officiers de la légion départementale et un grand nombre de membres de la garde nationale. Des toasts y furent portés avec un enthousiasme qui allait jusqu'au délire, entre autres au roi, à la famille royale, au préfet Alexandre de Talleyrand, au maire, au brave *Cornebize*, baron et commandant de la légion du Loiret et de la place, aux officiers de cette légion, à la garde nationale d'Orléans, enfin à l'union de tous les Français.

Le même jour, le préfet fit une proclamation.

*17 janvier* 1816. — Arrêté du préfet relatif à l'organisation d'un bureau central de la police d'Orléans, à la mairie, indépendamment des trois commissaires qui existaient déjà.

Le même arrêté portait aussi la nomination de quatre appariteurs, dont deux pour les quartiers de l'est et deux pour ceux de l'ouest. (3-4.)

*Agens de la police d'Orléans.*

MM. Legros, commissaire en chef du bureau central; Deloynes, commissaire en chef; Hersant-Desmares et Cadot-Grammont, commissaires.

*Appariteurs.*

MM. Plumesle, Doisneau, Larousse, Guilleau.

— Arrêté du préfet du Loiret relatif aux femmes publiques à Orléans, et à leur division en trois classes,

Savoir :

$1^{re}$, Les filles que l'on nomme raccrocheuses;
$2^{e}$, Les filles en chambres;
$3^{e}$, Les femmes entretenues.

Toutes ces filles et femmes sont tenues de se faire inscrire au bureau central de police et d'y apporter, chaque quinzaine, un certificat constatant l'état de leur santé, délivré par le docteur Lhuillier père, chargé de les visiter, et de faire conduire à la maison de santé celles qui seraient malades. (3.)

*18 janvier* 1816. — Les commissaires de police et la garde de la place sont chargés de dissoudre plusieurs petits groupes d'ouvriers qui se réunissaient sur le Martroi, le soir, en sortant de leurs ateliers, pour causer politique et gouverner la France à leur goût; les nommés Bouché et Bachette sont mis en surveillance pour leur résistance et les propos qu'ils avaient tenus dans cette circonstance. (4.)

21 *janvier* 1816. — Anniversaire de la mort de Louis XVI, célébré avec une grande pompe à Orléans, par ordre du maire et suivant une proclamation que ce fonctionnaire fit imprimer, publier et afficher par toute la commune. Cette pièce était ainsi conçue :

MAIRIE D'ORLÉANS. — ANNIVERSAIRE DU 21 JANVIER.

*Le maire d'Orléans à ses concitoyens.*

Demain samedi est le jour où la France entière sera couverte d'un crêpe funèbre.

Le deuil doit être général, et ce jour sera férié.

En expiation du crime de ce malheureux jour, allons tous nous prosterner aux pieds des autels et demander à Dieu pardon de cet exécrable attentat, dont se sont couverts d'infâmes régicides, proscrits à jamais du sol que nous habitons. Il me suffit de vous rappeler les avis que vous a donnés le premier magistrat de ce département dans sa dernière proclamation, où sont exprimés, d'une manière si énergique, et les devoirs de la religion et ceux dus aux princes que le ciel vient de nous rendre dans sa clémence.

Je me bornerai donc à vous instruire que ce jour, suivant l'ordonnance du roi, devant être férié,

Aucun marché ne tiendra ;

Les spectacles seront fermés, ainsi que les salles de bal, danses ou réunions publiques de quelque nature qu'elles soient ;

Les habitans sont obligés de tenir leurs portes, magasins, ateliers fermés, sans pouvoir y faire aucun ouvrage ostensible ;

Tous les travaux sur les ports, places publiques et dans les rues, de quelque nature qu'ils soient, sont défendus, à moins d'une nécessité absolue, pour laquelle il faudra obtenir préalablement une permission spéciale de la police.

MM. les commissaires et agens de police sont spécialement chargés de l'exécution de la présente ordonnance, et citeront devant les tribunaux tous les délinquans.

BARON CRIGNON-DÉSORMEAUX. (4.)

*22 janvier* 1816. — Le n° 73 du journal de 1815, imprimé chez Darnault-Maurant, rue des Basses-Gouttières, le seul journal alors autorisé dans cette ville, ceux de Huet-Perdoux, de Guyot et Jacob ayant été supprimés par ordonnance royale, contenait l'aperçu succint des mesures de précaution prises pour le débarquement de Napoléon à l'île Ste-Hélène, et celles pour sa garde sur ce rocher. (77.)

— Ce jour nous avons fait l'acquisition d'une gravure qui arrivait de Paris, et sur laquelle nous avons recueilli les détails qui suivent.

L'empereur ayant refusé d'admettre madame de Genlis au nombre des dames d'honneur de Marie-Louise, cette femme célèbre s'en vengea, à cette époque, en dessinant elle-même et en faisant graver le portrait de Napoléon, au bas duquel se trouvait l'explication suivante :

« Il est composé de corps morts pour son ambition ; il
« est écrasé par l'aigle des alliés ; son constume repré-
« sente une carte géographique indiquant les noms des
« batailles perdues dans ses dernières campagnes, ainsi
« que les fleuves qu'il a passés et qui se jettent dans son
« collet, fleuve de sang ; la main de justice brise le fil de
« ses grandeurs, dont la fragilité est désignée par la toile
« d'araignée, et le mot d'Erfurth qui se lit sur le cordon
« de sa légion, signifie qu'il a perdu tout honneur. »

1<sup>er</sup> février 1846.

*Installation du maire d'Orléans.*

Aujourd'hui, à une heure après midi, eut lieu dans la salle principale de l'hôtel de la mairie d'Orléans l'installation solennelle et publique du nouveau maire de cette ville, M. Florizel-Louis de Drouin comte de Rocheplatte, faite par le conseiller d'Etat honoraire, Alexandre de Talleyrand, député du Loiret et chef de la police générale de ce département, dont il était le préfet.

Cette cérémonie eut lieu en présence des conseillers de préfecture, du maire sortant, des adjoints, des membres du conseil de la commune, d'un détachement de la garde nationale, de la musique de corps, etc., etc.

Trois discours remarquables remplirent la séance : le premier, prononcé par M. le préfet, qui lut d'abord l'ordonnance royale datée de quelques jours avant, relative à la nomination du nouveau maire, dont il proclama le constant et sincère royalisme, ainsi que les vertus personnelles; puis après, il complimenta le maire sortant, parla de son zèle pour les intérêts du roi, de son désintéressement, ainsi que sur la stricte économie qu'il avait apportée dans l'emploi des fonds communaux, et finit par fixer l'attention de l'assemblée sur le bonheur que les Français devaient éprouver de vivre sous le gouvernement paternel de S. M. Louis XVIII, leur souverain légitime.

Le second discours fut celui du maire sortant, M. le baron Crignon-Désormeaux, chevalier de Sevenay, membre de la Légion-d'Honneur, qui commença par des remercîmens adressés au conseiller d'Etat pour les éloges qu'il avait bien voulu faire de sa personne; ensuite il se répandit en invectives contre le gouvernement déchu, et en protestations de fidélité, d'amour et d'enthousiasme pour celui qui venait d'être restauré; l'on remarqua surtout ces phrases :

« Depuis seize ans je servais l'usurpateur Bonaparte dans
« l'intention de le tromper.

« Depuis seize ans, le roi mon maître, mon prince légi-
« time, était fidèlement instruit par moi de tout ce qui se
« passait dans sa bonne ville d'Orléans, par le canal du
« plus brave de ses sujets, M. le lieutenant-général de ses
« armées, vicomte d'Hardouineau, d'Orléans.

« Depuis seize ans, enfin, j'ai contribué de tous mes
« moyens à hâter la chute du tyran corse, et à amener la
« catastrophe qui a brisé son sceptre de fer, et à le renver-
« ser d'un trône qu'il avait frauduleusement usurpé, etc. »
(76, et un grand nombre de témoins.)

Le troisième fut prononcé par le nouveau maire, M. le comte de Rocheplatte, qui fit une profession de foi sur son constant royalisme, sur son attachement sans bornes aux Bourbons, ses princes légitimes, sur son inébranlable résolution de rester dans les mêmes sentimens quand bien même....... Puis, après quelques complimens adressés au préfet, qui venait de l'installer, et à l'ex-maire qu'il remplaçait, il finit son discours par ces mots : « Je promets de veiller sévèrement sur l'administration qui m'est confiée, et je déclare en votre présence, Messieurs, que je serai inflexible, inexorable même, toutes les fois que le bonheur de mes administrés et leurs intérêts seront compromis ; je promets aussi que mon seul but sera de soutenir leurs droits et ceux du roi, qui vient de m'honorer du beau titre de premier magistrat de ce bon peuple Orléanais (*). »

Cette cérémonie finit par des cris de *vive le Roi, vivent les Bourbons!* et par les airs de *Vive Henri IV* et celui de *Où peut-on être mieux qu'au sein de sa famille?* exécutés par la musique de la garde nationale. (4-76-77.)

2 *février* 1816. — Le général Gilly, âgé de quarante ans, celui qui avait arrêté le duc d'Angoulême à Valence, en 1815, et le général Mouton-Duvernet, âgé de quarante-cinq ans, tous les deux officiers de l'ex-vieille garde impériale et proscrits, s'étant sauvés de Paris, déguisés en paysans, sont signalés au préfet de Talleyrand, directeur-général de la police du département du Loiret, comme ayant pris la route d'Orléans. Malgré les recherches les plus actives qui furent faites dans les hôtels, les auberges, les cabarets et même les bouchons les plus misérables, aucun des deux fugitifs ne fut pris. (4-77.)

3 *février* 1816. — Le général Fressinet, ex-officier dans la vieille garde, étant proscrit, est recommandé par le ministre de la police générale du royaume (de Cazes) au préfet du Loiret, qui fit faire, sans succès, les perquisitions les plus rigoureuses. (4.)

— Séance extraordinaire du conseil municipal d'Orléans, dans laquelle ce corps émet le vœu de voir livrer

(*) M. le comte de Rocheplatte a été maire d'Orléans pendant quinze années consécutives ; son administration pure et ferme fit regretter vivement sa démission, occasionnée par les événemens de 1830.

Il est à la connaissance de tous les habitans que ce fonctionnaire généreux sacrifiait souvent ses propres intérêts pour ceux des Orléanais, qui n'oublieront jamais que sous son exercice la tranquillité publique ne fut pas un seul instant troublée, et que l'ordre et l'économie dans les finances furent le but auquel il ne cessa de tendre.

au feu le portrait en pied de Bonaparte qui était à la mairie, et déduit les motifs qui militent pour qu'il ne soit pas considéré comme objet d'art. (Voir ci-après la lettre de M. Rabelleau, conseiller de préfecture.)

### ADRESSE DU CORPS MUNICIPAL D'ORLÉANS.

*Extrait du procès-verbal des séances du conseil municipal de la ville d'Orléans.*

Un membre propose au conseil d'exprimer, au nom de la ville, ses sentimens de douleur et d'indignation sur l'attentat commis le 21 janvier 1793, par l'assassinat de Sa Majesté Louis XVI, et qu'il soit, en conséquence, pris une délibération contenant une adresse qui serait signée individuellement par tous les membres du conseil, et qu'il soit ouvert au secrétariat de la mairie un registre en tête duquel la délibération à prendre serait transcrite, avec invitation à tous les vrais et sincères royalistes d'y venir apposer leurs signatures.

Cette proposition étant unanimement accueillie, un autre membre présente au conseil un projet de délibération exprimant avec énergie les sentimens de tous les Orléanais, et rapportant à l'appui des faits qui les prouvent d'une manière particulière.

Sa rédaction, mise aux voix, est approuvée à la grande majorité de l'assemblée, sauf à s'assurer de l'authenticité des faits mis en avant, et particulièrement de celui qui concerne M. le baron Crignon-Désormeaux, dernier maire de cette ville.

Le conseil, en conséquence, nomme une commission, composée de MM. Johanet, le marquis de Sailly, Raguenet St-Albin et Fougeron le jeune, pour prendre les renseignemens qu'elle croira convenables, afin de s'assurer de l'authenticité des faits mis en avant, et rédiger définitivement l'adresse pour en rendre compte au conseil aujourd'hui, à huit heures du soir, heure à laquelle le conseil renvoie la séance.

*Huit heures du soir.* — M. le marquis de Sailly, au nom de la commission chargée, dans la séance du matin, de prendre des renseignemens sur les faits mis en avant dans l'adresse à présenter, obtient la parole et rend compte au conseil que M. *le vicomte d'Hardouineau, qui n'a pas quitté Sa Majesté pendant tout le temps de son émigration, et particulièrement lorsqu'elle était à Mittau, leur déclara que le fait exposé dans l'adresse est de la plus exacte vérité ; il leur a même donné des détails circonstanciés.* Il propose, en conséquence, que ce fait soit reconnu par le conseil comme authentique. M. le président prie M. Johanet de faire une seconde lecture du projet d'adresse par lui présenté dans la séance du matin.

Sa nouvelle rédaction est mise aux voix par M. le président, en demandant au conseil s'il reconnaît l'authenticité des faits qui y sont insérés.

Le conseil, à l'unanimité, reconnaît l'authenticité des faits et approuve la rédaction;

Arrête, en conséquence, que cette délibération particulière sera signée individuellement par tous les membres présens, qu'elle sera présentée à la signature des membres absens, et qu'enfin elle sera, après avoir été inscrite aux registres des délibérations du conseil, déposée au secrétariat de la mairie pour recevoir, à la suite de la signature des membres du conseil, celles de tous les citoyens de la ville, qui, pour prouver leur dévouement à la cause sacrée du roi et de sa famille, et leur horreur pour l'attentat commis le 21 janvier 1793, désireront les y apposer.

Suit la teneur de l'adresse:

Les fidèles sujets du roi composant le conseil général de la ville d'Orléans, doivent protester solennellement contre l'assassinat de leur roi, et déclarer de la manière la plus formelle que toujours cette ville l'a désavoué avant et après le 21 janvier 1793.

Cette déclaration se justifie d'abord par la bonne opinion qui a toujours dominé dans cette ville, et plus encore par des faits positifs qu'il est permis de rappeler.

Le conseil général de la commune était en permanence, et ses séances publiques, par décret de la Convention nationale; mais la municipalité, renouvelée par une ligue honorable entre les gens de bien, repoussa en séances publiques, et sur les conclusions du procureur de la commune, les provocations qui lui furent adressées par quelques furieux et des autorités de la capitale, soit pour éviter le jugement du roi soit pour y adhérer.

Ce fut dans cette ville que partit le premier cri pour la liberté de l'auguste fille de nos rois.

Les députés de l'an v au corps législatif en furent exclus comme royalistes le 18 fructidor.

L'accueil fait à tous les amis du roi, réfugiés à Orléans, et les nombreux certificats de résidence donnés à ceux qui avaient défendu sa cause, prouvent la continuité du bon esprit, et lors même *qu'en 1800 un maire fût nommé par le gouvernement existant, ce magistrat n'entra en fonctions qu'en adressant à Sa Majesté Louis XVIII, à Mittau, un acte qui contenait l'expression de sa fidélité au roi*, qui sans doute y reconnut aussi les vœux et les sentimens des habitans d'une ville qui ne pouvait se faire entendre que par l'organe de son maire. *Cet acte honore M. Crignon-Désormeaux, qui vient de terminer un exercice de seize années;* mais il est invoqué par tous les gens de bien comme l'expression de l'horreur que leur inspirait le passé, et de l'espoir qu'ils conservaient d'un meilleur avenir.

Nous protestons et nous déclarons publiquement, pour l'honneur de la ville, que l'attentat commis le 21 janvier 1793 fut dès lors le sujet d'un deuil universel pour la très-grande majorité de la ville, et qu'en le portant aujourd'hui nous ne faisons que manifester les sentimens dont nous avons toujours été pénétrés.

Nous terminons en renouvelant les vœux que nous avons si souvent adressés au ciel pour la conservation de notre dynastie légitime, et en réitérant le serment de notre inébranlable fidélité au roi et aux princes de sa famille dans l'ordre de primogéniture.

Nous adhérons pleinement à l'adresse présentée au roi par la chambre des députés, le 21 janvier 1816.

La minute est signée :

Le comte de Rocheplatte, Johanet, Porcher, Brossard de Nogent, Colas de Brouville, Geffrier-Lenormand, Laisné de Villevêque, Raguenet de St-Albin, Crespin de Billy, chevalier de St-Louis; Miron de La Mothe, de Veslard, chevalier de St-Louis ; Marcille-Pelletier, Cahouet de Marolles, chevalier de St-Louis; Gauthier, Baguenault de Viéville, Daudier, Armand Léon, marquis de Sailly, chevalier de St-Louis; Moreau, Fougeron lejeune, Hême-Lemoine-Montbrun, Benoist-Merat, Hubert-Crignon, Lecauchois père, Colas-Desfrancs, le baron de Cambray, Augustin Miron, Petit-Semonville, Pompon, tous membres du conseil municipal, et le comte Dufaur de Pibrac, le vicomte Bigot de Morogues et Noury, adjoints à la mairie (*).

7 février 1816.

*Lettre de M. le conseiller de préfecture délégué à M. le comte de Rocheplatte.*

Monsieur le maire,

Le vœu exprimé par le conseil municipal, dans sa séance du 3 courant, que vous me faites connaître par votre lettre du 5, est conforme à la résolution que j'avais prise pour la destruction de tous les signes proscrits de l'ancien gouvernement. Cependant, et préalablement pour m'assurer si mon arrêté du 15 novembre dernier a été réellement exécuté par toutes les autorités et individus qu'il devait atteindre, je fais faire en ce moment le récolement de tous les objets de cette nature déposés jusqu'à ce jour à la préfecture, et je prendrai ultérieurement telles mesures qu'il appartiendra contre les retardataires. Ces détails, qui emportent du temps, ne me permettent pas de croire que la mesure proposée soit exécutable au premier jour de marché; mais, d'après les instructions que j'ai reçues du ministre de l'intérieur (de Vaublanc), il est indispensable que j'en réfère à S. Exc. du désir que le conseil exprime de voir livrer au feu le portrait en pied de Buonaparte qui était à la mairie.

(*) Quelques jours après cette séance, le 17 février, M. le préfet fit passer à M. le maire l'injonction de faire rapporter la décision ci-dessus, le gouvernement ayant désapprouvé le fait particulier qui y est rapporté. M. de Rocheplatte éprouva une grande résistance de la part de plusieurs membres, qui refusaient, avec menaces, d'obtempérer aux ordres du ministre; mais, malgré cette opposition, M. le maire ayant tenu bon, le procès-verbal, les discours et la première adresse furent brûlés séance tenante et en présence des récalcitrans.

Ce désir, Monsieur le maire, je le partage d'autant plus avec vous et avec le conseil municipal, que nous ne pouvons trop regretter d'avoir vu reparaître en 1815 le tableau qu'il eût été impossible de replacer alors s'il eût été brûlé en 1814. Néanmoins, Monsieur, je ne puis que reproduire à Son Excellence les motifs que donne le conseil pour ne point comprendre ce tableau au rang des objets d'art, et assurément j'appuierai de tout mon assentiment le vœu justement exprimé de détruire par cet auto-da-fé les espérances coupables de la crédulité malveillante.

Recevez, Monsieur le maire, l'assurance de mes sentimens de parfaite considération.

Pour le conseiller d'Etat, préfet du Loiret, absent,
*Le conseiller de préfecture délégué,*
RABELLEAU. (4.)

*13 février* 1816. — Tous les agens de la police secrète d'Orléans sont mis en campagne pour faire les démarches, les fouilles et les perquisitions les plus scrupuleuses afin d'arrêter, par le commandement du ministre de la police générale de France (de Cazes), quatre régicides réfugiés dans les environs de cette ville, ainsi que le général de division Lefebvre-Desnouettes, Asselin, avocat du département de la Somme, et de Dufeu, conseiller de préfecture de la Loire-Inférieure, tous proscrits, et pour l'arrestation desquels une forte récompense était promise. (3.)

*14 février* 1816. — Descente et perquisition faite chez le sieur Heuslin, maire de St-Jean-le-Blanc, dénoncé par un de ses voisins comme ayant chez lui un dépôt de pamphlets séditieux contre les Bourbons et en faveur de Napoléon et de son fils. Cette dénonciation s'étant trouvée fausse, le maire de cette petite commune n'en fut pas moins destitué. (3-76.)

### 14 février 1816.

*Ordonnance relative au renouvellement de la cour royale d'Orléans.*

Louis, par la grâce de Dieu, roi de France et de Navarre,

Sur le rapport de notre garde des sceaux, ministre secrétaire d'État au département de la justice;

Nous avons nommé et nommons, institué et instituons membres de notre cour royale d'Orléans,

*Premier président,*

M. le baron Arthuis de Charnisay, en place du baron Petit-Lafosse, destitué.

*Présidens de chambre,*

MM. Boucheron-Desportes, Enouf, réélus; Delaplace de Montevray, en place du baron Arthuis de Charnisay, passé premier président.

*Conseillers,*

MM. Loyré, Colas de La Noue fils, le chevalier Dugaigneau de Champvallins fils, Hautefeuille, Ferraud, Bordier, Fougeron aîné, Taschereau, de Thébaudières, Baschet-St-Aignan, Boulanger, Légier, réélus; Durzy, en place de M. Delaplace de Montevray, passé président de chambre; Colas de Brouville.

*Conseillers auditeurs,*

MM. Perrot, Brossard fils, réélus.

*Procureur-général,*

M. Couët de Montarand, conseiller à la cour royale de Paris, en place du baron Sézeur, destitué.

*Avocats-généraux,*

MM. Russeau, réélu; Deschamps, en place de M. Bureau du Colombier, destitué.

*Substituts du procureur-général,*

MM. Ephrem de La Taille, en place de M. Leroux, destitué; Gaulier de la Grandière, en place de M. Gilbert-Boucher, destitué.

*Greffier en chef,*

M. Demachy, réélu.

Donné à Paris, en notre château des Tuileries, le 14 février an de grâce 1816, de notre règne le 21$^e$.

Louis.

Ne furent pas réélus parmi les conseillers, MM. Foucher aîné, Lemolt-Phalary, Goubeau de la Madeleine, Bouquerot-Voligny, Moisand, Magon de St-Elier.

22 février 1816.

## Installation de la cour royale d'Orléans.

Le préfet du Loiret, M. de Talleyrand (Alexandre), en sa qualité de conseiller d'Etat, vient installer la nouvelle cour royale d'Orléans, dans la salle du tribunal criminel, ancienne église du couvent des Ursulines, rue de la Bretonnerie; la séance fut très-solennelle, M. de Montarand, procureur-général, prononça un discours remarquable; des sermens y furent prêtés; des cris de *vive le Roi! vivent les Bourbons!* se firent entendre à plusieurs reprises; ensuite la séance fut levée, non pour se séparer, mais pour se rendre en corps, en robes rouges et en toques, à l'hôtel de la mairie, et faire partie du cortége qui devait se rendre sur le Martroi et assister à l'embrasement du portrait en pied de Napoléon et des signes proscrits de son gouvernement. (76-77.)

— Destruction des signes proscrits de Napoléon et de son gouvernement, faite à Orléans par l'autorisation du ministre de l'intérieur, M. le comte Viennot de Vaublanc, accordée par Son Excellence, d'après la demande à lui faite par les autorités d'Orléans. (4.)

ARRÊTÉ DU MAIRE D'ORLÉANS, PORTANT RÉDACTION DU PROCÈS-VERBAL DE CETTE EXÉCUTION (*).

### Mairie d'Orléans.

Aujourd'hui, vingt-deux février, deux heures après midi, nous, maire d'Orléans, pour l'exécution des dispositions contenues dans la lettre de M. le conseiller d'Etat, préfet de ce département, en date de ce jour, par laquelle il annonce que Son Excellence le ministre secrétaire d'Etat de l'intérieur a autorisé l'anéantissement en public des signes proscrits du dernier gouvernement, et notamment du portrait en pied de l'usurpateur, qui était à l'hôtel de la mairie, en nous invitant à saisir l'occasion de l'organisation totale des autorités pour consommer cet acte;

---

(*) En marge du registre, une main exaltée a ajouté: *Le monstre, l'anthropophage, le mangeur d'hommes de Bonaparte.*

En conséquence, ayant fait dresser un bûcher sur la place du Martroi de cette ville, nous nous y sommes transporté, accompagné de MM. nos adjoints, de la musique et d'un détachement nombreux de la garde nationale ; et là, en présence de M. le conseiller d'Etat, préfet de ce département, délégué par S. M. pour l'installation de la cour royale, de M. le premier président, de MM. les présidens de chambres, de MM. les conseillers et gens du roi de ladite cour, et de tous les fonctionnaires publics, tant civils que militaires qui venaient d'assister à l'installation de cette cour, et qui, à la suite de cette cérémonie, avaient bien voulu être présens à cet acte, qui détruisait les signes d'un gouvernement abhorré, nous avons fait apporter tous les signes proscrits de ce gouvernement despotique et dévastateur, tous les *bustes* de l'usurpateur, portraits et estampes qui pouvaient retracer son affreux souvenir, qui avaient été précédemment déposés à l'hôtel de la préfecture, et qui nous ont été remis suivant un état détaillé ; nous avons fait *briser les uns* et jeter les autres sur le bûcher dressé à cet effet, et au son de la musique répétant tous les airs chéris des Français, et des cris mille fois répétés de *vive le Roi! vivent les Bourbons!* par la population entière de la ville, réunie sur la place, le feu y a été mis et a consumé le tout, dont les cendres ont été jetées à l'eau. (4-77.)

Dont du tout nous avons dressé le présent procès-verbal les jour, mois et an que dessus.

Le comte de ROCHEPLATTE, maire ; DUFAUR DE PIBRAC et NOURY, adjoints.

*Description détaillée de l'auto-da-fé du portrait en pied de Napoléon et des signes de son gouvernement.*

Le 22 février 1816, jeudi gras, à deux heures après midi, le maire d'Orléans, Florizel-Drouin comte de Rocheplatte, sortit de la cour de la mairie accompagné de deux de ses adjoints, MM. le comte Dufaur de Pibrac père, et Noury (*), de plusieurs membres du conseil gé-

---

(*) M. le vicomte de Morogues, troisième adjoint, était absent.

néral du département, de tous les membres de la cour royale nouvellement nommés et qui venaient d'être installés depuis une demi-heure, ayant à leur tête M. le premier président, baron Arthuys de Charnisay; MM. les présidens de chambre, les conseillers, etc., du préfet du Loiret, Alexandre de Talleyrand; du chevalier Olivier de Maisonneuve, secrétaire-général; des trois conseillers de préfecture, MM. Rabelleau, Delahaye et Colas de La Noue père, de plusieurs membres du conseil municipal de la commune d'Orléans, des commissaires de police, de quelques gardes nationaux, des officiers de l'état-major et de ceux des compagnies de la garde nationale, musique en tête : le cortége était suivi de plusieurs valets de ville en livrée et de l'*exécuteur de la haute justice*, ayant des torches allumées à la main, de dix ou douze sergens de la mairie, portant sur des brancards des drapeaux tricolores, des bustes, des statues, des portraits, des médaillons, des titres, des livres et papiers, des cachets, des timbres, des écussons, des armes, des aigles, des N couronnés, des bas-reliefs, etc., etc., et surtout un superbe portrait de l'empereur appartenant à la commune.

Ce tableau, précieux sous le rapport de l'art, fut ôté de son cadre doré dans la cour de la mairie, puis roulé et attaché avec un ruban blanc et vert, ensuite enlevé de cet hôtel, *malgré les observations énergiques du secrétaire de la mairie, M. Petit-Sémonville*, qui eut seul le courage de désapprouver la destruction de ce chef-d'œuvre fait par le peintre Gérard, et qui avait coûté dix mille francs à la ville.

Le maire, précédé de la musique bourgeoise, des tambours, et suivi de tout le cortége, se rendit sur la place du Martroi, au milieu de laquelle un bûcher avait été élevé, et au centre duquel s'élançait un grand mât.

Arrivé près de ce bûcher, les drapeaux, les livres, les papiers, les gravures, les cachets et autres petits objets proscrits furent jetés pêle-mêle et à la volée sur le bois qui le formait.

Au moment où la toile du tableau de la commune fut déroulée, le sieur ***, le sabre nu à la main, se précipita dessus et porta sur les traits inanimés de Napoléon un si furieux coup de son arme, qu'il pourfendit le tissu dans une grande étendue, les lambeaux furent pendus au haut du mât dans une position naturelle, c'est-à-dire le portrait debout ; mais, par un raffinement de zèle et d'enthousiasme, le sieur ***, parent du sabreur ci-dessus, se mit à crier avec force : « La tête en bas, la tête en bas, *à ce coquin-là !* » Ce qui fut répété par plusieurs voix. Aussitôt le pauvre tableau, maudit et transpercé, fut retourné, aux bravos des spectateurs qui riaient aux éclats de voir Napoléon les pieds en l'air et la tête en bas.

Pendant ce temps, les sergens de ville plaçaient circulairement au bas du bûcher les bustes et les statues de Napoléon, de Marie-Louise et du roi de Rome, debout et la figure tournée du côté du public.

Tout étant ainsi préparé, le préfet, le premier président de la cour royale et le maire, s'arment chacun d'une torche qu'ils arrachent des mains des valets de ville, et s'élancent sur le bûcher : la flamme s'éleva de plusieurs endroits à la fois.

Le préfet donna le signal de l'enthousiasme, en élevant de la main droite son chapeau à panache et en criant fortement : *Vive le Roi, vivent les Bourbons ! mort à Bonaparte l'anthropophage, le mangeur d'hommes, et à sa famille maudite !* Ces cris, répétés par les assistans, étaient accompagnés par une musique guerrière qui excitait encore le courage martial des spectateurs, qui faisaient brandir leurs armes étincelantes.

Lorsque la flamme du bûcher eut atteint le tableau de l'empereur, les cris de joie et d'imprécation redoublèrent avec plus de force ; c'est dans ce moment de délire que les officiers de l'état-major, comme ceux des compagnies de la garde nationale, l'épée nue à la main, se mirent à percer, larder, briser et renverser les bustes, les statues en marbre, en plâtre ou en biscuit, qui étaient rangés à leurs pieds.

A cet exemple de leurs chefs, les soldats de la garde nationale mirent la baïonnette en avant et, marchant au pas de charge contre ces statues, renversèrent dans les flammes les images proscrites.

Cette dernière exécution se fit au refrain de la chanson répétée en chœur : *On va lui percer le flanc,* etc.

La cérémonie finit par des airs chéris des Français et des rondes exécutées à l'entour de cet auto-da-fé, *par le préfet, les magistrats de la cour royale en robes rouges, les conseillers de préfecture, le corps municipal*, les officiers, les soldats de la garde nationale et les habitans qui se trouvaient à cette fête.

Il n'y eut d'autre sang de répandu que celui d'un garde national nommé Pomageau, pâtissier-traiteur de son état, qui, dans le feu de l'action et en embrochant un buste de Napoléon, s'était maladroitement déchiré, le doigt indicateur de la main gauche avec la pierre de son fusil.

Vingt ans auparavant, sur la même place, on avait, avec les mêmes démonstrations de joie, avec le même enthousiasme, au son des chansons et des danses, brûlé les attributs de la royauté, alors proscrits!!!

La seule différence qu'il y eut entre ces deux exécutions, c'est que les cris de rage étaient, à la première, pour la liberté, au refrain de la *Marseillaise*, et ceux de ce jour pour le roi, aux sons de *Vive Henri IV!* (76-77.)

23 *février* 1816. — Les cendres du bûcher de l'auto-da-fé de la veille et des signes proscrits qui en faisaient partie, sont ramassées par les sergens de ville, mis dans des baquets à main, puis portés tambour battant, drapeau blanc en tête, jusques sur le milieu du pont; et là, sous l'inspection du sieur Hersant-Desmares, commissaire de police, elles sont jetées dans l'eau, aux cris de *vive le Roi! vivent les Bourbons! mort au monstre, au mangeur d'hommes, Bonaparte!*

Un très-beau buste de Napoléon en marbre blanc, fait par Chaudet, fut retrouvé intact dans le bûcher; il avait seulement changé de couleur: ce qui fit dire aux napoléonistes que ce grand homme, dans son apothéose sur le bûcher, avait quitté la couleur blanche, signe de ralliement de ses meurtriers, pour prendre le deuil de leur bon sens. (76-77-80.)

Ce bel ouvrage de sculpture, si digne d'être respecté comme objet d'art, fut reporté à l'hôtel de la mairie, et là, au milieu de la principale cour, il fut, *à l'insçu de M. le Maire*, brisé avec des masses de fer au milieu de vociférations et de plaisanteries dignes des sans-culottes de 93. (76-77.)

— Le sieur Mangin, professeur de musique à Orléans, et première clarinette dans la garde nationale de cette ville, est cité à comparaître de suite devant le conseil municipal pour répondre à une dénonciation faite contre lui par plusieurs de ses confrères, qui l'avaient accusé d'avoir fait exécuter, pendant l'incendie des signes proscrits, une marche lugubre au lieu d'un morceau gai et dansant, et surtout d'avoir, lui personnellement, joué les airs chéris des Français, qui y furent entendus, avec peu d'enthousiasme et une mollesse qui peignait son mécontentement. Malgré les bonnes raisons de l'artiste, justifié par le caractère mâle, vigoureux et martial du morceau de musique, et l'observation péremptoire de l'impossibilité physique de juger de la manière naturelle ou contrainte avec laquelle il avait exécuté les airs, il n'en fut pas moins destitué.

3 *mars* 1816. — Le sieur Callier, employé à la préfecture du Loiret, est nommé archiviste de cette administration, pour remplacer le sieur Olivier de Maisonneuve, qui, à la rentrée du roi Louis XVIII, avait été élevé aux fonctions de secrétaire-général de la préfecture d'Orléans.

10 *mars* 1816. — Arrivée à Orléans d'une colonne de troupes anglaises, infanterie et cavalerie; ces troupes, d'une belle tenue, étaient d'un grand éclat, vu leurs habits rouges galonnés en argent, et leurs chapeaux à deux cornes ornés de plumes de coq de diverses couleurs.

Ces étrangers affectèrent pendant leur séjour de répandre beaucoup d'argent dans la ville.

Par ordre du préfet Alexandre de Talleyrand, qui avait reçu et fêté les officiers anglais à sa table, le directeur du théâtre fut obligé de donner un spectacle extraordinaire; les principaux officiers furent placés dans les loges du préfet et du maire, et virent jouer un opéra de Méhul, intitulé *Hélène*, ou *la Fuite de Constantin*, donné comme pièce de circonstance, suivi de l'inauguration des bustes de S. M. Louis XVIII et de Henri IV, le tout terminé par les *Deux Boxeurs anglais*, vaudeville en un acte.

11 *mars* 1816. — Par ordonnance royale, le lycée d'Orléans reprend sa première dénomination de collége royal ; en conséquence, la plaque en marbre noir, incrustée au-dessus du portail, rue St-Pierre, sur laquelle étaient gravés, en lettres d'or, ces mots : Lycée impérial, fut remplacée par une autre portant ceux de Collége royal.

20 *mars* 1816. — Arrivée à Orléans d'un régiment suisse de la garde royale, infanterie, n° 1$^{er}$ : ce corps qui arrivait de Paris était sous les ordres du général d'Ogger; il était composé de trois bataillons de 600 hommes chacun, qui furent casernés ainsi : le 1$^{er}$ bataillon aux Jacobins, sur l'Etape; le 2$^{e}$ au Grand-Séminaire, et le 3$^{e}$ à St-Charles. (76-77.)

1$^{er}$ *avril* 1816. — Le maire d'Orléans ordonne, par un arrêté, la fermeture des spectacles, salles de bal et autres réjouissances publiques pendant la semaine sainte.

### *Mairie d'Orléans.*

Le maire d'Orléans, considérant que c'est à l'oubli des principes moraux et religieux qui pendant tant de siècles ont fait la félicité de nos pères que nous devons les malheurs que nous avons éprouvés pendant vingt-cinq ans;

Considérant qu'un de ses premiers devoirs est de ramener, autant que possible, les anciens usages qui peuvent rappeler ces principes;

Arrête :

Art. 1$^{er}$. La clôture de la salle de spectacle aura lieu, comme par le passé, le samedi veille des Rameaux, et l'ouverture ne pourra se faire avant le lundi après Pâques.

Art. 2. Les jardins ou salles de bals publics, soit sous la dénomination de bastringues ou autres, seront fermés le même jour et ne pourront ouvrir avant le lendemain de Pâques.

Art. 3. Les commissaires de police sont chargés de l'exécution du présent arrêté.

Fait à la mairie, le 1$^{er}$ avril 1816.

Le comte de ROCHEPLATTE. (4.)

12 *avril* 1816. — Arrêté du maire d'Orléans, relatif au recensement des habitans de la ville; les nom et prénoms, le numéro de la maison, la profession, l'état-civil, l'âge des chefs de famille, le nombre des enfans présens, la quotité du loyer, les portes et fenêtres, la désignation des portes cochères ou ordinaires, l'opulence, la richesse, l'aisance et la pauvreté présumée des habitans désignés par ces mots en abréviation, comme ci-dessous:

Peu aisés, malheureux, pauvres.

 *p. a.*  *ma.*  *p.*       (4.)

— Grand scandale dans l'église de Sainte-Croix d'Orléans. Plusieurs jeunes gens de la ville se cachèrent dans ce temple et s'y laissèrent enfermer la veille du jeudi saint; ils employèrent une partie de la nuit à répandre du gros sable sur le pavé de l'église, dans les endroits que la procession des pénitens devait parcourir à genoux nus. Cette méchanceté faillit être funeste aux auteurs, qui heureusement parvinrent à s'échapper.

Cette cérémonie, qui retrace en quelques points l'ancienne pénitence publique, est présidée par le grand-pénitencier. Il conduit les pénitens en procession autour du chœur, en dehors; il les ramène ensuite dans la chapelle de St-Jean, derrière le chœur, où est son tribunal et *dont ils sont partis, couverts d'une espèce de capote, pour ne pas être reconnus même entre eux*: après qu'ils ont baisé la terre et qu'ils se sont prosternés à ses pieds, l'un après l'autre, souvent au nombre de plus de cent, il prononce sur eux l'absolution, les asperge d'eau bénite et les renvoie en leur disant : Faites pénitence et ne péchez plus. (76.)

18 *avril* 1816. — Ordonnance royale qui établit à Orléans des commissaires-priseurs au nombre de cinq, qui furent de suite installés, et ouvrirent peu de temps après leur salle de vente dans laquelle ils reçurent en dépôt toutes espèces d'objets mobiliers. (77.)

29 *avril* 1816. — Arrêté du maire d'Orléans qui oblige les domestiques des deux sexes en service dans les auberges, maisons garnies, cabarets, cafés et autres endroits publics, à avoir un livret coté et paraphé par la police. (4.)

*30 avril 1816.* — Arrêté du maire d'Orléans qui défend aux marchands de légumes et aux vignerons de s'assembler dans la rue de l'Huis-de-Fer ou au marché aux Balais, avec ordre de ne se réunir qu'au marché dit à la Volaille. (4.)

— Le gouvernement fait remettre à l'église de Notre-Dame de Cléry la belle statue faite, en 1622, par Michel Bourdin, célèbre sculpteur orléanais, pour le tombeau de Louis XI. Ce chef-d'œuvre avait été enlevé de Cléry en 1800 et porté dans la capitale pour être déposé au musée des monumens français, rue des Petits-Augustins. (77.)

*3 mai 1816.* — Le sieur Loché, employé à la mairie d'Orléans, qui avait, en 1793, sauvé le drapeau de la ville, lequel servait dans les anciennes cérémonies de la fête de la Pucelle, ayant eu connaissance que le maire avait l'intention de rétablir cette cérémonie avec les usages anciens, en fait, ce jour, la remise au corps municipal, qui le fit reparaître quelques temps après. Il fut trempé dans du café pour lui donner l'air de vétusté, après avoir été repeint à neuf.

*7 mai 1816.* — Ordonnance royale qui autorise des missions en France. Plusieurs missionnaires se répandent dans tout le royaume.

*8 mai 1816.* — Fête de la Ville, ou de la Pucelle d'Orléans, comme l'année d'avant. Il y eut une procession sans le petit Puceau et les anciennes cérémonies, que le maire n'avait pas eu le temps de préparer, et qu'il fut forcément obligé de rémettre à l'année suivante. Panégyrique par M. Ladureau, chanoine, à St-Pierre-en-Sentelée.

*10 mai 1816.* — Arrêté du maire d'Orléans relatif à l'établissement d'un bureau pour le dépôt des objets perdus et pour les renseignemens de ceux qui avaient été trouvés, dont il serait donné avis par la voie des journaux.

Ce bureau fut placé à la mairie, sous la surveillance du caissier du corps municipal, M. Crignon-Bellevue. (4.)

*2 juin 1816.* — La compagnie de canonniers et sapeurs-pompiers réunie, dont l'effectif se montait à plus de deux cents hommes, d'une très-belle tenue, fut, par les soins de

M. Pilté-Grenet, capitaine-commandant, poussée à la manœuvre jusqu'au point de faire l'exercice à feu presque aussi bien que la troupe de ligne. Pour témoigner à cette belle compagnie la satisfaction qu'il en éprouvait, le capitaine lui donna, le 2 juin 1816, une fête à sa campagne du Rondon.

Les principales autorités judiciaires, civiles et militaires, l'état-major de la garde nationale et beaucoup d'autres personnes y furent invitées.

Après avoir été passée en revue, à onze heures du matin, musique, fifres et tambours en tête, la compagnie sortit d'Orléans escortant et portant tour-à-tour un superbe buste du roi Louis XVIII, qui fut ensuite inauguré et placé au fond de la galerie du Rondon, au-dessus de la porte de la chapelle, où il est encore. Ce buste avait été commandé et disposé par la compagnie, à l'insu du capitaine, pour lui en faire la surprise et le cadeau au moment du départ.

D'Orléans jusqu'au château, et passant par Olivet, une multitude innombrable ne cessa de manifester son enthousiasme de toutes les manières. Les cris de *vive le Roi!* mille fois répétés, des guirlandes de fleurs et de feuillage, les décharges de mousqueterie, des rafraîchissemens offerts de toutes parts, tel fut le prélude de cette fête royaliste.

Arrivée au Rondon, après un moment de repos, le capitaine fit faire et commanda l'exercice à feu à sa compagnie; elle se livra ensuite aux jeux et amusemens divers, et notamment à l'escrime, et à trois heures et demie une table de trois cents couverts, placée dans la grande avenue, était occupée par un nombre égal de convives.

Tout ce que le bon goût peut offrir de plus élégant ornait le lieu de ce charmant banquet, que protégeait un temps magnifique et le délicieux ombrage de verdure. La franchise et l'union régnèrent de tous côtés; aux bruyantes expressions d'une vive gaîté se joignaient des détonnations de bombes qui se répétèrent depuis le commencement du dîner jusqu'au moment du départ.

Au dessert, on porta des santés au roi et à sa famille, au capitaine et à la garde nationale; plusieurs toasts furent aussi portés à tout ce qui se rattache au bonheur et à la prospérité du pays. La musique exécuta des morceaux du plus agréable effet. Le sieur Garnier, perruquier, caporal-fourrier, y chanta des couplets de sa composition.

L'ascension d'un énorme ballon termina les joyeux ébats et les plaisirs de cette journée. La compagnie rentra en ville dans le même ordre et aux mêmes acclamations qu'en allant, et vint rompre les rangs devant la porte de son capitaine à neuf heures du soir.

Le *Moniteur* et beaucoup d'autres journaux ont rendu compte de cette fête mémorable.

1$^{er}$ *juillet* 1816. — Liste de MM. les officiers, sous-officiers et gardes nationaux de la ville d'Orléans qui, d'après l'ordonnance du roi du 5 mai dernier, et l'autorisation accordée par S. A. Monsieur, ont obtenu, par leur fidélité constante envers leurs princes légitimes, leur amour pour leur roi, et les services rendus par leur conduite à sa personne sacrée, des brevets pour porter la *décoration du liséré couleur feuille morte*, destinée à les distinguer des autres citoyens.

### ÉTAT-MAJOR DU DÉPARTEMENT.

MM. le duc de Civrac, de Villebresme, de Montigny, de Vélard, Desfrancs aîné, de Rocheplatte.

### ÉTAT-MAJOR DE LA LÉGION D'ORLÉANS.

MM. de Bizemont, Deloynes de Milbert, de Billy, Raimbault-Desroches, Auvray-Fedou.

### 1$^{er}$ BATAILLON. — GRENADIERS.

MM. Olivier de Maisonneuve, capitaine; Hubert-Pelletier, sergent-major; Michel-Morand, sergent; Geoffroi, caporal; Varnier, Leroi, Loiseau, Lutton-Laillet, Jacquet, Tassin de Montcour, Proust, Breton.

### CHASSEURS. — 1$^{re}$ COMPAGNIE.

MM. Jules de Tristan, capitaine; Lochon-Grivot, sous-lieutenant; Boisdron, sergent-major; Fougeron fils, Larrivée, sergents; Damon, Zanole, Lemesle, caporaux; Bataille, Lorraine, Lanson, Michel Sébastien.

### 2$^e$ COMPAGNIE.

MM. de Sainte-Marie, capitaine; Malmusse de Noras,

lieutenant; Simon, sergent-major; Bordas, Boulard-Breton, caporaux; Moreau-Barbier, Patay-Lapierre, Bailly, Viot de Mercure, Guibert, Fauve, Quinton-Johanet.

### 3ᵉ COMPAGNIE.

MM. Porcher père, capitaine; Mouton-Papin, lieutenant; Borré, Courtin-Texier, sergens; Patay-Musson, Minon, Chavannes, caporaux; Lutton, Mettais, Antigna, Bruzeau, Plisson.

### 2ᵉ BATAILLON. — GRENADIERS.

MM. Noury, capitaine; Lelioux, Dubois, sergens; Hermann, Goussu-Lepage, caporaux; Martin-Farineau, Rouilly, Creuzillet, Champillon, Gallard, Chenu fils.

### CHASSEURS. — 1ʳᵉ COMPAGNIE.

MM. de Gargilesse, capitaine; Genty-Lelong, sergent; Geffrier, Breton-Chicoisneau, caporaux; Mechineau, Franchon, Gauthier-Serenne, Vieuxgai-Basseville, Dufour, Gaudry-Lamothe, Lebrun.

### 2ᵉ COMPAGNIE.

MM. Michel Morand, capitaine; Rabier-Boulard, sergent; Boire, Chartrain fils, caporaux; Blot, Boulard-Moreau, Lemaire, Zanole, Bonneau, Piétavoine, Blanchard-Vaillant.

### 3ᵉ COMPAGNIE.

MM. Hême-Lemoine, capitaine; Breton de Lanoc, sergent-major; Ligneau, sergent; Bataille, Hémeré, caporaux; Augé, Moret, Marchon, Laloue, Rochoux, Levacher-Bruzeau.

### CANONNIERS.

MM. Pilté-Grenet, capitaine; Goisbeau-Mathieu, sergent-major; Sansier, Dupuis-Fanet, Gourgoulin, sergens; Pougin, caporal; Delorme, Sanson-Gajon, Bergny, Guérin, Nollet, Riballier.

### CAVALERIE. — ÉTAT-MAJOR.

MM. le baron de Cambray, Boulard-Deslandes.

### 1ʳᵉ COMPAGNIE.

MM. Désormeaux-Crignon, capitaine; de Brouville,

sous-lieutenant; Tassin de Charsonville, maréchal-des-logis; Peret, Marteau, brigadiers; de Malmusse-Crignon, de Vandebergue-Sainville, Jacquet fils, Louvel-Miron.

### 2ᵉ COMPAGNIE.

MM. d'Halot, capitaine; de Lockart, sous-lieutenant; Sanscot, Geffrier-Pully, maréchaux-des-logis; Desjardins, Gorrand, brigadiers; Lagravière-Sautelet, Pithou, Lanson, Langlois.

### MUSIQUE.

MM. Mareau, Bordier, Démar. (*Annuaire*.)

1ᵉʳ *juillet* 1816. — La cause la plus grave qu'eut à juger la cour prévôtale fut celle de la révolte de Montargis.

Cette révolte avait eu pour cause la disette et la cherté des grains : le blé se vendait 12 f., le seigle 9 f. le double-décalitre. Des menaces de pillage faites par le peuple contribuaient à rendre le marché presque désert. Le 4 mai, une voiture de farine avait été enlevée du magasin d'un marchand et distribuée sur la place publique; plusieurs maisons avaient été pillées; le tocsin avait été sonné à Montargis et dans quelques communes voisines. En vain l'autorité avait voulu tardivement s'opposer à ces excès, sa voix avait été méconnue, et le petit nombre de gardes nationaux qui avait répondu à l'appel s'était vu désarmer : on avait arraché par force un ordre de délivrance pour les détenus. Le 6, ces scènes de désordre s'étaient renouvelées, et le peu de grain apporté sur le marché avait été pillé; des hussards venus en hâte de Chartres avaient été assaillis à coups de pierres et de bâtons dont tous les paysans étaient armés. Cependant la garde nationale s'était réunie, un détachement du régiment suisse de la garde royale, un autre de la garde départementale étaient arrivés d'Orléans, quarante des plus mutins avaient été arrêtés et force avait fini par rester à la loi.

Dès le 7, le procureur du roi et le prévôt étaient arrivés et avaient commencé l'instruction. On entendit plus de cent témoins, et quatre-vingts personnes furent mises en arrestation : vingt-cinq inculpés furent traduits devant la cour prévôtale; ils furent jugés le 1er juillet, après deux jours d'audience. Dix furent acquittés; un enfant de quatorze ans, Etienne Chéry, déclaré avoir agi sans discernement, fut rendu à ses parens; cinq, dont une femme, furent condamnés à mort; deux aux travaux forcés pendant vingt ans, et cinq à la même peine pendant cinq ans; deux au bannissement pendant cinq ans.

Les condamnés à mort, dont un avait dix-neuf ans, furent exécutés le jour même, huit heures après l'arrêt rendu. La cour, en arrivant à Montargis, s'était fait précéder de l'instrument du supplice, et on le dressa sur la place publique, en présence des condamnés aux travaux forcés, dont l'exposition eut lieu également le jour même de l'arrêt. La femme Prieur, l'une des condamnés à mort, se déclara enceinte, suivant le conseil de M. Collignon, curé de Montargis, et échappa ainsi au supplice.

Ce jour fut pour Montargis une journée de deuil et de stupeur : les boutiques restèrent fermées, les troupes seules parcouraient les rues.

Plusieurs notables habitans de Montargis, et entr'autres M. Liger, maire de cette ville, sollicitèrent avec instance le procureur du roi de surseoir pendant vingt-quatre heures à l'exécution des condamnés à mort, lui donnant l'assurance qu'avant ce temps ils seraient de retour de Paris, rapportant une commutation de peine; des juges mêmes de la cour se joignirent à eux : ce fut en vain, et l'arrêt dut être exécuté selon toute la rigueur de la loi. On dit même que l'un des magistrats prononça à cette occasion les paroles suivantes : « Nous avons lancé plus de six cents mandats d'arrêt, quatre-vingts personnes sont en arrestation et quarante sur les bancs des accusés : ce n'est pas assez, la moitié des têtes de l'arrondissement devraient rouler sur l'échafaud !... » (Un témoin oculaire.)

Le duc et la duchesse d'Angoulême passant par Montargis au mois d'août suivant, reçurent des pétitions en faveur des condamnés, et, sur leur intercession, le roi fit grâce complète à tous ces malheureux : la femme Prieur elle-même fut plus tard graciée.

FIN DU PREMIER VOLUME DE LA 3e PARTIE.

# NOTICES BIOGRAPHIQUES.

BIGOT B<sup>n</sup> de MOROGUES,
Pair de France.

*Recherches historiques sur Orléans par M<sup>r</sup> Lottin père.*

# M. LE BARON DE MOROGUES,

## PAIR DE FRANCE, CORRESPONDANT DE L'INSTITUT.

---

M. le baron Bigot de Morogues (Pierre-Marie-Sébastien) est né à Orléans, le 5 avril 1776. Il était issu d'une noble et ancienne famille qui a fourni à la France des magistrats et des militaires distingués. Son père était major de vaisseau : son aïeul, lieutenant-général des armées navales, inspecteur-général de l'artillerie de marine, est auteur de plusieurs ouvrages estimés sur la tactique navale : il commandait, avec le grade de capitaine, un vaisseau de l'armée de M. de Conflans, lors de la malheureuse bataille livrée par ce général. Il soutint seul pendant trois heures le feu de trois vaisseaux anglais, donna ainsi à l'arrière-garde le temps de se rallier, et la ramena dans le port. Le bisaïeul de M. de Morogues, M. Bigot de la Mothe, conseiller d'État, était intendant-général de la marine et de la province de Bretagne. Ce fut sous sa direction qu'eut lieu l'établissement des ports de Brest et de Lorient.

M. de Morogues, selon l'exemple de ses ancêtres et le vœu de sa famille, se destinait à la marine ; il passa ses premières années à l'école militaire de Vannes. Il s'y livrait avec ardeur à l'étude des sciences exactes, lorsque la révolution éclata et vint mettre obstacle à ses projets. L'école de Vannes fut supprimée. M. de Morogues tourna les yeux vers une autre carrière dans laquelle il pût se rendre utile à son pays. En 1794, il entra à l'École des mines, et, sous Vauquelin et Haüy, s'adonna à l'étude de la chimie, de la minéralogie et de la géologie. Il prit surtout un goût très-vif pour ces deux dernières sciences, et dès cette époque, il commença à se faire remarquer par les publications dont il enrichit la plupart des recueils scientifiques. Ce fut livré entièrement à ces travaux paisibles qu'il traversa nos temps de troubles et qu'il échappa à leurs désastres.

Dans le dessein de voir par lui-même les gisemens des minéraux, d'étudier l'art de les extraire et de compléter, en les appliquant, les notions qu'il avait acquises dans ses études, il parcourut la Bretagne, les Vosges, le Jura, la Suisse, la Savoie, le Limousin, recueillant partout des notes. Il les utilisa plus tard lorsqu'il rédigea différens mémoires sur des points de géologie et de minéralogie, qui lui valurent l'honneur d'être cité avec éloge par Brongniard et Cuvier. Plusieurs de ces mémoires, notamment celui qui eut pour objet les aérolithes, furent accueillis avec faveur par l'Académie des Sciences.

Revenu dans ses foyers, son mariage avec mademoiselle de Montaudoin le rendit propriétaire de la terre de la Source du Loiret. Il dirigea alors l'activité de son esprit vers l'étude de l'agriculture, et y appliqua ses connaissances. Il entreprit surtout de démontrer et de prouver par son exemple que la culture des terres du Val de Loire et de la Sologne était susceptible d'une grande amélioration. Il se voua à cette tâche : pendant plusieurs années, ses écrits, ses recherches, ses expériences n'eurent pas d'autre but. Le succès couronna ses efforts. C'est à lui qu'on doit en grande partie cet heureux changement et cet élan qui ont amené dans le Val la riche culture et la prospérité qui y règnent aujourd'hui.

Deux mémoires, sur l'appropriation des bois aux divers terrains de la Sologne et sur les principaux moyens d'amélioration qu'elle présente, publiés en 1811, furent suivis, en 1822, d'un ouvrage méthodique sur les moyens d'améliorer l'agriculture en France et surtout en Sologne. Analysé dans tous les journaux scientifiques, cet ouvrage fit nommer immédiatement son auteur membre de la Société royale d'Agriculture : il excita et détermina des entreprises agricoles importantes. Des améliorations sérieuses furent essayées en Sologne ; les terres y acquirent une plus grande valeur ; les bois, et surtout les bois résineux, s'y multiplièrent ; des racines nutritives y furent cultivées ; l'assolement se perfectionna, il amena plus de récoltes et plus d'engrais. La Sologne entra dans la voie des progrès où elle a continué à marcher depuis.

Il est peu de parties de l'agriculture que n'ait étudiées M. DE MOROGUES et sur lesquelles il n'ait jeté quelque lumière, produit de sa longue expérience.

Dans ces dernières années, quand MM. Pourrat conçurent l'idée de faire pour la science actuelle ce qu'avait en son temps l'abbé Rozier, et voulurent publier un Cours complet d'agriculture et d'économie rurale, M. DE MOROGUES fut l'un des premiers auxquels ils s'adressèrent; il répondit avec empressement à cet appel et fournit un grand nombre des articles de l'ouvrage : il eut à traiter surtout les sujets qui exigeaient le plus de recherches et de savoir. C'est à sa plume que sont dus dans ce livre les articles *Blé*, *Céréales*, *Bêtes ovines*, *Douanes*, *Impôts*, etc.

L'agriculture n'était pas seulement pour M. DE MOROGUES la science pratique et toute domestique qui se renferme dans l'intérieur d'une exploitation, ou celle qui se borne à répandre plus d'aisance dans une contrée; il la considérait d'un point de vue plus élevé, dans ses rapports avec la prospérité du pays tout entier, avec le commerce intérieur et étranger, avec les besoins des diverses classes du peuple; il voulait y trouver un soulagement à toutes les misères, un préservatif à tous les dangers. Il porta sur ces matières l'œil et la méditation du philosophe, et se trouva ainsi conduit naturellement à l'étude de l'économie politique, cette science si vaste, si jeune encore et si peu étudiée, bien qu'elle compte déjà tant de révolutions et tant d'écoles diverses et opposées.

Ce fut en 1814, au moment de la chute de l'Empire, que M. DE MOROGUES se livra à cette nouvelle étude. A cette époque d'ébranlement et de rénovation sociale, les esprits élevés et sérieux, se détachant des passions du moment, se trouvaient poussés vers de graves pensées : M. DE MOROGUES fut de ce nombre. Il sentit quelle importance la forme et les principes du gouvernement représentatif allaient donner aux études politiques, quelle influence elles exerceraient sur l'avenir de ce gouvernement, et il s'y appliqua avec ardeur.

Ici l'on ne saurait apprécier le savant sans parler en même temps de l'homme politique; car ce ne fut jamais la science abstraite que cultiva M. DE MOROGUES, ce ne fut jamais, comme il n'arrive que trop souvent, de simples théories qu'il poursuivit; il étudiait pour appliquer, il s'instruisait pour agir; la science, pour lui, c'était le moyen et non le but; ce qu'il lui demandait, ce n'était pas l'honneur ou le renom de passer pour savant, c'était le pouvoir d'éclairer, c'était la faculté d'être utile. Être utile, faire le bien, telle fut sa passion d'homme public, comme sa passion d'homme privé.

De même qu'il avait appliqué ses connaissances agricoles à l'amélioration des pays pauvres, ce fut principalement à l'amélioration des classes pauvres et souffrantes de la société qu'il consacra ses études politiques.

A ses yeux, le gouvernement représentatif était l'expression des idées qui avaient amené notre révolution sociale; ce qu'il y voyait, ce qu'il y estimait avant tout, ce qui l'en rendait partisan, c'était l'affranchissement des intelligences. Son premier vœu était que ces intelligences fussent au niveau de leurs droits et comprissent bien leurs devoirs. Éclairer le peuple, l'instruire, telle fut donc la première chose que M. de Morogues regarda comme nécessaire dans notre gouvernement devenu libre. Nul plus que lui ne fut l'ami, le propagateur de l'instruction primaire. Il l'aida et la soutint à Orléans par tous les moyens en sa puissance. Sous la Restauration, à une époque où le pouvoir était loin de voir avec faveur de pareilles entreprises, c'est à son zèle éclairé et indépendant, c'est au concours des honorables citoyens qui se réunirent à lui que fut due la première école mutuelle fondée dans la ville; il concourut également à la création d'une école normale primaire, germe de celle aux développemens de laquelle il applaudit plus tard et dont il se faisait honneur, même aux derniers temps de sa vie, de présider la commission de surveillance.

S'il voulait que le peuple fût éclairé, il ne voulait pas moins ardemment qu'il fût heureux; il le voulait et dans l'intérêt des classes pauvres et dans celui de l'ordre social lui-même. C'est sous ce double rapport qu'il se livra à l'examen du paupérisme, cette plaie des sociétés modernes, qu'il en rechercha les causes avec soin, et s'appliqua à y trouver un remède. Le sort des classes industrielles excita vivement sa sollicitude; il signala et constata d'une manière exacte l'accroissement du malaise de ces classes suivant partout les progrès et le développement de l'industrie; il porta toute son attention sur le résultat de l'emploi des machines. Plus que personne, M. de Morogues sentait l'importance et la beauté de la science qui met à la disposition de l'industrie les forces aveugles de la nature et les fait servir au bien-être de la société; ce n'était pas seulement comme une nécessité qu'il admettait l'emploi des machines dans nos fabriques, c'était comme un bienfait réel; il sentait que c'est par elles seules qu'avec moins de frais on peut obtenir une quantité supérieure de produits et qu'en économisant le travail on peut multiplier les objets de consommation tout en en diminuant le prix, que c'est par elles qu'il est possible de soutenir la concurrence de l'étranger. Mais il voyait ces bienfaits accompagnés de malheurs; il voyait les machines amenant, au moment de leur adoption, le manque d'emploi d'une foule de bras, faisant dans l'industrie d'utiles révolutions, mais trop souvent, avant qu'elles eussent produit tout leur effet, devenant fatales à un grand nombre d'existences industrielles. Profiter des bienfaits et prévenir ou soulager les désastres, tel était l'objet de ses méditations. Il chercha le palliatif à ces maux, et indiqua, comme y devant porter remède, la protection qu'il réclamait du gouvernement pour la petite culture. L'établissement de colonies agricoles dans les parties incultes de nos provinces fut à ce titre vivement sollicité par lui. Il demandait qu'à l'aide de colonies établies dans nos landes, dans nos bruyères, on créât aux ouvriers des travaux à leur portée et qu'ils trouvassent prêts au moment où les leurs les quitteraient; que l'industrie agricole y fût appelée à guérir la plaie faite par l'industrie manufacturière; et, luttant contre le torrent qui tend à entraîner dans les villes une partie de la population rurale, il voulait que la portion inoccupée de nos cités trouvât de l'avantage à émigrer dans les champs.

En plaignant les misères des classes pauvres, il ne perdait pas de vue l'intérêt de la société entière; il ne pensait pas, comme quelques économistes moroses et à vue courte, que la richesse des uns fût un obstacle au bien-être des autres; et loin de se déchaîner contre le luxe, il voulait qu'on l'encourageât, et qu'en le dirigeant utilement on l'appelât au secours et au soulagement de l'industrie souffrante. Loin de voir dans le luxe une cause de ruine et de décadence pour les états, il le regardait, et à bon droit, comme destiné à soutenir et à accroître la prospérité du commerce; il y trouvait un moyen d'assurer aux ouvriers le salaire et le travail dont parfois les machines venaient à les priver.

Plusieurs fois il reprit et éclaira ces importantes questions.

Tout en voyant dans le bien-être matériel du peuple une cause d'ordre et de stabilité, il était loin d'y placer, comme quelques-uns, la seule garantie de la tranquillité et de la conservation publiques : il y demandait une base première plus étendue, plus noble et plus assurée. Cette base, il la trouvait dans la morale et dans l'union de celle-ci avec les principes religieux. Deux ouvrages importans de M. DE MOROGUES, la *Politique religieuse et philosophique*, 1827, et la *Politique basée sur la Morale*, 1834, sont le développement de cette idée. Après avoir montré les principes de religion et de morale, et les affections de famille présidant à l'établissement, à l'accroissement, à la consolidation de toute société, il les fait voir favorisant le développement de l'esprit humain, en assurant la marche progressive, en pacifiant, en affermissant les conquêtes; il les examine dans leurs différens rapports avec l'éducation, le commerce, l'industrie, les associations, l'esprit administratif, et surtout avec les principes du gouvernement. Il s'attache principalement à démontrer combien cette base est nécessaire au gouvernement représentatif si mobile de son essence, si exposé au choc des passions.

L'affermissement de ce mode de gouvernement en France, était le plus ardent des vœux de M. DE MOROGUES, l'objet le plus constant de ses méditations. Il voulait, avant tout, rendre nos institutions plus populaires en les accordant avec les besoins des grandes masses de la société.

La nécessité de constituer l'élément aristocratique, et d'assurer à la chambre des pairs le rang et l'influence qu'elle doit avoir, pour le bien général, au milieu de notre société démocratique, le préoccupait vivement. Le mérite personnel, les grands services rendus à l'État lui semblaient les titres nécessaires pour y être admis et les plus propres à acquérir à ce grand corps l'éclat et le respect indispensables à son action.

Avant tout, ami de son pays, il n'hésita jamais à proclamer, à proposer ce qui lui semblait juste et utile : le devoir fut sa règle constante, et toujours il le préféra à l'intérêt.

Ce ne fut jamais qu'à ses convictions qu'il obéit, et ses convictions étaient profondes et désintéressées; aussi les adversaires de ses doctrines, et il n'en manqua pas, furent toujours les premiers à reconnaître en lui la droiture et la loyauté de ses intentions, l'indépendance de ses principes. Né dans une classe élevée, à une époque où elle était encore privilégiée, ce fut sans rancune qu'il vit s'évanouir les priviléges qu'il était appelé à partager; il adopta franchement le principe de l'égalité, et ses sympathies furent toujours pour la cause populaire: grand propriétaire, la division de la propriété lui semblait utile, et il demandait qu'on protégeât surtout la petite culture; placé dans les plus hauts rangs de la société, ce fut principalement l'intérêt des classes pauvres qui excita son active sollicitude; attaqué lui-même par la presse et témoin des excès auxquels elle se livrait, il n'en resta pas moins le partisan de sa liberté, qu'il regardait comme de l'essence de notre gouvernement.

Ces principes d'un libéralisme aussi prononcé que sage, devaient, sous la Restauration, le placer dans les rangs de l'opposition; il y figura avec cette modération ferme qui faisait le fond de son caractère, et dont jamais on ne le vit se départir. Il fut du nombre de ceux qui tâchèrent en vain d'éclairer, sur ses vrais intérêts et sur les vœux du pays, un gouvernement aveuglé; et quand éclata la révolution de juillet, sans cacher la compassion qu'il éprouvait pour d'augustes infortunes, il la salua de ses vœux, et se rallia sur-le-champ à la cause nationale : il soutint le pouvoir qui devenait la condition et la garantie du maintien de l'ordre. Fidèle aux principes de toute sa vie, il fut bientôt du nombre de ceux qui s'unirent pour protéger cette révolution contre l'abus qu'on voulait faire de ses doctrines et pour la maintenir dans les justes bornes où les efforts de ses partisans éclairés et la sagesse de la nation ont su la conserver.

M. de Morogues avait vu beaucoup des vœux émis par lui dans ses ouvrages publiés sous la Restauration, plusieurs des améliorations qu'il indiquait comme des développemens nécessaires de notre mode de gouvernement, réalisés et consacrés par la révolution de 1830. Ce fut pour lui une preuve qu'il avait bien saisi l'esprit de nos institutions et bien apprécié leurs rapports avec les besoins du pays : ce lui fut un nouvel encouragement à se livrer d'une manière plus suivie à ses études politiques.

C'est ainsi qu'il se préparait à la haute dignité qui allait récompenser ses travaux et lui donner un plus noble moyen d'en employer les fruits. Créé chevalier de l'ordre de la Légion-d'Honneur, en 1835, il fut nommé pair de France peu de temps après. Depuis ce moment, il prit une part active à toutes les discussions qui s'élevèrent devant le parlement, et ni les souffrances, ni la maladie même ne l'empêchèrent d'y participer.

Le même zèle qu'il avait employé pendant 25 ans, dans les modestes fonctions de maire de la commune de St-Cyr-en-Val, la même ardeur qu'il avait montrée au conseil d'arrondissement, et plus tard au conseil général du Loiret, il les apportait à la chambre des pairs. Rien n'aurait su l'en détourner. Un jeune réfugié polonais, accueilli par lui, l'engageait un jour, au nom de sa santé gravement atteinte, à ne pas se rendre au Luxembourg : « Quand vous aurez votre Pologne, lui dit-il, vous saurez alors combien il est doux de remplir ses devoirs de citoyen. » Il se fit porter à la chambre, et ce fut pour la dernière fois : ses forces défaillantes ne lui permirent plus d'y retourner.

Ramené à Orléans, au milieu de sa famille, il succomba à ses souffrances le 15 juin 1840, à l'âge de 65 ans.

Les honneurs politiques ne furent pas les seuls qui récompensèrent les travaux de M. de Morogues : lorsqu'on rétablit la classe des sciences morales de l'Institut, il fut l'un des premiers nommé membre correspondant de cette académie. Il est peu de sociétés savantes étrangères dont M. de Morogues n'ait été membre ; il n'en est peut-être pas une en France dont il n'ait été le correspondant ou l'associé.

La vie privée de M. de Morogues était une vie toute d'étude et de famille : c'est là surtout que ceux qui l'ont vu ont pu apprécier tout ce qu'il y avait de bonté, de loyauté et de force dans son caractère. Tourmenté sans relâche par la goutte, et presque toujours aux prises avec d'horribles souffrances, son humeur semblait inaltérable, et il était d'une sérénité parfaite. Toujours doux, prévenant, facile, d'une politesse empressée, à quelque moment qu'on le trouvât, de quelque chose qu'on vînt l'entretenir, on le voyait calme, tolérant, impartial ; s'il se souvenait d'un tort qu'on avait pu avoir envers lui, c'était pour montrer qu'il l'avait pardonné ; s'il avait quelque reproche, quelque mot de censure à adresser, c'était avec tant de bienveillance qu'il le faisait, qu'on eût plutôt dit qu'il donnait un conseil.

Rompu au travail, sobre de paroles, il était ménager du temps ; il n'y avait qu'une occasion où il le prodiguât volontiers, c'est lorsqu'il s'agissait d'obliger. Il semblait, pour rendre service, retrouver la santé et des forces nouvelles : là il était infatigable ; il l'était également dans sa bienfaisance, noblement secondé, dans l'exercice de ces vertus, par la femme si distinguée, à tant de titres, qu'il avait su choisir pour compagne. C'est ainsi qu'il a vécu, honoré de tous, entouré de sa nombreuse famille, dont il était l'exemple et le lien ; c'est ainsi qu'il est mort avec le calme religieux d'un homme de bien qui a la conscience d'avoir fourni une vie utile, pleuré de sa famille et de ses amis, emportant l'estime de ses concitoyens et les regrets de tous les partisans du bien public.

J.<sup>Bte</sup> LOUIS AUGUSTIN COUET

BARON DE MONTARAND.

Chevalier de la Légion d'Honneur
Procureur Général près la Cour Royale d'Orléans

Né au Cap Français, Isle S.<sup>t</sup> Domingue, le 16 Juillet 1756, mort le 16 Octobre 1824.

Recherches historiques sur Orléans
par M.<sup>r</sup> Lottin père.

# M. DE MONTARAND.

Montarand ( Jean-Baptiste-Louis-Augustin Couet baron de ), né en 1756, au Cap-Français, île de Saint-Domingue, originaire d'une très-ancienne famille d'Orléans, fut envoyé en France pour y faire ses études de latinité et de droit. Il trouva dans l'amitié des maîtres auxquels il fut confié, les leçons qui font les bons magistrats et les bons chrétiens. Il profita de cette éducation : sa vie en offre la preuve. Nommé par Louis XVI, à 22 ans, sur la recommandation de Madame Louise de France, et par dispense d'âge, conseiller-assesseur à la sénéchaussée du Cap, il passa en 1780 conseiller au conseil supérieur; il en exerça les fonctions jusqu'à l'incendie du Cap. En 1793, il fut proscrit, à cause de ses opinions politiques, par les commissaires du gouvernement révolutionnaire : sa tête fut mise à prix. Il se réfugia dans la rade, sur la barque d'un caboteur jusqu'au départ d'un navire américain. L'honnête caboteur l'avait reconnu; mais, par délicatesse, il ne le lui fit point apercevoir, et ce ne fut qu'au moment de s'embarquer qu'il lui dit : *Adieu, M. de Montarand.* Il se retira à New-York, où il épousa, en 1797, la fille de M. Jauvin de Leogane, riche colon, administrateur distingué et courageux, qui s'était également éloigné de la colonie, après avoir perdu l'espoir d'y maintenir l'autorité de Louis XVI. En 1802, il fut rappelé à Saint-Domingue et fait président du tribunal de première instance au Port-au-Prince. Les Français ayant évacué cette ville en 1803, il alla à l'île de Cuba, avec une grande partie de la population française. De là, il se rendit à Santo-Domingo, auprès du général Ferrand qui commandait la partie espagnole cédée à la France. Il fut nommé procureur-général près la cour d'appel. A l'époque de la guerre d'Espagne, cette ville fut assigée par les Anglais et les Espagnols réunis. Montarand eut souvent occasion de montrer qu'il joignait aux vertus du magistrat la bravoure d'un officier. Il eut le commandement en second de la compagnie administrative qui combattit d'une manière très-brillante. Le blocus dura huit mois ; les habitans et l'armée éprouvèrent toutes les horreurs d'un siége prolongé. Après une résistance opiniâtre, les Français capitulèrent. Montarand fut conduit, en 1809, prisonnier à la Jamaïque, et perdit, par suite des désastres de Saint-Domingue, une fortune considérable. Il soutint le malheur avec autant de constance qu'il avait mis de courage à défendre son pays. Les revers purent détruire sa fortune, mais ne purent changer son cœur. Toujours son caractère fut gai, et son accueil bienveillant. Entre plusieurs traits de bienfaisance, nous citerons les deux suivans : Un homme auquel il ne devait rien, se voyant arrêté pour dettes, donna à prendre sur lui une somme assez forte. La somme fut payée, et l'honneur d'un homme malheureux resta intact. Un autre fois il donna tout l'argent qu'il avait en sa possession pour sauver un de ses amis réduit à une position désespérée. Rentré en France en 1811, il voulut se fixer dans la ville qu'avaient habitée ses ancêtres. Il fut nommé conseiller à la cour d'Orléans. Le retour des Bourbons lui fit oublier tous ses malheurs. En septembre 1814, Louis XVIII le nomma chevalier de la Légion-d'Honneur. Aux approches du 20 mars, il s'enrôla dans les gardes à pied de la maison militaire du Roi, et prit immédiatement un service actif. Dans les Cent-Jours, il refusa le serment à Napoléon. Il fut nommé, en novembre 1815, conseiller à la cour royale de Paris, et en janvier 1816, procureur-général près la cour royale d'Orléans. Dans ces éminentes fonctions qu'il remplit jusqu'à sa mort, et dans lesquelles les moyens de faire le bien et le mal sont si nombreux et si faciles, M. de Montarand prouva combien le Roi avait fait un bon choix. Plein de douceur et d'humanité, le malheur trouvait toujours accès et secours auprès de lui. Il employa tous ses efforts pour faire diminuer, à l'aide du recours en grâce, la sévérité des peines qu'il était obligé de requérir. Sa maison était celle des conseillers et de tous les juges du ressort de la cour, et, au ton qui régnait dans sa société, on croyait retrouver en lui un magistrat de nos anciens parlemens. En juin 1816, il fit remise au gouvernement de la somme à laquelle il avait été imposé, dans la contribution extraordinaire de 100,000,000. Le Roi lui fit écrire par M. le chancelier Dambray, pour lui témoigner sa satisfaction touchant cet acte de désintéressement, dans les circonstances difficiles où se trouvait l'État. Chargé d'une correspondance immense, il sut conserver de la dignité dans son style et exprimer de l'intérêt jusque dans ses réprimandes. Ses expressions claires et précises naissaient d'une âme qui n'avait rien à cacher. C'était un magistrat mesurant, sous l'inspiration d'une conscience délicate, les abus qu'il découvrait; un vieux serviteur des Bourbons apprenant aux plus égarés combien il est doux de servir de si bons maîtres; un homme éprouvé par le malheur, encourageant à supporter avec force et dignité les chagrins qu'on rencontre dans les révolutions; en un mot, c'était un homme plein d'honneur et de bonté. Plusieurs accusés avaient été condamnés par arrêt de la cour d'assises du Loiret à la peine capitale. Après le rejet du pourvoi, le jour de l'exécution arrive, un des condamnés n'est point amené au supplice : on cria à l'injustice. Le procureur général, qui pendant toute sa vie avait donné de si beaux exemples, avait eu le sentiment de l'innocence de ce dernier. Voulant éviter d'amers regrets, il pensait à recourir à la sollicitude gracieuse du roi. Il prit sur lui toute la responsabilité, suspendit l'exécution de l'arrêt et tint bon contre les réclamations, les avis et les ordres des lois, et écrivit au garde-des-sceaux. Il eut la joie d'arracher ce malheureux à la mort et de voir, par la suite, la bonté dans sa conduite justifiée par une disculpation sur toutes les circonstances du crime à l'égard de cet homme qui existe encore. Dans une autre circonstance, portant la parole contre un homme accusé d'une tentative d'assassinat, dont les antécédens excitaient la commisération d'une partie de la ville, l'habile avocat de l'accusé réclama sa générosité en faveur de son client : « Je ne suis point ici, répliqua M. de « MONTARAND, pour être généreux, mais pour être juste. » L'accusé fut condamné.

Parmi plusieurs *discours* remarquables, il est impossible de ne pas citer celui qu'il prononça lors de l'installation de la cour d'Orléans en 1816, et celui qu'il fit en 1824 à l'occasion de l'avènement de Charles X au trône. Ces deux discours méritent d'être placés à côté de ceux des hommes célèbres dont s'honore la magistrature française. Ce fut le dernier acte de son ministère : il fut atteint d'une maladie dont les commencemens ne présageaient pas une issue aussi funeste. Sentant son mal, il demanda les sacremens, les reçut avec une foi vive, et mourut. Sa veuve et son fils ont fait graver sur son tombeau l'épitaphe suivante :

Magistrat intègre, royaliste éprouvé,<br>
Ami sûr, homme de bien,<br>
Il s'est endormi dans les bras de la religion,<br>
Le 16 octobre 1824.

Les sentimens exprimés par la cour d'Orléans sont tels qu'il n'est réservé qu'à un petit nombre de magistrats d'en inspirer de semblables. « La cour royale d'Orléans ( les chambres assemblées ),
« pénétrée de la plus vive douleur, arrête que le registre des dé-
« libérations contiendra l'expression de sa sensibilité, sur la
« perte qu'elle vient de faire. Elle regrette dans M. le procureur-
« général DE MONTARAND, un magistrat intègre, éclairé, coura-
« geux, recommandable par des opinions constamment roya-
« listes et une conduite toujours chrétienne, par une probité,
« une franchise et une loyauté dignes des temps anciens. Elle
« reporte sur son fils, auquel la carrière judiciaire a déjà été
« ouverte, l'affection qu'elle avait vouée à son respectable père. »

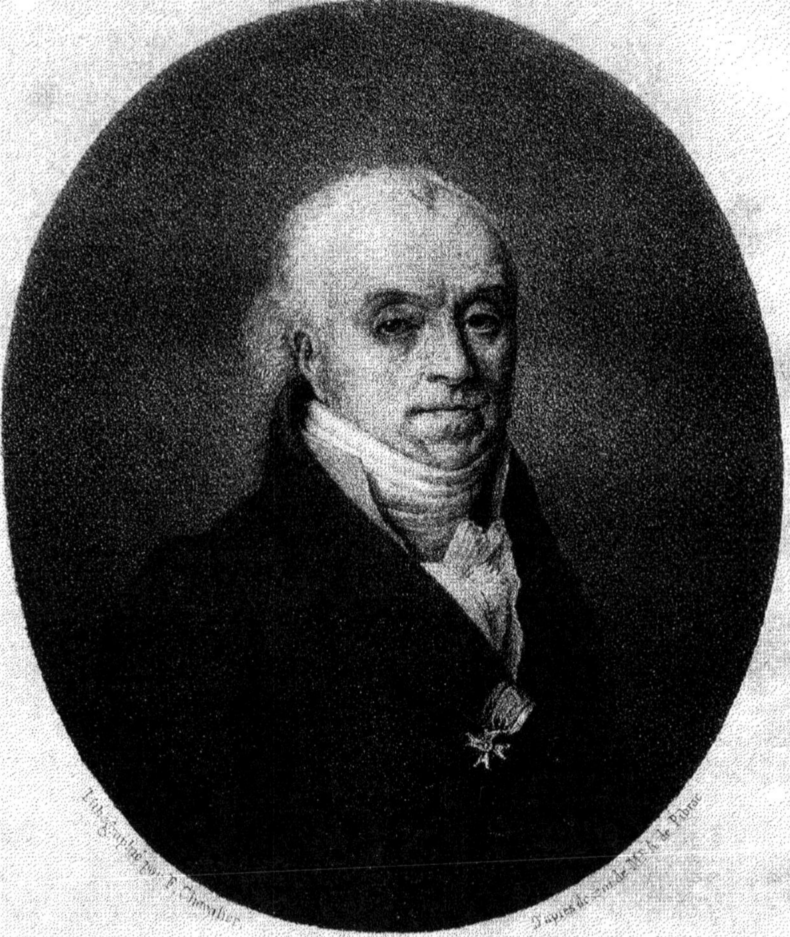

Lithographié par F. Chevalier — D'après le [illegible] de M. le C. de Pibrac

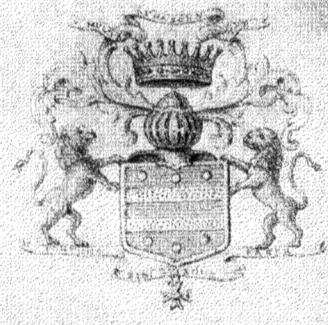

DANIEL DUFAUR

Comte de PIBRAC

*Recherches historiques sur la ville d'*
*par Lottin père. Vol. 7.*

Im. Lemercier, Benard et Cie

# FAMILLE DU FAUR DE PIBRAC.

Il paraît étonnant, au premier abord, de trouver dans une histoire d'Orléans une notice sur une famille languedocienne; mais cette singularité disparaît bientôt, quand on se rappelle que plusieurs membres de cette maison s'illustrèrent dans notre ville à différentes époques, et que le nom Du Faur est encore porté au milieu de nous par les descendans de cette ancienne famille. Ce nom a retenti tant de fois dans l'enceinte des parlemens, et s'est mêlé si souvent aux événemens politiques qui agitèrent le midi de la France, qu'il suffit, pour constater sa célébrité, de parcourir les annales du Languedoc.

Nous trouvons, dès l'année 1282, un Guillaume Fabri (*) ou Du Faure, nommé capitoul de Toulouse avec onze autres habitans de cette ville. L'auteur qui nous a conservé leurs noms, ne nous donne aucun détail sur leur administration; aussi ne présentons-nous ici ce Du Faur que comme un premier anneau auquel nous viendrons rattacher plus tard la chaîne brillante des noms qui ont illustré la famille dont il commence l'histoire. Cette illustration ne se fit pas attendre : car dès l'an 1310 nous voyons Raymond Du Faur et un autre capitoul se jeter au-devant du peuple au moment où les Toulousains, exaspérés par les apprêts du supplice de Pons de Brissac, l'avaient arraché des mains du bourreau, et se précipitaient vers l'église de Saint-Étienne pour massacrer les membres du parlement qui s'y étaient

(*) Pour ne laisser aucun doute sur la signification du mot *Fabri*, La Faille, tome I, page 40, le traduit lui-même par le mot Du Faur.

réfugiés. Du Faur, dans cette circonstance, prouva qu'il y a loin du cœur d'un honnête homme au poignard d'un séditieux, car aucun n'osa le frapper, et le parlement traversant la foule des factieux, sortit de Toulouse sous la sauve-garde de ces deux braves capitouls. A ce trait de courage, nous pourrions ajouter quelques faits moins brillans, à la vérité, mais qui n'en sont pas moins honorables.

Telle est, par exemple, la fameuse ordonnance que Pierre Du Faur, capitoul en 1344, obtint de Philippe VI contre les sénéchaux du Languedoc; ordonnance par laquelle il leur était défendu d'élever des forteresses près des grandes villes. Le but de Pierre Du Faur, en faisant une action qui lui suscita tant d'ennemis, avait été d'empêcher les seigneurs de cette époque d'attirer autour de leurs châteaux une partie des habitans des villes auxquels ils offraient de grands priviléges; car il avait reconnu lui-même la triste influence que cet usage avait eu sur la population de Toulouse qu'il voyait diminuer tous les jours. Nous ne nous arrêterons pas aux actes administratifs auxquels prirent part les descendans de Pierre Du Faur qui siégèrent au Capitole pendant les années 1346, 1363 et 1404. Ces actes sont généralement de peu d'importance, et occuperaient dans cette notice une place qui doit être réservée à des événemens plus mémorables. D'ailleurs il nous sera facile maintenant de faire un choix dans cette multitude de faits qui ont illustré la famille Du Faur, puisque nous sommes arrivés à une époque où, sortant pour ainsi dire du berceau, ce nom va grandir sous une auréole de gloire qui brillera sur lui pendant quatre siècles.

<small>La Faille, t. I, p. 86.</small>

Gratien Du Faur, fils de Jean Du Faur, sénéchal d'Armagnac, fut le premier de la famille qui reçut le mortier de premier président au parlement de Toulouse, insigne honorable qui plus tard fut porté avec tant d'éclat par ses descendans, et que lui-même devait à sa profonde érudition et aux services qu'il avait rendus au roi, comme ambassadeur auprès des Suisses et de l'empereur d'Allemagne. Le 20 octobre 1483, il obtint pour les cousins germains de Charles VIII, dont il était tuteur, une pension de six mille livres de rente. Ce fut la seule ressource qui restât à ces malheureux princes après la mort de leur père, dont les biens avaient été confisqués, et c'est le dernier souvenir que l'histoire nous ait conservé de lui. Il mourut peu de temps après laissant à son fils Arnaud Du Faur la tâche difficile de soutenir la réputation brillante qu'il emportait au tombeau. Arnaud ne tarda pas à suivre un si bel exemple. Bientôt on le vit siéger à la place où s'était distingué son père, jusqu'au moment où, victime lui-même du désintéressement dont il avait fait preuve en demandant

<small>Dom Vaissette, Hist. gén. du Languedoc, t. V, c 62.</small>

la suppression des gages du parlement, il fut banni de cette assemblée par ses collègues. Il alla finir ses jours dans la maison de ses pères, sur le fronton de laquelle il écrivit ces mots d'Horace qui devinrent depuis la devise de la famille : *Multa renascentur.* Arnaud fut le chef des trois branches dans lesquelles se subdivise la famille Du Faur. Notre but n'étant pas d'établir ici la généalogie de cette maison, nous négligerons la suite des filiations, pour ne nous occuper que de l'ordre chronologique dans lequel vont se présenter les événemens et les noms dont il nous reste à parler.

Généalogie imprimée en 1649, p. 2, Bibliothèque royale.

Les premiers qui s'offrent à nos regards dans le riche tableau que l'histoire déroule devant nous sont : Louis Du Faur, seigneur de Grateins, et Gui Du Faur de Pibrac, petits-fils l'un et l'autre d'Arnaud Du Faur dont nous venons de parler, et tous deux dignes de porter le nom qu'il leur avait transmis. Le premier était conseiller au parlement de Paris lors de la fameuse mercuriale qui se tint aux Augustins le 15 juin 1559. Seul avec Anne Du Bourg, il osa dans cette assemblée reprocher au roi le sang français que le fanatisme religieux lui avait fait répandre. Louis Du Faur poussa même le courage jusqu'à dire à ce prince qu'il méritait qu'on lui appliquât ces paroles que le prophète Élie adressa, dans une semblable occasion, au roi Achab : Qui êtes-vous ? vous qui portez le trouble dans Israël ! *Quis es tu, Israelis perturbator !* Il paya cher cette courageuse sortie ; car sur-le-champ Henri II le fit jeter, ainsi qu'Anne Du Bourg, dans les cachots de la Bastille. Quelque temps après Anne Du Bourg allait cueillir sur l'échafaud une couronne d'immortalité, et Du Faur ne dut son salut qu'à l'immense crédit de sa famille ; mais il fut néanmoins forcé de quitter les charges dont il était revêtu, et il se retira à Toulouse, jusqu'au moment où le roi de Navarre le fit son chancelier et l'envoya avec le titre d'ambassadeur vers les princes d'Allemagne. C'est lui qui, au retour de cette honorable mission, négocia une partie des traités qui se firent entre le roi de Navarre et Henri III ; et ce fut à la suite d'un de ces traités, par lequel Henri donnait au roi de Navarre deux passages sur la Loire, Saumur et Jargeau, que ce prince confia le commandement de cette dernière ville à Jean Du Faur de Courcelles, celui qui plus tard recouvra les fameuses *basiliques*, dont il fit présent au président de Saint-Jorry, son frère. Jean Du Faur était cousin-germain de l'illustre Gui Du Faur de Pibrac qui devait ajouter un nom immortel à ceux que lui avaient laissé ses ancêtres, en se distinguant également comme magistrat, comme poète et comme homme d'état. Nous le suivrons successivement dans ces différentes carrières.

Daniel, Hist. de France, t. VIII, p. 29.

La Faille t. II, p. 192.

Histoire de Jargeau, par de Pay, — et Le Maire, Hist. d'Orléans, p. 9.

Gui Du Faur avait à peine vingt ans que le célèbre professeur André Alciat le proposait déjà pour modèle dans les cours de droit qu'il faisait à Padoue. Bientôt il quitta l'Italie, et dès son arrivée à Toulouse fut nommé conseiller au parlement de cette ville. Il avait alors vingt et un ans. Huit ans plus tard, en 1557, nous le retrouvons revêtu de la dignité de juge-mage, et ce fut en cette qualité qu'il assista aux états-généraux que Catherine de Médicis réunit à Orléans le 13 décembre 1560. On lut dans cette assemblée le cahier des doléances du tiers-état, que Gui Du Faur avait rédigé lui-même, et que dom Vaissette nous a conservé dans les preuves de son histoire du Languedoc. Il épousa vers cette époque Jeanne de Custos, dame de Pibrac, et prit alors le nom de Gui Du Faur de Pibrac qu'il conserva dans la suite. Nommé avocat-général au parlement de Paris, en 1565, il eut souvent dans cette charge l'occasion de faire briller son éloquence, et s'y acquit même une si grande réputation, que cinq ans après le roi crut devoir rendre hommage à son mérite en le nommant conseiller-d'état. Il ne manquait plus qu'un titre à Pibrac pour clore dignement la brillante carrière qu'il avait parcourue comme magistrat, et ce titre le roi le lui donna en le faisant asseoir sur un des premiers trônes de la justice. Il fut nommé président au parlement de Paris l'année 1557. Nous ne nous étendrons pas sur la réputation qu'il laissa après lui dans cette place importante : l'histoire lui rend justice, et nous ne ferions que répéter ce que tant d'autres ont dit avant nous. Nous allons seulement l'enlever un instant aux occupations graves et sévères de la magistrature, pour le suivre dans ces compositions naïves auxquelles tous les peuples ont rendu justice en les reproduisant dans leur langue. Tout le monde connaît les fameux quatrains de Pibrac. Il en publia cinquante au commencement de l'année 1574; le reste parut quelques années après : c'est une réunion de fleurs brillantes au milieu desquelles disparaît l'austérité du précepte; le poëte, dans ces productions gracieuses, fait pardonner le moraliste. Les quatrains ne sont pas les seuls ouvrages qui aient illustré la plume de Pibrac : l'on en publia plusieurs autres encore en 1584, parmi lesquels nous avons lu surtout avec intérêt un poëme assez étendu sur les plaisirs de la vie champêtre. Il ne nous reste plus maintenant qu'à jeter un coup d'œil sur Pibrac, revêtu des fonctions importantes d'homme d'état.

Nous le voyons d'abord arriver au concile de Trente en qualité d'ambassadeur de Charles IX, et là, défendre les intérêts de la couronne avec tant d'éloquence et de liberté, que quelques-uns des Pères ne purent cacher leur mécontentement; cependant ils adoptèrent presque tous les articles de réformation que Pibrac leur avait présenté au nom du roi son maître. Le talent qu'il avait déployé dans cette circonstance, lui acquit désormais la confiance de Charles IX et celle du duc d'Anjou, qui l'emmena en Pologne quand il y fut prendre possession de son nouveau royaume. Lorsque plus tard ce prince, séduit par le désir de succéder à son frère sur le trône de France, quitta furtivement la Pologne, Du Faur de Pibrac, qui était resté dans ce pays, se trouva exposé à la vengeance des habitans; il faillit même en être la victime, et ce ne fut qu'après des fatigues et des dangers incroyables qu'il parvint à rejoindre le roi à Vienne et l'accompagna jusqu'à Paris. Effrayé bientôt à la vue des désordres qui bouleversaient la France, il conseilla à Henri III d'y mettre fin en faisant la paix avec les protestans. Ce prince se rendit à cet avis, et chargea de le mettre à exécution celui qui le lui avait donné. Pibrac réussit dans cette entreprise délicate, et la paix fut signée le 10 mai 1577. L'année suivante, le roi de Navarre voulut donner à Pibrac une preuve de l'estime qu'il avait pour lui en le demandant à Henri III pour être chancelier de la reine Marguerite, son épouse, et lui servir de conseil dans les positions difficiles où elle se trouvait souvent placée par son double titre de sœur du roi de France et de femme du roi de Navarre, chef des protestans. Il s'acquit bientôt toute la confiance de cette reine et sut la conserver pendant tout le temps qu'il passa près d'elle. Enfin, Pibrac était depuis deux ans chancelier du duc d'Anjou, auprès duquel il avait remplacé le fameux président de Thou, lorsque les malheurs de ce prince, dont le caractère violent et impétueux ne pouvait souffrir aucun conseil, la triste position des affaires du Brabant et les désordres de la guerre civile lui occasionnèrent un tel chagrin, qu'il tomba dans un état de langueur qui le conduisit insensiblement au tombeau.

*Hist. de Thou, et Mémoires sur Pibrac. Biblioth. royale, p. 89.*

*Daniel, Hist. de France, t. IX, p. 79. et vie de Pibrac, par Ch. Pascal, an 1577.*

Il mourut le 12 mai 1584, entre les bras de son frère Arnaud, gouverneur de Montpellier, laissant couvert de gloire le nom qu'il avait reçu de ses ancêtres et dont ses descendans ne ternirent point l'éclat. Nous voyons en effet, pendant le siècle qui suivit la mort de ce grand homme plusieurs membres de sa famille se distinguer encore, soit au milieu des parlemens, soit sur les champs de bataille. L'un d'entre eux, Jérôme Du Faur de Pibrac occupa pendant quarante ans une de ces places où le talent, quoiqu'enseveli sous les voûtes d'un cloître, n'en rend pas moins d'éminens services à la société. Il fut nommé par Louis XIV supérieur de la fameuse abbaye de Saint-Benoist-sur-Loire, le 24 décembre 1706, après avoir exercé les mêmes fonctions dans

*Mémoires de Pibrac, édition 1761. Bibliothèq. royale, p. 126.*

celle de Saint-Mesmin depuis 1692. Pendant près d'un demi-siècle il prouva, par une administration sage et sévère, que si la justice avait trouvé des défenseurs dans la famille Du Faur, la religion aussi pouvait y compter des protecteurs. Il mourut en 1733, et fut enterré dans l'église du monastère, au milieu de la chapelle du nord, où l'on voit encore son tombeau. Pendant que Jérôme Du Faur terminait dans l'abbaye de Saint-Benoist une carrière pleine de vertus, son neveu Jérôme, comte DE PIBRAC commençait à en parcourir une brillante sur les champs de bataille, et donnait à ses descendans les exemples qu'ils suivirent plus tard. En effet, on les vit dès ce moment soutenir dans les camps la réputation que leurs ancêtres s'étaient acquise dans les sanctuaires de la justice. Daniel Du Faur, comte DE PIBRAC fut un de ceux qui s'acquittèrent dignement de cette tâche honorable. Ancien mousquetaire, il reçut en 1788 la croix de Saint-Louis, récompense des services qu'il avait rendus à son roi, de même que son fils obtint plus tard celle de sa bravoure, dans la croix de la Légion-d'Honneur, qu'il gagna pendant les guerres de l'Empire. Ici se termine la carrière militaire de Daniel Du Faur de Pibrac. Les orages sanglans de la révolution le forcèrent bientôt à se retirer dans ses terres, jusqu'au moment où l'horizon devenant moins sombre, lui permit de rendre encore des services à sa patrie comme adjoint à la mairie d'Orléans, et de prodiguer des secours aux malheureux, comme administrateur des hospices. La peste qui dévastait en 1814 les hôpitaux de Saint-Charles et des Capucins lui fournit une occasion de s'acquitter de ce dernier devoir, et il brava plus d'une fois la mort pour soulager les malheureuses victimes qui gisaient entassées dans ces lieux de souffrance et de désolation. Il conserva, du reste, jusqu'à la fin de ses jours ces fonctions honorables qu'il avait rempli avec tant de courage, et qui étaient si bien en harmonie avec la générosité de son caractère et la noblesse de ses sentimens.

Les limites étroites dans lesquelles nous avons voulu nous renfermer ne nous ont pas permis de nous étendre davantage sur la famille Du Faur; mais l'on verra, d'après le résumé qui nous reste à faire, que nous aurions pu ajouter encore de nouveaux détails historiques à ceux que nous venons d'exposer. Quelle ample moisson de faits remarquables doit présenter en effet un famille dans laquelle on compte: quatre évêques dont l'un assistait au concile de Trente, plusieurs abbés commandataires d'une haute réputation, cinq présidens à mortier, dont deux siégèrent avec ce titre au parlement de Paris, un avocat-général et deux présidens des enquêtes au même parlement, quatre conseillers-d'état et autant d'ambassadeurs ! Enfin, plusieurs Du Faur ont occupé des postes importans, soit comme gouverneurs dans les villes de Jargeau, de Lunel et de Montpellier, soit comme chanceliers dans les conseils des reines et des rois. Il nous a fallu faire un choix parmi tant d'illustres personnages; mais l'histoire s'est chargée de transmettre à la postérité les noms de ceux qui ne figurent pas dans cette notice.

# NOTES SUR LA FAMILLE COLAS.

1360. — Nicolas Colas était conseiller de Philippe de France, premier duc d'Orléans. Il est la tige de la famille.

25 juin 1389. — Jean Colas, écuyer, conseiller du duc d'Orléans, porte foi et hommage à ce duc pour les terres qu'il possédait mouvantes en plein fief de la tour et châtellenie de Janville.

1458. — *Procès du duc d'Alençon, rebelle à Charles VII.* L'un des juges de ce procès fut Jean Colas II, écuyer, seigneur de Marolles et de Courcelles-le-Roi, conseiller au parlement de Paris.

1596. — *Prise de La Fère, en Picardie, par Henri IV en personne*, après un siége de six mois. La capitulation fut des plus honorables. Le gouverneur pour la Ligue était Jacques Colas, sénéchal de Montélimar, comte de La Fère et de Marle. Il signa la capitulation de son titre de comte de La Fère, qu'il tenait du roi d'Espagne, et qu'Henri IV avait offert de lui reconnaître. Il passa ensuite dans les Pays-Bas, où il fut tué en 1600, à la bataille de Nieuport. Sa femme, Antoinette d'Angennes, était dame d'honneur de l'infante Isabelle, archiduchesse d'Autriche. Après sa mort, ses enfans héritèrent en Espagne de ses titres et honneurs et d'une pension de 10,000 écus d'or. Pour bien apprécier la conduite du comte de La Fère, il faut bien se rappeler que la Ligue était en France le parti national, le parti de la majorité; qu'Henri IV ne put monter sur le trône, malgré ses victoires,

d'après un Tableau original appartenant
a M. de Malmusse.

qu'en subissant la loi de ce parti, c'est-à-dire en se faisant catholique. Si le comte de La Fère fut infidèle à son souverain légitime, qui offrait de le combler d'honneurs, il fut fidèle à ses principes, qui lui défendaient de reconnaître un roi dont la conversion était douteuse, et qu'on n'acceptait que par lassitude des guerres civiles.

1651. — *Assemblée des états-généraux à Tours.* Thomas COLAS de Marolles, capitaine au régiment de Piémont, gentilhomme ordinaire de la chambre du roi, conseiller d'État et trésorier de France en la généralité d'Orléans, est nommé député de la noblesse du bailliage d'Orléans.

1660. — Fondation de la maison des Visitandines d'Auxerre, par Claude COLAS de Malmusse, mort en odeur de sainteté.

1754. — Mort, au Palais-Royal, de Pierre COLAS, seigneur de Marolles, comte de Rocheplatte, major des gardes du duc d'Orléans, brigadier des armées du roi, gouverneur de La Marche, chevalier de St-Louis. La terre de Rocheplatte avait été érigée pour lui en comté; après sa mort, ce comté est passé de la famille COLAS dans la famille Drouin.

# TABLE PAR ORDRE ALPHABÉTIQUE

DES MATIÈRES CONTENUES DANS CE VOLUME.

## A.

Abdication (seconde) de Napoléon, page 279.
Académie impériale d'Orléans, 93.
Acte au nom du roi, 208.
— additionnel, 265.
Actes publics au nom du gouvernement provisoire, 196.
Action généreuse d'un Orléanais, 137.
— imprudente d'un Orléanais, 199.
Adjoints au maire d'Orléans en 1808, 68-117-287.
Adjudication des cimetières, 8.
Administration des pompes funèbres, 43.
Administrateurs des hôpitaux en 1814, 240.
— en 1815, 376.
Adresse du gouvernement provisoire à l'armée, 193.
— du collége électoral du Loiret, 277.
— du préfet Talleyrand, 296.
— du préfet aux habitans du Loiret, 348.
— du corps municipal à l'empereur, 270.
— du conseil municipal à Louis XVIII, 385.
— du maire à l'empereur, 8.
— à l'empereur par le conseil municipal, 105-268.
— pour la naissance du roi de Rome, 116.
— à la régente, 149.
— brûlée, 388.
Affaire de la dame Douhault, 17.
— de M. de Kermelec, 348.

Affaire de la prisonnière du Temple, 230.
— Huet-Perdoux, 293.
— de M. de Coucy, 355.
— de Montargis, 402.
Aigle, arme de l'Empire, 12.
Aignan, de Beaugency, poète Orléanais, 69.
Aignan, Orléanais, reçu à l'académie française 230.
Airs chéris chantés à Orléans, 198.
Alarme des Prussiens à Orléans, 327.
Allocation pour les députés à la régente, 150.
Amirauté en 1814, 221.
Angoulême (le duc d') en France, 175.
— à Orléans, 205-210-379.
Annales militaires, 294.
Anniversaire de la mort de Louis XVI, 381.
Antiquités trouvées dans un mur, 101.
Appointemens des juges à Orléans, 40.
— du préfet du Loiret, 108.
Arc de triomphe, 91.
Archiviste de la préfecture, 396.
Armée française passant par Orléans, 87.
Armée de la Loire, 285-287-323.
— russe entrant en France, 151.
Armées étrangères entrant en France, 151.
Armes de France, 249.
— de l'Empire, 122-252.
— d'Orléans sous Charles VII, en 1390, 115.

Armes de l'Empire, en 1811, 115.
— de la ville d'Orléans en 1815, 366.
— du maire d'Orléans en 1815, 374.
Arrêt de la cour impériale d'Orléans, 157.
Arrêté du préfet relatif aux armuriers, 45.
— relatif à la contribution de guerre, 320.
— relatif aux étrangers, 329.
— pour la fête du roi en 1815, 347.
— relatif à la subsistance des troupes étrangères, 355.
— relatif aux signes proscrits, 367.
— relatif à la semaine sainte, 397.
— relatif aux passeports, 69.
— relatif à la voie publique, 91.
— relatif à l'anniversaire du couronnement, 137.

Arrivée de madame d'Angoulême à Orléans, 232.
— du duc et de la duchesse d'Angoulême à Orléans, 245.
— des troupes bavaroises à Orléans, 342.
Assemblée du champ de mai, 265-276.
Association politique, 151.
Asturies (le prince des), 83.
Autel pour le vœu de Louis XVI, 211.
Autorisation donnée à M. Lottin par les maires d'Orléans, VII.
Auto-da-fé orléanais, 392.
Aventure arrivée chez M. le comte de ***, 360.
Avis aux Orléanais, 308.
Avis du maire relatif au départ des Bavarois, 357-358.
Avocat à la cour impériale d'Orléans, 127.

## B.

Banquet donné par le préfet de Talleyrand, 206.
Bas-chœur de la cathédrale, 21.
Bataille de Toulouse, 194.
— de Waterloo, 279.
Bataillons formés à Orléans, 264.
Bâtimens de St-Euverte, 18.
Bavarois (troupes de) arrivant à Orléans, 342.
Bavarois (les) administrent le département du Loiret, 354.
Beauharnais (Eugène), 32.
Bibliothèque, 27.
— publique, 48.
Billets à ordre pour les Prussiens, 307.
Biographie, le baron de Morogues, 407.
— de Montarand, 415.
— Desfrancs, 426.
— Dufour de Pibrac, 419.
Blessés de l'armée, 19.
Bœuf gras, 41.

Bonaparte et les Bourbons, 177.
Bonheur du jour, 261.
Boues mises en adjudication, 378.
Boulangers forains, 92.
— tenus à des règles, 265.
Boulevard extérieur, 241.
Bouquets de violettes, 255.
Bourses au lycée d'Orléans, 94.
Brandons (les), 190.
Bravoure d'un artiste comédien, 170-171.
— d'un curé du Loiret, 174.
Bref du pape Pie VII, 114.
Brochure de M. l'abbé Pataud, 113.
— de M. de Châteaubriand, 177.
Bureau pour les ouvriers, 28.
— central de police, 380.
— pour les objets perdus, 400.
Buste de l'empereur, 15.
— porté au grenier, 288.
— mutilé, 395.
— de Louis XVIII, 231.

## C.

Calendrier grégorien, 28-32.
Cambacérès passant par Orléans, 49.

Camp à St-Omer, 98.
Campagne de 1815, 279.
Candidats à la députation, 88.

Canonniers volontaires à Orléans, 174.
Cantate pour la naissance du roi de Rome, 126.
Capitulation du gouvernement provisoire, 284.
Carcan pour les condamnés, 117.
Carmélites ( les dames ), couvent, 88.
Carnot, tribun, 1.
Caserne des Jacobins, 39.
Caserne d'infanterie au séminaire, 108.
— de St-Charles, 376.
Catéchisme de l'Empire, 33.
Cause de la bataille de Toulouse, 195.
Cautionnement de 600,000 fr., 308.
Cent-Jours (règne des), 279.
Cérémonie funèbre au Mont-Saint-Bernard, 24.
Cérémonie de la remise de drapeaux, 53.
Cernement de l'église de St-Marc, 34.
Changement survenu dans la magistrature d'Orléans pendant les Cent-Jours, 297.
Chanson royaliste, 274.
— de Gand, 285.
— à la garde nationale d'Orléans, 364.
— des canonniers orléanais, 365.
Chapelle des morts, 122.
Charbon animal, 133.
Charles IV, roi d'Espagne, à Orléans, 84.
Charte de Louis XVIII, 212.
Chasseloup ( le général ), à Orléans, 166.
Chasseraux (le général) à Orléans, 162.
Châteaubriand (le comte de) à Orléans, 344.
Châtelet détruit, 17.
Chemin de roulage, 241.
Chemins vicinaux, 110.
Chevaliers du liséré couleur feuille morte, 400.
Chevaux offerts à l'empereur, 141.
Chipault, d'Orléans, 50.
Circulaires de Carnot, 279-281.
— du préfet à ses administrés, 353.

Circulaire portée à domicile, 307.
Cloches de St-Paterne, 33.
— de St-Aignan, 38.
Clocher de Ste-Croix, 369.
Cocarde blanche, 197-288.
Code civil ou Code Napoléon, 48.
Coffre renfermant les diamans de la régente, 189.
Cohorte de la Légion-d'Honneur, 83.
— de la garde nationale, 134.
— urbaine à pied, 201-203.
— urbaine à cheval, 222-230.
Collége électoral, 88-343.
Colonne de la place Vendôme, 45.
Combat de Mery-sur-Seine, 172.
— de Paris, 175.
Comète visible à Orléans, 128.
Comité central de vaccine, 109.
Compagnie de réserve à Orléans, 61.
Compagnies départementales du Loiret, 369.
Commandant temporaire à Orléans, 209.
Commissaire ordonnateur, 263.
— pour les subsistances des troupes étrangères, 300.
— prussien, 302-304.
— pour les subsistances des Prussiens, 289.
Commissaires-priseurs, 399.
Commissaires de police à Orléans en 1815, 243-380.
Commission du gouvernement en 1815, 279.
— pour la contribution de guerre, 319.
Concile tenu à Paris, 126.
Conscrits sauvés, 34.
— en 1815, 279.
— rappelés, 260.
Conservation du monastère des Ursulines, 109.
Conseil gratuit des prisons, 116.
— académique d'Orléans, 102-116.
— des prud'hommes, 128.
Conseillers de préfecture en 1815, 208.
Construction gauloise, 27.
Contribution du Loiret en 1812, 130.
— en 1813, 142.
— en 1815, 242.

Contribution en 1816, 378.
Corps des vétérans en 1814, 221.
Cosaques russes dans le département du Loiret, 161.
— sous les murs d'Orléans, 166.
— menaçant de brûler la ville, 167.
— attaqués par les Orléanais, 168.
Costume ridicule en 1805, 23.
— des ministres protestans, 49.
Couplets pour la paix avec les alliés, 212.

Cour impériale en 1810, 102.
Cour (la) impériale à Orléans, 181.
— royale d'Orléans en 1816, 389.
— d'appel d'Orléans, 102.
— prévôtale d'Orléans, 372.
— des comptes en 1814, 217.
— de cassation en 1814, 217.
— royales en 1814, 217.
Couronnement de l'empereur, 13.
Couvent des Jacobins, 39.
Cunietti commandant la place d'Orléans, 162.

## D.

Dames du Calvaire, 33.
— charitables d'Orléans, 196-197-200.
Davoust (le maréchal) à son quartier-général, 323.
Débitans de tabacs, 113.
Déchéance de Napoléon, 177.
Déclaration de Louis XVIII, 202.
— des puissances contre Napoléon, 258.
— de Napoléon, 279.
Décrets impériaux contre les troupes étrangères, 172-173.
Déjenné politique, 274.
Départ des troupes prussiennes d'Orléans, 332.
— des Bavarois 357-358.
Dépense pour la fête de Ville en 1806, 35.
Dépense ocasionnee par la présence des Cosaques sous les murs d'Orléans, 201.
Dépenses faites par les Prussiens pendant leur séjour à Orléans, 335.
Dépositaires des signes proscrits, 376.
Dépôt de vaccin, 98.
Députation au premier consul, 4.
— du collège électoral du Loiret, 276.
Députés du Loiret en 1804, 13.
—du Loiret en 1808, 90.
—du Loiret en 1815, 344.
— au couronnement, 14.
— orléanais à l'empereur, 106-107.
Députés du Loiret au baptême du roi de Rome, 125.

Députés orléanais au duc d'Angoulême, 201.
— au roi, 249.
— au roi Louis XVIII, 310.
— au roi de Prusse, 311.
Des armes et du courage, 255.
Désarmement des Orléanais, 296.
Désastres de Waterloo, 279.
Dévouement de M. de Morogues, 302-306.
— de deux Orléanais, 294.
— de plusieurs Orléanais, 332-376.
Diane et Endymion, 16.
Diligence Hydropneumatique, 131.
Dimanches et fêtes rétablis, 242.
Dîner à l'occasion du couronnement du roi d'Italie, 22.
Direction de l'imprimerie, 113.
Discours de M. Pieyre, préfet, 54-71.
— de M. Désormeaux, 76.
— de M. Crignon-Désormeaux, 383.
— du maire Rocheplatte, 383.
— de M. Genty, 81.
— de M. Lochon, 79.
— Discours de M. Sezeur, 157.
— de M. Rousseau, évêque d'Orléans, 60-74.
Discussion de préséance, 22.
Disette, 136-140.
Dispute de préséance, 34-137.
Distribution des aigles, 14.
— des prix au collège, 126.
— de pain, 335.
Division d'Orléans en trois parties de perceptions, 357.

Don pour la fabrication de sirop et sucre de raisins, 140.
Dons pour les blessés, 196.
— faits au gouvernement en 1814, 223.

Drapeau de la garde d'honneur pour l'empereur, 53.
— blanc, 260.
— tricolore, 288.
— de Jeanne d'Arc, 399.

## E.

Eclipse de lune, 149.
Eclipse de soleil, 142.
Ecole de droit à Orléans, 37.
Ecoles primaires, 116.
Ecrit contre Napoléon, 255.
Ecrits incendiaires, 142.
— séditieux, 178-190.
Eglise de St-Euverte, 18-37.
— de St-Pierre rendue au culte, 19.
— du Bon-Pasteur, 27.
— des Bénédictins, 41.
— de St-Pierre-Lentin, 49.
— des Capucins, hôpital militaire, 97.
Elèves de l'école ecclésiastique, 133.
Elite de la jeunesse orléanaise, 56-59.
Emeute de la garnison d'Orléans, 127.
— à Orléans, 263.
Emprunt pour les hôpitaux, 240.
Enlèvement projeté de Marie-Louise, 180.
— du trésor de l'impératrice, 189.
— du préfet du Loiret, 302.

Enlèvement de MM. Pilté, Tassin, Baguenault et Doyen, 322.
Enthousiasme extraordinaire, 190.
Entrée des étrangers dans Paris, 176.
— des troupes prussiennes à Orléans, 295.
Entrepôt de sel à Orléans, 36.
Epidémie dans les hôpitaux militaires, 200.
Epître au préfet du Loiret, 69.
— à Jacques Delisle, 240.
Epurations pour cause d'opinions, 367.
Escroqueries faites à Orléans par les officiers alliés, 360.
Etablissement insalubre, 140.
Etendards de la cohorte urbaine à cheval, 230.
Evacuation des blessés de l'armée, 192.
Excommunication de l'empereur, 95-126.
Expédition d'un maître marinier d'Orléans, 197.
Exposition de l'évêque Bernier, 39.

## F.

Fabrique de charbon animal, 274.
Fanfarons orléanais, 177.
Fédérés bretons, 268.
Femmes publiques, 380.
Fête de la Ville en 1804, 2.
— en 1805, 22.
— en 1806, 34.
— en 1807, 42.
— en 1808, 69.
— en 1809, 93.
— en 1810, 104.
— en 1811, 118.
— en 1812, 135.
— en 1813, 143.
— en 1814, 208.

Fête de la Ville en 1815, 271.
— en 1816, 400.
Fête anniversaire pour la naissance de l'empereur, 85.
— pour le sacre de l'empereur, 46.
— pour le mariage de Napoléon, 104.
— pour la naissance du roi de Rome, 122.
— anniversaire du couronnement, 98-111-137.
— pour la victoire de Lutzen, 143.
— pour la paix avec les étrangers, 222.

T. 1$^{er}$.

Fête anniversaire pour les victoires en Allemagne, 28.
— du roi de Prusse célébrée à Orléans, 328.
— de St-Louis en 1815, 347.
— du premier jour de l'an, 18.
Fêtes supprimées, 38.
--- du Rondon, 400.
Foire du Mail, 5-23.
--- St-Aignan, 137.
Folie des militaires français, 172.
Fonctions reprises par ordre de Louis XVIII, 285.
Fortifications d'Orléans arrêtées, 176.
--- d'Orléans en 1814, 201.
--- du pont d'Orléans, 287.
Fossés de la porte Bannier, 102.
Fouqueau de Pussy, poète orléanais, 131.
Francs-Maçons, 50.

## G.

Garantie pour les subsistances, 240.
Garde impériale passant par Orléans, 52.
Garde d'honneur pour l'empereur, 50.
— nationale mobilisée, 150.
— nationale d'Orléans réorganisée, 362.
Gardes nationaux requis, 134.
Générosité d'un Orléanais, 136.
Genlis, (madame de) à Orléans, 40.
Gouttières saillantes supprimées, 98.
Gouvernement provisoire en 1814. 177.
— militaire en 1814, 218.
Gouvion Saint-Cyr à Orléans, 249-254.
Grétry à Orléans, 97.
Grilles de fer des portes de ville, 84-128.
Guillaume (le prince) passe par Orléans, 297.

## H.

Heures de travail dans les bureaux, 13.
Hôpital militaire aux Augustins, 196.
— dans l'église des Capucins, 197.
Hôtel-de-Ville réparé, 21.
Hôtel-Dieu, son déplacement, 33.
Humanité des Orléanais, 188.
Hymne vendéenne, 264.
Hymne bretonne, 268.

## I.

Impératrice (l') à Orléans, 65.
Impôts de 1804, 151.
Imprimé séditieux, 372.
Imprimerie pour l'armée de la Loire, 286.
Inauguration du monument de Jeanne d'Arc, 2.
— de la Légion-d'Honneur, 11.
— du portrait de l'empereur, 69.
— du buste de Louis XVIII, 231.
Incendiaires, 378.
Incendie, 90-92-96.
Insolence d'un commissaire Prussien, 302-304-305.
Inspecteur de l'imprimerie, 113.
Installation du maire en 1816. 382.
Installation de la cour royale d'Orléans, 391.
Instruction secondaire à Orléans, 94.
Instruction religieuse au lycée, 102.
Insultes au préfet du Loiret, 199.
— à un magistrat de la cour royale, 233.
Interruption du passage sur la rive droite de la Loire, 294.
Invasion étrangère, 151.

— 435 —

## J.

Jarente (de) ancien évêque, 20.
Jardin de l'Hôtel-Dieu, 38.
Jérôme quitte Orléans, 192.
Joseph Bonaparte à Orléans, 148-198.
Joséphine à Orléans, 65.
Jourdan (le maréchal) arrêté, 148.
Journaux du Loiret timbrés, 347.
— supprimés, 382.
Jousselin, ingénieur à Dantzick, 43.
Jugement du tribunal de police d'Orléans, 375.
— de la cour prévôtale à Montargis, 403.
Juges de paix en 1814, 217.
— du tribunal de commerce, 49.
Jury médical, 127.

## L.

Latour père, docteur-médecin, 31.
Latour (Dominique), médecin, 101.
Lebert, poète orléanais, 32-87.
Leçon de politesse, 92.
Lefebvre (le maréchal) à Orléans, 87.
Lettre du ministre de l'intérieur au préfet, 106.
— du préfet au maire d'Orléans, 106-143.
— de M. le préfet du Loiret à M. Lottin, 239.
— du maire à M. Bouchet, député, 107.
— du maire d'Orléans au général prussien, 340.
— de l'empereur à l'évêque d'Orléans, 148-152.
— de M. de Villevêque, 234.
— de M. Brillard, 260
— de l'intendant général des armées prussiennes, 323.
Lettres patentes du roi en faveur du maire d'Orléans, 373.
Levée de 250,000 hommes, 141.
Lieutenant-général de France, 196.
Lieutenans-généraux en 1814, 249.
Lithographie, convives du sénateur Roger, 23.
Livres vendus, 40.
Livrets pour les ouvriers, 43.
— pour les domestiques, 399.
Logement de la cour impériale à Orléans, 182.
— de MM. les conseillers d'Etat, 186.
Loi sur les honneurs militaires à rendre au culte, 41.
Louis XVIII à St-Ouen, 200-204.
— à Paris, 205.
— prenant des précautions relatives au débarquement de Napoléon, 248.
— quitte Paris, 259.
— rentre dans Paris, 285.
Loups tués en 1814, 244.
Lycée d'Orléans en 1816, 397.

## M.

Machine à filer le lin, 104.
Magasin à poudre, 42.
— de garantie, 240-244.
Majorats, 95.
Maire des Cent-Jours, 278-286.
Manufacture de coton, 84.
— de porcelaine, 96.
— de draps par mécanique, 117.
Marché aux bestiaux, 94.
— à la volaille, 399.
Maréchal (le) Davoust à Orléans, 287.
Maréchaux de France en 1814, 249.
Maret, préfet, 34.
Mariés exempts de la conscription, 141.
Mauvais citoyens à Orléans, 334.
Médaille de Jeanne d'Arc, 3.
Membres du conseil des prisons, 116.
Mémorial de l'église gallicane, 65.
Mendicité abolie en France, 84.
Mercuriale en 1807, 46.

Messe pour l'impératrice, 187.
Mission à Orléans en 1815, 355.
Mission en France, 400.
Monnaies d'or et d'argent, leur valeur, 110.
Monumens antiques, 19.
Mont-St-Bernard décrit, 24.
Moreau, général, 10.
Mort de Gentil, du Loiret, 7.
— de Delahaye, 18.
— de Blain, 19.
— de Couret de Villeneuve, 32.
— de Lagardette, 38.
— de l'évêque d Orléans, Bernier, 39.
— d'Antoine-François Lottin, 52.
— de Belle-Teste, 90.
— de Rondonneau, 90.
— de Lhuillier-Deshordes, 92.
— de Talleyrand, oncle du ministre, 97.
— de Pierre Bardin, peintre, 97.
— du général Muller,
— de Dubois de la Roncière, 102.

Mort de Rousseau, évêque d'Orléans, 110.
— de Leboeuf, 113.
— du général Gudin, 136.
— de l'abbé Delafose, 142.
— de Rouet, vigneron, 143.
— de Maussion, 168.
— de Latour fils, 172.
— héroïque de l'abbé Harengd, 200.
— de Joséphine Beauharnais, 211.
— de Barbot, 212.
— de Ronceray, 240.
— de Tassin de la Renardière, 242.
— de Meunier, 242.
— de M. d'Embrun, 242.
Mouton-Duvernet, général proscrit, 384.
Mouvement de la population d'Orléans de 1804 à 1815, 379.
Mutation à la préfecture en 1814, 200.
Murs de ville démolis, 85.

## N.

Naissance du roi de Rome, 116.
Naïveté d'une Orléanaise, 14.
Napoléon empereur, 4-8.
— arrive à Orléans, 63.
— adressant la parole à un membre du conseil municipal, 63.
— demandant la distance du canal, 64.

Napoléon quitte l'île d'Elbe, 245.
— débarque en France, 248.
— entre à Paris, 250.
— et madame de Genlis, 382.
Napoléon II, 279.
Note sur la bataille d'Austerlitz, 31.
en 1815, 273.
Nouvelle constitution en 1814, 179.

## O.

Observations à l'intendant prussien, 313.
Octroi municipal d'Orléans, 7.
Ode à Marie, 131.
--- de Fouqueau de Pussy, 242.
OEuvre de M. le comte de Tristan, 354.
Officiers de louveterie, 244.
— français manquant de pain, 323.
Oraison du pape Pie VII, 13.
Oratoire pour les protestans, 49.
Ordonnance royale relative aux boulangers, 240.
— royale relative à l'épizootie, 243.

Ordonnance royale contre Napoléon, 249.
— royale relative aux promotions militaires, 323.
— relative à la loi des cent millions, 343.
— pour la formation de la garde nationale, 362.
Ordre du jour du maréchal Davoust, 323.
Organisation du gouvernement royaliste, 214.
— militaire en 1814, 218.
Orléanais fuyant les cosaques, 164.
--- marchant contre les Cosaques, 168.

## P.

Pamphlet contre Napoléon, 195.
Passeport des voyageurs, 69.
Pavillons des portes de ville, 127.
Pavage aux frais des propriétaires, 149.
Payen fait paraître un ouvrage, 41.
Pèlerin du nord, cétacé, 97.
Peine du carcan, 117.
Pénitens de Ninive, 154.
— d'Orléans, 398.
Pensions d'Orléans, 94.
Père (le) Laviolette, 255.
Perquisition chez le maire de St-Jean-le-Blanc, 389.
Pie VII quitte la France, 21.
— à Fontainebleau, 127.
— passant par Orléans, 156.
Pièce affichée à Orléans, 192.
Pierres tombées du ciel, 140.
Pillage des voitures de l'impératrice, 187.
Plan d'Orléans, 48.
Placards pour dons au gouvernement, 223.

Premier président de la cour impériale, 19.
Princes (les) d'Espagne à Orléans, 84.
Prisonniers de guerre utilisés, 29.
Prix d'une médaille d'or, 15.
Procès-verbal de l'inauguration du portrait de l'empereur, 70.
Proclamation du maire d'Orléans, 5.
— pour la St-Napoléon, 135.
— de Marie-Louise, 177.
— relative au retour du roi, 207.
— en faveur des Bourbons, 209.
— pour l'arrivée du duc d'Angoulême à Orléans, 210.
— de Napoléon, 252.
— du préfet Leroy, 283.
— relative à la mort de Louis XVI, 381.
Promenade de la Mouillère, 18.
Proscrits poursuivis à Orléans, 356.
Protestation de Louis XVIII, 7.
Prussiens, entrant dans le département, 289.

## R.

Ranque, médecin, sa découverte, 143.
Rassemblement politique, 388.
Recensement des habitans, 398.
Réclamation de M. Villevêque, 234.
Registre pour avoir le vœu des Orléanais, 2.
Relevé des dépenses faites à Orléans par les Prussiens, 335.
Relevé des dons fait au gouvernement du roi en 1814, 223.

Réparations des routes, 62.
Représentation extraordinaire au théâtre d'Orléans, 259.
Révolte de la garnison d'Orléans, 254.
Roger-Ducos, sénateur à Orléans, 87.
Roi (le) de Rome à Orléans, 181-189.
Rosières à Orléans, 104.
Rousseau, évêque d'Orléans, 49.
Rue de Jeanne-d'Arc projetée, 48.

## S.

Salpêtrerie à Orléans, 39.
Salut à St-Aignan, 171 245.
Séance orageuse au conseil municipal d'Orléans, 5.
— extraordinaire à l'hôtel de la mairie, 304.
— du conseil municipal relative au tableau de Napoléon, 384.

Service funèbre pour le duc de Montebello, 108.
Serment à l'empereur, 8-263.
— des autorités au gouvernement provisoire, 190.
— à Louis XVIII, 208.
Service pour le repos de l'âme de Louis XVI, 209.

Signataires d'une pétition à l'empereur, 105.
Signes proscrits, 367-370-375-376-391.
Société des sciences physiques, 98.
— d'agriculture, 102.
— de médecine, 102.
— paternelle des chevaliers de St-Louis, 245.

Soldats espagnols passant par Orléans, 44.
— révoltés, 254.
Stales de Ste-Croix, 96.
Statue de Louis XI, 399.
Suppression de repas à la fête de Ville, 148.
Sûreté publique, 107.
Surveillans particuliers, 260.

## T.

*Te Deum* pour le sacre de l'empereur, 16.
— pour l'entrée des Français à Vienne, 30.
— pour la prise de Vienne, 95.
— pour la bataille de Wagram, 96.
— pour la naissance du roi de Rome, 126.

*Te Deum* pour le succès de la bataille de Moskowa, 137.
— pour l'entrée dans Moscou, 137.
— pour le retour des Bourbons, 198.
— pour l'arrivée du roi près Paris, 201.

## V.

Vaccinateurs à Orléans, 109.
Vente de la manufacture de coton d'Orléans, 84.
Vendéenne (la), 264.
Vengeance d'une femme poète, 382.
Vétérinaire de la préfecture, 21.

Vicaires-généraux en 1815, 284.
Visiteur des femmes publiques, 380.
Vivres envoyés sur la rive gauche de la Loire, 288.
Vœu du tribunat, 1.
Vol à la mairie, 211.

# ERRATA.

| Page | ligne | au lieu de | lisez : |
|---|---|---|---|
| 4 | 18 | premier conseil | premier consul. |
| 27 | 26 | 1803 | 1805. |
| 46 | 13 | bayonnaise | mayonnaise. |
| 46 | 24 | Mérigoule | Barigoule. |
| 47 | 5 | bayonnaise | mayonnaise. |
| 52 | 33 | se trouvait | se trouvaient. |
| 62 | 24 | 1817 | 1807. |
| 101 | 26 | 1806 | 1809. |
| 135 | 22 | 1821 | 1812. |
| 201 | 32 | Dufour | Dufaur. |
| 212 | 6 | par | pour |

www.ingramcontent.com/pod-product-compliance
Lightning Source LLC
Chambersburg PA
CBHW051822230426
43671CB00008B/805